国家社科基金项目"冯契的'智慧'说研究"结项成果

湘潭大学毛泽东思想研究中心
湖南省重点学科湘潭大学中国哲学学科
资助出版

冯契"智慧"说探析

王向清 李伏清 ◇著

人民出版社

序

　　20 世纪的下半叶,中国的哲学界虽然并不沉寂,但却很少有真正自成一系的哲学家。然而,在那个时代,冯契先生(1915—1995)却以其深沉的思辨和吞吐百家的气度,在当代中国哲学中独树一帜。与历史上一切真正的哲人一样,冯先生毕生从事的,是智慧的探索。直到其生命的最后日子,他依然没有中断哲学的思考。自 20 世纪 40 年代开始,在半个多世纪的思想跋涉中,冯契先生既历经了西方的智慧之路,又沉潜于中国的智慧长河,而对人类认识史的这种沉思与反省,又伴随着马克思主义的洗礼及时代问题的关注。从早年的《智慧》到晚年的《智慧说三篇》,冯先生以始于智慧又终于智慧的长期沉思,为中国当代哲学留下了一个创造性的体系。

　　以智慧的探索为中心,冯契先生的哲学思考涉及中国哲学史、认识论、价值论、伦理学、美学、逻辑学等各个领域。在中国哲学史研究方面,其代表作是三卷本的《中国古代哲学的逻辑发展》和一卷本的《中国近代哲学的革命进程》。如书名所示,冯契先生对中国古代哲学的考察,侧重于揭示中国古代哲学合乎规律的发展过程。运用历史与逻辑相统一及科学的比较方法,冯契先生梳理了中国古代哲学的演进的历史脉络及其中的逻辑环节,并对中国古代哲学的历史特点做了深入的分析。冯契先生对认识论做了广义的理解,认为它包括如下四个问题:第一,感觉能否给予客观实在? 第二,理论思维能否达到科学真理? 或者说,普遍必然的科学知识何以可能? 第三,逻辑思维能否把握具体真理(首先是世界统一原理、宇宙发展法则)? 第四,人能否获得自由,或者说,自由人格或理想人格如何培养? 在冯契先生看来,中国传统哲学在关注前两个问题的同时,又对后两个问题做了更多的考察:逻辑思维能否把握宇宙发展法则的问题,发端于先秦的名实之辨;理想人格如何培养的问题,发端于先秦的天人之辨,二者贯穿于整个中国哲学史,正是在对这两个问题的考察上,显示了中国传统哲学的特点。

就名实之辨而言,冯契先生认为相对于西方哲学,中国哲学较早地发展了辩证逻辑;每当中国达到总结阶段时,就有哲学家或逻辑学家对辩证思维的形式进行考察,提出辩证逻辑的原理,在先秦哲学的总结阶段,《荀子》、《易传》、《黄帝内经》初步形成辩证逻辑的系统,到宋明,从沈括、张载到王夫之、黄宗羲,辩证逻辑又有了进一步的发展。冯契先生进而指出,与辩证逻辑的早期发展相应,中国较早地发展了辩证法的自然观,这种自然观以气一元论为基础,将道理解为阴阳的对立统一。辩证逻辑与辩证的自然观对逻辑思维能否把握宇宙发展法则做了肯定的回答和多方面的考察。冯契先生的这一看法不同于所谓中国人"重人生轻自然、长于伦理而忽视逻辑"的流行之论,它在相当程度上深化了对中国传统认识论和自然观的理解。

在人的自由问题上,冯契先生认为,相对西方哲学,中国传统哲学更多地考察了自觉的原则,而对自愿原则则有所忽视,后者容易导向宿命论。冯契先生对正统儒学的宿命论倾向做了深入的分析。按冯契先生的看法,自由不仅是伦理学的问题,而且也涉及美学。在美学上,冯契先生指出:西方人比较早地提出了美学上的模仿说(再现说)和典型性格理论,而中国人则比较早地发展了美学上的言志说(表现说)和意境理论。冯契先生的这些看法基于对中国哲学的长期沉思,它将中国古代哲学的研究推进到了一个新的层面。

关于中国近代哲学,有见于其剧烈变革的社会历史前提,冯契先生研究的侧重之点主要在于其"革命进程"。按照冯契先生的看法,中国近代哲学以"古今中西"之争为其背景,具体围绕着如下四个问题展开,即历史观、认识论、逻辑和方法论、人的自由和理想。这些问题是中国传统哲学中理气(道器)之辨、心物知行之辨、名实之辨、天人之辨在近代的延续和发展,同时又受到西方近现代哲学的影响。随着进化论的输入,近代哲学的革命进程开始拉开帷幕,五四运动以后,马克思主义的传入,则使哲学革命由进化论阶段发展到唯物辩证法的阶段。在这一过程中,历史观与认识论的论争逐渐结合起来,成为中国近代哲学发展的主线,最后由马克思主义哲学家做了总结;逻辑与方法论及人的自由和理想的论争,在中国近代未能作出系统总结,冯契先生由此提出了"进一步发展哲学革命"的问题。这些考察,既清晰地梳理了中国近代哲学演进的脉络,又将近代哲学的变迁与中国哲学的未来发展联系起来,使历史的考察成为哲学重建的起点。

哲学史与哲学的统一，是体现于冯契先生哲学研究过程的一个基本原则。对以往哲学的考察，总是处处渗入他的哲学见解，而他的哲学思考，又伴随着对以往哲学智慧的总结。这种总结，比较集中地体现在他的《智慧说三篇》中。《智慧说三篇》由三部相互联系的著作构成，这三部著作即《认识世界和认识自我》、《逻辑思维的辩证法》、《人的自由和真、善、美》。早在青年时代，冯先生便"真正感受到自己有一个哲学问题非要解决不可"，这个问题就是知识与智慧的关系。如前所述，冯契先生对认识论做了广义的理解，认为它不应限于知识论（theory of knowledge），而且应研究智慧的学说，要讨论元学（形而上学）如何可能、理想人格如何培养等问题。这里既涉及具体经验领域的知识，又涉及关于性与天道的智慧，元学与知识论统一于广义的认识论。

按冯契先生的理解，广义的认识过程包括两个飞跃，即从无知到知的飞跃和从知识到智慧的飞跃。由无知到知的过程发端于实践中获得的感觉，这种感觉能够给予客观实在。冯契先生认为知识经验领域无非是以得自经验者还治经验，得自经验者即是概念，用概念来摹写和规范经验，以得自现实之道还治现实，由此形成了知识经验。作为知识经验主体的"我"，运用逻辑范畴进行思维，运用归纳与演绎相统一的接受总则统率经验领域。形式逻辑与接受总则即构成了普遍有效的规律性知识之所以可能的条件。

经验知识涉及的是名言之域，在冯契先生看来，认识并不限于经验领域，它同时指向性与天道，后者即是智慧之域。如果说认识论的前两个问题主要关联着经验知识，那么，智慧则更多地涉及认识论的后两个问题。就具体真理而言，其最高的形态可以归结为世界的统一性原理和发展原理，用中国哲学的术语来说，即是关于性与天道的认识；而关于道的真理性认识又内在地关联着人的发展，后者便展开为自由的人格。冯契先生肯定，逻辑思维能够把握具体真理：人能够在有限中认识无限，在相对中揭示绝对，而这一过程即表现为从知识到智慧的飞跃。就对象而言，通过如上飞跃，自在之物不断化为为我之物；就主体而言，精神由自在而自为，自然赋予的天性逐渐发展为自由的德性，从而达到理想的人格。

知识所注重的是有分别的领域，它可以用名言来把握。就表达而言，知识是由命题（包括特殊命题与普遍命题）分别地加以断定，分别地作出肯定或否定的判断,并以语句分别地加以陈述;就所表达(所知)而言,则是把对象区分为一件件的事实,一条条的定理,以把握事实和条理之间的联系,知识经验的领域即是以名言概念来区分的世界,无论是特殊命题,还是普遍命题,其真都是有条件的、相对的。冯契先生认为,与知识不同,智慧所把握的是有关宇宙人生的根本原理,它的目标是求穷通,亦即穷究宇宙万物的第一因和人生的最高境界,揭示贯穿于自然、人生之中无不通、无不由的道,并进而会通天人,达到与天地合其德的自由境界。总之,智慧追求的是无条件的、绝对的、无限的东西,"这就是难以言传的超名言之域了",而从知识到智慧的飞跃,便相应地意味着从名言之域走向超名言之域。

如何实现从名言之域的知识到超名言之域的智慧? 冯先生从理性直觉、辩证综合、德性自证诸方面做了考察。转识成智的飞跃,旨在领悟有限中的无限,相对中的绝对,这种领悟往往是在顿然之间实现的,它表现为哲学上的理性直觉。理性直觉是感性和理性的统一,它通过破而超越对待,通过立而揭示相对之中的绝对,由此达到天人、主客、能所的统一,而这一过程本身又实现于认识的无限的前进运动。通过理性直觉达到的领悟,必须以辩证的综合来论证和表达。冯先生区分了总名与达名,达名表示的是最高的类,总名所表示的是元学的理念,亦即大写的 Idea,总名可以看做是达名的辩证综合,如时空范畴便是达名,当我们说在有限中揭示无限,在瞬间把握永恒时,便是以时空范畴作辩证的综合,以表述超名言之域。与辩证综合相联系的是德性的自证。理性直觉与辩证综合的主体是我,我不仅有意识,而且能自证其德性,亦即对自己的德性作反思和验证,在言行一致的活动中自证其德性的真诚与坚定。

可以看出,从无知到知,又从知识到智慧的飞跃,既是知识论的问题,又是元学或本体论的问题;以广义的认识论为基础,冯先生对知识论与本体论作了沟通,并由此展示了统一本体与现象、名言之域与超名言之域的独特思路。

认识世界与认识自己作为性与天道的理论,属于超名言之域。理论不能仅仅停留于形而上的层面,智慧学说在超越名言之域的同时,又要始终保持与知识经验和具体人生的联系。冯契先生以化理论为方法、化理论为德性概述了以上关系。化理论为方法,主要说明认识的辩证法如何通过逻辑思维的范畴,转化为方法论的一般原理。在《逻辑思维的辩证法》中,冯契先生运用客观辩证法、认识论、逻辑相统一的观点,吸取了中国传统哲学的类、故、理等范畴,建立了一个辩证逻辑的范畴体系。化理论为德性,则是指将认识的辩证法贯彻于价值领域,在实现真善美理想的过程中,培养自由的人格,在《人的自由与真善美》中,冯契先生对此作了深入的论述。这样,主体在认识世界和认识自己中转识成智,又通过化理论为方法、化理论为德性而不断地向知识经验与现实人生回归,知识与智慧、名言之域与超名言之域展开为一个基于广义认识论的动态统一过程。

冯契先生的以上哲学思考可以看做是对 20 世纪中国哲学的反省,又表现为对近现代西方哲学的回应。作为一种开放的体系,冯先生的智慧说当然并没有终结中国哲学,但它无疑为当代中国哲学的发展提供了一个新的起点。

《冯契"智慧"说探析》是王向清、李伏清合著的研究著作。本书的主要作者王向清教授近年一直致力于冯契先生哲学思想的研究,积累了多方面的研究成果。基于这一研究前提,本书进而以中国现代哲学的历史衍化为背景,对冯契先生的"智慧"说做了系统的考察,在理论分析和历史评价等方面都提出了不少独到见解。我相信,本书的出版,对于推进冯契先生哲学思想的研究,将具有积极的意义。

杨国荣

2012 年 7 月 3 日

目　录

导　言

一、冯契先生的生平和著述

冯契(1915—1995)，我国当代著名的马克思主义哲学家和哲学史家。1915年，冯契出身于浙江省诸暨市；1935年，他考入清华大学哲学系。抗战爆发后，他曾赴延安，并辗转山西、河北等地，参加抗日工作。他1939年前往西南联大复学，1941年毕业。1941至1944年，在清华研究院读研究生期间，他曾从学于金岳霖、汤用彤、冯友兰等著名哲学家。离开西南联大后，他曾任教于云南大学、同济大学、复旦大学等。新中国成立后，他历任华东师范大学教授、政治教育系主任，华东师范大学哲学系名誉主任，上海社会科学院副院长，国务院学位委员会第一届学科评议组成员，中国哲学史学会第一届、第二届副会长，中国辩证逻辑学会会长，上海市社会科学联合会第三届副主席，上海市哲学学会第五届会长。冯契毕生从事中国哲学史和哲学元理论的研究，取得了令人瞩目的成就，在中国哲学界享有崇高的声望和地位。

冯契先生著述丰厚，其论著结集为十卷本的《冯契文集》，华东师范大学出版社于1996—1998年陆续出版。《冯契文集》包括"智慧"说三篇即《认识世界和认识自己》、《逻辑思维的辩证法》、《人的自由和真善美》，《中国古代哲学的逻辑发展》三卷，《中国近代哲学的革命进程》一卷，《智慧的探索》一卷（改革开放以后的论文汇编），《智慧的探索·补编》（改革开放以前的论文汇编），《哲学史讲演录·哲学通信》一卷。他主编的著作主要有《哲学大词典》和《中国近代哲学史》。

在中国哲学史领域，冯契先生自觉以辩证唯物论为指导，究天人之际，通古今之变，比较中西，兼容百家，对先秦直至1949年中华人民共和国成立这一历史时期的中国哲学的发展历程做了富有开拓精神和创建意义的提纲挈领式的勾勒,撰成了三卷本的《中国古代哲学的逻辑发展》和一卷本的《中国近代哲学的革命进程》两种著作,终成一家之言,对建构科学的中国哲学史作出了杰出的贡献。其贡献集中体现在以下几个方面:一是构建了逻辑和历史相统一的中国哲学史研究体系,侧重于揭示中国古代哲学合乎规律的发展过程;二是从广义认识论角度论证了中国传统哲学蕴涵的丰富的认识论,以回击所谓中国传统哲学"重人生轻自然、长于伦理而忽视逻辑"的流行之论,在相当程度上深化了对中国传统认识论和自然观的理解;三是提出并论证了中国近代经历的一场哲学革命,力图揭示中国传统哲学向现代哲学转型的内在根据。

在哲学元理论方面,冯契先生的主要贡献便是超越人文主义和科学主义的对峙,克服了人生和科学的脱节,找到了知识转化为智慧的途径,构建了具有马克思主义哲学性质的、中国气派的"智慧"说哲学体系。这一体系就是由《认识世界和认识自己》、《逻辑思维的辩证法》与《人的自由和真善美》构成的"智慧"说三篇。

冯契先生是一位大器晚成、非常严谨的哲学大家,生前只出版了哲学史方面的著作和《智慧的探索》这本改革开放后所发表论文的汇编,关于哲学元理论方面的"智慧"说三篇是其逝世后的 1996 年由华东师范大学出版社编辑出版的。实际上,冯契先生的"智慧"说三篇早在 20 世纪 80 年代中期就已完成初稿,并且出了油印本作为研究生的教材。笔者是华东师范大学哲学系 1987级逻辑学专业研究生,所用的辩证逻辑教材便是《逻辑思维的辩证法》的油印本。据了解,1985、1986 级逻辑学专业研究生的辩证逻辑教材也是《逻辑思维的辩证法》的油印本。之所以没有交付出版社正式出版,是因为冯先生认为书稿中还有不成熟之处,需要在教学过程中不断完善。这一完善过程竟持续了十余年之久,可见他对学问的执著、严谨,不急功近利。正因为如此,在哲学界,冯契在生前基本上是以哲学史家的身份出现的。随着"智慧"说三篇的问世,学术界才渐渐了解到:冯契不但是一位杰出的中国哲学史家,更是一位哲学理论家;他研究哲学史,主要是为研究哲学元理论做准备。

对于冯契先生的学术成就,学术界给予充分的肯定。

萧萐父先生认为,冯契的"晚年会心之作《智慧三书》,自成体系,巍然卓立,实神州慧命之延续,当代学林之楷模"①。

方克立教授对冯契先生建构的"智慧"说哲学体系给予了高度评价。"冯契先生的智慧学说,将马克思主义哲学和中国传统哲学相结合,力图解决知识如何发展成为智慧,如何实现真、善、美统一的理想,如何实现人的本质力量的问题,也就是说,力图克服科学与人生、知识与智慧的脱节,克服科学主义与人文主义的矛盾。不论他是否圆满地完成了这个任务,这个努力的方向是应该充分肯定的。"②

汤一介教授于 2006 年 5 月 15 日在《解放日报》上发表了一篇题为《中国现代哲学的三个"接着讲"》的文章,认为中国现代哲学学者在哲学研究的过程中,呈现出"三个'接着讲'":一是接着中国传统哲学讲;二是接着现代西方哲学讲;三是接着马克思主义哲学讲。在他看来,冯契是一位有创造性的马克思主义者,力图在充分吸收和融合中国传统哲学和西方分析哲学的基础上,使马克思主义哲学成为中国化的马克思主义哲学;《智慧三说》是把马克思主义的实践唯物辩证法、西方的分析哲学和中国传统哲学较好地结合起来的尝试。冯契不仅是"照着讲"马克思主义哲学,而且是"接着讲"马克思主义哲学,他把中国哲学思想和中国哲学问题引入马克思主义哲学。

2010 年 2 月 24 日,哲学专业网站《哲学在线》发表了一篇题为《冯契——中国"打通中、西、马"的第一人》的文章。文章认为,中国学术界确实有一位算得上"打通中、西、马"的哲学家,就是已故的冯契先生。中国 20 世纪哲学家中,努力"打通中、西、马"的人不算多,成功者更为罕见,但冯契先生显然是一位成功者。冯契先生熟练运用"实践唯物主义的辩证法",深入探寻了"中国古代哲学的逻辑发展",并且在"实践唯物主义的辩证法"的基础上,融合中国传统哲学与西方哲学的基本要素,建构了"智慧"说的哲学体系。

"搜狐博客"发表了一篇题为《读书就读"冯契"》的文章,高度评价了冯契先生在 20 世纪中国哲学界的地位。文章认为,当代一位知名学者曾说过的"在中国的马克思主义哲学家中,没有人比冯契更有中国哲学的造诣了"这句话,十分恰当地概括了集哲学家和哲学史家于一身的冯契。文章指出:"与世

---

① 萧萐父:《理论方法德性》,学林出版社 1996 年版,第 53 页。
② 方克立:《方克立文集》,上海辞书出版社 2005 年版,第 400 页。

纪初那个令人神往的精神时代相比,20 世纪中后期的中国哲学界,似乎已经很黯然了。大师既去,似乎在全民商化的浪潮里,再也难以看到思想的浪花欢快地跃动了。虽然偶尔也会有一两颗晶莹的水珠在浪尖一闪,可是在倏忽间就已归于寂灭了,这多少会让人觉得有点落寞和伤怀。人们似乎已然失望了。这种情形一直持续到了 80 年代。当冯契将他的《〈智慧说三篇〉导论》先期发表出来的时候,尘封已久的中国学术界那沉闷的氛围开始有了一丝萌动的生意,人们才发现,原来在寂寥的思想暗夜里,依然还有如此富有原创力和智慧内涵的思想火光在幽幽地燃烧着。"文章将冯契的"智慧"说看做哲学研究突破"左"的思维教条和僵化模式的开山之作、启蒙之作、导航之作,正是它的自由思考和鲜明的个性特点,唤醒了沉寂多年的哲学界,催生了哲学研究的自由创造和多元化。

正因为冯契先生对 20 世纪中国哲学作出了突出贡献,享有崇高的学术地位,在他逝世不久,就受到学术界的关注。

二、国内外冯契哲学思想研究现状

学术界对冯契哲学思想的研究开始于其逝世的 1995 年 3 月后,迄今为止,《哲学研究》、《中国哲学史》、《哲学动态》、《学术月刊》、《华东师范大学学报》、《武汉大学学报》、《吉林大学学报》、《湘潭大学学报》、《高校理论战线》、《现代哲学》、《求索》等学术刊物发表了研究冯契先生哲学思想的论文三百多篇。海外的英文杂志 *Encyclopedia of Chinese Philosophy*、*Contemporary Chinese Philosophy* 等也发表了数篇研究冯契先生哲学思想的文章。据不完全统计,以冯契先生的哲学思想作为硕士学位论文选题的有二十多篇。而以冯契先生的哲学思想作为博士学位论文选题有:《人的成长和人格理想——冯契智慧说与霍韬晦如实观之比较研究》,作者为华东师范大学中国哲学专业博士生李锦招;《冯契自由理论研究》,作者为华东师范大学中国哲学专业博士生林孝暸;《论冯契的实践观》,作者为武汉大学中国哲学专业博士生张志军;《论冯契的理想学说》,作者为湘潭大学中国哲学专业博士生余华。公开出版的研究冯契先生学术思想的专著有:《冯契辩证逻辑思想研究》,华东师范大学出版社 1999 年版,作者为华东师范大学哲学系彭漪涟教授;《化理论为方法、化理论为德性——对冯契一个哲学命题的思考与探索》，上海人民出版社 2008 年版，作者为华东师范大学哲学系教授彭漪涟；《冯契与马克思主义哲学中国化》，湘潭大学出版社 2008 年版，作者为湘潭大学哲学系教授王向清。出版的论文集有：《理论、方法和德性——纪念冯契》，华东师范大学哲学系编，学林出版社 1996 年版；《知识与智慧——冯契哲学研究论文集》，杨国荣主编，华东师范大学出版社 2005 年版；《追寻智慧——冯契哲学思想研究》，杨国荣主编，上海古籍出版社 2007 年版。

　　透过上面列出的冯契哲学思想研究成果名录和笔者的阅读，不难发现过去的研究存在以下缺失：一是没有从整体上、宏观上全面、系统地考察冯契的"智慧"说。上面所列博士学位论文选题和三本专著选题，只是对冯契先生"智慧"说的某个方面、局部进行解读，而没有进行全面、系统的研究；而那些没有列出题名的期刊论文和硕士学位论文，由于篇幅小，就更难以作出全面、系统的考察了。换言之，已有的研究成果，尽管达到了一定的深度，但都是从某个侧面展开的，还处于分析研究的阶段，体现出不系统、不全面的缺失，缺乏宏观、整体的把握。二是没有注意从比较的角度研究冯契的"智慧"说。"智慧"说的建构，当然与冯契先生的学养、师承有关，但更与哲学的内在发展相关。在 20 世纪中国哲学史上，不少哲学家试图建构自己的哲学体系，以回答时代提出的问题。因此，有必要将冯契的"智慧"说与 20 世纪中国的其他哲学家建构的哲学体系进行比较研究，以彰显其特点和不足。就目前的研究成果看，有的学者已注意从纵向进行比较，即将冯契的"智慧"说与熊十力的新唯识学、金岳霖的新道学、张岱年的综合创新说等进行比较，但鲜有人将冯契的"智慧"说与同代哲学家的思想进行比较。上述缺失的存在，表明有必要对冯契的哲学思想进行更全面、深入、系统的研究。

第一章　"智慧"说建构的动因

　　冯契曾指出："我们可以在唯物辩证法的基础上吸取实证论、非理性主义的合理因素,用中国传统智慧(近代化了的)来科学地认识世界、认识自己,在改变世界和发展自己的统一中使哲学达到一种新的更高的境界。"[①]他一生致力于智慧说的建构,其中有着深刻的动因:首先,深受西方近代哲学认识论转向的影响,是在西方现代哲学科学主义和人文主义对峙的驱动下萌芽的;其次,是科玄论战余音的延续,是对科玄论战中科学主义和人文主义对峙的直接回应和深刻而又自觉的反思;最后,其理论的成功建构更有实践唯物主义的指引。正是诸多的动力因素,加上冯契强烈的时代使命感而对时代课题不断进行反思和省察,才有了广义认识论的诞生,从而以其智慧说超越了持续半世纪的科学主义与人文主义的对峙,实现了知识和智慧的相互交融。

一、西方现代哲学科学主义与
人文主义对峙的驱动

　　冯契先生在《〈智慧说三篇〉导论》之《时代问题》中曾指出,他在哲学领域真切感受到的知识和智慧说的关系问题的时代意义,就在于西方近代哲学中以叔本华、尼采等人为代表的非理性主义、人文主义传统和以孔德、穆勒以来的实证论、科学主义传统之间的对峙,并认识到这种对峙不论在西方还是在中国都在继续发展。可见,其智慧说的理论驱动力,首先来自于西方近现代哲学以来科学主义和人文主义的对峙。因此,我们要真正理解冯契的智慧说,必须理清西方现代科学主义和人文主义对峙的大致进程。

---

　　① 冯契:《人的自由和真善美》,华东师范大学出版社 1996 年版,第 204 页。

　　科学主义和人文主义对峙确立的第一个阶段是西方近代哲学认识论转向阶段,这一阶段围绕着西方近代资本主义扩张这一现实的时代需求,就如何发展科学的时代主题展开为经验论和唯理论的争辩。但这一争论都是通过对传统亚里士多德式思维方式和经验哲学的批判来实现的,因此,仍与西方广义的理性主义或认知主义传统不可分离。正如丹尼尔·贝尔指出的:"理性判断一直被认为是思维的高级形式,而且这种理性至上的秩序统治了西方文化近两千年。"①而这一传统,至少可以追溯到柏拉图那里,甚至赫拉克利特那里。可以说,古代及中世纪本体论哲学重在把握外在的客观实在,而近代认识论哲学则重在把握我们的心灵如何把握实在,这种转向我们称之为"认识论转向"(Epistemological turn)。为反对亚里士多德哲学的教条,颠覆性地击败中世纪以来的教会权威,培根和笛卡尔分别从认识的感知和认识的理性的角度建构了自己的方法论体系:经验主义和理性主义,成功引导了西方近代认识论的转向,呈现出西方近代哲学中经验主义和理性主义对峙的风景。②

　　培根在批评亚里士多德"理性派哲学"的基础上,即破即立,强调认识的感知的一面,发展了经验归纳逻辑,在英国开创了经验主义传统。他在《新大西岛》中描述了一个科学技术主宰一切的理想社会,并力图借助在实验基础上进行归纳的方法,即经验归纳法的"新工具"来取代亚里士多德的演绎逻辑工具,同时引导自然哲学从古代"解释自然"向近代"如何解释"的主题转向,即哲学从本体论转向认识论。培根的经验主义哲学是从批判怀疑论和不可知论开始的,但他开创的这个哲学派别本身又蕴涵着怀疑论和不可知论的因子,尤其是其"四假象说"直接表明了感觉经验之不可靠性、不确切性。而"反例"归纳说和筛选说表明,他已觉察到从经验归纳中得来的原则、公理的可靠性带有两面性,即确定性和不确定性,从而直接推进了科学方法中怀疑论的发展。这些怀疑论和不可知论的因子经过霍布斯之物体性质之两种"偶性"说、洛克

---

① [美]丹尼尔·贝尔:《资本主义的文化矛盾》,傅铿编选,湖北人民出版社 1989 年版,第 97 页。
② 关于这点,请详细参考由王树人和叶秀山总主编的八卷本《西方哲学史》(江苏人民出版社 2004 年版)之第四卷"近代:理性主义和经验主义,英国哲学"(周晓亮主编)之上篇大陆理性主义篇中的笛卡尔、斯宾诺莎和莱布尼茨的认识论思想,以及中篇经验主义哲学篇中的培根、霍布斯、洛克、巴克莱、休谟的哲学思想,其书都作了系统而详尽的阐述。

知识论之"实体"说、贝克莱"存在即被感知"的理论,最后由休谟集其大成,发展为彻底的不可知论,宣告了由感知经验以达至客观实在的不可能。休谟通过对经院哲学、笛卡尔主义、贝克莱学说的批评,第一个创立了近代西方哲学史上拒斥形而上学的不可知论体系。他怀疑经验以外的任何"实在"包括"上帝"乃至"自我"的存在,同时也提出了一个问题:"我们借什么论证能够证明人心中的知觉是由和它们相似(如果这是可能的)而实际完全差异的一些外物所引起呢?"①即何以能够证明知觉是由外物引起的,且与外物相符合的问题。正是这一问题成为此后推进哲学发展的一大动力,如康德的哲学正是围绕这一课题展开的。而休谟怀疑论的提出在一定程度上预示着以经验派为主的近代形而上学的哲学趋于衰落。可见,经验主义最后以怀疑论和不可知论告终。

与经验论不同的是,唯理论另辟蹊径,主张由理性来把握客观实在。这一路线以笛卡尔、斯宾诺莎、莱布尼兹为典型。如笛卡尔建立了由"形而上学"和"物理学"组成的哲学体系。在形而上学中,他提出了理性原则和普遍怀疑的方法,认为理性直觉和演绎是获得科学知识的途径。他用数学式的精确的逻辑演绎法,由"我思故我在"之命题中纯精神实体之"自我"的存在,推演出上帝和物质世界等一切实在的存在,充分展示了人类理性的力量。他以普遍怀疑为手段对信仰权威发起了挑战,并要求人们凭借自己先验固有的天赋理性能力、运用理性推理的方法建立无所不包的、确定的、绝对可靠的知识体系。但需要强调的是,唯理论实质上是建立在非理性的基础之上的。尽管其逻辑推演非常理性、严密、精致,但其逻辑推演的最初前提却是非理性的,如笛卡尔认为"我思故我在"、"自我存在"、"上帝存在"以及数学公理、逻辑规律乃至道德的基本原则等都是通过理性直觉获得的不证自明的真理。再如斯宾诺莎将认识的方式或知识的种类分为三种,即感性知识、理性知识和直觉知识,认为直觉知识是由理智通过直观获得的真观念,具有必然性和绝对可靠性。如此,把理智建立在直觉基础上,并将其作为真理的标准。他曾明确其志在于"尽力寻求一种医治理智并且纯化理智的方法,使理智可以正确圆满地认识事物,不致错误",并写成了《理智改进论》,认为其哲学的任务就在于使一切

---

① [英]休谟:《人类理解研究》,商务印书馆1957年版,第135页。

科学达到"最高的人生圆满境界"。① 这表明他的哲学是要为认识自然而首先认识、改进理性本身,从而给人们提供一种"新的生活指导",寻求道德上的"至善",达到伦理上的最圆满境界。而莱布尼兹的哲学的特点可以以其《以理智为基础的自然和神恩的原则》一文的标题来高度概括,但其理智论同样也是建立在非理性的基础上的,其理论前提"单子"之存在,实质上并非真正推理的真理,只不过是以信仰来确立其存在及其所具备的理性的能力。

我们从以上可知,经验论容易导向不可知论,而唯理论的理论前提恰恰是非理性的,两者停留在认知层面,都没有真正把握客观实在。究其因,作为科学的基础,感性和理性、归纳和演绎都是相辅相成、不可分离的,经验论和唯理论那种偏执一方的做法导致了西方哲学的一种"认知的分裂"。但是这种分裂又有其共同前提的(即认知主义的思想路线)和共同的目的(服务于对科学技术的现实需求)。经验论与唯理论对"实在"的证知和把握的最终宣告破产说明,人类对实在的把握本身并不仅仅是一个认识的问题。正如马克思在《关于费尔巴哈的提纲》一文中所言:"人的思维是否具有客观的真理性,这不是一个理论的问题,而是一个实践的问题。人应该在实践中证明自己思维的真理性,即自己思维的现实性和力量,自己思维的此岸性。思维——离开实践的思维——的现实性或非现实性的争论,是一个纯粹经院哲学的问题。"也就是说,对实在的把握不仅是一种认知科学,更是一种实践智慧,这正是冯契先生所称的广义认识论的主张。在西方,康德、黑格尔最早认识到了狭义认识论中认知分裂的问题,开创了实践理性之说。

康德以敏锐的触角认识到经验论和唯理论所导致的"认知分裂"问题,因此,他一方面不断地批判以往哲学,包括莱布尼茨——伏尔夫"形而上学"、唯物论等观点,力图调和唯理论和经验论之间的那种对立;另一方面,他又不断致力于他自己的认识论和道德思想等形而上学体系的建构。为此,发表了三大《批判》和《未来形而上学导论》以及《道德形而上学探本》等著作。康德一方面肯定在我们之外存在着刺激我们感官从而产生感觉的客体,即"物自体";另一方面他又断言这个客体是不可知的,认识所能到达的只是"物自体"

---

① 参见北京大学哲学系外国哲学史教研室编译:《十六—十八世纪西欧各国哲学》,三联书店 1958 年版,第 153 页。

刺激我们感官而产生的感觉表象,即"现象"。① 在他那里,感觉是隔绝主体和客体的障壁。其《纯粹理性批判》一方面对人的认知方面进行了更完备精湛的考察(特别是对四类十二种"知性范畴"的分析);另一方面通过对感性、知性和理性这三种先天认识能力对应的数学、自然科学和形而上学三门学问的考察,进一步宣告了企图由纯粹理性离开经验、超越"现象世界"来把握"物自体"(尤其是莱布尼茨-伏尔夫"形而上学"中的灵魂、世界、上帝等理念)的这种努力是徒劳的,也就是说,作为"理性"的学问的"形而上学"是假学问,是根本不能成立的,这也是康德试图要建立一种未来的"科学的形而上学"的原因所在。② 这一宣告宣布了以往那种企图把握实在的"认识论"的不可能,从而终结了西方近代哲学的认识论时代。

人类究竟如何才能把握实在?康德认为,只能通过"道德"、"信仰"、"自由意志",即"实践理性"来实现,从而明确提出"实践理性"高于"纯粹理性",这一点被后来的意志主义哲学奉为先驱。康德对"实践理性"尤其是其中的意向性问题的研究开启了未来哲学发展的路向。遗憾的是,由于多种原因,他同样没有完成建构科学形而上学的任务,这却为未来哲学的发展提供了空间。

与康德一样,黑格尔在其逻辑学中认为"实践的理念"高于"理论的理念",而"绝对理念"乃是理论理念与实践理念的统一;但他又在其精神哲学中认为"实践的精神"高于"理论的精神",二者的统一就是"自由的精神"。所以他批评那种将理智与意志相互分离对立的观点,认为"实在的自由的意志是实践的和理论的精神的统一性,自由的意志实现了自己的意志的自由。"③而在整个"客观精神"(法、道德与伦理)阶段,黑格尔更是明确无误地把实践和理论归结为"自由意志"的体现,德国古典哲学对"实践理性"及其相关的"自由意志"等新内容的发现,一方面,对传统的以经验或理智为核心的认识主义所代表的科学主义作出了总结性的反省;另一方面,也为后来以唯意志论、生命哲学等为代表的人文主义的发展开拓了道路。可以说,在西方现代哲

---

① 参见[德]康德:《形而上学导论》,商务印书馆1978年版,第50—51页。

② 关于这一主题,请参见韩水法:《论康德批判的形而上学》,《哲学研究》2003年第5期;杨生平:《康德与"科学"形而上学的构建》,《首都师范大学学报》(社会科学版)2008年第6期。

③ 全增嘏:《西方哲学史》下册,上海人民出版社1985年版,第295页。

学中,无论是以科学哲学为代表的科学主义还是以生命哲学为代表的人文主义,大都以之为哲学思考的端绪,而中国近现代哲学中对知识和智慧的思考,同样与之紧密关联。

现代西方社会"重建"的推进,也加快了现代西方时代精神"重建"的进程。随着从康德到黑格尔的德国古典哲学对意志领域的朦胧意识的开启,现代西方哲学步入了对近代传统的反叛的阶段,科学主义和人文主义构成了20世纪哲学发展的主流,形成世界范围内哲学探索的主题。这一阶段又可分为否定和否定之否定这两个阶段,前者表现为以唯意志主义为代表的人文主义和以实证主义为代表的科学主义的对立,后者则呈现出多样化,表现为以弗洛伊德主义、存在主义和法兰克福学派为代表的人文主义与以分析哲学和实用主义为代表的科学主义的对立。

以叔本华、尼采等人为代表人物所创立的唯意志主义思潮,正是现代人本主义和反理性主义中最早的一个哲学派别。人文主义哲学以张扬人的主体性、创造性和个体存在价值为标志,把人的自由追求和需要满足看做本能表现,以对人的本性的广泛而深刻的理解而受到人们的追捧,在20世纪得到空前的发展。而与唯意志论同时登上欧洲现代哲学舞台的则是盛行于19世纪英国和法国的实证主义及其一脉相承的马赫主义。正是这一对立,直接影响到了中国思想史上最著名的"科玄"之争,冯契先生更是将这一论战中的双方概括为玄学派的唯意志论和"科学"派的实证论。由此可见,科玄之争背后深刻的西方理论根源就在于叔本华、尼采和柏格森一派的生命哲学和孔德、穆勒一派的科学哲学,这种对立标志着西方哲学开始了"认知与意向的分裂",即意志论与知识论的对立,从而显化了人文主义和科学主义、非理性主义和实证论之间的对立。

唯意志论的开创者叔本华在西方理智主义传统上打开了一个缺口,他批评传统哲学由主客体出发的方法,既反对费希特从"自我"产生"非我"的哲学,也反对谢林主客体合一的"绝对"的哲学,更反对从客体引出主体的唯物论,主张将"世界是我的表象"作为其生命意志论的出发点,认为其生命意志论的核心在于"世界是我的意志"。在他看来,科学的理性认识只能认识现象世界即表象世界,只有非理性的直觉或观审才能认识理念,前者对应科学,后者则为艺术。而其所谓的直觉和观审则是超越时空、没有抽象思维和概念的参与而且主体自失于对象之中,直觉中所认识的对象不再是个别的事物,而是理念。叔本华认为理性不过是意志实现自己的向导和工具,只有直觉才能把握理念。① 而尼采更是激烈地否定理性,他不仅贬低意识的作用,夸大本能的作用,而且将认识视为权力意志的工具,根本否认认识的真理的存在;不仅如此,他更是呼吁要以权力意志为准则来"重估一切价值",使其哲学呈现出明显的反理性主义倾向,从而深刻影响着后来哲学的发展方向。而同样曾被认为是使西方哲学的发展发生方向性转折(即由近代步入现代)的主要人物之一的克尔凯郭尔,明确将其哲学与传统哲学对立起来,尤其是强烈反对黑格尔一类的理性派,主张以个人的生存当做全部哲学的出发点,提出了人生道路三阶段(或境界)说,即审美阶段、伦理阶段和宗教阶段及其对应的分别为感觉或情感、理性和信仰支配的三种生活方式,其理论有力推动了非理性主义哲学的发展。

受唯意志论影响最大的是柏格森以直觉主义为特征的生命哲学,而这一哲学流派更是深深影响着中国新儒家的思想,冯契更是直接将梁漱溟的哲学主张概括为"直觉主义"。

在柏格森看来,世界的本原或本质不是物质实体,而是一种"生命之流"、"意识之流",即生命冲动,是一种延续性的"绵延"。这种实在或本原非感觉和理智所能把握,而只能通过"直觉"来把握。他认为有两种根本不同的认识方式,即理智和直觉。理智围绕对象,依赖感官和意识,借助符号来表达概念,只能获得实用的知识;绝对的绵延只能靠直觉(又称"知觉"、"亲知")才能把握,而直觉高于理性。要达到直觉的本能,需通过一系列的意志努力去摆脱功利、社会、语言、逻辑等,来扭转思想活动的习惯方向,从而回归到本真的第一自我,把握只能意会不能言传的绵延。② 可见,柏格森承继并极大地发扬了叔本华的反理性主义,由对意志的强调发展为对直觉的强调,将艺术创作和欣赏式的直觉发展为对本质的直接体认和领悟的直觉,将主体自失于对象的直觉

① 以上参见[德]叔本华:《作为意志和表象的世界》,洪谦主编:《西方现代资产阶级哲学论著选辑》,商务印书馆1964年版,第5—13页。
② 参见[法]柏格森:《时间与自由意志》、《创造进化论》和《形而上学引论》等书的主要内容,参见洪谦主编:《西方现代资产阶级哲学论著选辑》,商务印书馆1964年版,第134—148页。

发展为主体置身于对象内部,达到理智的交融和本质的契合。

总之,唯意志论和生命哲学将隐藏于人们正常理智之外的非理性部分如意志、直觉和灵感等披露出来,开启了反理性主义的序幕,其后的新黑格尔主义、新托马斯主义、弗洛伊德主义、存在主义和实用主义等学派都不同程度地表现为对理性主义的反思和批判;同时,也为未来哲学的发展开辟了新的天地,如对意志问题的研究,成为后来哲学研究的重要课题。而唯意志论对意志的重视,与中国传统儒学强调"德性之知"、重视人的内在的道德修养、主张"内圣外王"的传统思想存在一致性,故为玄学派所钟爱。

与这种强调唯意志论和生命哲学的人文主义哲学相对应的是科学主义哲学的发展。在这方面,最突出的是打着"科学的哲学"旗帜的实证主义哲学。这一思潮尤其是逻辑实证主义和新实在论与唯意志论一起,深刻地影响着20世纪中国哲学的发展轨迹,分别影响着清华学派和新儒家对中国哲学现代化进程的推进。当然,中国哲学对西方哲学的引介,用冯友兰的话说,是"接着讲"而非"照着讲",其间充溢着创造性的发挥,如有别于西方的逻辑实证主义对"形而上学"一直持拒绝、消解的态度,重视对形上学的建构和反思。可以说,从胡适到冯友兰、金岳霖,他们对何种哲学道路的选择与对科学和哲学的关系问题的思索息息相关,他们给科学尤其是科学方法留置的空间,意在对中国传统哲学缺陷的弥补而希望在中国文化中灌输和普及科学精神,促进了中国哲学现代化的进程。

由法国的孔德开创的实证主义,经过英国的穆勒和斯宾塞的发展,到奥地利的马赫提出的所谓"经验批判主义",形成了一股强大的科学主义潮流,他们明确提出要以实证自然科学的精神来改造和超越传统的形而上学流派。如孔德主张以实证的知识来代替传统的神学和形而上学的思辨概念。① 穆勒从逻辑学的角度出发,通过对演绎主义的批判,完善了经验归纳主义;而斯宾塞则提出了著名的综合哲学理论,主张科学和哲学均应以现象为研究的对象。实证主义企图将哲学改造为建立在经验基础上所谓"实证的科学",以此克服

---

① 孔德坚持哲学应当以实证自然科学为根据,以可以观察和实验的事实及知识为内容的基本原则,并由此界定了实证哲学和实证科学的根本任务在于"精确地发现""自然规律",从而把科学和哲学的研究都局限于现象范围。参见［法］孔德:《实证哲学教程》,转引自洪谦:《西方现代资产阶级哲学论著选辑》,商务印书馆1964年版,第31页。

传统经验主义哲学的思辨性和抽象性,从而更好地与理性派思辨哲学进行辩驳。然而他们最大的成就更在于社会学领域而非哲学领域,其中又以孔德和斯宾塞为典型。如孔德宣称自己"发现了一条伟大的根本规律",即其著名的人类思想发展三阶段论。据此,孔德对哲学与科学进行了"判教",宣称与"实证科学"相比较,哲学只是一种低级的知识形式。斯宾塞虽把哲学和科学的领域都局限于现象(表象)的领域,但却将知识区分为最低级的知识、科学知识和哲学三类,同样对科学和哲学的地位进行了界定。可见,在实证主义那里,已经开启了现代西方哲学的"科玄之争"。

对科学和哲学的分野的论证,在德国"新康德主义"运动中的马堡学派和弗莱堡学派之间表现得极为典型。前者把认识论和方法论问题归结为先验逻辑问题,故又称为先验逻辑学派。以柯亨的"先验方法"为代表,他将康德的"自在之物"归结为"经验自身",进而把"经验"或"感觉"归结为"思维"本身,否定了"自在之物"的客观实在意义及认识的客观基础,否定思维与存在、主观与客观之间的原则区别,从而把对象世界和科学以至人类的全部认识都归结为纯粹思维利用数学和逻辑的创造。显而易见,这是一种逻辑型的科学主义。后者则专注于先验心理和价值问题的研究,故又称为先验心理学或价值学派。以文德尔班的价值论为代表,他将康德的"自在之物"理解为应当如此之物,即"自由意志"论。他通过对哲学的两个基本领域:对宇宙知识的探求和对人生价值的探讨,前者为判断问题,后者为评价问题。在他看来,存在两个不同的世界,即事实世界和价值世界。前者是表象(现象)世界、理论世界;后者是本体(自在之物)世界、实践世界。与之对应两种不同的知识,即"理论"知识和"实践"知识或事实知识和价值知识,前者表示的是两种表象的内容的相互归属关系,表现为知识命题,是普通的逻辑判断而不混杂丝毫的主观因素;后者表示的是估价意识(主体)和被估价的对象的关系,完全由主体的情感和意志所决定,表现为价值命题,是价值判断而不服从任何逻辑的因果规则,不具备逻辑上的意义,而只有伦理学和美学的意义。两相比较,后者高于前者而涵盖了前者。与其价值论相应,他将科学区分为"自然科学"和"社会历史科学"。[1] 从以上可以看出,其理论昭示了知识与价值、认知与意向的更

---

[1]　参见刘放桐编:《新编现代西方哲学》,人民出版社 2000 年版,第84—90 页。

为严重的分裂。这种分裂,在 20 世纪的科玄之争的玄学派那里有同样的表现。而早期的新黑格尔主义中同样存在这种分裂,如格林对意识和自我意识的区分,布拉德雷对理性和直觉、现象世界和"自我之物"的界定,鲍桑奎对哲学和特殊科学关系的阐述,克罗纳对黑格尔哲学的非理性主义改造及其后克罗齐对精神哲学的论述等等,无不充溢着对意向的自觉和对认识和意向之间分裂的强烈的认识。

事实上,随着科学认识和西方社会的发展以及两次世界大战对人类思想领域自省警钟的敲响,西方哲学更是以一种更为激烈的对峙面貌出现:一方为对人类潜意识的前所未有的深入研究,以弗洛伊德主义为代表;一方为对以往理性或科学的新的建构和诠释,以分析哲学为代表,呈现出人文主义和科学主义表面上强烈的对峙和实质上渗透着的融合趋势。这正是科学主义和人文主义对峙的第三个阶段。

而法兰克福学派的"批判理论"中有不少对科学主义的批判值得关注。如霍克海默将其自己的理论定义为"批判理论",表现为对现存资本主义社会的批判和对实证主义、启蒙精神、大众文化和工具理性的批判,对科技的发展持一种强烈的批判态度,认为"传统理论"的科学主义的哲学基础在于"主体与客体分离"的"二元论",导致对人的忽视,其理论采取"主体与客体同一"的立场,主张以人为本,引向了人本主义的立场。而阿多诺哲学的核心观念为"主体与客体同一论",将自己的理论称为"批判的反省",提出了"否定的辩证法"和"批判的社会学",后者更多地表现为对经验主义和实证主义的批判。弗洛姆则认为,科技迅猛发展的现代西方社会是不健全的有病的社会,主张以"爱"的教化去化解科技对人性的压抑,使人免于沦为机器人的危险,由此建立了"人道主义的精神分析"。马尔库塞强调人的本质在于"爱欲",认为以科技为基础的"发达工业社会"是对人性"爱欲"的"多余的压抑","技术的进步=扩大奴役",使人成为异化的"单向度的人",从而主张将"爱欲解放"和"劳动解放"联系在一起,并提出一种"新科技观",使科技在新的历史条件下成为一种解放手段。而哈贝马斯首先明确提出了当代社会"科学技术是第一生产力"的命题,并深刻揭露了科技在当代社会中的种种负面效应,其宗旨在于,揭露其产生的消极的社会政治效应来分析科学技术的社会功能问题,认为科学技术不仅是生产力,实现对自然的统治,同时也是意识形态,实现对人的统治和奴役,并从人的两种行为:"工具行为"和"交往行为"的角度分析得出这样一个结论:在现代资本主义社会中,对科技的重视,使得"工具行为"越来越合理化,而作为人类奋斗目标的"交往行为"越来越不合理,从而产生"技术统治论"的病态社会心理。可见,他对科技的发展持彻底的悲观态度。

在20世纪,代表科学主义的最强大的哲学流派可以说是分析哲学。分析哲学是对传统绝对唯心论和传统哲学方法反叛的结果,以逻辑和语言分析方法为主要标志。这种分析哲学大都主张把逻辑从心理学和认识论中分离开来,并且肯定:哲学的任务是澄清语言表达式的意义。在他们看来,以往哲学史上争论不休的许多问题尤其是形而上学问题,往往是基于语言的误用所致,是"伪问题",从而掀起了消解传统"形而上学"及"语言的转向"的浪潮。

如逻辑原子主义者罗素认为:"逻辑是哲学的本质。"他认为只有一个世界即经验世界,科学或者语言就是陈述经验世界,哲学就是对陈述作逻辑分析。可见,其主张体现了经验主义原则和逻辑主义原则的结合。而在维特根斯坦看来,哲学就是分析语言的活动,其真正的任务在于以唯一严格的正确的方法分析和区分出可说与不可说、意义与无意义的问题。由此,他提出了著名的实证主义的证实原则:"经验证实原则"和语言分析或者逻辑分析原则。他根据命题与事实的关系,区分出陈述命题、分析命题、矛盾命题和无意义的命题;主张将大多数传统哲学的命题归结为无意义的命题,由此体现出"反形而上学的哲学立场"。与罗素不同的是,其"逻辑"不是经验的东西,而是"不可说"的"超验"的东西,但其证实原则同样明显体现出经验主义与理智主义的结合。而这一思想在逻辑实证主义(又名逻辑经验主义、新实证主义)那里得到了进一步的发展。其中维也纳学派立足于逻辑实证主义的立场,从命题理论和意义标准两个方面对形而上学发起了激烈的批评。在他们看来,有意义的命题有分析命题和综合命题两类,综合命题的意义标准在于其证实的方法;而形而上学命题的陈述既不属于分析命题,又无法证实,所以是毫无意义的陈述,因此,维也纳学派主张取消形而上学。该派更进一步明确了"经验证实原则",并被用作"拒斥形而上学"的有力武器,强调逻辑分析是哲学的唯一任务,主张以科学为模式、以逻辑为手段、以物理学为统一的语言来彻底改造哲学,使哲学完全成为科学的哲学。他们认为科学以及科学的哲学都是基于经验证实的逻辑分析,力图在经验论的基础上,解决语言与逻辑、逻辑与经验的结合问题,但却没有从哲学上完全解决语言的意义问题,他们把这归结为日常语言的缺陷。而摩尔和后期的维特根斯坦却开辟了在维也纳学派看来有缺陷的日常语言哲学领域。尤其是后者,不仅否定了传统哲学关于世界本质的看法,用"家族相似性"概念代替了"本质"概念,放弃了对语言意义的追求,强调对语言用途的观察,并放弃了传统哲学观,认为哲学的任务在于描述日常语言的用法,哲学的实质在于我们错误地使用语言而产生的结果,从而为哲学的消解提供了理论支持。

但这种"拒斥形而上学"的态度和主张发展到蒯因那里,却改变了方向。他在其著名的《经验主义的两个教条》一文中,首次指出了逻辑实证主义两个基本信念:经验真理(事实真理)和逻辑真理(分析真理)的根本错误,取消了本体论与科学体系之间假定的分界线,并试图以整体性原则和实用性原则来重建没有教条的经验论,此即实用主义的实证主义。同时,与逻辑实证主义将本体论归入形而上学予以抛弃的做法不同,蒯因提出了"本体论的承诺",认为研究何物存在的问题应当是哲学的重要内容,正确地认识到完全"拒斥形而上学"是不可能的,因为任何科学理论都预先已经承诺了某种关于实在的形而上学本体论。当然他对这种科学对本体论的承诺的理解仍然是实用主义的。而其本体论的承诺实质上仍是一种约定论。

在科学哲学那里,对形而上学态度问题的思考与科学和哲学关系问题的看法紧密相关。科学哲学的发展历程本身已体现了理智与非理性化的紧张、认识与意志的冲突、实在论与信仰化的对立。如波普尔的批判理性主义反对传统经验主义的经验证实原则,而主张经验证伪原则,又主张一种"形而上学实在论",并不排斥本体论问题。而他在反对历史决定论时,更注意到自由意志在历史发展中的作用。拉卡托斯提出了精致否证论,在其"科学研究纲领"主张将科学哲学与科学史结合起来进行合理的重建。而库恩认为科学"范式"的转换并不具有"进步"的意义,认为科学范式不是对客观世界的认识,而是在不同社会历史条件下形成的科学共同体的共同的心理信念,从而彻底否定了"符合论"的真理,提出了不可知论和约定主义,甚至否认科学与迷信、神话的区别。而费耶阿本德则通过对传统科学哲学的批评,提出多元方法论,主张"与理性告别",主张非理性方法,发展出一套"无政府主义的认识论",倡导相对主义,甚至认为"科学是最新的宗教"、"方便的神话"。后来的"新历史主义学派"中,夏佩尔(D. Shapere)坚持科学的实在论观点,而劳丹则代表了反实在论的实用主义倾向。① 我们从科学哲学尤其是波普尔之后的科学哲学中,可以清晰看出理性与非理性、认识与心理、实在论与信仰化之间的张力。这一现象恰好反映了科学主义与人文主义之间的这种张力。

而以胡塞尔为代表的现象学既不像实证主义那样拒斥形而上学,也不像分析哲学那样重视语言分析和形式化的研究,而是重视更深层次的意识分析和对"生活世界"的研究,认为这些问题才是哲学探讨的永恒主题。胡塞尔以使哲学成为一门严格的科学作为自己在哲学上的终生奋斗目标,力图寻求能用来建立这种哲学的可靠方法。他试图为拯救陷入危机的科学与欧洲文明寻求一种"绝对的、终极的有效真理"。在他看来,"作为严密科学"的哲学应该从先验的"纯粹自我意识"中寻求某种"纯粹观念系统"或"纯粹逻辑",作为科学的基础。他主张通过彻底的中止判断、康德式的先验还原和笛卡尔式的"怀疑途径"来达到先验自我(或纯粹自我)和先验意识(或纯粹意识),提出了意向性理论。可见,其现象学的本质是先验理智。同时,其现象学方法论中本质还原或本质直觉呈现着人文主义特征。他在谈到两种不同认识:对对象的认识和对意识行为的认识时,认为前者的主要方式是知觉,而后者则主要是一种体验或体认式的返观自照即反思的行为,即直观行为。可见,胡塞尔现象学的"意向"学说,尤其是它的"本质直观"方法,与存在主义等人文主义哲学是相通的。

存在主义在一定意义上可以说是在胡塞尔现象学推动下,对 19 世纪中期以来出现的批判传统形而上学,特别是理性派形而上学的哲学思潮的进一步发展,其主旨在于从揭示人的本真存在的意义出发来揭示存在的意义和方式,进而解释个人与他人及世界的关系,是典型的人本主义哲学思潮。他们一致主张用现象学的方法把人的存在还原为先于主客、心物分立的纯粹意识活动,以此超越西方近代传统的主客、心物二分的存在论思维方式和形而上学,同时也批驳在保留主客二分的框架下拒斥形而上学的实证主义。如海德格尔试图超越主客二元对立的思维方式,将一切二元对立消融在人的存在当中,并以现

---

① 参见刘放桐:《新编现代西方哲学》,人民出版社 2000 年版,第十八章"当代西方科学哲学"的相关内容。

象学的方法建立本体论。而雅斯贝尔斯要求对哲学的意义、价值和来源等问题重新加以考察,确立新的哲学观念,尤其是重新界定科学和哲学的关系。萨特同样主张用现象学的方法来探究"存在"问题,主张以现象本体论即现象的一元论来取代传统的主客、心物、思有二元论,同时区分出现象的存在与存在的现象,认为意识和存在本身构成了现象的条件的两个方面,从而区分出反思的意识和反思前的我思。同时,萨特还提出了两种存在:作为现象的客观基础的自在的存在和显现这种存在的意识,即自为的存在,强调"存在先于本质",认为人的本质出于人的自由创造。而萨特在后期表现出接近马克思主义的倾向,主张以存在主义来"医治"和"补充"马克思主义。尽管其人学辩证法并不是马克思所理解的实践的历史或者历史的实践,但萨特所强调的马克思哲学是以人为中心的"人学"的人文主义品质,的确是值得我们思考的问题。

与人文主义的存在主义直接对抗的是科学主义的结构主义哲学思潮,这一思潮强调分析语言、文化与社会的关系问题。如索绪尔提出了著名的语言学分析模式理论,成为后来结构主义方法论的重要组成部分。而法国人类学家列维-斯特劳斯把结构主义语言学方法运用于社会现象的研究,主要是运用结构分析的方法对人类学中的亲属关系和神话等进行研究,发展出一种"结构主义人类学"。另外,列维-斯特劳斯认为,"科学"首先就是语言学,"语言学与人文科学的关系就如同数学与物理学的关系"。而乔姆斯基的代表作《句法结构》,力图透过语言的杂多的"表层结构"(语法结构),发现语言的同一的"深层结构"(逻辑结构)。结构主义由此成为一种新型的科学主义的哲学方法。

而阿尔图塞力图重新接受马克思主义,提出了"结构主义的马克思主义"。他严格区分了"科学"与"意识形态",并据此对马克思的思想发展作了阶段性的划分。他通过对马克思思想发展过程的解释来反对人本主义,认为其根本错误在于混淆了理论和实践,并提出了社会的多元决定论,认为黑格尔哲学的本质结构是"矛盾一元论",而马克思哲学的本质结构则是"矛盾多元论"。于是,在他笔下,成熟的马克思就成了一个科学主义者。可见,他对马克思思想的认识同样显现与人文主义对立的科学主义因素。

另一个值得我们深究的学派则是实用主义哲学,这一学派正是科学派如胡适的思想背景。实用主义公开宣称要超越和改造西方近代哲学的形而上学思维方式,主张将哲学的主要任务归结为制定科学的认识论和方法论。其主要特点在于强调哲学应立足于现实生活,主张把确定信念作为出发点,把采取行动当做主要手段,把获得效果作为最高目的,从而将实践、行动、生活作为哲学的主导。如皮尔士主张从经验主义和现象主义出发,将近代以认识为中心的传统形而上学改造为一种强调探索和实践过程的实践哲学。其本质上既是一种经验主义—科学主义哲学,又是比较注意主观意志的哲学。而詹姆士在《心理学原理》中试图将科学和哲学融合起来,反对将二者对立,反对那种以维护科学之名而完全排斥形而上学的做法。他主张摒弃先天形而上学,赞成那种对科学的概括的后天形而上学,主张科学应扩大自己的理论应用范围,有益于人的实际生活。在科学和形而上学的关系问题方面,他认为科学的目的就在于获得实际效果而非为了适应形而上学的要求,而科学的事实材料将丰富形而上学,但科学并不依赖形而上学,科学在成为形而上学以前就应是科学。可见,詹姆士不仅不排斥,甚至还倡导科学,肯定用理性和逻辑来表达的科学在现实生活中的作用。但他同时又认为,它们只有作为工具使用的价值,不能达到纯粹经验,没有实在的意义。为了达到后者,只有依靠非理性的本能和直觉。胡适之师杜威则主张克服传统二元论的缺陷,认为经验是人与环境相互作用的统一体,而后者就是人的生活、实践和行动,故其哲学非常重视实践,并提出了思想五步法,胡适更是将这一方法论概括为"大胆的假设,小心的求证"而在 20 世纪的中国广为流传。杜威的哲学主张,如其实践理论尤其是把经验和自然(主体和对象、感性和理性)的连续性的肯定当做其哲学的一条根本原则,以及工具主义中认为知识、思想、观念和理论是人的行为的工具,而实践效果是衡量真理的标准等思想,值得引起我们的重视。

我们从实用主义对"实践"的强调和重视这一点来看,这一哲学流派的确与马克思主义存在相通之处。但在对"实践"的理解方面,两者在哲学上又存在最根本的差别,实用主义的"实践"概念就是"经验"概念,本质上是属于英国经验主义传统的。

大体而言,人文主义和科学主义的对立集中体现在以下几个方面:其一,关注中心的对立。人文主义流派强调以人及人的存在为中心,主张充分认识人的尊严与价值,以人作为衡量一切事物的尺度。科学主义流派将自然作为研究的中心,通过对自然科学成果的概括和总结建立起哲学理论,并使哲学科学化。其二,推崇理性和推崇非理性的冲突。人文主义推崇非理性思维,贬低或反对理性思维或逻辑思维。在他们看来,把握事物的本质及自我,不能靠理性思维,只能靠人的直觉、顿悟、灵感等非理性思维;对自然科学和技术持否定的态度,坚持人文知识的自主性和独立性。科学主义推崇自然科学的方法,强调科学知识的可靠性、有效性和精确性,强调必须借助于自然科学的方法才能达到精确科学的目的;主张将自然科学作为知识的唯一合法形式,排斥情感、意志等非理性的思维形式。其三,形而上和形而下的分野。人文主义重视对"物自体"等彼岸世界、终极原因和人生价值、意义等形而上即超验世界的研究。科学主义继承了经验主义的哲学传统,主张哲学应当研究与探讨经验世界的问题,经验以外的终极原因、现象背后的本质、实体等形而上学的问题是无法认识的,对它们的探讨也是毫无意义的,因而主张拒斥形而上学。

总之,在西方现代化进程中,科学与人文之间的关系一直是世界哲学与文化讨论的焦点,韦伯更是明确提出了现代化过程中科学理性与人文精神、工具理性和价值理性的二元对立。随着西方资本主义现代化的不断推进,科学与人文的对立不断从学术界扩散到整个思想文化领域,成为西方文化的重要部分。如果承认西方现代以来哲学领域最大的"两军对垒",最精辟的概括莫过于人文主义与科学主义的对立,作为一种最新思潮的后现代主义尤其是"解构主义",试图消解西方理性主义或理智主义传统,但它本身的符号主义倾向仍然没有摆脱理智主义的窠臼,仍承载着科学主义的因素。

二、对科玄论战的直接回应

冯契先生的智慧说是对中国近现代科学主义和人文主义之间的张力的探索历程的批判式反思,而中国近现代对科学主义和人文主义探索历程,大致经历了以章太炎和王国维为代表的胚胎期、以科玄论战为标志的经典期和科玄论战之后多重进路的深化发展期三个阶段。①

在中西文化交汇碰撞的时代,如何对待外来文化和中国传统文化,成为知

---

① 参见邵明德、高伟:《关于科学主义与人文主义整合的历史与反思》,《徐州师范大学学报》(哲学社会科学版)1999年第1期。

识分子直接面对的时代问题;而如何吸收消化西方文化,同时又接续中国传统文化,成为中国哲学从传统走向现代,即中国哲学现代化转型亟待解决的问题。鉴于现实的迫切需要和非此即彼的二元对立的思维,在设计文化发展战略时,国人必然提倡科学理性而拒斥人文精神,从而凸显中西文化之争。正是这一争论使得科学主义和人文主义的对峙在中国近代哲学舞台上初现端倪。我们以严复、王国维为例略作说明。

围绕着国家和民族如何得以"生存"的问题,严复毕生致力于"开民智"的事业。在学术上,则集中体现为对西学的介绍、引进和传播,尤其是将实证论引入中国并使其产生深刻影响。在他看来,近代西洋之学,"言学则先物理而后文词,重达用而薄藻饰",教人则"必使自竭其耳目,自致其心思,贵自得而贱因人,喜善疑而慎信古";而中学"必求古训",如此"古人之非,既不能明,即古人之是,亦不知其所以是"。① 他认为,无论是为学之方,还是为学之用,还是为学之思,较之中学,西学无不占据优势。他认为,所谓"西学",除却西方自然科学外,还包括西方的社会科学,尤其强调获得这些科学知识的认识论和方法论。他尤其重视西学的实证方法,甚至将这种归纳和演绎的实证方法明确定义为"实测内籀之学"。而中国近代思想史上对西方实证论的引介,主要出于对传统旧学的反省和对旧学缺陷的弥补。如严复在《救亡决论》中,通过对中西文化的比较,认定西方实证论哲学的方法论即格致之道与中国相反,指斥中国旧学为"无用"、"无实"之学。他认为,无论是讲义理的宋学还是重考据的汉学,都缺少科学性,"不实验于事物","不察事实,执因求果,先以一说,以概余论"。他尖锐地批评中国学术"锢智慧"、"坏心术"、"滋游手","其为祸也,始于学术,终于国家"。② 严复不仅从认识论的角度认识到中国旧学是以"先入之见"为前提,同时也从方法论的角度深刻披露中国旧学的不确定性、不可靠性,从而揭示出中国旧学在民智等方面所造成的重大消极影响。严复对中西文化的这种比较和对西学的界定具有其特定的时代意义和价值,有助于纠正中国传统文化忽视科学知识、见闻之失之偏颇,有助于推动中国传统文化的现代化进程。鉴于实证主义对科学及科学方法论的重视,严复对实证

---

① 参见王栻主编:《严复集》第 1 册,中华书局 1986 年版,第 29 页。
② 参见王栻主编:《严复集》第 1 册,中华书局 1986 年版,第 45 页。

论的引介及其欣赏态度表明,他在中西文化之争中所表现出的西学立场和科学主义立场。但这种认识容易走向极端,从而出现了全盘西化和唯科学主义思潮的登场,这在五四时期陈独秀和胡适那里得到证实。

王国维在 30 岁以前,已经研究了叔本华和康德,其后放弃了对哲学的研究,其原由在于"可爱者"与"可信者"之间的矛盾。① 在哲学方面,王国维发现,康德、叔本华系列的哲学家探讨了形而上的问题,也重视对人生意义与价值问题的讨论,但这种哲学却缺乏实证科学的考证和支持;与之相反,实证论哲学重视科学实证之知识,但却罕有对价值尤其是生命意义的真切了解。前者为王国维所爱,后者为其所信,但"可爱者"缺乏可信度,"可信者"又缺乏可爱度,王国维最终放弃了哲学而从文学、史学中寻求慰藉,乃至最后"自沉"。"王国维现象"是 20 世纪初中国思想界的一种典型,基于"中国向何处去"的时代问题,往往在可信者与可爱者二者不可兼得的情况下,作出对"可信者"的抉择。王国维事件同时也说明,科学与人文、知识与智慧之间的关系问题是一个普遍的问题,是任何关注个体生命价值和意义的思想家无法回避的问题,这一问题,与"古今中西"文化之争紧密关联。王国维"可信者"与"可爱者"之间的矛盾,已将科学主义和人文主义之间的对峙提升到了文化心理层面。

而梁启超的阅历更是在现实层面突出了科学和人文之间的张力,并在中西文化之争中坚定了中学的立场,为后来玄学派的主张奠定了基础。1918 年12 月 28 日,曾力主采取西学的梁启超率领蒋百里、丁文江、张君劢等 7 人赴欧洲游历。面对第一次世界大战所造成的巨大的物质破坏和精神创伤,受到西方悲观情绪的感染,梁启超开始怀疑以往过度强调科学的西方文明,宣称科学万能的梦想破灭,从而增强了对中国传统文化价值的信心,并写了著名的《欧游心影录》一文。文章指出,西方的社会危机足以证明"科学的破产",也就意味着以科学精神为核心的欧洲文明面临文化危机。据此,他对"科学能否解决人生观问题"提出质疑。正是这一质疑在思想界形成了对科学的两种不同观点,成为"科学与人生观"的论战的先导。

在中国,不少学者普遍坚持马斯洛称之为"方法中心论"的科学观②,即以

---

① 参见王国华、赵万里编:《静安文集续编》第 5 册,上海古籍书店 1983 年影印本,第 21 页。
② 参见[美]马斯洛:《动机与人格》,华夏出版社 1987 年版,第 2 章。

科学方法来规定并取代科学。一方面,把世界理解为陈独秀所称的"死板板的实际",坚持其独立性和客观性;另一方面,以方法的价值中立性为根据断定科学问题、科学知识的价值中立性。总体上主张悬置认识主体之人,将知识的客观性、真理性脱离人之存在。波兰尼和马斯洛等学者对主客分离的科学观作了直接的批评。笔者也一致认同波兰尼的观点,知识无不与主体之人相关,科学知识也不例外。而"科玄"论战双方所持的正是把客观性与主体性相分离的客观主义科学观。"科学派"强调科学方法的至上性,认为科学知识是知识的唯一合法代表,科学是世间一切事物的共法,并主张人生意义和价值的唯一合法源泉在于科学。如吴稚晖在《科学周刊》发刊语中提出"研究科学的内容,申明科学的价值"的格言,主张科学万能论。胡适更是指出:"我们也许不轻易信仰上帝的万能,我们却信仰科学的方法是万能的。"①与科学派把科学理性的作用绝对化的态度相反,"玄学派"认为科学之人具有不完整的人格,试图阐释玄学与整体的人的存在相联系,来论证玄学的合法性。唯物史观派尽管批评了科玄两派,在实质上却坚持科学派的立场。以唯物史观派的加入为标志,科玄之争可分为前后两个阶段,而前期又以参与者的扩大化为圭臬分为"兴起"时期和"扩大化"时期。下面我们大略陈述一下"科玄"论战的过程。

科玄论战的兴起,始于北京大学教授张君劢于 1923 年 2 月在清华大学所作的题为《人生观》的讲演(发表在《清华周刊》第 272 期),对科学主义"科学万能"的思想倾向提出批评。在他看来,科学与人生观属于两个不同的世界。他从五个方面对科学与人生观进行了比较,并从九对关系、四大方面对人生观问题进行了分析,得出的结论是:人生观关乎精神而非物质,不受因果律支配。因此,在人的精神领域内,科学是无能为力的,强调科学不能解决人生观的问题。

针对这一观点,既是地质学家又是马赫主义的丁文江(丁在君)于同年 4 月发表了题为《玄学与科学——评张君劢的〈人生观〉》(北京《努力周刊》第 48、49 期)的反驳文章。文中从人生观能否同科学分家、科学的智识论、张君劢的人生观与科学、科学与玄学战争的历史、中外合璧式的玄学及其流毒、对

---

① 胡适:《反省与尝试——胡适集》,上海文艺出版社 1998 年版,第 203 页。

于科学的误解、欧洲文化破产的责任、中国的"精神文明"等八个方面驳斥了张君劢的"人生观",并引证胡适的话,认为基于时代的要求,人类今日最大的责任与需要是把科学方法应用到人生问题上去,主张科学可以支配人生观,而玄学是科学的对头,并提出了"打倒玄学鬼"的口号。

该文发表后,张君劢又发表长文《再论人生观与科学并答丁在君》(上、中、下三篇)辩驳,此文从十二个方面答复了丁文江的驳难,其议题仍聚焦于人生观与科学的界线。而丁文江则以《玄学与科学——答张君劢》答辩,尤其反驳了张君劢的"人生观"定义,并将"人生观"明确定义为知识情感,即在知识规束下的情感冲动。后来丁文江又于6月5日作了一篇短文《玄学与科学的讨论的余兴》,认为"广义的玄学是从不可证明的假设所推论出来的规律"。可见,丁文江所坚持的是科学观视野下的人生观,即认为科学能够解决人生观的问题,从而表现出对以张君劢为代表的玄学派的消解态度。

正是张君劢与其好友丁文江之间的这一辩论,拉开了"科玄"论战的序幕。与之呼应,思想学术界名流在不同报刊上发表文章来参加讨论,形成了以张君劢、梁启超为代表的"玄学派",以丁文江、胡适、唐钺、吴稚晖等人为代表的"科学派",明确显化了中国现代哲学史上科学主义和人文主义对峙的局势,将"科玄"论战推向了炙热化的扩大阶段。

下面我们简单介绍一下科学派的主要代表人物及其观点。

5月11日,科学派的另一重要代表人物——胡适写成《孙行者与张君劢》一文,他从孙悟空和如来佛之间的关系来比喻玄学和科学之间的关系,认为玄学纵有天大的本领,也跳不出科学的掌心,以此表明其科学派的立场。任叔永在其《人生观的科学或科学的人生观》一文中指出,人生观的科学是不可能的事,而科学的人生观却是可能的事;认为科学不仅可以"间接""改变"人生观,而且可以"直接""造出"人生观。章演存发表了《张君劢主张的人生观对科学的五个异点》一文,认为科学不是纯客观的,但却存在客观原则,并主张从因果和"真"的角度来分析人生观的问题,包括动机等意向性方面。朱经农则在《读张君劢论人生观与科学的两篇文章后所发生的疑问》一文中,分别从八个方面对张君劢的主张提出了质疑,分析了张君劢思想中的矛盾之处及其中所包含的科学立场。唐钺先后发表了五篇文章来坚持他的科学观的立场。其中:《心理现象与因果律》开宗明义指出,一切心理现象是受因果律所支配的,而因果律是从经验得来的;而《一个痴人的说梦——情感真是超科学的吗?》一文,针对梁启超《人生观与科学》中的论点而发,反对梁氏的观点,认为情感如"爱"和"美"不仅不是"神秘"的和不可分析的,相反是可以分析的,从而确定科学是可以立足于人生观问题的;而其《科学的范围》针对林宰平对丁文江的质疑,认为天地间所有现象,都是科学的材料;《读了〈评所谓"科学与玄学之争"〉以后》一文则针对范寿康的驳议提出抗辩,坚持"科学可以解决人生观的全部"。与丁文江一样,同为马赫主义的王星拱,在其《科学与人生观》一文中,贯彻了他的"科学"立场,主张"人生之科学观"(依科学去解释生命问题,即对人生的科学认识)和"科学的人生观"(即建立在科学认识基础之上的人生态度),认为人生问题不能逃出科学之因果和齐一这两个原理的金刚圈,所以科学可以解决人生问题。而吴稚晖在其《箴洋八股化之理学》中,认为中国现在最需要的正是科学和物质文明,并在《一个新信仰的宇宙观及人生观》这一长文中更全面地论述了这一观点,并发表了七个"坚信",认定宇宙一切皆可以科学解说的观点,表达了坚定的科学主义立场。

针对主张"科学万能"论的科学派的强烈攻势,玄学派也毫不示弱,奋起反击。

同年 5 月 5 日,梁启超写了一篇《关于玄学科学论战之"战时国际公法"——暂时局外中立人梁启超宣言》①。这篇"宣言"一方面明确指出"人生观"问题是宇宙间最大的问题,另一方面对科玄论战的意义进行了概括,认为"这种论战是我国未曾有过的论战";"替我们学界开一新纪元"。5 月 23 日,他再次发表《人生观与科学——对于张丁论战的批评》一文。文中对"人生"、"人生观"的定义作出了界定,并区分了"理智"与"情感",肯定了科学的作用,并对科玄双方都提出了批评,认为科学派之科学万能论与玄学派之轻蔑科学同样是错误的,认为人生关涉理智方面的事项,绝对要用科学方法来解决;关于情感方面的事项,绝对要用超科学的方法来应对。但其旨归却在于对情感与自由意志的歌颂。而张君劢在中国大学发表的《科学之评价》的演讲认为,人生在世,存在形上、审美、意志、理智、身体五个方面的问题,其中的前四者属于心灵的问题,可分为形上、形下两个层次,形下又可分情意(审美、意

---

① 参见张君劢等编:《科学与人生观》,山东人民出版社 1997 年版,第 121—123 页。

志)和理智两个方面;他认为科学主义注重身体和理智,忽视了形上和情意,再次明确了其玄学立场与主张。而林宰平在其《读丁在君先生的〈玄学与科学〉》一文中,具体讨论他对"科学与人生观的关系"的看法,一方面,他赞成"科学有益于人生观";另一方面,他又反对科学派"人生为科学所支配"的观点;他主张对"科学"和"科学的"进行严格的区分,反对科学主义的万能的排他性,并对科学主义的经验论原则进行了批判,主张既认可科学,又需为人生观问题留置必要的生存空间。甘蛰仙力图以公允的态度来阐述科学和人生观的问题,但在其《人生观与知识论》一文中,却从良知的角度论述了人生之目的、人生之途径、人生之修养等问题,并引申了道德的自由之所从出的问题,同时从知识论略释先哲学说和由人生观略释先哲之人格态度,从其论述中无时不见其玄学的主张和立场。屠孝实之《玄学果为痴人说梦耶?》一文则针对吴稚晖和丁文江的说法,确立了玄学决不可无的观点。菊农的《人格与教育》一文则明确了"生命意志论"的哲学主张。而王平陵在《"科哲之战"的尾声》一文中,以敏锐的观察力将"科玄之争"称为"科哲之战",即科学与哲学的关系问题,并认为科学(实则科学主义的实证主义的哲学)企图排斥哲学是办不到的,科学与哲学是一种对立互补的关系。

　　针对科玄论战中涌现的诸多著作和观点,1923 年 11 月,上海亚东图书馆编辑出版了《科学与人生观》一书,分上、下两册,由陈独秀、胡适作序。同年12 月,上海泰东图书馆也出版了内容基本相同的《人生观之论战》文集,由张君劢作序。两书所收文章差异不大,但却代表了两个不同派别的主张,其中《科学与人生观》代表了科学派的立场,突出体现在陈、胡二序上;而《人生观之论战》代表了玄学派的立场,这点不仅体现在张君劢的序上,而且尤其突出体现在编排上:该书三编,甲篇收玄学派的文章,乙篇收科学派的文章,附录则收其他文章。

　　正是这一编录,尤其是陈独秀所作之序中对科学派和玄学派的批判,推进了科玄论战的深入和历史性转型,究其因在于以陈独秀为代表的马克思主义唯物史观的加入。陈独秀在序言中,以唯物史观为武器,对张君劢、梁启超、丁文江、胡适都进行了批评。在他看来,唯有唯物史观才能科学地解决人生观问题。这又引起了胡适、张君劢、梁启超的反批评。胡适写了《答陈独秀先生》,张君劢也在为《人生观之论战》写的序言中,对陈独秀多有批评。于是,陈独秀又发表了《答适之》、《答张君劢及梁任公》。而后,瞿秋白在《新青年》上也发表了《自由世界与必然世界》、《实验主义与革命哲学》,与之相呼应。由此,推动着论战进入第三个阶段,即唯物史观和非马克思主义学派之间的争论,为以后围绕中国向何处去的时代课题所展开的马克思主义哲学中国化的推进奠定了基础,从而对冯契沿着实践唯物主义的辩证法前进产生了影响。

陈独秀在这一论战中,基本上是站在唯物史观的立场。首先,他批评了玄学派张君劢的"九项人生观"和梁启超的"情感超科学"的"怪论"和范寿康所谓人生观的"先天的形式",他根据唯物史观来论述因果律和意志自由之间的关系,认为个人的意志自由为社会现象和心理现象的因果律所支配。其次,他又批评科学派代表丁文江自称的所谓存疑唯心论是沿袭了赫胥黎和斯宾塞诸人之谬,其不可知论为玄学派留置了地盘,故其思想之根底,仍和张君劢走的是一条道路。再次,他还批评了胡适的多元论历史观,认为这一主张把物的原因和心的原因并列,不分主次。在他看来,"只有客观的物质原因可以变动社会,可以解释历史,可以支配人生观,这便是'唯物的历史观'"。坚持马克思主义的一元论历史观。另外,针对胡适《答陈独秀先生》一文中所区分出的自己的"唯物的人生观"与陈序中的"唯物的历史观"之说,陈独秀指出,"'唯物的历史观'是我们的根本思想,名为历史观,其实不限于历史,并应用于人生观及社会观";"唯物史观的哲学者也并不是不重视思想文化宗教道德教育等心的现象之存在,惟只承认他们都是经济的基础上面之建筑物,而非基础之本身"。① 可见,"唯物史观派"旗帜鲜明地加入到科玄论战之中。客观地说,陈独秀对两派的上述批判基本上公允。不过,他在这次论战中也暴露出若干理论上的错误,如没有完全意识到马克思主义和实证论之间的区别,将实用主义和唯物史观都说成是关于社会历史的科学理论等。

与之同时的邓中夏同样从唯物史观的立场对此进行了辩论,他在《中国现在的思想界》②一文中,对中国思想界三足鼎立的格局作了一种异常清晰的勾画,并运用唯物史观的原理对此格局进行了分析,尤其强调了论战的阶级斗争性质,同时还分析了唯物史观派与科学派之间的异同,强调了两者都根据科

---

① 陈独秀:《答适之》,收入张君劢等编:《科学与人生观》,山东人民出版社 1997 年版,第 29、30 页。
② 参见蔡尚思主编:《中国现代思想史资料简编》第二卷,浙江人民出版社 1982 年版。

学,都应用科学方法的一致性。据此,在次年发表的《思想界的联合战线问题》①一文中,他更是明确主张唯物史观与科学派应组成联合战线以便向玄学派分头迎击,一致进攻。我们从陈独秀和邓中夏之文中可以明确看出,此时唯物史观其实质仍是站立在科学派的立场,所不同者,在于运用的理论武器的不同。

紧随其后的是瞿秋白分别批判科玄两派的两篇文章:《自由世界与必然世界——驳张君劢》,《实验主义与革命哲学——驳胡适之》②。前文针对玄学派的"自由意志"论,运用唯物史观的理论,集中讨论了意识与存在、自由与必然、理想与现实的关系问题,即针对科学能否解决人生观问题的问题,一方面,他驳斥了玄学派污蔑唯物史观为宿命论的观点;另一方面,他也批判了科学派的非决定论,坚持"实际的论证方法"、"唯实的、历史的唯物论的态度",坚持"社会的有定论",并由此讨论社会和个性之间交互作用的关系问题,用历史唯物主义原理来说明个人意志或动机,认为杰出的个性不过是"历史的工具"。后文则是批判科学派,尤其是胡适的实验主义,一方面,他肯定实验主义倡导"新的研究方法"、注意"改革现实生活"和反对封建的"锁闭"的系统等方面的积极意义;另一方面,他又着重批评了实用主义的真理论之功利性和主观唯心主义的缺陷,从而阐述其辩证唯物主义的反映论。他明确指出,其文的目的在于要说明:实验主义不是真正彻底的科学,只是一种唯心论的改良派哲学;马克思主义才是真正彻底的"科学",因而才是一种"革命哲学"。这一论点与其后在 1927 年,他针对陈独秀和彭述之所犯的严重的右倾错误而作的《中国革命中之争论问题》相呼应。

另外,在 1924 年 5 月 25 日,陈独秀又作了《答张君劢及梁任公》一文③。文中对张君劢列举的九项"人生观"问题进行了驳难,认为张本身就运用了科学的方法,由之推及社会现象也必为因果律所支配,故社会科学也是科学;同

---

① 1924 年 1 月 26 日发表于《中国青年》第 15 期,参见蔡尚思主编:《中国现代思想史资料简编》第二卷(李兴华编),浙江人民出版社 1982 年版。

② 分别发表于《新青年》1923 年 12 月 20 日季刊第 2 期和 1924 年 8 月 1 日季刊第 3 期,参见蔡尚思主编:《中国现代思想史资料简编》第二卷(李兴华编),浙江人民出版社 1982 年版。

③ 发表于 1924 年 8 月 1 日《新青年》季刊第 3 期,参见蔡尚思主编:《中国现代思想史资料简编》第二卷(李兴华编),浙江人民出版社 1982 年版。

时针对张君劢所谓"事实"与"思想"之关系的观点进行辩论,从因果关系明确事实是思想之母,反对倒果为因;另外还分析了梁启超对马克思主义的"两个误会":一个误会是把马克思主义视为"机械的人生观";另外一个误会是把马克思主义视为一种"宿命论"。

另一早期马克思主义者李大钊,虽然没有发表论战性的文章,但却以各种形式从正面回答了科玄论战中所涉及的主要问题。如他在《自由与秩序》中对群己关系,即个人和社会的关系问题作了正确的解决。他一再说明,历史观与人生观有密切的关系,马克思主义既然给了我们一种新的历史观,从而使我们可以得到一种新的人生观。

就以上论战而言,冯契认为,以张君劢为代表的玄学派和以丁文江为代表的科学派之间的论战,也可以说是东西方文化论战的继续。就其哲学主张而言,前者鼓吹柏格森的生命哲学(与陆王心学相结合),后者鼓吹马赫主义和实用主义(与清代朴学传统相结合)。① 的确,玄学派强调人生观是出于意志自由的选择,认为人生观领域的问题绝非科学所能够解决,从而强调东方文化的优越性。具体到人生观问题上,主张继承和发展中国哲学中天人合一观下自然和人生统一于道、哲学家之道与哲学家人格相统一的传统。实际上,玄学派敢于正视现代化过程中两种文化的深刻断裂,提出的问题较乐观的科学派更发人深思,从而更富有现代精神和现代气质。当然,这种主张容易沦为"伦理本位"而使其哲学成为传统"纲纪"、"礼教"的工具,从而容易消弭其原本反宿命论的反封建的启蒙意义,甚至更容易如尼采的权力意志般蜕变为法西斯主义的工具。而科学派大都是西学派,主张以现代西方科学为基础来建立科学的人生观。他们往往注重科学求真的理性精神,将科学拘囿于自然科学中的科学思想,而不是科学研究本身,他们对科学的价值、作用和地位的肯定,更多的是作为批判的武器,对旧文化进行彻底的批判,从而使其科学观尚且缺乏系统性,这正是那个时代所内蕴的历史必然性。另外,他们对科学的论述,尤其是丁文江的存疑唯心论所反映的是一种相对主义的非决定论的真理论,与其原本的科学理性相悖;具体到人生观方面,他们往往强调人的动物性,力求人与自然的和谐;在义利之辨方面,往往追求纯粹的快乐主义和功利主义,从

---

① 参见冯契:《中国近代哲学的革命进程》,华东师范大学出版1997年版,第410页。

而在群己之辨方面也就流于个人主义,而对个人的过分强调,又容易导致唯意志论,尤其是鼓吹个人的盲目行动。可见,科学派的理论内蕴着与其初衷相悖的矛盾。因此,无论是玄学派还是科学派,各自的观点既有其合理之处,同时也有各自的缺陷。这一现象,一方面凸显了科学和人生的关系问题及其内蕴的知识和智慧的关系问题,的确是个时代的重大问题;另一方面,也为后来中国哲学现代化寻找转型的出路提供了经验和教训,同时也为后来哲学对智慧说的探讨留置了充足的发展空间,有力地启发了冯契基于中西哲学交流和会通,寻求新的视角来解决科学主义和人文主义对立的问题。方克立先生如下一段话或多或少地说明了这一点:"玄学派在这场论战中虽然失败了,但是不能否认他们提出的问题是有重要意义的。科学发展不能完全解决人的生存价值问题,'工具理性'不能代替'价值理性',直到今天还是哲学家们关注探讨的一大问题。无论在西方,还是在中国,人本主义与科学主义之争并没有结束。"①

相对于科学派和玄学派而言,冯契认为,马克思主义者比较正确地阐明了社会历史中的心物关系(即因果律和自由意志的关系)和群己关系(社会和个人的关系),显示了唯物史观较之其他哲学学派的优越性,并使之得以广泛传播。但是,正确地选择了马克思主义哲学,还不等于就能运用它来解决中国的实际问题。具体到"中国向何处去"这一时代课题在哲学上的反映,即如何解决知识和智慧、科学和哲学的关系问题,在书本中、在马克思主义著作中是找不到现成的答案的。因此,如何沿着实践唯物主义辩证法的道路前进,会通中西,来阐明其广义认识论,还需正确处理好马克思主义和非马克思主义之间的关系,由此来解决科学主义和人文主义的对立问题。

科玄论战之后,就如何界定科学与玄学的关系问题和解决科学主义和人文主义的关系问题,出现了多种进路。郁振华曾将其概括为以下四种典型的进路:有强调对科学加以综合统一而从科学上升到哲学的进路;有强调科学与哲学之种类差别的截然二分的进路;有强调从玄学中开出科学的进路;有强调科学和哲学的积极互动的相对比较综合的进路。②

---

① 方克立:《现代新儒学与中国现代化》,长春出版社 2008 年版,第 60 页。
② 参见郁振华:《形上的智慧如何可能?》,华东师范大学出版社 2000 年版,第 12—72 页。

在诸多进路中,对冯契影响最为深刻的是其师金岳霖对知识论态度和元学态度的区分。金先生在《论道·绪论》中指出,知识论的裁判者是理智,而元学的裁判者是整个的人。他认为,研究知识论时我可以暂时忘记我是人而用客观的、冷静的态度去研究;但研究元学时我不能忘记"天地与我并生,万物与我为一",我不仅在研究对象上要去理智地了解,而且在研究结果上,要求得到情感的满足。① 他在区分出元学的态度和知识论的态度的同时,也划分出了两个世界,即道的世界和理的世界。所谓"道的世界"即价值世界、意义世界,"理的世界"即事实世界、科学世界。前者需要主观情感的介入,后者则是客观超然的,故分别表现为情感的态度和客观冷静的态度。金先生的这一观点让冯契产生了不满。冯契认为,其师的这种办法是从静态的角度把知识和智慧截然割裂开来,从而划定了两个世界的界域,从而无法解决科学和人生脱节的问题,自然也就没有解决科学主义和人文主义之间的矛盾。在他看来,理智并非"干燥的光",主张以 Epistemology 来代替 Theory of Knowledge,认为认识论不应限于知识的理论,而且应该研究智慧的学说,要讨论"元学如何可能"、"理想人格如何培养的问题",从而将理智和情感都纳入了认识论的研究中,较中国当时普遍受西学科学哲学影响的实证主义流派更接近中国传统哲学,从而开始了冯契先生富有创见的广义认识论即智慧说思路的探索。

三、实践唯物主义的指引

冯契先生通过对中国近代思想史上尤其是五四时期以来中西文化论战和科玄论战等思潮对时代问题的解决和对所取得的实际效果贫乏的经验的总结,认识到这两个问题都是马克思主义者所关心的问题,但究竟如何用实践唯物主义的辩证法来解决知识和智慧的关系问题,在当时的书本和马克思主义著作中是找不到现成的答案的。基于政治上确认马克思主义能够救中国的这种信念上和理论上对实践唯物主义辩证法的把握,他坚定了自己的学术路线:力图沿着实践唯物主义辩证法的道路前进,同时汲取各种哲学派别包括非马克思主义学派的一些合理因素来阐明其哲学问题:由无知到知、由知识到智慧

---

① 参见金岳霖:《论道》,商务印书馆1985年版,第16页。

的认识过程,力图以开放宽容的态度来处理好马克思主义和非马克思主义的关系,进而会通中西,解决科学主义和人文主义的对立。

就受实践唯物主义的指引而言,冯契自己指出,他最初接触到马克思主义哲学著作是在"一二·九"运动中,而且一开始所读之书甚为繁杂,有俄国人写的教科书似的书,也有中国人自己写的,如李达、艾思奇等人写的著作,同时,也直接读英文版的马克思、恩格斯和列宁的著作。正是这种遨游式的涉猎,使其对马克思主义哲学的理解并没有停留于当时盛行的苏联教科书似的思维方式,而是培养了开放式的思维和视野,萌发了沿着实践唯物主义道路前行的思想。

严格来说,冯契是在毛泽东哲学思想的影响下信奉马克思主义哲学的。20世纪30年代,作为热血青年的他曾赴山西前线参加抗战。在山西前线,他第一次读到了《论持久战》这篇文章,尔后,又读了《新民主主义论》、《矛盾论》和《实践论》,他对这些著作感到心悦诚服,其中以《论持久战》和《新民主主义论》为要。他认为,在山西抗战前线所读到的"《论持久战》特别使我感受到理论的威力,它以理论的彻底性和严密性来折服人,完整地体现了辩证思维的逻辑进程。可以说,这本书是继《资本论》之后,运用辩证逻辑的典范"。而到昆明时读到的《新民主主义论》"对一百年来困扰着中国人的'中国向何处去'的问题作了一个历史的总结,指明了中国民主革命的正确道路"。他认为,毛泽东根据中国国情和历史特点提出的新民主主义革命理论,"对一百多年来的政治思想上的古今中西之争作了历史性的总结",在文化上提出了"民族的、科学的、大众的文化",其中的"能动的革命的反映论"范畴"集中体现了辩证唯物论和历史唯物论的统一","把客观过程的反映、主观能动作用和革命实践三个互相联系的环节统一起来,而实践则可说是主观和客观之间的桥梁"。① 在毛泽东那里,"能动的革命的反映论"不仅仅在于说明世界,更强调对世界的改造,即实践。毛泽东说,之所以说这是自有人类历史以来"第一次"正确地解决意识和存在关系问题的"科学的规定",就在于马克思主义提出了"科学的社会实践"的观点。这一观点把基于实践的社会历史和认识活动理解为对客观过程的反映和主观能动性的作用,从而唯物而辩证地解决了

① 参见冯契:《认识世界和认识自己》,华东师范大学出版社1996年版,第14—16页。

意识和存在、社会意识和社会存在的关系问题。冯契认为,毛泽东"能动的革命的反映论"思想不仅在中国哲学史上第一次对认识论和历史观中的"心物"之辨作出了科学的规定,而且实现了辩证唯物论和历史唯物论的统一,一方面将唯物主义的反映论原则贯彻于历史领域,使人了解到"社会生活在本质上是实践的";另一方面又将唯物史观贯彻于认识论,使人明白"认识对社会实践的依赖关系",是对马克思主义哲学中国化了的科学概括,也是中国近代哲学革命发展的最基本的积极的成果,标志着中国近代哲学的一个革命性飞跃。[①] 在冯契看来,毛泽东正是运用从实践中高度概括出来的"能动的革命的反映论"的基本原理,才在《实践论》等著作中阐明了认识运动的秩序,并在《论持久战》等著作中显示出辩证逻辑的威力。

　　为了回答"中国向何处去"这一近代中心问题而引发的政治思想领域的"古今中西"之争,中国近代哲学对知行观即认识和实践的关系给予了充分的关注。毛泽东一生同样为回答"中国向何处去"而上下求索。具体在政治思想领域,冯契认为,毛泽东对民主革命时期的古今中西之争作出了科学的总结,在这方面以《新民主主义论》和《论联和政府》为要。而具体到认识论的哲学层面,毛泽东自然会重视对认识论的考察,以形成指导革命实践活动的理论,《实践论》就是这种考察的结晶。

　　在中国早期的马克思主义学者中,李达既强调了实践性是马克思主义哲学的基本特征,又体现了把马克思主义哲学认识论化的倾向。以此为基础,毛泽东进一步把马克思主义哲学关注的重点由本体论转向实践的认识论。《实践论》提出了实践第一的观点,强调了实践对认识的决定作用。"辩证唯物论的认识论把实践提到第一的地位,认为人的认识一点也不能离开实践,排斥一切否认实践重要性、使认识离开实践的错误理论。"[②]在毛泽东看来,实践对认识的决定作用体现在:实践是认识的来源,实践是认识发展的动力,实践是判定人们的认识是否是真理的唯一标准,实践是认识的目的。毛泽东以实践第一的观点为基础,将以上四个方面的内容作为认识论的有机环节系统地贯穿起来,对实践在认识过程中的决定作用作了系统而完备的阐发,使马克思主义

---

① 参见冯契:《中国近代哲学的革命进程》,华东师范大学出版社 1997 年版,第 640 页。
② 《毛泽东选集》第一卷,人民出版社 1991 年版,第 284 页。

认识论发展为实践的认识论。《实践论》扬弃了中国传统哲学中的认识论,具有浓厚的民族特色和中国气派。认识和实践的关系问题用中国传统哲学的术语来说是知和行的关系问题。《实践论》则以马克思主义哲学为指导,坚持实践第一的观点,深刻地阐明了认识源于实践又为实践所检验的思想。这一理论作为马克思主义认识论的基本观点与中国传统哲学的知行学说有着本质的区别,但其中也确实包含了知行统一、行先知后等中国传统哲学中知行观的合理内容,是对传统知行观的扬弃。正因为如此,毛泽东以《论认识和实践的关系——知和行的关系》作为《实践论》的副标题。可以说,《实践论》所阐明的认识论既是马克思主义的,又地地道道是中国的,体现了马克思主义认识论的中国化。

当然,毛泽东正是在坚持实践的辩证的唯物主义理论的立场上,才有了以《矛盾论》等为代表的唯物辩证法的理论著作,才有具体问题具体分析、一切从实际出发的实事求是方法论体系的高度概括,才有其科学的政治哲学和军事哲学理论的建构,才有其在马克思主义哲学中国化历程中的历史地位。正如冯契所说,毛泽东的哲学著作之所以那么扣人心弦,是因为它们体现了实践唯物主义的精神,回答了时代面临的迫切问题。他从毛泽东的著作中感到:真正要搞哲学,就应该沿着实践唯物主义的路子前进,并给自己规定一个哲学的任务,那就是根据实践唯物主义辩证法来阐明由无知到知,由知识到智慧的辩证运动。因此,冯契的"智慧说"或广义认识论是在自觉坚持实践唯物主义立场的前提下建构的,具有典型的马克思主义哲学的性质。

总之,冯契正是沿着实践唯物主义辩证法的路子前进,通过处理好马克思主义和非马克思主义的关系,会通中西,建构起独具见地的广义认识论体系,即智慧说,才真正达到了一个新的哲理境界,真正实现了对科学主义与人文主义对峙的超越。

四、"智慧"说对科学主义与人文主义对峙的超越

前面我们说过,在科玄之争后的诸多进路中,冯契曾受其师金先生对知识论态度和元学态度的区分这一思想的深刻影响。需要说明的是,冯契不是

"照着讲",而是以"接着讲"的方式,对包括金先生思想在内的中国近现代哲学和西方现代哲学进行了深刻而全面的反思。他认为,现代西方人文主义哲学和科学主义哲学由于分离了认识论和形而上学的研究,导致了人文主义和科学主义、非理性主义和理性主义的对立,体现了西方人生和科学、情感和理智的不协调,从而出现了把智慧和知识割裂的缺失。鉴于此,他敏锐地感觉到知识和智慧的关系问题是他毕生"非要解决不可"的"真正的哲学问题",也是20世纪时代的重要问题。

1944年发表的《智慧》一文是他对这一现象思考的最初成果。他以"观"的角度考察认识的不同阶段,提出了意见是"以我观之"、知识是"以物观之"、智慧是"以道观之"的观点,同时也分析了如何经过"分而齐之"(齐是非),"有而一之"(忘彼此),"有而无之"(泯能所),也即如何由意见、知识发展到智慧的辩证过程。但后来他自谦地指出,仅以"观"来划分认识阶段,未免有把问题简单化的倾向,而把从知识到智慧的辩证转换与把发展视为"分而齐之"、"有而一之"、"有而无之"的过程,未免也过于"学院气"。经过长期思考,冯契认为金先生区分知识论的态度和元学的态度是有问题的,他强调"理智并非'干燥的光',认识论也不能离开'整个的人'",主张以 Epistemology 来代替 Theory of knowledge,认为认识论不但要研究知识,而且要研究如何获得智慧。

正是为了在认识论的研究中找到由知识通往智慧的桥梁,解决、超越人文主义与科学主义的对立,冯契在扬弃先哲学术成就的基础上,建构了"智慧"说的哲学体系。他认为,哲学史提出的认识论问题大体有四个:其一,感觉能否给予客观实在? 其二,理论思维能否达到科学真理? 换一个提法就是:普遍必然的知识何以可能? 用康德的话来讲,就是纯数学和纯自然科学何以可能? 其三,逻辑思维能否把握具体真理(首先是世界的统一原理、宇宙的发展法则)? 用康德的话说,就是形而上学作为科学何以可能? 在他看来,上述三个问题就是德国哲学术语中所谓"感性"、"知性"和"理性"何以可能的问题。其四,人能否获得自由? 即自由人格或理想人格如何培养? 在他看来,前两个问题涉及的是经验领域的知识,是名言之域,表现的是从无知到知的飞跃;后两个问题主要是关涉性与天道的智慧学说,是超名言之域,表现为从知识到智慧的质的飞跃。因此,认识过程不应仅限于知识的理论,而且应该研究智慧的学说,综合起来也即从无知到知、从知识到智慧的辩证发展和转化,在对象上表现为自在之物不断化为为我之物,进入人的所知之域;在主体上,表现为精神由自在而自为,获得自由。

我们从"能动的革命的反映论"可以看出,反映思维和存在关系的认识理论确实包括了上述四个问题。思维和存在的关系问题就是中国传统哲学所说的心物(知行)关系、性与天道、能与所的关系问题。而这一问题实际上牵涉三项:物质世界即认识对象、精神即认识主体、概念、命题等思维形式即物质世界在人的头脑中的反映。在冯契看来,以实践唯物主义和辩证法的立场去考察认识论时就会发现:作为认识对象的物质世界,体现为从自在之物转化为为我之物的过程。作为认识主体的精神,体现为从自发到自觉、从自在到自为的发展过程;这个过程是通过物质和精神、心和物、性和天道之间的交互作用而逐渐统一的;这种交互作用使人性得到完善和发展,并获得自由。对这个辩证的认识运动过程加以分析,就体现为上述四个问题。

事实也的确如此。无论是中国哲学史抑或西方哲学史所讨论的认识论问题基本上没有超出上述范围,只不过西方哲学史着重考察的是前两个问题,而中国传统哲学则主要探讨了后两个问题。冯契指出,感性和理性、绝对和相对、客观规律性和主观能动性这些人类认识的环节,正是通过上述问题的讨论而得到了考察研究。但在欧洲近代,随着实证科学的发展,形而上学的思辨遭到不断的抨击,认识论、本体论、逻辑学、伦理学、美学等哲学的各分支被分别地加以研究。这种研究带有二重性:一方面是一种进步,使得哲学各分支的研究更深入和系统;另一方面也带来了局限性,产生了一种颇为流行的狭义认识论观点,主张认识论的范围限于研究实证科学知识之所以可能的条件,只探讨"感觉能否给予客观实在"和"理论思维能否达到科学真理"这两个问题,对它们的探讨是有意义的;而"逻辑思维能否把握具体真理"和"理想人格如何培养"这两个属于形而上学的范畴,不应为认识论所关注,对它们的研究是无意义的。在冯契看来,这是狭义的认识论观点。

从广义的认识论来看,认识过程体现为从无知到知、从知识到智慧的辩证运动。包括马克思主义认识论在内的以往认识论都持狭义认识论的观点,主张认识论探讨的仅仅是由无知到知(知识)的飞跃,属于经验知识的领域。具体说来包括认识的来源、认识的类型、认识正确与否的检验标准、认识对实践的指导等内容。这些内容可以凭概念、命题、推理等名言世界去把握。而冯契眼中的广义认识论是由从无知到知、从知识到智慧的两次飞跃构成,对知识如何上升为智慧即"转识成智"作了深入的探讨。对知识如何转化为智慧的考察是广义认识论的创新所在,因而广义认识论又被冠以"智慧"说的称谓。"智慧"说中由无知到知的飞跃与以往的认识论考察的内容是一致的,是能够为名言世界所把握的领域。"智慧"说中由知识到智慧的飞跃探讨的是"逻辑思维能否把握具体真理"、"理想人格如何培养"等形上问题,属于超验知识的范畴,无法为名言世界所把握,只能为超名言世界所把握,是以往的认识论所忽视的领域。

"智慧"说的哲学体系由《认识世界和认识自己》、《逻辑思维的辩证法》和《人的自由和真善美》三本著作构成,前者是主干,后者是两翼。作为"智慧"说的主干,《认识世界和认识自己》主要通过对认识论上四个问题的解答来阐明认识过程由无知到知,由知识到智慧的辩证运动。

冯契的智慧说构建了从知识通向智慧的鹊桥,超越了科学主义和人文主义的对峙,有着相当大的意义,这点可以从认识论和本体论关系问题的处理上得到体现。

随着西方哲学从古代走向近代,哲学失去了作为科学的科学的地位,出现了从本体论向认识论的转变。如康德的现象和物自体、感性、知性和理性的划界,导致了认识论和本体论的截然分离。维特根斯坦则在狭义认识论的路线上,从语言哲学的角度对存在作了划界,把哲学限定于可以言说之域,对于不可言说之域保持沉默;海德格尔为纠漠视存在之偏,从现象学、存在主义的角度出发,一再追问存在的意义,把探究存在着的存在作为哲学家关切的重要对象。而在中国,认识论和本体论分离的典型特征为"划界"法,即为科学和哲学各自界定合法的领域,而否定其沟通与链接。最典型的除金岳霖知识论态度和元学态度的区分外,还有梁漱溟"文化三期重演说"的认定以及熊十力"真谛"与"俗谛"之分、冯友兰"真际"与"实际"之分等主张,即使熊十力"性智"(智)和"量智"(慧)的区分在某种程度上肯定了科学,但始终没有打通知识和智慧之间的壁垒。

冯契的智慧说,主要贯彻着"认识论和本体论"的统一,把认识世界和认识自己中的天、人观念,也即天道、人道和认识过程之道作为哲学研究的最根本问题之一。冯契认为主体和客体、自我和世界、人道和天道都是本体论的研究对象,肯定了认识过程的辩证法也即主观辩证法中包含了客观辩证法。由此,否定了实证主义哲学囿于实证科学知识如何可能及其条件,拒斥研究具体真理和人的自由问题的狭义认识论,也否定了玄学派以智慧的形态从科学中分离,并认定本体论以主体修养为方法,是哲学特有的地盘,为科学所不能过问(如熊十力)的狭隘本体论思想。他认为哲学既涉及自然,也涉及人文,中国既需要科学知识,也需要人文精神。即使在认识论领域内,冯契没有忽视人的在场性。他指出,人具有的思维能力是理性的,但不能忽视理性和非理性的联系,还要把认知和评价联系起来。

因此,冯契主张"哲学的最核心部分就是本体论和认识论的统一"。两者互为前提,"认识论应该以本体论为出发点、为依据,而认识论也就是本体论的导论。"①冯契以此为准绳,在辩证唯物论的实践观中,综观广义认识论过程,终于肯定地回答了"由于中西哲学的交流和会通,是否可能提供一种新的视角,来解决科学主义与人文主义对立的问题"②。

---

① 冯契:《认识世界和认识自己》,华东师范大学出版社1996年版,第107页。
② 冯契:《认识世界和认识自己》,华东师范大学出版社1996年版,第12页。

第二章 由"无知"至"知"：认识过程的第一次飞跃

　　认识论不但要考察对象世界，也要考察主体在与客体交互活动过程中如何由自发到自觉，由自在到自为，这决定了它不是外在地而是内在地追求知识、智慧，具有反思的特性。外在地追求知识、智慧，即以局外人的、仲裁者的身份把握对象世界。在追求中，主体被当做某种预先存在的、完善的、不变的一极，本身不是研究对象，不"干扰"认识本身。而内在地追求知识、智慧，注意对主体自身的反思，认为主体的发展变化会内在地影响着认识内容的形成，构成了理解过程的一个重要的方面，从而着眼于通过对主体的反思和改进来更好地把握对象。传统认识论不注意对主体的反思，不考察主体自身在认识过程中的变化，忽视主体对认识对象的能动作用，是建立在完全确信主体的认识能力这一判断基础上的。随着认识的发展，这种外在观点越来越受到质疑，人们逐渐发现主观认识同客观事物之间的矛盾，发现了两者之间互动的关系。这就是在认识过程中，客体并不会自动地反映到主体身上，主体也不是完美无缺的接收器；认识是否能够形成不仅取决于客体，而且取决于主体，不同的主体对同一对象会形成不同的认识；主体的认识能力、方法是可以改变的，这种改变决定着认识的改进。在认识过程中，主体不仅要顾及对象，而且要考虑并改造自身、完善自我。

　　与以往的狭义认识论相比，冯契的广义认识论即"智慧"说对认识过程中"我"的主体性给予了充分的关注。在他看来，根源于实践的人类认识活动经历了由"无知"到"知(知识)"，由"知识"到"智慧"两个飞跃。在由"无知"向"知"的飞跃过程中，主体始终被理解为能动的、不断由自在向自为迈进的；而在由"知识"向"智慧"的飞跃过程中，对主体自身的观照更为明显，如何完善人性、培养理想人格成为其主题。本章探讨广义认识论的第一次飞跃：由"无知"至"知"(知识)的飞跃。

由"无知"到"知(知识)"的飞跃,也就是知识层面的认识形成过程。而知识层面的认识是起源于人们的感性实践活动,也就是起源于感觉,然后发展为知觉、表象,再经过抽象,上升为普遍必然性的知识。

一、感觉能否给予客观实在

由"无知"到"知(知识)"的飞跃,也就是知识层面的认识形成过程。而知识层面的认识是起源或来源于人们的感性实践活动,也就是起源于感觉。

感觉论是认识论的基础,对这个问题进行探讨的哲学论著可谓卷帙浩繁。这些论著或者否认感觉能够给予客观实在,进而否认整个人类认识的可能;或者承认感觉能够给予客观实在,但对感觉怎样给予客观实在没有作出令人信服的解释。这样,整个人类知识的大厦就没有奠定在坚实的基础上。有鉴于此,已故当代中国著名哲学家冯契对感觉论问题给予了充分的关注,将感觉理解为实践过程中的感性活动,界定了感觉及其特征;阐述了感觉的形成过程;重申并从多层面论证了感觉的功能:感觉能够给予客观实在。

1. 以往哲学家对感觉的种种辩护和责难

感觉论的核心是"感觉能否给予客观实在",即"感觉能否提供所感受的客观对象的性质"这样一个问题。古代的朴素唯物论者墨子和近代的实在论者洛克等人对这个问题作了肯定的回答,认为对象存在与否,是依据人们的经验来判断的,感觉到的就存在,没有感觉到的就不存在。因此,这个问题从常识来看是不成问题的。但仔细思考,便不难发现人们的感觉经验中有幻觉、梦觉、错觉和假象,因而对感觉的绝对的、无条件的信赖是不恰当的。如墨子依据感觉经验主张"天志"、"明鬼"就是错误的。正因为如此,中国古代哲学家庄子、荀子等人和古希腊的怀疑论者都从不同的角度对感觉的可靠性提出过质疑。

洛克从实在论的立场出发,肯定感觉能够给予客观实在,认为一切知识都是从感觉经验中来的。洛克认为观念的来源有感觉经验和反省经验两种;大部分观念来源于对外部事物的感觉,而感觉又是反省的基础,因而感觉比反省更重要。他关于事物的两种性质的学说正是在阐述感觉的内容与感觉的对象之间的关系时提出来的。无论是第一性质的观念还是第二性质的观念都是外部事物作用于感官的结果。也就是说,感觉的内容和感觉的对象之间的关系是原因和结果的关系。那么,结果与原因是否相似? 结果是否是由原因引起的呢? 在洛克看来,第一性质的观念与对应的物体的性质相似,这些性质的原型确实存在于对象中;而第二性质的观念不与物体的性质相似,这些性质的观念没有原型存在于对象中,它只是物体借第一性质产生的一种能力。

洛克的两种性质的学说及其所预设的感觉和其对象的因果关系说为贝克莱贩卖其唯心主义的感觉论提供了理论依据。他断言"物是观念的复合"、"存在就是被感知",没有离开人的感觉而独立存在的事物。为了论证这种唯心主义观点,贝克莱对洛克的唯物主义感觉论提出了种种责难:其一,唯物主义认为观念脱离了心灵虽然不能存在,但是存在着与它们相类似的东西,为它们所模拟;而这些东西能够存在于心灵之外,也就是存在于一种没有思想的实体之中。对此贝克莱反驳说:既然感觉和对象是两个不同的项,而对象是在感觉之外的,怎么能比较二者是否相似呢? 其二,贝克莱针对洛克的两种性质理论的缺陷,强调不仅颜色、声音、滋味等第二性质不是对象的摹本,而且广延、大小、坚硬等第一性质也不是对象的摹本。因为这两种性质是密切联系的,既然第二性质存于心灵中,那么第一性质也存在于心灵中。

休谟以及后来的马赫主义者、逻辑实证主义者都认为除了感知之外,没有一样东西能进入人们的意识之中。在休谟看来,人的认识只能局限于经验、知觉的领域,但唯物主义却主张人的知觉、意识是由外界对象引起的。怎样才能证明意识是由外界对象引起的呢? 这应当由经验来解决,而经验在此却保持着沉默,而且不得不保持着沉默。因为凡是意识获得的东西都来自知觉,而知觉到的东西究竟是否与外界对象相符,经验无法回答,经验不能在意识和对象之间建立任何直接的联系,感觉不能给予客观实在。为驳斥贝克莱、休谟等人的责难,金岳霖从新的视角对感觉能够给予客观实在进行了有效的辩护。在他看来,感觉的客观性问题和整个知识论的出发方式有关。他认为知识论应当从常识出发,近代西方认识论的主流之所以陷入困境,就是因为它们违背常识,将感觉作为知识论唯一的出发方式。他把贝克莱、休谟等人将感觉作为知识论唯一的出发方式称作"唯主方式"即主观唯心论的方式,而唯主方式有两大缺陷:第一是得不到客观真理,必然否认知识大厦有它的客观基础;第二是从主观经验无法推论出或建立外物之有,必然导致否认外物即客观事物的独立存在。基于此,金岳霖主张放弃这种唯主的出发方式,代之以从常识出发、从朴素的实在论出发,肯定经验能够获得对象的实在感的方式。他讲的对象的实在感包括三层意思:第一,对象的存在不依赖于人的意识,存在和知道存在是不同的两件事情;第二,对象的颜色、声音、气味等性质是独立于感觉者的意识的,尽管它们是在一定的关系网中呈现,相对于某一类感官而言的;第三,感觉的对象有它自身时间的绵延,有前后的同一性。他认为从常识的观点来看,感觉只能是知识论的一个出发点,外物的独立存在是知识论的另一个出发点。换言之,他主张感觉和外物的存在同为知识论的出发点。

为阐明感觉和外物的独立存在同为知识论的出发点的观点,金岳霖提出了"所与是客观的呈现"的命题。所谓"所与"(the given)即感觉中提供的东西,也就是知识的材料。他认为,所与的地位是双重的:既是感觉的内容,又是感觉的对象。就内容来说,它是呈现;就对象来说,它是具有对象性的外物或外物的一部分。所与的这种双重地位揭示了:感觉的内容和感觉的对象并不是像因果说所讲的那样是两个个体或两项,而是同一个东西。"呈现就是所与,所与就是外物或外物的一部分"。①金岳霖认为呈现与所与、感觉内容和感觉对象的一致是有条件的,这条件就是"正觉"。"正常的官能者在官能活动中正常地官能到外物或外物底一部分即为正觉。"②正觉主要包含两方面的含义:其一,它是个体正常的感官对外物的官觉。当个体的某一感官有毛病时,"所与"即感觉提供的材料就不是客观的呈现,感觉就没有给予客观实在。其二,它不是"无观",而是"类观",即人类共同的眼界。相对于正常官能的人类来说,"所与"即官觉提供的感性材料虽然是相对于人类感官的共同呈现,但这种感性性质诸如颜色、声音、运动、静止以及种种关系却是客观存在的、独立的,而不是感觉者所能创造的。满足了这两个条件,即在正觉的前提下,感觉无疑能够给予客观实在。金岳霖的这一观点克服了旧唯物论的代表说、因果说把呈现和外物、内容和对象看成是两个项目而引起的理论上的困难。

---

① 金岳霖:《知识论》,商务印书馆1983年版,第130页。
② 金岳霖:《知识论》,商务印书馆1983年版,第125页。

2. 感觉能够给予客观实在

冯契认为,感觉是客观事物作用于我们的感官而引起的认识活动,是意识和外部世界的直接联系,感觉能够给予客观实在。在他看来,虽不能像墨子那样对感觉给予绝对的无条件的信赖,但基本上可以信赖。"感觉可以信赖,这一点却包含了颠扑不破的真理,感觉不是无条件可以信赖,但基本上可以信赖,有的感觉有欺骗性,但这可以由其他的感觉、理性和实践来加以纠正的。"冯契坚持了金岳霖的观点,认为在"正觉"的条件下,所与就是客观的呈现。"呈现在我们感官之前的感性的性质、关系都是现象,但现象不限于呈现在我们感官之前的,'呈现'只是现象的一部分。唯物主义肯定感觉能够给予客观实在,就是说,呈现于正常官能之前的现象与自在之物没有原则上的区别,它就是客观实在的一部分,呈现的现象与自在之物的关系是部分和整体的关系。"①金岳霖在阐述感觉呈现(内容)与对象的关系时,运用了部分和整体、关系和性质的范畴,但他没有运用原因和结果这对范畴。在他那里,呈现就是处于同感觉者个体的正觉关系的外物。冯契的观点与此稍有区别,他在阐述这一问题时,仍然运用了原因和结果这对范畴。在他看来,感觉是由外界对象引起的,既是引起,那就有作用。换言之,外界对象是原因,感觉是结果。问题不在于使不使用因果范畴,而在于不能对因果范畴作形而上学的割裂。

既要承认感觉内容与外物不是彼此分立的两项,又要承认它们之间有因果关系。怎样才能使两种观点协调一致呢?冯契借助中国传统哲学的"体"、"用"范畴使两种观点得到了协调。他对感觉能够给予客观实在这一命题的创新性回答,首先就在于他运用"体"、"用"范畴来阐述"所与是客观的呈现"。"体"、"用"范畴首先由魏晋时期的哲学家王弼提出,并得到了尔后哲学家的不断探讨和运用。"体"相当于西方哲学的"实体"范畴,"用"相当于西方哲学的"功能"、"属性"范畴。实体必有其属性,属性和实体不可分割,因此,"体用不二"。相对西方哲学的"实体"、"属性"范畴来说,中国传统哲学的"体"、"用"范畴呈现两个特点:一是更强调实体的"自己运动"即"用"的一面;二是强调"体用不二",认为作用是实体自己运动的属性和结果,离体则无

---

①　冯契:《逻辑思维的辩证法》,华东师范大学出版社1996年版,第45页。

用,离用不成体。

　　冯契运用辩证唯物主义观点重新诠释中国传统哲学的"体"、"用"范畴,进一步发展了金岳霖的"所与是客观的呈现"的唯物主义感觉论。在冯契看来,人的认识是大脑、神经系统、感觉器官的作用,它以客观的对象为根据。就认识过程来说,形质神用;就内容来说,是存在的反映,"以物为体"。"人的认识一方面是头脑的作用,同时又以客观对象作为根据,因此,作为对象的'所知'和作为内容的'所知'是同一的。"①冯契认为,可以从两方面运用"体"、"用"范畴来对感觉和感觉对象之间的关系作出解释。其一,从感觉和感觉器官的关系方面来看,神即感觉活动是形即感觉器官的作用、功能。就"神"是"形"的作用来说,他确信具有相同感官的人类在同样的条件下对于同一个对象会有同样的感觉。这揭示了:感觉是以感觉器官为实体的,是感觉器官这种物质实体在一定条件(即"正觉")下呈现的作用,这种作用也不能离开感觉器官而独立存在。反过来说,感觉器官之所以为感觉器官,正因为它有感觉活动。由于感觉与感觉器官之间存在用与体的关系,因而,在其他条件相同的情况下,同类的感官对同类的对象就会产生同样的感觉。其二,从感觉和感觉对象之间的关系来看,也是用与体的关系。就"以物为体"即认识以客观对象为依据来说,冯契确信:"在同样的条件下同类的正常感觉,感觉的客观内容和感觉的对象是直接同一的,内容和对象合而为一。"②他以人们在相同条件下观看升国旗会形成同样的视觉论证了感觉内容和感觉对象的同一。人们在相同条件下观看升国旗会形成五星红旗飘扬、色彩鲜艳的相同视觉。尽管不同的人有不同的视觉活动,彼此观看国旗不是一回事,彼此的视觉活动有区别,但在同样条件下形成的视觉是同样的。这种同样的视觉所把握的是同一面国旗即同一个对象的感性性质。冯契所说的"同一对象"的含义是:"客观实在是体,对象是客观实在的体,感觉内容给予人以对象的实在感;看见国旗的红颜色和它随风飘扬的运动是感觉的内容,但它也就是对象的性质。感觉的内容无非就是呈现在感官之前的客观事物。红颜色就是 760 毫微米的光波,此光波与红颜色是合一的。"③这就是说:感觉的确是感觉对象引起的,是感觉对

---

① 冯契:《逻辑思维的辩证法》,华东师范大学出版社 1996 年版,第 47 页。
② 冯契:《认识世界和认识自己》,华东师范大学出版社 1996 年版,第 124 页。
③ 冯契:《认识世界和认识自己》,华东师范大学出版社 1996 年版,第 124 页。

象导致的结果;但感觉并不是感觉对象之外的另一个独立实体,而是感觉对象这一实体自身运动所体现出来的作用、功能,或就是对象的一部分,并没有脱离感觉对象。感觉对象对于感觉来说是"自因",并不是外部原因。

综上所述,在冯契的感觉论中,感觉既是感觉器官的"用",又是感觉对象的"用"。感觉器官的主体性,使得感觉具有主观的形式;由于感觉是对客观对象的反映,因而有客观内容。因此,感觉是主观形式和客观内容的矛盾统一体。

冯契从"体用"范畴来阐述感觉内容和感觉对象的一致,阐述感觉是客观内容和主观形式的统一,科学地解答了感觉怎样给予客观实在的问题,既丰富、深化了唯物主义的感觉论,又体现了马克思主义认识论中国化的特点。

冯契对感觉能够给予客观实在这一命题的创新性回答,还在于他运用马克思主义哲学的实践观来论证感觉能够给予客观实在。

上文提到,金岳霖从朴素的实在论出发,主张经验能够给予对象的实在感,对象的实在感具体体现在三个方面。冯契认为金岳霖的这一见解已突破了一般实证论的界限,有鲜明的唯物论倾向;但金岳霖在当时还没有明确的实践观点,不懂得对象的实在感从根本上说是由实践提供的,因而还没有科学地解答感觉何以能够给予客观实在的问题。冯契继承、发展了金岳霖的观点,把感觉等感性活动理解为实践活动,认为实践和感觉等感性活动是统一的,而实践能给予对象以实在感。

在冯契看来,以感觉为基础的感性活动就是感官借助工具变革对象的实践活动,是当下的感性活动,因而感觉与实践不可分割。他认为感觉就是现在的、当下的实践活动,不是割裂过去和未来的一个点或一条线,也不是没有内容的刹那。感觉是人们当前抓得住的生活、行为、劳动,凭过去的材料来创造未来;感觉是历史过程的环节、过去和未来的纽带。"感觉活动不仅仅是一片片色彩、一个个声音,而且此声、色中间包含有对象的实在感,绵延的同一性。"①也就是说,感觉作为当前的实践活动是有内容和长度的。感觉活动不仅只是当前的耳闻目睹,而且是感觉主体本身的活动。主体也有绵延的同一性,见闻是同一主体的体验、经历。冯契一方面坚持了传统的看法:意识是人

---

① 冯契:《认识世界和认识自己》,华东师范大学出版社1996年版,第129页。

脑的属性,感觉是肉体感官的功能,精神的同一性附着于肉体;另一方面强调精神同一性的基础特别在于人的实践活动。人的实践活动具有绵延的同一性,是联结过去和未来的纽带、过程。如果没有这种同一性,就不可能形成感觉经验。

冯契从三个方面阐述了实践能给予对象的实在感,感觉能够给予客观实在。

首先,在实践活动首先是在劳动生产活动中,劳动者都会肯定劳动对象和劳动者自身的独立存在。冯契指出,以劳动生产为主体的实践活动是物质个体之间的相互作用,是以物质力量对付物质力量的活动。劳动生产是与劳动对象作斗争的活动,在劳动中劳动者总是肯定劳动对象的独立存在(农民不会怀疑土地的存在,工人不会怀疑机器、产品的存在),也肯定自身的独立存在。同样,人们其他的日常活动都包含有对对象的客观存在的肯定。"在这样的实践活动中,人就获得了对象的实在感。对象的实在感是实践或感性活动中主体最基本的体验,我们讲实体、个体,这'体'就是由此而来的。……实体、个体的'体',物质范畴最基本的意义,就是这种对象的实在感。"①

其次,集体劳动生产实践中的分工协作、语言交流或其他符号的交流也是客观实在的。在冯契看来,人的实践是在社会、集体中进行的,需分工协作,也要利用语言或其他符号进行交换。他援引金岳霖举过的猎人上山打猎的例子来论证自己的观点。猎人们在山上包围了猎取对象,各人的眼光都集中在一只野兽身上要猎取它,他们以同一个猎物作为感觉对象。大家都呼喊起来,用语言相互配合,用手势相互交流。对于这些打猎的人来说,猎取的对象、人们的叫喊、互相配合的活动都是无可怀疑的客观实在。这种行动上的配合、语言上的反应、手势上的交流说明:人的感觉虽有分歧,但是这样的活动给予了即提供了同一个客观实在的对象。因此,冯契断言:在集体劳动中不会产生唯我论,不会出现主观唯心主义。

再次,实践给人的认识以检验。实践作为检验认识的标准体现在两个方面:给予正确的判断以证实,给予错误的判断以否证。证实就说明主体的认识和被认识的事物是符合的;否证则说明主体的认识和被认识的事物是不符合

---

① 冯契:《认识世界和认识自己》,华东师范大学出版社 1996 年版,第 118 页。

的。因而"实践对于认识的每一个检验都是在证明唯物论这个前提是正确的,证明物质是离开人的意识而存在的,认识是客观世界的反映。实践的检验证明了人的认识所依据的基本材料(感觉材料)是能够给予客观实在的"。①冯契指出:根据对象的实在感能够肯定客观实在是存在的,但不能说主体对客观对象有了丰富的知识,更不是说已经把握了实体和它的形态。客观实在感的"存在"仅仅是认识的开端,只是肯定客观实在是"存在"的,这个"存在"虽然是具体的,但又是贫乏的。它的内涵是什么,都还在黑暗之中,这就是知和无知矛盾的开端,也就是由无知向知飞跃的开端。在他看来,这个开端意义重大:"有了这一个开端,混沌就被剖开了,种种的性质、关系,这个那个的分别,等等,随后就被感觉、知觉所把握,显得明白起来。"②

3. 感觉的特点

冯契认为,感觉的客观内容和主观形式的矛盾决定了感觉既有被动性的特点,又有主动性的特点。感觉的被动性体现在:"感觉中获得的映像是对对象的摹写,对象的客观实在性不是感觉所能改变的。人的肉体感官是受本能支配的,是生物进化的结果,肉体感官的很多活动是无意识的,往往不是人本身所能支配的。"③感觉的主动性体现在感觉主体的能动性方面。冯契确信,感觉主体之所以具有能动性,是因为感觉的主体不是孤立的个人,而是社会实践的主体;不仅是类的分子,而且是社会的人,随着实践的发展而发展,随着历史的发展具有越来越多的能动作用。冯契指出,感觉主体的能动作用主要体现在感觉的主体具有认知和情意两个特征。所谓认知是指"人能够把感性经验中间的正觉与错觉、幻觉、梦觉加以区分而并不是把它们一视同仁"。④ 感觉主体的认知首先体现在感觉主体具有比较、区分的能力。人们在感性认识中能够把种种官觉加以比较、区分,使得错觉得到校正,把幻觉排除在感觉经验之外。其次体现在来源于感觉的感性意向又反过来影响感觉。生活实践的反复使人形成习惯,习惯使人对刺激反应比较省力;有了习惯就使人形成行动

---

① 冯契:《认识世界和认识自己》,华东师范大学出版社 1996 年版,第 119—120 页。
② 冯契:《认识世界和认识自己》,华东师范大学出版社 1996 年版,第 121 页。
③ 冯契:《认识世界和认识自己》,华东师范大学出版社 1996 年版,第 133—134 页。
④ 冯契:《认识世界和认识自己》,华东师范大学出版社 1996 年版,第 134 页。

的模式,这种模式明显地影响人的感觉。行动的模式对感觉经验有很大的关系,模式使感觉经验成为类型,在一定的情景中具有固定的意义。例如在学校里打铃,铃声表示上课、下课的意义。以感觉为基础的表象保留在大脑中形成意向,意向往往被人加工过了。"这种加工就表现为不仅有记忆作用,而且有联想、想象作用。这些感性的意向来源于感觉,又转过来影响于感觉,使得当前感觉唤醒过去的记忆,引起联想、想象,这样也就产生了某种意义。这也表现了主体的某种能动性。"①再次体现在感觉主体所具有的理性认识使感觉越来越深化。感觉的主体不仅有感性认识,而且有理性认识;不仅有感觉,而且还有概念。概念是从感觉中抽象出来的,理性认识是从感性认识发展起来的,但它又转过来影响感觉和感性认识。

在冯契看来,感觉经验中总是掺杂有注意,而注意总是和情意相关联。注意一个事物可能有诸如强烈的刺激、闪电、打雷等外在原因,但人的感觉经验中的注意更多地是由于主体的意向、欲望、意志、情感在其中起着作用。有意向就有所选择,有意地进行探求。主体的注意、探求产生了两种明显的影响:其一是感觉有了中心。"就视觉来说,视野里有了一个中心,求索的对象突出了,其余就成为背景。因此,视觉就成为一种有主从关系的结构。"②其二是主体有所选择。即使是与本能相联系的"好好色,恶恶臭"也不仅对颜色、臭味有认知,而且包含了权衡、选择。好看的颜色就喜爱,难闻的气味就厌恶。这就是在进行评价,表现为行动上的选择反应。评价是事物与人的需要之间关系的反映,而人的需要是被欲望、意志、情感等因素左右的,因而评价往往被人的欲望、意志、情感所左右。在感觉活动中,由于感觉中心和主体选择的存在,即使在同一个环境里,各人的注意也不同,导致各人的感受不同。

在经过上述分析之后,冯契总结指出:感觉经验不但是对客观实在的认知的基础,而且也是对事物和人的需要之间关系的体验。感觉往往伴有苦乐、喜恶,是主体对感觉对象和自身需要之间关系的体验。感觉既为认识大厦提供了原材料,又为价值领域的评价活动提供了基础。

---

① 冯契:《认识世界和认识自己》,华东师范大学出版社1996年版,第135页。
② 冯契:《认识世界和认识自己》,华东师范大学出版社1996年版,第136页。

冯契对感觉特征所作的分析,无论是在深度还是在广度上都超越了以往的包括马克思主义哲学家,丰富、深化了马克思主义的感觉论。以往的哲学家注意到了感觉主体的认知作用,阐明了主体的认知作用体现在感觉具有比较、区分的功能和感觉主体的理性认识能够深化人们的感性认识两个方面,但没有发现来源于感觉的感性意向又反过来影响感觉,而冯契在探讨感觉主体的认知特征时明确地指出并论证了这一点;以往的哲学家在探讨感觉时都忽视了感觉主体的情意特征,而冯契对这一特征给予了充分的关注。

二、知觉:感性认识的重要形式

知觉是认识论的一个重要范畴,是在感觉基础上形成的一种感性认识,主要涉及认识的对象、知识大厦的基础和世界是否可知等问题。因此,知觉范畴是自古以来大部分哲学家不可回避的范畴之一。古希腊的恩培多克勒认为,当人们感觉器官中的因素与接触的外界事物的因素相似时就会产生知觉,称同类相知。在培根和洛克看来,知觉是联系客观世界和主观世界的唯一桥梁和纽带。而贝克莱和休谟则认为,人只能知觉到自身的感觉,知觉成了隔离主体与客体或代表客体本身的东西。德国古典哲学家康德认为,知觉是与感觉相伴随的认识,是由自在之物刺激人的感官所形成的材料,加上空间、时间框架而形成。20世纪,知觉范畴受到了学术界更多的关注。素朴实在论认为,我们知觉到的性质是实在的;新实在论者反对19世纪唯心主义者所主张的知觉对象与知觉之间的外在关系。时至今日,知觉范畴的讨论基本上停留在对知觉现象主义解释的水平上。

知觉是感性认识的一种具体形式,有关人类知识在某种意义上说就是从感性知觉中抽取出来的。知觉又是人类的一种认识能力,有关客观世界能否被认知也涉及它。讨论认识论之前便有必要研究知觉,回答怀疑论所谓的"知觉问题"。冯契在界定了感觉是感官借助工具变革对象的实践活动、是客观事物作用于人们的感官而引起的认识活动、肯定感觉能够给予客观实在的基础上,批判地汲取了先哲有关知觉范畴的观点,对知觉的内涵、特点、功能、形式等方面提出了自己独特的见解。

1. 知觉的内涵和特点

"知觉是指感觉和心灵对知识的把握。"①"知觉是人对客观事物表面现象和外部联系的综合整体反映。"②冯契在把知觉和感觉作对比时说:"感觉是分析的……而知觉可以说是综合的,它把对象的各种属性结合起来,既把握它的完整的形象,区别这个那个,又把握性质、关系与个体之间的联结,这样就化所与为事实。"③这一表述揭示了知觉的三个重要特点:

其一,知觉具有客观实在性或实体感。

近代西方的实证论者继承休谟以来的传统,都排除实体这一范畴,无视事物与知觉的关系,以为实体是形而上的范畴,完全否认了知觉的实体感。素朴实在论者虽看到了感知过程中对象的客观性,但他们作了片面的、夸大的理解,没有认识到感知活动的主观性一面。他们主张:"人们已经意识到的东西与意识之外的物质是等同的,人们获得的经验材料与经验表征的客观对象是等同的,人们通过知觉的性质可以直接地、绝对地把握外在物体的本然状况。也就是说,人们感知到的性质也就是客体自身的性质。"④马克思主义哲学认为,知觉是人对客观事物表面现象和外部联系的综合整体反映,具有客观性。冯契坚持、发展了马克思主义哲学关于知觉具有客观性的观点,对"知觉为什么具有客观实在性","客观实在性具体指什么"两个问题作了富有新意的阐发。

知觉为什么具有客观实在性? 冯契是在界定感觉能够给予客观实在的基础上阐发的。因为感觉是知觉形成的基础,知觉是感觉的集合。如前一节所指出过的,冯契是从三个方面论述感觉的客观实在性的:一是从中国古代哲学家提出的"体用不二"命题来考察;二是将马克思主义的实践观引入感性活动中;三是从"智慧"说而不仅仅是从"知识论"的角度来考察感觉问题。由以上三方面,冯契肯定了感觉所获得的形形色色的感性材料都有一个共同基础就是客观实在感。但是就感性材料的形状、颜色、声音等等来说,感觉是分析的。而知觉是把它们综合起来,从而形成对该事物的整体认知。既然感觉具有客

---

① 冯契、徐孝通主编:《外国哲学大辞典》,上海辞书出版社 2000 年版,第 523 页。
② 冯契主编:《哲学大辞典》,上海人民出版社 2001 年版,第 1965 页。
③ 冯契:《认识世界和认识自己》,华东师范大学出版社 1996 年版,第 138 页。
④ 单少杰:《主客体理论批判》,中国人民大学出版社 1989 年版,第 273 页。

观实在性,综合感觉而来的知觉自然也就具有客观实在性。

知觉的实体感或客观实在性具体指什么?"为知觉所把握的实在,是个体化或具体化","这些个体或具体都是'体',是离开人的意识而独立存在的物质";"但是知觉到的总是分化为彼此,是一个个的,知觉到的每个项目各有其同一性,并不是由性质、关系拼凑起来的一个杂拌,是一个同一体"。① 由这些论断中,我们可以总结出冯契所谓知觉对象的实体感的三层含义:第一,对象存在于人的意识之外,不随人的意识的改变而改变。这驳斥了笛卡尔的"我思故我在"的唯理论。第二,对象的性质虽在关系之中,但仍然独立于人的意识,是客观的。人所知觉的内容、呈现在人的感觉之前的现象与自在之物没有原则的区别,它就是客观实在的一部分。第三,被知觉的对象有它自身的绵延的同一性,即对象有它时间的绵延,因此前后有同一性。总之,"对象的实在感是实践或感性活动中主体最基本的体验……实体、个体的'体',物质范畴最基本的意义,就是这种对象的实在感。"②

其二,知觉的时空性。

知觉的对象是一个个的人、一件一件的物,是具体化的"体",是具有"体"的客观事物,具有客观实在性。"'事物'这个词包括事体和物体,讲物体注意的是它的广延性(extension),物体是一个一个占空间位置的东西;讲事体注意的是它的绵延(duration),事体是一件一件有时间长度的事件。……绵延和广延实际上是不能分割的。不论事还是物,都是客观实在的分化。"③一言以蔽之,一切客观存在的基本形式都是时间和空间,离开时间空间就谈不上"体",也可以说是"体"一定以时空形式存在。知觉到的"体"总是存在于特殊的时空关系中。例如,某人邂逅几十年前的老同学,那一刻发生在特定的时间和特定的场所;人们看到飘扬的五星红旗,也存在于特定的时间和特定的处所。总之,知觉经验中,"体"和时间、空间是不可分割的。

其三,知觉的整体性。

冯契断言:感觉是分析的,知觉可以说是综合的。知觉对象具有不同的性质,由不同部分组成,但人并不把知觉的对象感知为个别的孤立部分,而总是

---

① 冯契:《认识世界和认识自己》,华东师范大学出版社1996年版,第139页。
② 冯契:《认识世界和认识自己》,华东师范大学出版社1996年版,第118页。
③ 冯契:《认识世界和认识自己》,华东师范大学出版社1996年版,第139页。

把它知觉为一个统一的整体。这就表现出知觉的整体性。知觉的整体性实质上依存于知觉的实体感。

2. 知觉的功能

古今中外哲学家大都把对知觉的探讨主要集中在知觉与外部世界的关系问题上：即知觉能否认知或把握外部实在，而对知觉的功能问题没有给予关注。冯契对知觉的功能问题作了开拓性的研究，肯定"知觉是对个体的识别和事实的感知"①。也就是知觉具有对个体的识别和对事实的感知两种功能。

知觉的功能之一是对个体的识别。

怎样才能达到对个体的识别？知觉主体首先要把握个体，同时形成表象。知觉对个体的把握就是把握了个体的客观的所与。前面一节对所与的含义、特征作了交代，这里从略。从所与的含义和特点中，我们知道它是个体的性质和关系的综合。这时，人们就可以脱离当前的感知对象而形成表象。表象是事物不在面前时，人们在头脑中出现的关于事物的形象。从信息加工的角度来讲，表象是指当前不存在的物体或事件的一种知识表征，这种表征具有鲜明的形象性。从形成的过程看，表象也是客观的、个体化的，在性质和关系上彼此有区别。但表象不同于客观的所与，它是由个体的印象保存在记忆里，并被加工成为意象，不随个体(所与)的消失而消失。虽然一个个体出现然后又消失了，但它的表象仍然保留在主体的记忆里，于是主体就凭"得自所与者"即个体(所与)的意象、表象去"还治所与"，也就是主体凭借原存于大脑中的表象来识别或指认个体。若一个个体已被感知，其表象保留在主体的记忆里，当这个个体再次出现时，主体就能识别它是原来那个个体。这是因为再次出现的个体与原存于主体大脑中的表象正好相符合。这就是对个体的识别、"以得自所与者还治所与"的动态过程。总之，对个体的识别就是把握个体的完整的表象，区别这个那个，但这种区别仅限于简单的指认，就像某人拿照片去寻找对应的人或物类似。当某人发现后来出现的人或物与照片上的人或物相符合，就能识别、指认出来；若出现的人或物与照片上的人或物不相符合，某人同样可以识别出它不是自己要找的人或物。

---

① 冯契：《认识世界和认识自己》，华东师范大学出版社 1996 年版，第 141 页。

知觉的另一功能是对事实的感知。

所谓知觉对事实的感知是"对彼此有分别的性质、关系的认知。不仅区分这个那个,而且对这个是红的、那个是白的,这个在前、那个在后等等,在性质、关系上分别加以规定"①。知觉对事实的感知也要遵循"以得自所与者还治所与"的规律,但这里的"得自所与者"是"事实","还治所与"的也是"事实"。因为知觉这一功能的发挥主要涉及概念(概念对所与的摹写和规范的双重的作用)而非表象,且有了抽象化的一面。具体而言,为什么"所与"就是"事实","事实"就是"所与"? 所与化为事实的过程就是所与被摹写和规范的过程,即具体化、个体化的所与被忽视了其具体意象,完全符号化,安排在抽象的意念图案或意念结构中,失去了特殊的时空限制,并得以保存和传达的过程。化为所与的事实表现出了与原来"所与"的性质和关系,同时也就这样或那样地揭示了事实之间的联系。因此,实际上,"事实就是所与,不过是进入认识过程为人所知觉到了的所与,也就是使所与处于既摹写又规范的关系之中"②。由此,对事实感知的"以得自所与者还治所与",可以理解为"以得自事实者还治事实"。"化所与为事实"就是知觉主体"以得自所与者"对事实进行判断,也就是知觉主体"还治所与"。若当前有一个所与,被张三知觉到它具有红色的这一性质,在它下一次再出现时张三能判断出这个红色就是上次所出现的红色。与被概念化的事实相符合,这就是知觉对事实的感知。无论是对个体的识别,还是对事实的感知,既然是以得自所与者还治所与,那么知觉就有是与非、对与错两种形式。当表象、概念与所与符合,就是对的;当表象、概念与所与不符合,就是错的。总而言之,对个体的识别和对事实的感知结合起来就是知觉。

3. 知觉的类型

知觉作为人的精神活动、意识现象,当然属于主体,为主体提供客观的信息,因而总有其主观形式,为主体所把握。但主体所把握的知觉的方式是千差万别的,导致对个体的识别多样化。如有的粗疏、简略,有的比较细致、完备。

---

① 冯契:《认识世界和认识自己》,华东师范大学出版社 1996 年版,第 143 页。
② 冯契:《认识世界和认识自己》,华东师范大学出版社 1996 年版,第 163 页。

冯契认为，相对于知觉主体较熟悉的人或物，主体能够了解到他或它的独特个性，对其作出完备的识别；反之，相对于知觉主体较生疏的人或物，主体往往只能把握他或它的一两个特征，这样的识别就比较粗疏、简略。比如，人们对老朋友的识别就属细致、完备型。因为通过长时间的接触，人们熟悉了他特有的个性；而对于新朋友，人们一开始只能把握他的一两个特征，若时间或场所变了，也许还不能识别出来。

综上，冯契论证了知觉的客观实在性，探讨了知觉的特点和功能。这种论证和探讨将人类知识的大厦建立在辩证唯物论的坚实基础之上。由感觉过渡到知觉，再由知觉过渡到表象，然后由表象经过抽象形成概念，进而获得普遍必然性的知识。

三、普遍必然的知识何以可能

普遍必然的知识何以可能的问题与休谟问题是密切相关的。逻辑和认识论意义上的休谟问题是指归纳推理的合理性及其辩护问题，它包括两方面的内容：一是从实际观察到的一类事物的有限事例何以推出该类对象所有分子的全称结论；二是从过去、现在的经验何以能推断未来。它实质上隐含了普遍必然的科学知识是否可能、何以可能的问题。休谟本人对它们作了否定的回答。在他看来，关于经验事实的知识，虽然可以具有全称的、精确的形式，却不具有普遍的、必然的有效性。其理由是："各种事实的反面总是可能的；因为它不曾含着任何矛盾。"①由于关于实际事情的知识的反面是可能的，它就不能只凭思虑而发现，必须依靠经验来证实，必须依靠从过去的经验得出涵盖同类事物未来个体的全称命题。但关键是从过去推断未来，从有限推断无限的归纳原则没有逻辑上的担保。据此，休谟认为，从个别的、特殊的经验知识归纳出普遍的、必然的、规律性的科学知识是不可能的，因为一切经验的知识都受特殊时空的限制，而普遍的、必然的、规律性的科学知识是超越于经验知识、独立于经验知识的，要超越经验知识的特殊时空的限制。休谟从思维形式的角度考察归纳的结果，将知识的普遍必然性理解为逻辑上的必然性，从而把物

---

① ［英］休谟：《人类理解研究》，商务印书馆 1981 年版，第 26 页。

理学、天文学、化学、生物学等包含事实内容的科学知识排除在普遍必然性知识的范围之外,实际上否定了普遍必然的科学知识的存在。

休谟对普遍必然科学知识的怀疑既是尖锐的,又是发人深思的,这激励着一大批学者提出了各种各样的方案为归纳的合理性进行辩护,论证普遍必然的知识是可能的。这些辩护方案可以归纳为四类:一是演绎主义的辩护方案,其代表人物首推穆勒,与其持相同立场的有罗素和金岳霖,他们主张通过给归纳推理增加一个被认为是普遍必然的大提前,让它与归纳例证相结合,以此确保归纳推理结论的必然真实性。这种归纳辩护方案实际上承认了归纳推理本身不能得出普遍必然的结论。二是先验论和约定论的辩护,其代表人物有康德和彭加勒等,例如康德就运用"先天综合判断"这一先验的形式去论证普遍必然的科学知识的可能。三是归纳主义的辩护,指凭借列举使用归纳法在实践中获得的成功来为归纳辩护。显然,这种方法根本无法论证普遍必然的知识何以可能。四是概率主义辩护,主要是指由逻辑实证主义者所提出的辩护方案。概率主义辩护方案承认归纳得到的结论只具有一定的概率的可靠性,明显认同了归纳得不到普遍必然的结论。因此,这四种辩护方案对归纳合理性的辩护都是不成功的。

正是看到这四种辩护方案的缺失,冯契以实践唯物主义为指导,提出了自己的辩护方案。在他看来,从纯形式逻辑的观点看,归纳问题确实无解,但形式逻辑不代表逻辑的全部,除了形式逻辑外,还有辩证逻辑;从唯物辩证法的实践观出发,将形式逻辑的辩护和辩证逻辑的辩护结合起来,归纳的合理性能够得到有效辩护。因此,断言归纳问题在逻辑上无解的观点值得商榷。

1.人的认识能力能够获得普遍有效的规律性知识

冯契认为,以社会实践为基础,无论从人的认识能力还是从思维形式的角度来考察,都能够得到普遍有效的规律性知识。

首先,从认识能力看,人们在社会实践的基础上形成的感性认识能够给予客观实在,由感性认识飞跃而来的理性认识能够把握对象的本质和规律,形成普遍有效的规律性知识。以往,人们都根据康德的观点将休谟问题表述为:先天综合判断何以可能? 或普遍必然的科学知识何以可能? 在冯契看来,为防止人们将"必然"理解为"形式逻辑的必然",将休谟问题表述为"普遍有效的规律性知识何以可能"更恰当。

感觉经验是认识的基础,冯契确信并论证了感觉能够给予客观实在。如前所述,在对感觉的看法上,他坚持了金岳霖的观点,认为在"正觉"(即个体的正常的感觉和人类的共同眼界)的条件下,"所与"(感觉提供的颜色、声音、味道、硬度等,是知识的材料)就是客观对象的呈现。他借用中国古代哲学"体用不二"的思想来论证感觉具有实体感,能够给予客观实在,人们能够获得可靠的感性认识。他把"体、用"范畴运用到"感觉器官—感觉"和"感觉对象—感觉"两个方面,认为感觉器官是感觉的实体,感觉是以感觉器官这种物质实体在一定条件下表象的作用。由于感觉与感觉器官是"用"之于"体"的关系,所以在条件相同的情况下,同样的感官对同样的对象就有同样的感觉。这是就"类观"即整个人类的感官而言的。另一方面,感觉是感觉对象造成的结果,但这种结果并不是原因之外的另一个实体,而是实体(感觉对象)自身运动的表现。感觉对象对于感觉来说是"自因"而不是外部原因。这是就感觉内容和对象的同一来说的。由此可肯定:感觉的客观实在性不是人的主观意识所能左右的,在同一的感觉中,具有同一的独立于人的意识以外的内容。既然感觉的内容是客观的,感觉当然能够给予客观实在。

既然感觉能够给予客观实在,那么由综合感觉而形成的知觉,再现知觉的表象都能给予客观实在。换言之,感性认识能够给予客观实在。

上面的阐述,驳斥了贝克莱、休谟对感觉能够给予客观实在的诘难。旧唯物主义的感觉论认为感觉是由感觉对象引起的,感觉和感觉对象是两个不同的项目,对象在感觉之外。贝克莱反诘道,既然如此,怎么能比较二者是否相似？休谟认为,人的知识只能局限于经验、知觉的领域,但唯物主义却主张人的知觉、意识是由外界对象引起的。怎样才能证明知觉、意识是由外界对象引起的呢？这应当由经验来解决,而经验在此却保持着沉默,而且不得不保持沉默。因为凡是意识获得的东西都来自知觉,而知觉到的东西究竟是否与外界相符,经验无法回答,经验不能在意识和对象之间建立任何直接的联系,感觉不能给予客观实在。冯契关于感觉和感觉对象之间的关系也是用与体的关系,在正常条件下感觉和感觉对象直接同一的观点就回应了贝克莱的诘难;关于感觉(经验)和感觉对象是同一的,通过实践活动能够检验知觉到的东西与外界对象是否相符的见解,驳斥了休谟的诘难。

　　冯契接着阐明了以概念为核心和基本内容的理性认识能够把握对象的本质、规律和发展趋势，是普遍有效的规律性知识即普遍必然性的知识。

　　以感觉、知觉和表象为内容的感性经验所把握的是具有可感性特征的处于特殊时间、空间中的客体的外部结构，它离不开生动、直观的形象，具有直接性的特点。而以概念为基础和主要内容的理性认识是普遍的、不受特殊时空限制的，具有超越经验的特点。那么，主体凭借何种手段从感性经验里获得概念等超越经验的具有普遍必然性的理性认识呢？冯契认为这种手段就是抽象，它是主体在大脑中舍弃感性经验所反映的对象的非特有属性、抽取其特有属性的方法。

　　冯契运用马克思主义哲学的实践观点，借鉴中国传统哲学的"体用"范畴，对"感觉能否给予客观实在"这一哲学史上长期争论不休的认识论难题作了非常完满的肯定回答。在此基础上，他探讨了理论思维的问题。在他看来，以感觉、知觉、表象为内容的感性经验给人们的大脑提供了加工的原料，经过大脑的抽象作用形成了概念，达到了理性认识即理论思维。抽象既是以概念为基础的理性认识的助产婆，也是理性认识的最基本特征，因而在认识过程中有着十分重要的地位。经过抽象，把握了对象的本质，再进行归类、概括，就形成了概念。对象的本质不可能是在直观中一次把握的，而是在经历了以类行杂、以微知著的抽象过程后才被把握的。

　　抽象的方法：以类行杂，以微知著。抽象首先要运用"以类行杂"的方法。"以类行杂"就是主体在抽象过程中"以类型来把握杂多"。冯契认为，主体在行为中养成习惯，习惯使主体对刺激的反应成为类型，也就是对同类的刺激作出同样的反应，借助语言这一表达工具，以类型来把握概念，从中归纳、概括成概念。"概念就是从以类行杂的角度把杂多概括起来。"①冯契认识到，要真正实现"以类行杂"还必须做到"以微知著"，也就是以本质来把握现象。这就要求主体在抽象的过程中不但要比较相同点和不同点，而且需要把现象联系起来，深入把握感性经验所对应对象的本质。概念往往不是对杂多的感性材料一次抽象形成的，而是经历多次反复的抽象过程形成的。这可从概念的形成大都经历了由前科学概念阶段到科学概念阶段的过程得到证明。

----

　　① 冯契：《认识世界和认识自己》，华东师范大学出版社 1996 年版，第 153 页。

抽象的过程是概念对所与的摹写和规范的统一。所谓摹写现实也就是反映现实，因为概念作为一种思维形式乃是对现实对象的反映。而"反映"必须是如实地反映，即按照客观事物的本来面貌去反映。因而，"从摹写现实来说，概念的认识总有被动的一面"。① 概念对所与的摹写是抽象的摹写，"就是把所与符号化地安排在一定的意念图案中。"②冯契使用的"意念"一词包括了意象和概念。在他看来，概念都是意念图案，既具有相互关联的抽象结构，又总是和特定的意象相联系。但在摹写过程中，概念对所与的"符号化安排"是对其抽象结构的安排，而忽略了其具体意象。概念都是有结构的，这种结构就是意念图案中的抽象结构。他强调，抽象地摹写与具体地识别个体是根本不同的，这种不同体现在：对个体的识别主要凭借意象，也就是凭借联想、幻想和想象等形象思维再现对象。对个体的识别就像照相那样，相片和对象相符合，相片是具体的形象，而不是抽象地摹写。抽象地摹写则是以语言文字作为工具，运用概念图案中的抽象结构，也就是概念间的关联来安排所与。而规范现实是指概念作为具体事物的规矩、尺度，又会反过来用以说明事物、规范事物，接受所与。"五寸之矩，尽天下之方。"概念作为规矩、尺度，可以作为接受方式去安排所与。

抽象的功能是化所与为事实。在冯契看来，事实包含了"所与"和"意念"两种成分，是一种混合物，是接受了的或安排了的所与，或者是放进了所与的意念。冯契认为，事实是在主体对所与的摹写和规范过程中形成的，认识主体知觉到一件事实，实质上是以得自所与者还治所与。事实就是所与，不过是进入认识过程为认识主体所知觉到了的所与，也就是使所与处于既摹写又规范的关系之中；而使所与处于既摹写又规范的关系中，就是使所与处于抽象过程中。抽象的功能是化所与为事实，而所与化为事实就使得所与能够保存和传达。在冯契看来，所与化为事实，所与就保存在概念中，成为主体经验中的事实，并且认识主体能够运用命题进行陈述，得以传达。所与是当下直接的感性材料，内容是客观的，不具备主观能动性的机制，无法传达给其他主体，只有化为主体经验中的事实，用命题去陈述，才能传达给其他主体。而保存和传达都

----

① 冯契：《逻辑思维的辩证法》，华东师范大学出版社 1996 年版，第 62 页。
② 冯契：《认识世界和认识自己》，华东师范大学出版社 1996 年版，第 161 页。

要凭借意念图案,把所与安排在一个意念图案里就成为知识经验。在化所与为事实的抽象过程中,主体既有感觉的体验,更有知识经验的形成。冯契认为,当前的所与是特殊的、具体的,主体对当前所与的感觉受特殊时空的限制,会随着时间的推移而流逝;一旦纳入意念图案,化为事实就不受这种限制了。化所与为事实还包括将未来的可能经验和过去的可能经验化为事实。冯契主张事实可以分为现在的和过去的,没有未来的事实。未来的就是尚未成为事实的,仅仅属于可能经验的领域,对这些可能经验可以根据逻辑和科学去进行推测,作出或然性的判断,但它们还不是经验的事实。他确信,自在之物作为可能经验的领域比实际经验的领域要广阔得多,化"自在之物"为"为我之物"就是把可能经验的领域即可能的所与领域变为实际经验即实际所与领域。不但未来的可能经验能够源源不断地化为经验的事实,而且随着科学的发展,过去的可能经验也能够转化为当前的经验事实。天文、地质领域在历史上出现了许多不为人们把握的现象,随着科技的发展,今天已经为人们所发现而化为事实,使人们的知识大厦增添了新的内容就是有力的论据。

以往的马克思主义哲学著作或哲学教科书,对"抽象"这一从感性认识到理性认识的必经环节都提到了,但比较笼统和含糊,一般是引用毛泽东概括的"去粗取精、去伪存真、由此及彼、由表及里"作为抽象方法和过程。显然,它对抽象的过程、方法是难以操作的,也是不全面的。冯契从方法、过程、功能等层面全面阐述了抽象理论,并且具有可操作性。应当说,他的抽象理论丰富、发展了辩证唯物主义的认识论。

经过抽象,把握了对象的本质,再进行归类、概括,就形成了概念。冯契断言:"我们用'以类行杂'、'以微知著'来解释抽象作用,有了抽象概念,就能抽象地摹写和规范所与,化所与为事实,并揭示出事实间的一般性的本质的联系。所以,从人的认识能力的角度来考察,人不仅能在实践中获得关于客观实在的感性直观,而且能用理论思维来获得关于事实间的本质联系,亦即普遍有效的规律性知识。"①这就从人的认识能力方面论证了普遍有效的规律性知识何以可能。

---

① 冯契:《认识世界和认识自己》,华东师范大学出版社1996年版,第185页。

2. 时空形式和逻辑范畴为普遍有效的规律性知识提供了逻辑上的担保

仅仅从人的认识能力方面肯定普遍有效的规律性知识是可能的,但还不足以令人折服,要完满地回答这个问题,还需要从思维形式方面提供论证:一是时空形式和逻辑范畴为人们获得普遍有效的规律性知识提供了逻辑上的担保;二是形式逻辑的基本原则和辩证逻辑的接受总则为人们获得普遍有效的规律性知识提供了逻辑上的担保。

要从思维形式方面考察科学知识的结构,不得不探讨时空形式和逻辑范畴。这是因为把握命题之间的联系是考察科学知识结构的切入点,而直观的时空形式和概念的逻辑形式又是命题间最一般的联系。时空形式和逻辑范畴是经验性和先验性的统一,能够提供普遍有效的规律性知识。

在冯契看来,从经验和事实方面来看,对个体的识别和对事实的知觉都包含有对时空关系的直观的经验;在知识经验中,对个体、事实的客观实在感都与时空形式密不可分;个体、事实总是被安排在时空秩序中,比如张三、李四两个具体的个人,前者在 $t_1 s_1$,后者在 $t_2 s_2$,各有不同的时空位置。事物的个体化、事实的特殊性都与特殊的时空位置密切相关;有了确定的时空位置,就说明了它是当前此地的存在或过去某地曾经有过的事实,构成了知识经验领域特定的"有"即内容。

从理论思维和概念方面来看,由感性认识飞跃为理性思维,就表现为理性思维这种抽象知识不受个体和事实的特殊时空的限制。冯契确信,思维形式本质上具有不受时空限制的超越性,这样才能有效地规范现实。但科学的概念反映了现存事物本质的联系,因而必须与事实经验保持牢固的联系。"事物之间的本质联系是共相的关联,即条理,它具有现实性和实在性(不过不是个体的存在)。现实的或实在的总有时空秩序,不论自然史、社会史和历史法则,还是物理、化学、生物等的规律,其内容都包含有时空尺度或适用的时空范围的规定。"①

时空形式是经验的实在性和先验的理想性的统一。冯契认为,从知识经验的层面考虑,可以把时空形式看做经验与概念之间联系的媒介。经验与概念结合都会包含时空形式,概念对所与的摹写与规范都是在时空中进行的。

---

① 冯契:《认识世界和认识自己》,华东师范大学出版社1996年版,第188页。

概念不管怎样抽象,总不能脱离意象对事物的摹写,无论是对个体的识别,还是对事实的知觉与记载,都离不开特定的时空位置。所有事物都有其特殊的时空位置,所有经概念摹写的事实都被安排在时空的框架中,编年史、人物传记等就是用时空秩序安排经验事实的。"作为安排经验事实的形式,时空有经验的实在性,这种实在性是实践经验提供的,归根结底来源于实践经验提供的客观实在感。"①

用概念规范所与即经验事实也离不开时空秩序,这使得时空形式又具有先验性。因为在规范所与的过程中,主体一定要运用想象力,使概念寄托于意象取得比较具体的形态才能整理。冯契以工程建设先需要建筑师设计蓝图,工程施工事先需要工程师制定工作流程来说明其主张:运用理论指导实践,一定要使概念取得理想形态。建筑师、工程师的工作就是把概念图式化或模式化,图式便是借助图像把概念展开了。在他看来,在设计蓝图、工作方案中的前后、上下、快慢等规定,其展开就是时空秩序。因而,从规范经验事实来说,时空秩序具有先验的理想性。时空秩序作为经验与概念、理论与事实之间的媒介,为事物、事实提供历史的框架,使理论图式化而具有理想的形态。他指出,所与化为事实,就是将所与安排在历史的框架中,获得特定的时间与空间位置;而概念具有理想形态就体现为能被图式化而展开,具有可想象的时空秩序。这样,从摹写与规范经验事实的统一看,时空秩序便体现为经验的实在性和先验的理想性的统一。

冯契关于时空秩序特征的见解,扬弃了康德将时空秩序仅仅理解为先天的思维模式从而能普遍地规范现实的先验论观点。时空秩序的经验性、后天性,确保了人们在运用概念摹写经验事实时内容的客观实在性;而时空形式的先验理想性则使其在规范经验事实时具有普遍性。

主体对所与的摹写与规范同样离不开逻辑范畴。冯契吸取了墨子和荀子提供的逻辑范畴方面的成果,构建了以类、故、理为骨干的逻辑范畴体系,借以摹写与规范经验事实。"类"是用来摹写与规范对象"是什么"即所属范围的范畴,包括同一和差异,个别、特殊和一般,整体和部分,质和量,类和关系;"故"是回答对象"为什么"即所以然的范畴,包括因果关系和相互作用,条件

---

① 冯契:《认识世界和认识自己》,华东师范大学出版社1996年版,第189页。

和根据,实体和作用,内容和形式,以及客观根据和人的目的;"理"是回答主体"如何做"的范畴,包括现实、可能和必然,必然与偶然,目的、手段和当然之则,必然和自由。在他看来,类、故、理的范畴虽然都是关于本质的范畴,但这不是本质主义的观点。因为本质和现象不可分离,类和个体、共相和殊相、根据和条件、必然和偶然都是相互联系着的,以成双成对的形式存在。这些范畴的辩证推移正体现了从现象到本质、从不太深刻的本质到更深刻的本质的认识发展过程,人们正是通过这些互相联系的范畴来认识存在和本质的。

逻辑范畴同样是经验性和先验性的统一。冯契肯定,从来源上说,类、故、理的范畴都来自经验,是存在的一般形式的反映,是从知识经验中概括出来的,先验论者的错误就在于把人类的逻辑思维能力归结为先天的。因为行动的逻辑先于思维的逻辑,思维的逻辑是行动的逻辑内化的结果。他承认,从具体的个人来说,逻辑思维能力的确有遗传上的因素;但就整个人类而言,逻辑思维的范畴和运用范畴的思维能力都是在实践中形成的。从规范现实来看,逻辑范畴又具有先验性,知识经验不可能违背逻辑的秩序。"逻辑(包括形式逻辑和辩证逻辑)超越于、独立于经验事实,所有的经验事实都受其规范,这就是先验性。"[1]

冯契扬弃了康德对逻辑范畴的看法,一方面批判了康德把逻辑范畴和秩序理解为先天的即人的心灵所固有的唯心主义观点;另一方面对于康德肯定普遍必然的科学知识有逻辑秩序,科学知识的普遍有效性可以得到论证、有理论方面的担保的见解,给予了积极的评价,认为这是康德的先验逻辑所包含的合理因素。

在冯契看来,思维模式即范畴和时空形式的结合是人们获得普遍必然的科学知识的重要的理论担保。科学知识的普遍有效性不受时空限制,但又体现时空秩序;它内在于经验,但又具有先验的逻辑秩序。他断言,对于这种具有普遍必然性的科学知识来说,时空形式和逻辑范畴是统一的,因为运用概念于经验事实,离不开时空秩序的安排和逻辑范畴的引用,这是不可分割的。范畴与时空形式的结合,凭借想象力就成为思维模式或图式。思维模式说或图式说是由康德首先提出的,提出的目的是寻找一个中介,以沟通不同质的知性

_____

[1] 冯契:《认识世界和认识自己》,华东师范大学出版社 1996 年版,第 194 页。

概念和感性直观。这个中介既是感性的又是知性的,而作为想象产物的思维模式恰好具有这双重身份。

3. 形式逻辑的原则和辩证逻辑的接受总则为普遍有效的规律性知识提供了逻辑上的担保

冯契确信,思维按其本性来说既遵循形式逻辑的基本规律,又遵循"以得自现实之道还治现实之身"的接受总则,它们为人们获得普遍有效的规律性知识提供了逻辑上的担保或前提。

首先,形式逻辑的原则即基本规律规定了概念结构的基本脉络,提供了概念成为接受方式的基本条件。同一律、矛盾律、排中律是形式逻辑的三条基本规律,是人们的思维活动必须遵循的准则。金岳霖简明扼要地指出了它们对思维活动的制约作用:同一是意义的条件,矛盾是逻辑之所舍,必然是逻辑之所取。① 冯契认为这段话简明扼要地阐明了形式逻辑基本规律的性质和作用,是非常深刻的。

人们在表达思想、论证思想等思维活动中首先要遵循同一律,否则,概念就因没有确定性而失去意义。同一律要求在同一思维过程中确保概念与其自身同一是意义的条件,也是概念为什么能够成为接受方式的基本条件。荀子、墨子、公孙龙等先秦思想家就意识到了概念要遵循同一律。《荀子·正名》指出:"同则同之,异则异之。"强调名即概念和实要有一一对应关系;反之,在一定的论域里,如果偷换概念,违背同一律,概念就失去确定的意义,人们就无法进行思维活动,彼此之间就难以交流思想。冯契确信:只有当名和实、言和意、概念和对象、概念和语词等之间具有对应关系,概念在一定的论域里才有确定的意义,才能合乎逻辑地表达思想、交流思想;思维的内容才能够合乎逻辑地构成。

同一律并非主张概念或概念对应的对象与其本身同一。冯契对此作了如下论证:就实际情况而言,世界上不存在不变化的事物,事物的性质在变化,事物间的关系在变化;但用概念、命题来表达这些性质、关系的变化,都要遵守同一律。"变化"一词表达变化,"矛盾运动"一词表达矛盾运动,也就是要求在

① 参见金岳霖:《知识论》,商务印书馆 1983 年版,第 414—416 页。

一定论域中保持概念和对象、思想和语言之间的对应。这是因为在一定论域范围内,概念和对应的对象是——对应的,二者有相对静止的稳定的关系。如"牛"这个概念与牛这一类对象相对应,几何学中的"点"概念与作为思想对象的几何空间的点相对应。这种对应关系揭示思想内容在一定论域中有相对的稳定性,概念有其质的规定性,这就是思维的同一原则。

既然概念有质的规定性和相对稳定性,与一定论域里的对象有对应关系,人们在思维过程中就能运用概念作为接受方式来摹写和规范所与。

思维活动应当遵循矛盾律。矛盾律是指在一定的论域里,两个相互反对或相互矛盾的思维不能都真,其中必有一假。金岳霖将矛盾律称为排除原则,在他看来:"思议底限制,就是矛盾,是矛盾的就是不可思议,是矛盾的意念,当然也是不能以之为接受方式的意念。"①同一律从正面说明了概念有意义的条件;从反面说,思维如果包含有逻辑矛盾,其内容就不能成为结构,概念的结构一定要排除逻辑矛盾,才能成为接受方式。思维领域是不允许违背矛盾律的,概念、命题一旦自相矛盾,就不可能成为接受方式。矛盾律排除了逻辑矛盾,确保了在一定论域里思维的首尾一贯,从而确保概念能够作为接受方式去摹写和规范所与。

排中律同样是思维必须遵循的原则。排中律是指在一定的论域里,两个相互矛盾的命题之间必有一个是真的,不能同时加以否定。矛盾律说的是在非此即彼的二值逻辑系统里,A 和非 A 正反两种可能拒绝兼容,不能同时成立;而排中律则是把 A 和非 A 正反两种可能都列举了,以析取地穷尽可能为必然。在二值逻辑里,"A 或非 A"是必然的,这揭示了整体是部分之和这一形式逻辑的公理。

冯契指出,正由于"同一是意义的条件,矛盾是逻辑之所舍,必然是逻辑之所取",所以形式逻辑所阐明的原理和规律是概念结构的基本脉络,是概念之所以能成为接受方式的基本条件;"思维按其本性说遵守形式逻辑的思想律,逻辑就是用概念来摹写和规范所与的基本原则。科学知识领域一定要遵守形式逻辑,事实界至少有不违背逻辑的秩序。"②

---

① 金岳霖:《知识论》,商务印书馆 1983 年版,第 416 页。
② 冯契:《认识世界和认识自己》,华东师范大学出版社 1996 年版,第 202 页。

　　其次,辩证逻辑为人们提供了"以得自现实之道还治现实"的接受总则。

　　引用一个概念于所与,实质上就是引用一个概念的结构于所与;而逻辑是概念结构的基本脉络,是概念作为接受方式的必要条件,因而引用概念于所与也就是引用逻辑于所与。不过,在冯契看来,形式逻辑及其规律虽然为接受所与提供了原则,但单凭形式逻辑的联系,对事实的秩序无所肯定;而用概念结构来接受事实,是"以得自经验者还治经验",则对事实作了摹写和规范,因而就对事实的秩序有所规定。他指出:作为思维基本形式和科学知识基本要素的概念或概念结构,当它被作为接受方式时,不但要遵循形式逻辑的原则,而且更要遵循"以得自现实之道还治现实"这一辩证逻辑的接受总则。这里的"道"指的是事实之间的秩序,也就是科学的规律性。以概念为基本构成要素的科学的规律性知识之所以可能,其必要条件就在于它既遵循形式逻辑的原则,又遵循辩证逻辑的接受总则。他主张应当把形式逻辑的必然和科学的必然区别开来。形式逻辑的必然命题可以用永真的重言式来表达,它不受时空条件的限制;而自然科学的规律通常有一个作用的范围,有一定的时空秩序即时空限制。在冯契看来,逻辑命题的必然性只需逻辑证明,通常不需要证实;而科学的规律有待于证实或否证,这种证实或否证,也要借助形式逻辑这一工具,但仅靠形式逻辑的证明是不够的。"要发现科学的规律,遵循逻辑是必要的,但更要遵循'以得自现实之道还治现实之身'的原则。"①

　　"以得自现实之道还治现实之身"的辩证逻辑接受总则之所以能为普遍必然性的知识提供逻辑上的担保,是因为它是归纳和演绎的综合。冯契认为归纳和演绎主要是借助类、故、理的范畴展开的,因为运用概念来接受所与,就是"以类取,以类予"。而"以类取,以类予"既是归纳又是演绎,是两者的统一。运用概念于所与既是一个从个别到一般的归纳过程,又是一个从一般到个别的演绎过程。运用概念于所与都可说是归类,而归类就是以一例作"类"的样本,把新的事例归并到"类"中去。这表明归纳和演绎是统一的,但又可拆开来分析。演绎具有形式逻辑的必然性,如果对一类事物的全部分子作了肯定或否定的断定,那么对这类事物的部分分子也能给出肯定或否定的断定,因为整体等于部分之和,大于部分,因而从类到个别、从普遍到特殊的推理得

---

　　① 冯契:《认识世界和认识自己》,华东师范大学出版社 1996 年版,第 203 页。

到的结论具有必然性。但归纳则是从个别分子到事物类,从特殊到普遍,结论超出了前提的范围,因而这种形式的推理得到的结论不具有必然性。"这并不是说归纳所得的一般概括不可能是必然的,而是说在归纳推理中,由前提到结论的过渡是或然的,归纳所得到的概括是否具有必然性,还有待证实或否证。"①

伴随归纳推理研究而来的是休谟问题。冯契从认识论角度探讨了休谟问题的成因:休谟的困难是由于他只承认意象而不承认抽象概念引起的。而实际上,思维有从意象到概念的飞跃,认识由现象深入到本质,反映事物本质联系的概念有其不受特殊时空限制的普遍有效性,科学的概念结构不能脱离时空条件,但在其起作用的范畴之内,又不受特殊时空的限制。仅仅凭借归纳,由个别事例得出的一般性结论虽然具有或然性,只能算作一个假说,有待于逻辑论证和实践的检验;但归纳如果得到了演绎、分析和综合等逻辑工具的帮助,作了比较充分的论证,得到的具有假设性质的结论就成为科学假说。在此基础上根据理论推导设计实验,当实验提供新的事实材料证实了它,人们就可以进一步肯定它是一个科学定律;当然,这些定律还可以接着进行新的证实或否证,使其有效适用范围随着科学的发展而得到更为明确的规定。因此,"应把科学上由归纳所得到的普遍命题看做有个发展过程:它最初就是个假设,后来发展为定律,它普遍有效(起作用)的范围日益明确,使得我们基本上可以确定,它在未来(在条件具备时)总是有效的。"②

冯契不但认识到这种普遍有效性是相对的,而且主张人们应该满足于这种相对的普遍有效性。他坚信,人们把握了这种具有相对普遍有效性的规律,就可以预测未来,而预测的实现就证实未来是符合过去的。

对于归纳原则本身的有效性问题,冯契提出了不同于前人的见解。在他看来,"以得自现实之道还治现实"的接受总则虽然包含归纳,但同时又是演绎。因为以概念规范事实就包含着由普遍到特殊的演绎。概念作为接受方式运用于所与已具体而细微地体现了归纳和演绎、分析和综合、逻辑和历史的统一的辩证法的运动;认识的辩证法无非是以"得自现实之道还治现实","现实之道"也就是客观的辩证法。认识过程作为自然过程是在实践基础上发展的

---

① 冯契:《认识世界和认识自己》,华东师范大学出版社1996年版,第204—205页。
② 冯契:《认识世界和认识自己》,华东师范大学出版社1996年版,第206—207页。

现实的运动,本身是现实世界中的一种运动形态;这种运动形态的本质特点即在于以"得自现实之道还治现实"。而主体以认识过程之道来反思认识过程,就是辩证逻辑。因而在得自所与的概念还治所与的日常经验中,就有了辩证逻辑的胚胎。经过不同意见的争论和观点的分析批判,再综合起来才能达到逻辑和历史、主观辩证法和客观辩证法的统一,才能形成普遍有效的规律性知识。

　　经过上述分析和论证,冯契总结说,形式逻辑的原则和"以得自现实还治现实"的辩证逻辑接受总则为普遍有效性的规律性知识提供了逻辑上的担保,是普遍有效的规律性知识之所以可能的必要条件。在他看来,知识经验领域有时空秩序,有逻辑联系。正因为科学知识遵循时空的秩序和逻辑的原则,因而它们是可证的,即可以证实或证伪的。"时空秩序和逻辑范畴相结合为思维模式,内在于经验又超越于经验,有两重性。正是由于这种内在而又超越的两重性,所以科学的普遍命题,既可以遵循联系进行论证(或驳斥),又因其与经验相联系而可以得到事实的验证(证实或否证)。科学命题的普遍有效性既可以论证又可以验证,正说明它在理论上是有担保的,在经验上是有现实根据的。"①

　　当主体以得自所与的概念反过来接受、安排所与,化所与为事实时,实际上作了一个事实判断。而判断是科学理论的主要表达形式,是普遍有效的规律性知识的主要载体。作一事实判断就是以一概念作接受方式引用于所与,而每引用一个概念或概念结构于所与,作一事实判断时,就会同时引用时空形式和逻辑范畴。而时空形式和类、故、理诸范畴是最一般的接受方式,贯穿了形式逻辑的基本原则和"以得自现实之道还治现实"的辩证逻辑接受总则,确保了由经验事实概括出来的"理"即规律性具有普遍有效性,决定了科学理论的普遍有效性是可以论证和验证的。

四、从认识起因看"无知"到"知(识)"的转化

　　上面三节是从认识的形式方面来探讨人类的认识是如何由无知达到知

---

　　① 　冯契:《认识世界和认识自己》,华东师范大学出版社 1996 年版,第 209 页。

(识)的,这一节则从认识的起因方面探讨人类的认识是如何由无知达到知识的。在冯契看来,人类的认识起因于疑问,经过意见的争论、观点的批判,然后才达到主观与客观相一致的知识,形成真理。

1. 疑问的提出

冯契不但主张认识起因于疑问,而且对疑问的含义与特点、疑问与问题的关系、疑问的根据、疑问在认识过程中的作用等方面作了长期而有效的探讨。

在冯契看来,疑问就是由于人们意识到主、客观之间的矛盾而提出的问题。他认为,实践经验和逻辑思维,事实和理论常常存在着矛盾。这种矛盾主要体现在以下几个方面:一是新的事实和原有的概念的矛盾,即原有的概念不能解释经验提供的新事实;二是假说和事实的不一致,即难以找到验证假说的经验事实;三是不同的观点、学说之间的矛盾;四是在事实方面存在真象和假象的不一致。冯契坚信:"不论哪种情况都是出现了事实和概念、主观和客观的不一致,也就是概念在摹写和规范现实的过程中出现了矛盾,一当人们意识到了这种主客观之间的矛盾,就会产生疑问。"①当人们意识到主、客观之间存在矛盾时,必然会因疑义而发问。比如,当人们意识到新的事实和原有概念不一致时,人们就会提出"是新的事实不准确抑或原有概念不完善"等问题。

冯契分析了疑问的两大特征:一是心理状态上的疑难、惊诧。从主观意识方面来说,发现疑问的人心中感到有种疑难;疑难、惊诧是意识到矛盾时的心理状态;这种心理状态带有明显的情感、意愿等成分。二是认识论上的知与无知的矛盾意识。从认识论来说,疑问作为认识活动的环节,包含有知和无知的矛盾意识。

疑问与问题的联系和区别又是怎样的呢? 在冯契看来,二者的联系是,"问题是疑问的内容",有疑难、疑问就会提出问题,这些问题常常用"是什么"、"为什么"、"怎么样"等语句来体现。"这些语句实际上也包含着运用类、故、理这些范畴来表述疑问的内容。"②"是什么"涉及"类"的问题,"为什么"涉及所以然之"故"的问题,"怎么样"涉及必然和当然之"理"的问题。这

---

① 冯契:《逻辑思维的辩证法》,华东师范大学出版社 1996 年版,第 72 页。

② 冯契:《认识世界和认识自己》,华东师范大学出版社 1996 年版,第 220 页。

就是说,疑问的解读体现为"类"、"故"、"理"等逻辑范畴的展开过程,体现为用理论的话语系统去破译主、客观的矛盾。

二者的区别是,疑问主要体现为疑难、惊诧等伴随情绪的心理状态以及认识上意识到"自知无知"的矛盾状态,换言之,疑问主要体现为一种心理活动和认知活动,是动态的;而问题主要体现为问句,是一种语言形式,是静态的。

疑问是有根据的,因为疑问的内容是问题,而问题总是有其根据的。冯契认为,疑问是实际生活中的两方面矛盾的反映。一方面它是对客观对象的矛盾的反映,从认识对象来说,不论是宏观领域还是微观领域都充满了矛盾,一事物与其他事物既相互联结又相互对立,事物内部也充满了矛盾。另一方面也是认识主体方面矛盾的反映,认识主体本身以及人们之间都充满着矛盾。

疑问在认识过程、思维过程中的积极作用主要体现在以下四个方面:

首先,自知无知是人们追求知识的开始。自知"无知"是疑问的重要特征,而"无知"作为人们认识的出发点在认识过程中起着积极的作用。人们的知识不是与生俱来的,而是从后天的实践中获得的。冯契断言:人的认识过程就是由无知到有知,从不确切、不全面的知识到比较确切、比较全面的知识不断发展和完善的过程。在这个过程中,知和无知总是纠缠着,矛盾着,难分难解。因此,以为个人在某个时候能脱离无知是不切实际的空想。受主、客观条件的限制,个人即使伟大的科学家的知识也非常有限。无论对于个人抑或整个人类而言,无知的领域比已知的领域要大得多,多得多。人类的智力是随着社会实践的发展而扩张的,而一定历史阶段的实践即生产发展的水平、科学实验的水平、社会变革的规模总是有限的。这就是说,在有限的时间里,人类的知识总是有限的。因此,完全可以说,人类基本上是无知的。人类的认识过程就是渐渐告别无知的过程。冯契阐述了,无论是自然科学、社会科学还是思维科学都是在揭露研究对象的内在矛盾、克服无知的过程中前进的,都是受特定条件限制的有限知识。

其次,是激起人们对知与无知矛盾的关注和解决,推动人们知识领域的扩大。如前所述,发现问题就是主体有疑难,思维中有了知与无知的矛盾;解决了问题,就是认识或实际生活中的矛盾得到了解决,就是用知代替了无知。"认识随着实践的发展不断前进,问题不断地发生,不断地获得解决,人类知识的领域就不断地扩大。"①但是,人们所知领域有限而未知领域无限,知与无知的矛盾是无限的,人类知识不管如何扩大也不能穷尽客观世界。这决定人们产生疑难、提出问题、解决问题的思维过程永远不会完结,思维的矛盾运动永无止境。疑问就是这样不断推动人类知识领域的扩张。

再次,是破除形而上学的思维方式,克服片面性。在冯契看来,人由于主客观条件的制约,很容易把自己的个人经验、自己概括而成的理论绝对化,像"井蛙观天"那样,以为自己的一得之见是绝对正确的。这必然带来片面性而导致形而上学。因为如果把自己局部的经验、带片面性的理论加以绝对化,思想就会凝固、僵化,就会犯错误。"而要破除这种凝固性和形而上学,克服片面性,首先就要靠疑问,对它有所怀疑。"②冯契强调,这些疑问、问题应当是有客观根据的真实问题。

最后,疑问作为认识论的初始范畴,推动认识过程的展开。冯契认为,疑问是认识的起点,认识起源于疑问,即起源于主体意识到了主、客观之间的矛盾,主、客观的矛盾使人惊诧、焦虑,促使人们去探索、解答。在冯契看来,疑问对认识活动的推动作用大致体现为:人们产生疑问后,通过各种各样的实践活动去解答;由于个人的主、客观条件的差异,个人的实践活动也会存在差异,这导致他们对同一疑问提出了不同的意见;通过不同意见的争论、观点的斗争,实现"同归而殊途,百虑而一致",形成比较一致的认识;最后是运用逻辑证明和实践检验,确定对疑问一致认识的真伪。至此,疑问得到了解答,一个完整的认识过程也就完结了。但旧的疑问得到解答后,新的疑问又随之而来。因为主、客观之间的矛盾贯穿人类社会发展的始终,决定了人们头脑中疑问常驻。

显然,冯契关于认识起因于疑问的见解有别于传统的观点。以往的可知论哲学流派无论是唯物主义还是唯心主义,都主张认识来源于感觉,只不过对感觉作了各自不同的理解而已。冯契认为,从整个人类的认识而言,从认识的根源和内容而言,认识来源于感觉;而感觉是人们的感官凭借实践活动而获得的,承认认识来源于感觉,必然会承认认识来源于实践。因此,从整个人类的

①　冯契:《认识世界和认识自己》,华东师范大学出版社 1996 年版,第 221 页。
②　冯契:《逻辑思维的辩证法》,华东师范大学出版社 1996 年版,第 72 页。

认识而言,主张认识来源于感觉、起源于实践的辩证唯物主义观点无疑是正确的。但传统哲学包括马克思主义哲学在讨论认识的起源问题时都只探讨了人类的认识是如何起源的、如何获得的,而没有讨论人类认识的起因、导因是什么? 换言之,传统哲学包括马克思主义哲学在探讨认识的起源问题时存在着缺失。冯契认为,作为完整、准确的认识论,固然要探讨整个人类认识的起源或来源,也要探讨认识的起因或导因。从发生认识论的观点来看,人们的认识活动是受疑问的驱使而展开的。假如人们头脑中没有疑问,没有意识到自己的无知,就不会去认识对象。有了疑问,就必须通过实践活动认知、破解。因此,冯契关于人类认识起因于疑问的观点与辩证唯物主义认识论关于人类认识起源于感觉、起源于实践的观点是从不同角度提出来的。认识起因于疑问的观点不但没有背离马克思主义关于认识起源的观点,反而丰富、完善了马克思主义的观点。

冯契是中外哲学史上首次明确提出将疑问作为认识论范畴的哲学家,对疑问范畴作了长期的探讨,随着时间的推移,疑问范畴的内涵日渐丰富。

在西方哲学史上,虽然苏格拉底等个别哲学家使用了疑问这一概念,指出了思想起因于疑问,也意识到了疑问的心理特征,但总的来说,他们还没有将疑问作为一个认识论的范畴来使用;怀疑论者则仅仅是运用疑问、问题来责难可知论,更没有将它作为认识论的范畴来使用。在中国哲学史上,无论是传统哲学抑或近、现代哲学,没有哪位哲学家将疑问作为认识论的范畴来使用。

冯契于1944年完成的硕士学位论文《智慧》探讨了意见范畴的含义、特点及其在由知识发展为智慧过程中的作用,没有涉及疑问范畴。这就是说,直至20世纪40年代中期,冯契尚未对疑问范畴的含义及其在认识过程中的作用给予关注。

由中国青年出版社于1957年出版的冯契所著《怎样认识世界》一书首次提出了疑问范畴,对疑问范畴作了三方面的探讨:一是明确提出认识起因于疑问,"自孔子和苏格拉底以来,许多哲学家说过,惊诧、疑问是思想之母"就表达了这一观点。二是界定了疑问的含义,在他看来,疑问"就是头脑里有了无知和知相矛盾",①也就是自知无知。三是指出了人类认识活动的实质,他确

---

① 冯契:《智慧的探索·补编》,华东师范大学出版社1998年版,第251页。

信:"人类的思维过程不外乎是一个发现问题到解决问题的过程。发现问题就是有了无知和知的矛盾,解决问题就是用知克服了无知"。① 这就是说,到20世纪50年代中期,冯契已将疑问作为认识论的范畴来使用,对疑问范畴作了初步的探讨。

由华东师范大学出版社1996年出版的冯契的《认识世界和认识自己》和《逻辑思维的辩证法》两本著作则对疑问范畴作了全面而又深人的探讨:不但深化了《怎样认识世界》对疑问范畴所作的三方面的探讨,而且探索了疑问的心理状态特征和认识论方面的特征,阐述了疑问和问题的联系与区别,分析了疑问的根据及其在认识过程中的积极作用。这表明,到20世纪80年代末、90年代中期,通过对"文化大革命"时期经学独断论导致危害的反思和心灵的自由思考,冯契对认识论初始范畴的疑问作了更加深人和全面的把握。

疑问作为认识论的范畴从初步提出到全面系统地把握,前后相差近30年。这表明,经过长期缜密的思索、论证,疑问范畴才被冯契确立为认识论的初始范畴。

冯契将疑问确立为认识论的范畴,具有以下三个方面的理论意义:

第一,准确地揭示个人认识的起因,丰富、完善了辩证唯物主义的认识论。如前所述,冯契在哲学史上开了探讨认识起因的先河,主张个体认识起因于疑问,疑问是认识论的重要范畴。这突破了传统哲学包括马克思主义哲学在研究认识论时不探讨认识起因的缺失,拓展了马克思主义认识论的研究视域。

第二,丰富、完善了马克思主义认识论的范畴体系。冯契在从发生认识论的角度探索个体认识的起源时,不仅仅提出了认识起因于疑问,将疑问确立为个人认识活动的初始范畴,而且对疑问作了多方面的规定和展开,疑问的规定和展开体现为疑问的定义、特点、根据和在认识过程中的作用等方面层层推进、相互关联的理论体系。这一规定和展开使得疑问获得了丰富的内涵而上升为具体概念即范畴。冯契的开创性研究为马克思主义认识论范畴体系增添了新的一员。

第三,对疑问和问题的联系和区别作了富有创见的界定,为人们把握疑问和问题提供了有效的理论依据。人们在日常交流中常常会使用作为一般概念

① 冯契:《智慧的探索·补编》,华东师范大学出版社1998年版,第252页。

的"疑问"和"问题",但很少有人把握了二者的含义及其相互关系。冯契在将疑问确立为认识论初始范畴的过程中,阐明了疑问和问题的联系与区别,克服了人们在二者相互关系上的无知。在他看来,问题是疑问的内容,疑问要通过问题表达出来,通过"是什么"、"为什么"、"怎么样"等问题表达出来,也就是通过"类"、"故"、"理"等逻辑范畴表达出来。"类"、"故"、"理"由《墨经》首次提出后,一直是中国哲学史上常常运用的一组范畴。冯契的独到之处在于会通古今,用传统的哲学范畴把握二者的联系,使得疑问范畴体现出中国特色和中国气派,体现了马克思主义哲学中国化的神韵。

2. 意见的争论

认识的目的是为了把握真理以有效地指导实践。那么,真理性的认识是怎样获得的呢? 长期以来,我国的哲学教科书将真理的获得过程简单地表述为:真理总是与错误相比较而存在,相斗争而发展的。换言之,认识是真理不断地战胜谬误的过程。冯契对这一观点提出了质疑,认为意见是形成真理的必经环节,真理是由意见的争辩发展而来的;离开不同意见的争论,个别主体的认识就无法转化为群体认识,就难以接受实践检验从而确定为真理抑或谬误。但我们众多的哲学教科书乃至哲学专著都没有讨论意见在认识过程中的作用,没有准确地揭示真理的形成和发展过程。有鉴于此,冯契对意见范畴给予了长期的关注,早在 1947 年,他就在其硕士学位论文《智慧》中界定了意见的含义,阐述了意见在认识过程中的作用;晚年,他在《认识世界和认识自己》、《逻辑思维的辩证法》两本著作中多视域地探索了意见范畴,尤其是意见争论的必要性及其现实意义。

意见的含义及其特点。对于意见的含义,冯契在不同时期的论著中作过如下几种表述:其一,意见是个人的主观性认识,是与知识、智慧鼎立的三种不同性质的认识之一。意见与知识、智慧虽都是认识,但存在质的区别:意见是"以我观之",知识是"以物观之",智慧是"以道观之"。[1] 所谓"以我观之"就是主体以主观自我的立场把握对象;"以物观之"就是主体以客观的态度把握对象;"以道观之""就是要用唯物辩证法的观点,如实地、全面地看问题,克服

---

①　冯契:《智慧的探索·补编》,华东师范大学出版社 1998 年版,第 3 页。

主观盲目性和片面性。"①其二,意见是不同认识主体对同一问题作出的不同判断和不同解答。思维过程是从发现问题到解决问题的过程,由于主客观条件的限制,人们的知识经验总有或大或小的差异,对同一问题会作出不同判断、提出不同的意见。其三,意见是未经逻辑论证和实践检验的、是非界限不明的个人主观认识。概而言之,意见是指个别主体对问题所作出的未经逻辑论证、实践检验的是非界限不明的主观性认识。

冯契认识论的意见范畴有以下几个特点：

首先,意见是见蔽相杂的个别主体的主观性认识。意见基本上是主观的,因为客观的意见属于知识范畴。正因为意见的主观性,所以它虽有时正确,却也时常掺杂错误,甚至完全错误。正因为如此,冯契主张个人在对某问题作出判断时,应当抱谦虚的态度,不要自以为是。

其次,意见是是非界限不明的个体认识。意见是认识主体对实践中遇到的问题所作出的判断,受个人知识经验的局限,其是非界限是不明确的。对同一问题所提出的种种意见孰是孰非,在没有经过争论形成一致的认识并经实践检验以前是无法确认它们的真假对错的。换言之,真理和谬误在没有得到实践检验以前是混杂在一起、统一于意见这一母体之中的。这一特点要求人们在讨论问题时,应当允许各抒己见,而不能凭个人权威搞独断论,认为自己的意见就是真理,别人的意见是谬误,并以此为据压制不同意见,只许一种声音说话。

再次,意见不同于偏见。偏见是固执自己的意见,把个人主观性的认识当成客观的正确的认识。

最后,意见对现实有依存性。意见的争论不但可以在不同的主体之间展开,而且个人在头脑里也可以进行辩论。有人据此断言意见完全是主观的,对现实没有依存关系。在冯契看来,意见在表现形式上虽是主观的,但其内容是客观的,不同个体之间的意见矛盾、个人头脑中的意见论争,归根到底是客观现实的矛盾在人脑中的反映。

意见争论的形式、根据及其在认识过程中的作用。如上所说,意见是不同的个别主体对同一问题所给出的不同解答。这就会出现仁者见仁、智者见智,

---

① 冯契：《认识世界和认识自己》,华东师范大学出版社 1996 年版,第 237 页。

导致意见分歧的多样性:有的是细微差别,有的是原则分歧;有的是各有所见又各有所蔽,有的是一个正确一个错误;有的是两人都错误,有的是两人都正确因彼此不了解而产生争论。冯契用瞎子摸象的寓言、穷人和富人对待厚葬的对立态度、物理学史上关于光的本质波动说和微粒说论证意见分歧的多样性。他断言:"在人类的各个认识领域中,总是有不同的意见纠缠着、矛盾着、难分难解。"①不同主体对同一问题形成不同意见的争论是必然的,这是因为人的认识受到社会历史条件的限制,每个人不但受所处时代的一般条件的限制,而且受个人千差万别的特殊条件的制约,尤其是知识经验的制约。人们的知识来源不外是直接经验和间接经验两方面,前者取决于生活、工作条件,后者取决于文化教育水平。严格地说,两个人的生活、工作条件和文化程度完全相同的情形是不存在的。这决定了人的知识经验总有或大或小的差异,对同一问题会给出不同的判断,提出不同的意见。

在上述导致意见分歧的根源中,冯契认为主要根源是阶级根源和认识论根源。在存在着阶级斗争的时代里,人们的各种思想无不打上阶级的烙印。属于不同社会集团的人们,从不同的阶级立场出发来观察现实生活,便产生了各种互相对立的意见。同时,客观现实是充满矛盾的、无限复杂的;事物本质的暴露、事物之间真实联系的发现,都有一个过程。当问题被发现而其面貌还不够清晰时,人们便会从各自角度提出意见,给予解答。

冯契看到了意见的争论在认识过程中有着重要的作用:通过不同意见的争论达到一致的认识,在此基础上经实践检验确定其真伪,以把握真理。意见的主观性和见蔽相杂决定了认识个体难以判断自己意见的正误。"为了明辩事非,划清真与假、对与错的界线,就需要展开不同意见的争论。在辩论中运用逻辑论证,运用事实检验,以至达到比较正确的结论,然后付诸实践,看能否达到预期的结果"。② 依据实践的结果才能辩明是非、确定各人意见的真伪,才能给出"甲的意见基本正确","乙的意见基本错误","丙的意见哪几分正确、哪几分错误"等判断。因此,当人们把意见的正误分清楚时,已经是事后诸葛了。冯契强调,通过意见争论来达到正确的结论,这也只能说达到一定条

---

① 冯契:《智慧的探索·补编》,华东师范大学出版社 1998 年版,第 258 页。
② 冯契:《认识世界和认识自己》,华东师范大学出版社 1996 年版,第 223 页。

件下的正确,不能将它绝对化。随着新情况的出现,原来认为正确的结论可能显得不完备或包含有错误。这要求人们对问题特别是重大问题的意见争论不宜匆忙地下结论,即便下了结论,也不能把它绝对化,认为一劳永逸了。

冯契论述了意见的争论表现为"同归而殊途,一致而百虑"①的矛盾运动。人们在认识过程中通过意见的争论达到了一致认识,通过不同的途径达到了共同目标。随着新情况的出现,由一致又产生百虑即引起不同的意见分歧,于是又有新的争论。由于意见的"百虑"——"一致"——"百虑"的循环往复运动,认识就表现为一个个不断地产生问题又不断地解决问题的过程。在他看来,一次真正地解决问题的会议,一次富有成果的学术讨论,都应当遵循"一致而百虑"的思维运动规律。对于一个特定问题,许多人从不同角度提出自己的意见,起初显得分歧众多,经过论辩,互相启发,互相补充,互相纠正,最后集中起来,达到比较一致的结论。把分散意见集中起来的过程也就是分析和综合相结合的过程。讨论和争辩过程中人们把彼此的意见作比较、分析,揭示出各自思维中存在着的矛盾和相互之间的矛盾,辨别出其中什么是正确的成分,什么是错误的成分,分析出是原则分歧还是偶然差异,是主要的还是次要的,等等。在此基础上,对这些意见做去粗取精、去伪存真、由此及彼、由表及里的综合和概括工作,最后达到比较正确、比较全面的结论。必须指出的是:这种结论是否正确,尚待实践的检验。上述过程就是一次完整的一致而百虑的思维矛盾运动。冯契确信:"人类的认识过程就是由无数的一致和百虑往复、错综交织成的前进上升的过程。"②

正因为意见的争论体现为认识过程中"一致"和"百虑"不断反复的前进上升的矛盾运动,冯契主张在开展意见争辩时应反对独断论和相对主义两种错误倾向。意见是一种未经实践检验的见蔽相杂的个人主观性认识,当人们提出种种意见来进行讨论时,其是非界限往往是不够分明的,真理和谬误要通过论争才能大致分清,通过实践检验才能确定。意见是获得真理的必经环节,真理是由意见的争论发展而来的。对一个问题的解答意见是多种多样的,即意见是多元的;但对一个问题的真理性认识是唯一的,即真理是一元的。因

① 《四书五经》,岳麓书社1991年版,第212页。

② 冯契:《认识世界和认识自己》,华东师范大学出版社1996年版,第228页。

此,并不是所有意见都能发展为真理。任何一种意见在未经论争、逻辑论证和实践检验前都不能自封为真理而强迫他人接受。独断论是指在意见争论的过程中,个人把自己的意见当做真理,把不同于自己意见的意见一律当做谬误,把真理和谬误的界线说成是截然分明的。通过回顾历史,冯契得出了如下的结论:"一个人如果过于自信,过于坚持自己的意见,就难免犯独断论的错误。"①孔子、孟子身上就体现了明显的独断论倾向。孔子声称:"文王既没,文不在兹乎?"②孟子更是大言不惭:"如欲平天下,当今之世,舍我其谁也?"③他们都很自负和武断,以为自己所把握的那一套理论就是治国、平天下的唯一正确道路。后世的正统派的儒学变本加厉,把儒家学说推向经学独断论,在中国历史上造成了极大的危害。在冯契看来,从认识论方面说,儒家的经学独断论就是把自己的意见当做必然的真理和道德准则,主观武断地将自己的意见作为判断是非的标准并强加于人,要所有人以自己所理解的孔孟之道为真理,以孔子之是非为是非。冯契强调在进行意见争辩时反对独断论,并不排斥个人对自己的真知灼见要有自信,不否认个人应坚持自己的创造性见解。但坚持自己的意见要建立在论证和证实的基础上,要经过和别人意见的比较、讨论和反复推敲。

相对主义主张在意见争论过程中各种意见的分歧是没办法分辨清楚的,谁是谁非没有客观标准,区分谁是谁非是没有意义的。在意见争论的过程中,庄子反对以意见为真理,却滑向了相对主义。庄子以第三者不能评判甲乙两人争论的是非曲直来阐发他的相对主义思想。庄子的论证是:这个充当评判的第三者的意见或者同甲的意见一致,或者同乙的意见一致,或者同甲、乙两人的意见都不同,或者同甲、乙两人意见都相同;无论哪种情况,第三者都无法对甲、乙的意见分歧给出正确的评判,谁是谁非没有客观标准。冯契对庄子在意见争论问题上的相对主义观点持否定态度,肯定了荀子对待意见争论的正确观点,认为通过意见的争论能达到比较一致的认识,经过实践的检验就能是非分明。

意见范畴蕴涵的现实意义。

---

① 冯契:《认识世界和认识自己》,华东师范大学出版社 1996 年版,第 224—225 页。
② 《诸子集成·孟子正义》,岳麓书社 1996 年版,第 206 页。
③ 《诸子集成·孟子正义》,岳麓书社 1996 年版,第 206 页。

冯契对意见范畴的探讨,其理论意义在于精确地阐明了认识的起源、展开、完成的真实过程,丰富、完善了马克思主义的认识论。其现实意义在于防止"文革"时期独断论的重演。如前所说,独断论是指在意见争论的过程中,个人把自己的意见当做真理,把不同于自己意见的意见一律当做谬误,把真理和谬误的界限说成是截然分明的。"文化大革命"时期的独断论把儒家经学独断论推向极端,它不但让人们把毛泽东的极"左"意见、理论当做真理信奉,而且把它付诸实践,给国家和人民带来了空前的灾难。

在冯契看来,"文化大革命"时期的极"左"理论盛行的原因之一是,毛泽东把自己的个人意见、观点当做真理。我们的哲学教科书依照毛泽东的看法把真理发展的规律表述为:"当着某一种错误的东西被人类普遍地抛弃,某一种真理被人类普遍地接受的时候,更加新的真理又在同新的错误意见作斗争。这种斗争永远没有完结。"①冯契认为,把真理发展过程作如此表述未免过于简单。因为针对问题提出的未经实践检验的观点、学说、主张等都只能是意见。而在意见中,正确和错误的界限是不明显的,真理和谬误是纠缠在一起的。经过意见的争论和实践的检验才能区分真理和谬误。句句是真理的意见、主张是不存在的。既然如此,就不能在一开始就说真理和错误相比较而存在、相斗争而发展。只有经过讨论、辩论,经过逻辑论证和实践检验之后,达到"事后方知",才能下这样的断语。一旦把真理的发展规律作哲学教科书那样的表述,"把意见的矛盾斗争简单化,认为真理与谬误一开始便界限分明,相比较而存在,相斗争而发展,那就必然会自居真理,把自己的意见当成真理,而把不同意自己的意见一律当做谬论,要进行批判、斗争。而事实上一个人发表的意见,到底其中有几分真理,在没有经过逻辑论证和实践检验之前是难以确定的,在这种未确定的情况下就肯定自己的意见是真理。这种主观武断,必然要造成危害。"②毛泽东在晚年不但坚持这种真理发展观,而且确实以真理的占有者自居,无论是学术讨论还是国家的大政方针,都把自己的意见当真理,把不同意见当谬论。"毛主席的话句句是真理,一句顶一万句"这句"文化大革命"时期为毛泽东认可的独断论名言,就是他把自己的意见当成真理的折

---

① 《毛泽东著作选读》下册,人民出版社1986年版,第785页。
② 冯契:《逻辑思维的辩证法》,华东师范大学出版社1996年版,第85页。

射。毛泽东不但把自己的意见当成真理,而且利用行政手段开展无情的批判、斗争,压制不同意见,贯彻自己的主张。但实际上,他晚年的不少意见、主张是错误的,而与之相对立的不少意见和主张是正确的。把别人正确的意见当做谬论批判,把自己错误的意见当做真理并付诸实践,毛泽东的独断论严重地妨害了国家的政治生活的健康发展、经济建设的顺利进行、学术争鸣的自由展开。"错批一个人,多生 3 亿人",毛泽东仅仅错误批判马寅初主张控制人口的正确观点,没有及时地实行计划生育,致使我国人口增长失控,给国家各项建设带来了巨大的压力。他以自己的无产阶级专政下继续革命的错误理论为指导而发动的"文化大革命"运动,更是给国家带来了空前的浩劫。

沉痛的教训昭示世人:任何个人特别是权威人物不能把"己"之意见当做真理,把别人的意见当做谬误,更不能把未经实践检验为正确认识的意见当做真理付诸实施;否则,遗患无穷。怎样才能防止个人把自己的意见当做真理呢? 冯契认为戴震提出的"去私"和"解蔽"两种方法仍然有借鉴意义。[1] 所谓去私就是去掉私欲,践行"忠恕"之道,"己所不欲,勿施于人"。所谓解蔽就是要避免蔽于一曲,用全面的观点看问题,为此就要努力学习,不断提高自己的认识。

3. 观点的斗争

"所谓观点,就是指一贯的看法,它贯穿在意见之中,统率着各种意见。"[2] 冯契断言,当一个人有某种观点时,就会往往以这种观点作为观察问题的视角,对相关问题发表意见时就表现出前后一贯的态度。值得指出的是:意见分歧不一定是观点的分歧,观点一致也会有意见分歧。但意见分歧,特别是对重大问题的意见分歧常常体现出观点的对立、斗争。在冯契看来,观点的本质是观念结构,这种观念结构通常是意念图案与社会意识的结合,是对社会存在的反映。观点有不同领域、不同层次之分。冯契指出,从认识论角度看,对于"一致而百虑"的思维的矛盾运动而言,存在着实事求是的观点和主观片面的观点之间的对立、斗争。知与无知的矛盾,正确与错误的对立,不同意见的争

---

[1] 参见冯契:《中国古代哲学的逻辑发展》下册,华东师范大学出版社 1997 年版,第 361 页。

[2] 冯契:《认识世界和认识自己》,华东师范大学出版社 1996 年版,第 228 页。

论是思维的矛盾运动必须解决的三个基本问题。冯契认为,对于知和无知的矛盾,当主体采取"知之为知之,不知为不知"①的态度时,就是实事求是。抱实事求是的态度,就会自知所知有限,就会积极地求知,以便解决知和无知的矛盾。因而,无知就成了追求知识的出发点。就对待正确和错误的对立而言,当主体抱实事求是的态度时,就会认识到人不可能一贯正确,免不了要发表错误的意见和采取错误的行动。正因为如此,就应当虚心吸收别人的正确意见,揭发自己思想中的矛盾,勇于承认和修正自己的错误;就应当在自由讨论和争辩过程中作批评与自我批评,在实际行动中坚持真理和修正错误。这样,"错误不断地得到揭发,真理便越辩越明了"。② 主观片面性是与实事求是对立的观点。持这种观点的人不能正确对待和处理"一致而百虑"的思维矛盾运动中的三个基本问题。在对待知与无知的矛盾方面,就会无知装有知,不懂装懂,稍有所知就以为全知而沾沾自喜。抱这种态度,无知成了求知的障碍,已有的一点见解也成了前进的包袱。对于不同意见的争论,持主观片面观点的人固执己见,总以为自己的一孔之见是真理,别人的意见是谬误,因而不能虚心接受他人意见的合理成分,不能修正自己意见中的错误,就难以形成全面而正确的认识。这样,意见就无法向真理发展和过渡,就无法获得真理。

冯契主张,对待"一致而百虑"的思维的矛盾运动特别是对待不同意见的争论、不同观点的斗争,一定要坚持实事求是的观点,摒弃主观片面的观点,以客观而全面的观点看问题,使自己的意见尽可能多一点真理性的成分;同时开展积极的意见争论,主动地吸取他人意见的合理因素、修正自己意见中的错误因素,以便推动意见向主观与客观相符合的方面发展,形成真理性的认识。

这样,无论从认识形式看,还是从认识起因、来源看,人类的认识都可以由无知向知识转化,形成普遍必然性的知识。

---

① 《诸子集成·论语正义》,岳麓书社 1996 年版,第 40 页。
② 冯契:《认识世界和认识自己》,华东师范大学出版社 1996 年版,第 230 页。

第三章 "转识成智":认识过程的 第二次飞跃

本成果第二章从认识形式和认识起源两个方面探讨了"智慧"说中"无知"怎样转化为"知"即知识,阐明了普遍必然性的知识是可能的。本章将追踪冯契的思路,对"知识"怎样转化为"智慧"即"转识成智"作出分梳。本章拟讨论的问题是:逻辑思维如何把握具体真理? 如何认识天道? 怎样认识自己? 怎样转识成智?

一、逻辑思维如何把握具体真理

前一章在结尾中指出,无论从认识形式看,还是从认识起源看,人类的认识都可以由无知向知识转化,形成普遍必然性的知识。如果这种普遍必然性的知识被实践证实、被逻辑证明,它就是真理。

1.逻辑思维能否把握具体真理

对于逻辑思维能否把握具体真理这一问题,无论是中国哲学史还是西方哲学史都对这个问题都进行了长期的争论,最后才得到较为一致的认识,那就是肯定逻辑思维能够把握具体真理。

在中国哲学史上,逻辑思维能否把握真实或具体真理的问题,是通过言、意能否把握道的讨论表达出来的。

先秦关于认识论和逻辑的问题首先是围绕名实之辨而展开的,而名实之辨涉及"言"能否达"意",特别是言、意能否把握道的问题? 用今天的术语来说,就是逻辑思维能否把握世界统一原理和发展原理的问题。对这个问题,诸子百家可谓见仁见智。冯契对他们在这个问题上的见解作了简要回顾。墨子、荀子对这个问题作了肯定的回答,主张言、意可能把握实在,但有把复杂问题简单化的趋势。而辩者和以老子、庄子为代表的道家则揭露了逻辑思维中的种种"矛盾",对言意关系、逻辑思维能够把握道的见解提出了种种责难,认为言、意即逻辑思维不能把握道。言、意之辨到魏晋时期更加突出,当时的大多数玄学家讲如王弼、荀粲等主张并论证了言不尽意,即逻辑思维不能把握对象世界;而以欧阳建为代表的少数玄学家则主张言、意能把握对象世界。"通过言意之辨,用概念、名言来把握世界统一原理和发展原理的困难就被揭示出了,这促使哲学得以进入辩证思维的领域。"①

　　冯契指出,哲学进入辩证思维发展阶段的标志之一就在于以老子、庄子、郭象为代表的道家学派提出了辩证法的否定原理。老子以"道可道,非常道;名可名,非常名"(《老子·第一章》)为依据,提出了"反者道之动"(《老子·第四十章》)和"正言若反"(《老子·第七十八章》)的原理,认为"正复为奇,善复为妖";(《老子·第五十八章》)"祸兮福之所倚,福兮祸之所伏";(《老子·第五十八章》)"天下万物生于有,有生于无"(《老子·第四十章》)。冯契认为,老子的上述命题既用朴素的语言表达了否定原理,而且表达了"无"是世界的第一原理。"无"不是言意所能把握,不是感觉可体验到的。老子还把"为学"与"为道"对立开来,断言:"为学日益,为道日损。损之又损,以至于无为。"(《老子·第四十八章》)他以为只有破除一切知识、名言,用"损之又损"即"破"的方法才能达到"无名"的领域。

　　庄子把老子的见解推进到了极端,更深入全面地论证了言意即逻辑思维不能把握道。在冯契看来,庄子同样主张用"损之又损"的办法才能达到"无名"的领域;不过他把"损之又损"的方法具体化,这就是"心斋"、"坐忘"。冯契认为,"言意能否把握道"的问题包括两层意思:一是能不能认识,二是能不能表达。而郭象对这两个问题都作出了肯定的回答。郭象在《〈庄子·秋水〉注》中流露了只要超越知识、泯除对立、入乎无言无意之域,是可以达到、认识大道的。在他看来,达到了无言无意之域,并不是真的就无言,什么都不言说;不可言说,最终还是要言说。因为"无名"也是"名","无言"也是"言"。就如何表达道来说,关键在于不能把"有名"和"无名"绝对对立起来,要善于根据

————————

① 冯契:《认识世界和认识自己》,华东师范大学出版社1996年版,第273页。

对方的言辞齐是非,均彼我,泯除对立。显然,郭象关于对如何表达道的见解是基本原则,不是具体方法,无法操作。那么,对于这无言之意或超越的认识即智慧应怎样来表达呢?冯契注意到庄子已提出了一套比较具体的方法,即"以卮言为曼衍,以重言为真,以寓言为广"。① 卮言是根据对方言词所发的齐是非之言,重言是先哲时贤富有哲理之言,寓言是寄寓在故事中的言论。因而,"三言"是用诗的语言来把握道,把哲理体现在艺术形象之中,实际上是用形象思维的方式来表现哲理境界。在冯契看来,三言中最重要的是"卮言",因为它最明显地体现了齐是非、均彼我的特点。他指出,由老庄、郭象开创的通过辩证的否定来把握道的思路产生了长期、深远的影响。"在中国哲学史上,否定、'破'是个很重要的传统。后来的禅宗基本上是顺着这个路子前进的,陆王心学的办法也与之类似。"②

在冯契看来,对于言意能否把握道,儒家的荀子、《易传》的回答是肯定的,也是比较科学、合理的。荀子主张用辨合、符验的方法进行分析批判,以破除种种一曲之蔽,进而把握事物之道。而《易传》虽然认为"书不尽言,言不尽意",即言意有不足以表达道的一面;但用"立象"、"系辞"的方法,运用对立统一原理,进行辩证的推导,天道还是可以把握的。

对于言意如何把握道,老庄提出了辩证法的否定原理,《易传》提出了对立统一原理,冯契认为它们分别代表了辩证思维"破"的方法和"立"的方法。所谓破的方法就是注重辩证思维要"从肯定到否定"这一环节,认为道处于"无名"的领域,世界统一原理是"无",只能用"为道日损,损之又损"的否定方法才能达到。所谓"立"的方法就是认识到辩证思维是肯定、否定的辩证统一,强调从肯定的一面、正面把握对象之道。如《易传》认识到卦象的推移是肯定与否定的反复的辩证的运动,揭示了"穷则变、变者通、通则久"的精神,承认"一阴一阳之谓道",比较完整地表达了"从肯定到否定,从否定到肯定的统一"的思想,比较科学地表达了对立统一原理。③

在简要回顾中国古代哲学家对逻辑思维能否把握道所作的种种回答后,冯契又梳理了以康德、黑格尔为代表的德国古典哲学家对这个问题的见解。

---

① 《诸子集成·庄子集解》,岳麓书社1996年版,第264页。
② 冯契:《认识世界和认识自己》,华东师范大学出版社1996年版,第277页。
③ 参见冯契:《认识世界和认识自己》,华东师范大学出版社1996年版,第281—282页。

冯契确信,哲学的发展近似于一串由许多圆织成的圆圈,用圆圈说来比较中西哲学史,不难发现二者有相似的重复现象。在真正的辩证法产生以前,为反对独断论,往往会出现怀疑论、相对主义。怀疑论、相对主义的出现有其根据,也有进步意义,这在于它揭露矛盾,提出诘难,促使人们去思考如何化解这些矛盾和诘难,正是通过这一环节,辩证法才得以发展起来。同我国先秦的辩者、庄子所处时代的思维状况相似,西方古代有芝诺,近代则有康德。

康德认为人的感性、知性只能把握现象世界,而自在之物、本体界是超验的,是人的感性、知性无法达到的领域;一旦理性要求从条件的知识中找出无条件的东西以达到本体界,便会很自然地而且不可避免地陷入"先验的幻想"。基于此,康德提出了著名的四个二律背反,以此揭示"有限"与"无限"、"复杂"和"单一"、"自由"与"必然"、"原因"与"结果"等理性思维中的矛盾。他不仅揭示了理性思维中的这些矛盾,而且肯定了这些理性的辩证论题并非诡辩,而是理性在其进展中必然会碰到、一定会产生的,并且可以得到同等程度的证明。① 在冯契看来,康德本来准确地揭示了思维本身的内在矛盾,但他把这些矛盾看做不可思议的,最终得出了理性思维不能把握自在之物的结论,滑向了不可知论。

黑格尔批判了康德视理性思维中的矛盾不可思议的观点,认为矛盾是理性固有的本质,理性正是通过矛盾运动,由自在而自为地来把握理念(黑格尔心目中的"本体"),断言作为理性思维基本形式的概念、范畴内部都包含了二律背反。在黑氏看来,真理是一个过程,在自己运动的过程中展开为阶段、环节,表现为有机的系统,成为多样性统一的具体。因而,没有抽象的真理,真理总是具体的。② 冯契认为,黑格尔的具体真理学说尽管是唯心主义的,但承认逻辑思维能够把握对象的本体,包含了辩证法的合理内核。

然后,冯契分析了马克思对逻辑思维能否把握道这一问题的见解。冯契指出,马克思的主要贡献在于他提出了认识由具体到抽象、由抽象再上升到具体的规律,从而肯定了逻辑思维能够把握道。尽管马克思关于认识的这一规律针对的是如何把握政治经济学学科的发展,但实际上提供了人类认识对象

---

① 参见冯契:《认识世界和认识自己》,华东师范大学出版社 1996 年版,第 283—284 页。
② 参见冯契:《认识世界和认识自己》,华东师范大学出版社 1996 年版,第 284 页。

世界的普遍规律。人类的认识运动本来包含着两个相反相成的过程：一个是由具体到抽象，另一个是由抽象到具体。人们在实践中接触和变革的对象是具体的、可感知的事物，因而认识活动都是从具体事物开始；然后随着实践的发展、深入，经验的丰富，经过科学的比较、分析和综合，可以逐步揭示出事物的本质属性和因果联系。经过概括，就在大脑中形成抽象的概念，这就是由感性具体到思维中的抽象。抽象而成的概念是包含着矛盾的："一方面，因为抽象，所以它比低级的具体的认识更能深刻地反映现实；另一方面，也因为它是抽象的，所以容易变成枯槁的、僵死的东西，导致形而上学化，所以认识需要由具体到抽象，又由抽象再回到具体，这样就使得具体事物的研究由于有科学的抽象概念的指导而避免了盲目性，而抽象的东西也由于充实了生动的内容而变得具体化。这样，概念就具有了比较完备的客观性，就达到了主观与客观的具体的历史的统一。"①冯契断言，认识与实践反复不已，规定了直观与思维反复不已，致使抽象化、具体化的矛盾运动也永远没有完结。而抽象与具体的每一次反复，都会加深人们对现实事物的认识，因而逻辑思维能把握道即具体真理。

在坚持马克思主义立场的前提下，冯契对逻辑思维如何把握具体真理作了富有开创性的研究。在他看来，就认识的诱因来说，起源于疑问；为解析疑问，人们就会从事实践活动首先是感性活动，形成各种不同的意见；经过不同意见的争论、观点的批判，就会达到比较一致的认识；再经过实践的检验，就会判明这种比较一致的认识是不是真理。这就是说，真理是经过疑问的提出、意见的争论、观点的批判、实践的检验才形成的。

2. 真理的含义和特点

冯契确信，逻辑思维、特别是辩证逻辑所研究的辩证思维的主要任务是把握真理，进而指导实践活动。在他看来，真理是具体的，而非抽象的；具体真理是借助具体概念来把握的；具体真理是通过不同意见的争论、不同观点的分析批判而形成的；具体真理是经过实践检验得到确立的。

为准确理解冯契的具体真理学说，首先必须简要把握他对真理的基本看

---

① 冯契：《认识世界和认识自己》，华东师范大学出版社1996年版，第286页。

法。在真理的定义上，冯契赞成实在论者的符合说，认为真理就是真命题，而真命题是与事实相符合的命题。换言之，真理就是与事实相符合的认识。但这种符合不能简单地理解为照相式的符合。相片、画像与原本的符合主要是形似，而作为真理性认识的符合注重的是一般性的联系，是运用概念作出的抽象安排。作为真理内涵的思维与客观实在的符合不能仅仅被理解为命题与实在的一一对应，更应该被理解为一个过程。他认为许多事实命题只是描述了现象，注重的是现象层次上的符合，具有表面性的特点；而认识的任务在于揭示现象间的本质联系，本质联系又有浅层与深层、片面与全面之分。认识从现象到本质，从浅层到深层，从片面到全面，是一个曲折发展的长期过程。因而作为真理内涵的思维与客观实在的符合也应当是一个过程。

由于真理的目标是对象的本质和规律，又主要是借助命题这种思维形式来表达的，因而他主张："真理是在本质层次上主、客观相符合的命题结构。这种真理，不仅有客观实在性，而且总是有某种意义的全面性。"[1]

冯契指出，在西方哲学中"真理"一词的大写等同于"逻各斯"，在中国传统哲学中真理等同于天道。因此在中、西哲学看来，"真理实际上就是指世界统一原理、宇宙的发展法则"。[2]

根据上述论断，笔者认为冯契眼界中的真理既包含了日常生活中主观与客观相一致的认识，既知识层面的真理，也包括了对世界统一原理、宇宙发展法则相一致的认识，也就是智慧层面的真理。而且，冯契在"智慧"说中所探讨的主要是逻辑思维如何把握智慧层面的真理。

逻辑思维能否达到真理，从而把握世界统一原理、宇宙的发展法则呢？冯契对此作出了肯定的回答，而真理之所以能把握世界统一原理、宇宙的发展法则，就在于真理是具体的。真理的具体性也称具体真理，它指的是"真理是在过程中展开，并趋向于完备的客观性"。[3]

真理的具体性主要体现在以下三个方面：

首先，真理是在过程中由片面进展到全面，以趋向客观的完备性。客观对象是由诸多方面和诸多层次要素构成的相互联系和相互斗争的矛盾统一体。

---

① 冯契：《认识世界和认识自己》，华东师范大学出版社 1996 年版，第 261 页。
② 冯契：《认识世界和认识自己》，华东师范大学出版社 1996 年版，第 287 页。
③ 冯契：《认识世界和认识自己》，华东师范大学出版社 1996 年版，第 287 页。

人们对它的认识往往是关注一个侧面而忽视或无视其他方面,因而这样的认识往往是片面的、抽象的;但如果将种种片面、抽象性的认识集中起来进行比较研究,加以分析、综合,人们就能够克服片面性,比较全面、比较正确地把握客观事物各方面的联系,形成真理性的认识。冯契认为:"每一门科学对一个具体领域的研究都要经过一个由具体到抽象,又从抽象到具体的过程。"①

每门科学都从特定的具体的对象出发,从感性经验中抽象、概括出一些零碎的、片面的理论,然后经过不同学说的争论,经过分析、批判和实践检验,在此基础上进一步修正、补充,发展和完善成为系统的严密的理论。这种系统的严密的理论就达到了真理性的认识,就是具体真理。

其次,主观和客观的一致这一真理的本质是在实践和理论的反复比较、检验的动态过程中实现的。真理是对客观现实的本质或规律性的认识,其本质是主观和客观的一致。在冯契看来,为了把握对象的规律,必须从个别上升到一般、从现象深入到本质。而从个别上升到一般、从现象深入到本质意味着对感性直观的否定。理论固然有其客观性,但它作为对感性经验否定的思维形式具有主观性和抽象性,而主观性和抽象性难免导致片面性。理论的片面性缺点只有在和实践的密切结合中,在与经验保持巩固的联系中才能得到克服。同理,特定的、具体的现实条件下的实践也可导致片面性。实践的片面性体现为崇尚唯意志论,主体无视客观规律的制约,只凭主观意愿办事。实践的这种片面性只有和科学理论密切结合起来才能克服。因此,逻辑的结论是:实践和理论两者分开来看都有片面性,必须将二者密切结合起来。"理论要有实践加以验证以避免空洞的抽象性,实践要有理论作为指导以防止主观盲目性。理论与实践的反复就是抽象化和具体化的反复,到一定阶段,达到知和行、理论和实践、主观和客观的具体的历史的统一,那就达到了具体真理。"②

这就是说,主观和客观相符合是具体的历史的符合,这一符合是在动态的过程中实现的,因而真理是具体的。

再次,真理的具体性体现为真理的历史性。一门科学经过总结即分析、批判、吸收以前各阶段的成果,发展到一定的历史阶段成为系统的理论。当这种

---

① 冯契:《认识世界和认识自己》,华东师范大学出版社 1996 年版,第 287 页。

② 冯契:《认识世界和认识自己》,华东师范大学出版社 1996 年版,第 289 页。

总结是正确的时候,就完全可以说这个系统的理论是在以前的发展过程中逐步展开的。冯契肯定真理是受具体的历史条件制约的,这种制约体现在两个方面。从主体方面来说,认识向客观真理接近的界限是受社会历史条件制约的。"只有在科学认识和社会实践发展到一定历史阶段,具备一定的历史条件,才能把握某种具体真理。"①

从认识对象来说,每一条客观真理的有效性都是有条件的。实践的检验证实只是在一定条件下验证了某一理论和现实的某个方面相符合。现实事物包含多方面的联系,每种运动形态、每一科学领域都是难以穷尽的。"正如《易传》所说的,'既济'包含着'未济',每一具体真理的完备的客观性都是在一定历史条件下的'完成',又都包含着'未完成'。"②因此,真理不是封闭的体系,而是开放的、不断发展的。真理的开放性和发展性就体现了真理的历史性。

冯契的具体真理学说扬弃了黑格尔的《精神现象学》关于"真理是全体"、"真理是过程"的思想。黑格尔在《哲学史讲演录》中指出:"理念自身本质上是具体的,是不同的规定的统一。"③"自身具体、自身发展的理念,乃是一个有机的系统、一个全体,包含很多的阶段和环节在它自身之内。"④这就是说,在黑格尔看来,真理是一个过程,它在自身运动的过程中展开为阶段、环节,体现为有机的系统,成为多样性统一的具体。正因为如此,黑格尔说:没有抽象的真理,真理总是具体的。他虽然对"真理是全体"、"真理是过程"的命题给予了充分的论证,但在他那里,真理不是主观思维逐步全面地接近、符合客观实际,而是绝对精神的自我运动和自我实现,充斥着唯心主义的思辨。冯契汲取了黑格尔的"真理是全体"、"真理是过程"命题中的合理内核,并给予唯物主义的改造,形成了自己的具体真理学说。

3. 具体真理的把握形式

把握具体真理的思维形式是什么呢?冯契主张具体概念乃是把握具体真

---

① 冯契:《认识世界和认识自己》,华东师范大学出版社 1996 年版,第 289 页。
② 冯契:《认识世界和认识自己》,华东师范大学出版社 1996 年版,第 290 页。
③ 黑格尔:《哲学史讲演录》第 1 卷,商务印书馆 1959 年版,第 29 页。
④ 黑格尔:《哲学史讲演录》第 1 卷,商务印书馆 1959 年版,第 32 页。

理的思维形式。"具体概念就是具体真理的逻辑思维形式。"①"逻辑思维是能够把握具体真理的。何以能够把握？在于运用具体概念。"②那么,什么是具体概念？具体概念又何以能把握具体真理呢？冯契给具体概念下的定义是:"具体概念,是科学发展的高级阶段的概念,亦即黑格尔所讲的理性逻辑的概念。具体概念把握了一定领域中的知性概念的有机联系,把握了对象本质的矛盾,揭示了对象的有机整体。"③这一界定既深刻而又科学地揭示了具体概念的实质,又指明具体概念是相对于抽象概念而言的。但这里所说的具体概念和抽象概念显然不同于传统形式逻辑意义上所理解的具体概念和抽象概念,具体概念是指思维从抽象再上升到具体阶段时所形成的概念即理性概念,抽象概念是指思维从具体上升到抽象阶段时所形成的概念即知性概念。换言之,作为概念发展的两个不同阶段的具体概念和抽象概念,亦即理性概念和知性概念,前者是科学发展的高级阶段的概念,而后者则是科学发展的初级阶段的概念。抽象概念一方面只是概括了一类事物的共同点而将各个个体的特殊性排除掉,忽视了所把握对象的特殊的具体性;另一方面是将所反映的具体事物分解开来加以把握,逐一考察其不同方面,没有把握对象的有机联系。具体概念则是真正的科学的抽象,它把握了一定领域中知性概念的有机联系,把握了所反映的事物的本质,揭示了对象的有机整体,是具有"完备的客观性"的概念。正是基于上述理由,冯契把哲学和科学发展到高级阶段,即从抽象再上升到具体阶段时的逻辑称为"关于具体概念的逻辑"。④ 而哲学和科学达到具体概念阶段时也就是哲学和科学达到辩证思维阶段时,因而,"关于具体概念的逻辑"也就是关于辩证思维的逻辑即辩证逻辑。

　　具体概念何以能把握具体真理呢？冯契认为"运用具体概念的思维就是辩证法思维",⑤即辩证思维。因为,只有当科学和哲学发展到把握具体概念的阶段,人们才把握了逻辑范畴和科学方法的各个环节的有机联系,才能克服思维中的片面性而全面地把握对象,从而达到真理性的认识。具体概念能够

---

① 冯契:《逻辑思维的辩证法》,华东师范大学出版社 1996 年版,第 111 页。
② 冯契:《逻辑思维的辩证法》,华东师范大学出版社 1996 年版,第 113 页。
③ 冯契:《逻辑思维的辩证法》,华东师范大学出版社 1996 年版,第 111 页。
④ 冯契:《逻辑思维的辩证法》,华东师范大学出版社 1996 年版,第 137 页。
⑤ 冯契:《逻辑思维的辩证法》,华东师范大学出版社 1996 年版,第 113 页。

把握具体真理,主要体现在以下两个方面:

首先,具体概念是作为思维辩证运动形式的概念。具体概念是把握不断发展、变化的对象的本质属性的思维形式,它对对象不仅作静态的考察,而且作动态的把握。它再现了客观对象的辩证发展和认识的辩证运动,把握了对象的运动、发展和转化的自然进程和规律性,因而能够把握具体真理。冯契在其著作中曾指出,马克思《资本论》中的"剩余价值"概念,毛泽东《论持久战》中的"持久战"概念,《新民主主义论》中的"民族的科学的大众的文化"概念,就是具体概念的典范,是把握具体真理的思维形式。

其次,具体概念是体现了具体的一般的概念。具体概念是从抽象与具体、个别与一般的对立统一中来把握对象的。具体概念固然因为其主要反映对象的一般而具有抽象性,仍然要遵守内涵与外延反变关系的规律。但是,由于具体概念是将对象的抽象与具体、个别与一般结合起来考察的,因而其内涵和外延关系的变化就不局限于反变关系。具体概念作为认识史的总结,都是由抽象再上升到具体而形成的,是把握了多样性统一的概念,因而都是外延极广、内涵极深的概念。就反映的宽广外延说,它们是抽象的;就反映的深刻内涵说,它们是具体的。因此,具体概念既体现了一般,又包含了个别、特殊,既深入对象的本质,又全面地反映了对象,故能把握具体真理。

4. 具体真理的形成途径

冯契认为,具体真理是经过不同意见的争论,不同观点的对立、分析、批判,达到"一致而百虑"的产物。

首先,不同意见的争论是形成具体真理的前提。冯契主张,意见的争论体现为"同归而殊途,一致而百虑"的矛盾运动。人们在认识过程中通过意见的争论达到了一致意见,通过不同的途径达到了共同目标。随着新情况的出现,由一致又产生百虑即又引起不同的意见分歧,于是又有新的争论。由于意见的"百虑"——"一致"——"百虑"的循环往复运动,认识就表现为不断地产生问题又不断地解决问题的过程。对于一个特定问题,许多人从不同角度提出自己的意见,起初显得分歧众多,经过论辩,互相启发,互相补充,互相纠正,最后集中起来,达到比较一致的结论。把分散意见集中起来的过程也就是分析和综合相结合的过程。在讨论和争辩过程中,人们把彼此的意见作比较、分析,揭示出各自思维中存在着的矛盾和相互之间的矛盾,辨别出其中什么是正确的成分,什么是错误的成分,分析出是原则分歧还是偶然差异,是主要的还是次要的,等等。在此基础上,对这些意见作去粗取精、去伪存真、由此及彼、由表及里的综合和概括工作,最后达到比较正确、比较全面的结论,形成真理性的认识。必须指出的是:这种认识是否真理,应当得到实践的检验。上述过程就是一次完整的一致而百虑的思维矛盾运动。具体真理就是在思维多次的一致而百虑的矛盾运动中达到的。因此,意见争论是获得具体真理的必经环节,具体真理是由意见发展而来的;并不是所有意见都能发展为具体真理,但要获得具体真理,必须经过不同意见的反复争论。

其次,观点的对立、斗争,往往决定意见的争论,从而制约真理性认识的获得。

第二章已对观点的斗争在形成真理过程中的作用作了阐述,这里从略。

5. 具体真理的检验

对于真理的检验,冯契认为应当以实践检验(实践证实)为主,逻辑论证为辅。

人们的主观认识是否是真理,应当用什么作为检验的标准呢? 冯契坚持了辩证唯物主义的立场,肯定实践是检验真理的唯一标准。在他看来,判断是思维的细胞,真理作为主观和客观相符合的思维形式,主要是借助判断来表达的,因而实践检验某一认识是否具有真理性也就是检验相应的判断是否具有真理性。冯契认为,实践对认识的检验是双重的:当人们根据某个判断行动,达到了预期的目标,就证实了这个判断的正确性,即证实了某个判断是真理;当人们根据某个判断行动,没有达到预期的目标,那就否证了某个判断的正确性,即证实了某一判断不是真理。冯契指出:科学上的假说、理论,往往是通过逻辑的论证、数学的推导,设计出在特定条件下的实验来检验的。比如,在天文学史上,冥王星就是根据万有引力定律,先推测出其运行轨道,再确定准确的观察范围,运用天文望远镜而观察到的;水星近日点进动的实验观测也是根据广义相对论原理,先推测出观测范围的。值得指出的是:在实验中直接验证的是特定条件下的特殊命题,这种特殊命题是从普遍的理论、假说中推导出来的,因而证了这一特殊命题,就是有条件地证实了普遍的理论;而否证了这一特殊的命题,也就等于有条件地否证了普遍的理论。但是,以普遍形式表现的理论往往包含了非常多乃至无穷的特殊命题,对这些特殊命题的实践检验受社会历史条件的制约,因而对认识真理性的检验也是具体的。真理检验的具体性从另一层面揭示了真理的具体性。

冯契指出,自然科学工作者非常注意从理论、假说中推导出特殊命题,设计典型实验检验其真理性,以减少实践的盲目性。社会现象更为复杂,某项政策、决策本来更应当注意逻辑论证,进行多种试验,至少进行典型试验,在取得成功的基础上才能付诸实践。但在"左"倾思想统治时期却不是这样,当时的领导者以为真理掌握在自己手中,在经济建设过程中,常常是提出某个设想,没有经过严谨的逻辑论证,没有试验和取得成功经验,就马上在全国或全省全面贯彻实施,导致了许多全局性的失误,给后人留下了太多的教训。哲学的价值在于现实关怀,冯契的反思,旨在提醒尔后的领导者重视逻辑证明和实践检验在制定政策制度、贯彻实施过程中的作用。

冯契强调,在对真理进行检验的过程中,不仅正面的证实非常重要,反面的证伪也很重要,反面的证伪能确定理论(即真理性的认识)起作用的范围。他举例说,微观粒子中的宇称守恒定律曾为很多实验证实。但杨振宁、李政道根据对实验结果的严密分析得出结论:至少在基本粒子弱相互作用的条件下,宇称并不守恒。这一结论尔后得到了吴健雄等人实验的证实,从而否定了宇称守恒定律在微观领域中的普遍有效性,确定了这个定律起作用的实际范围。他断言:"一个科学原理经过多次检验,常常是否证了一部分,证实了一部分,从而将其起作用的范围确定下来,而且由于实验还可能提供新的事实,这样就给原有的科学补充了新的内容,使之更为丰富。"[①]经过不断地证实、证伪,真理就越来越精确、越来越丰富、越来越可信。实践对真理双重检验的反复过程再一次表明了真理的具体性。

在检验真理的过程中,必须把认识与评价区别开来,必须反对实用主义的真理观。冯契阐述道,实践检验认识而获得的结果既是检验主观思维与客观实在是否符合的标准,也是对象与人的需要相联系的实际确定者。思维与实在是否符合,是就认知说的;而事物的属性是否满足人的需要,是就评价说的。

---

① 冯契:《逻辑思维的辩证法》,华东师范大学出版社 1996 年版,第 92 页。

认知分真假,评价论好坏。实践的结果作为观察到的事实和待证的命题相符合,认识的真理性得到了证实,这是一回事;实践的结果满足了人的需要,从而表明理论对人是有效的,这是另外一回事。真理对人不一定有效,能给人们带来效益的也不一定是真理。实用主义的真理观以有效作为真理的标准,并把有效等同于主观上的满意、方便,从而陷入了主观唯心论。他主张应把对真理的认识和评价区别开来,判定认识和理论是否是真理,不能以主观的评价作标准,而应以实践检验的结果作标准。

在冯契看来,要确定某种主观认识是不是真理,实践的检验、证实是根本性的,最重要的;但逻辑论证或证明也是不可或缺的,不能忽视。证实和证明是有区别的,"证实就是提供命题与实在相符合的证据;证明就是这待证的命题与已经证实的命题在逻辑上相一致。"①这种一致首先要求符合形式逻辑,遵循形式逻辑的基本规律。用已经得到肯定的科学命题作为立论的根据,运用形式逻辑的推理形式去进行论证或驳斥,命题若被证明,则被认为是可信的;命题若被证伪,则被认为是不可信的。冯契强调,在逻辑论证的过程中,一定要遵守同一律和矛盾律,在一定的论域里必须保持意义的同一性,不得偷换概念;必须排除与已经证实的命题相矛盾的命题。

笔者认为,逻辑论证对检验某种理论是否是真理是必不可少的,这体现在:实践对理论是否是真理性认识的检验离不开逻辑证明的辅助作用。因为实践只能检验单称命题,逻辑论证可以把实践检验过的单称命题扩展到全称命题,即上升为理论。理论都是用全称命题表达的,而全称命题是无法直接用实践去检验其真假的。比如,在一个标准大气压下,所有地方的水都会在100摄氏度时沸腾,其真伪是无法直接检验的。要检验全称命题的真假,首先必须把全称命题分解为单称命题,然后用实践活动即感性活动去检验。比如,我们要检验所有地方的水在一个标准大气压下温度达到100摄氏度时都沸腾,只能检验一个个特殊的时间、空间的水在一个标准大气压下温度达到100摄氏度是否沸腾。这就是说,实践只能检验单称命题的真假,而无法检验全称命题的真假。但是,当一个个单称命题都得到实践的证实时,我们就可以运用科学归纳法得出与单称命题相应的全称命题即理论是真理。因此,实践对理论是

① 冯契:《认识世界和认识自己》,华东师范大学出版社1996年版,第266页。

否是真理性认识的检验离不开逻辑证明的辅助作用。

逻辑论证的过程是伴随科学发现的过程。冯契指出,逻辑论证和科学发现不是一回事,但它们不是各自为政的,是结合在一起的。科学家根据大量的事实作出理论概括,提出假设,这是由一般到个别的过程;同时也要运用演绎或数学方法建构数学模型来揭示这个假设,然后进行逻辑的推导,设计出可以验证假设的实验方案来。至此,这个假设虽然还没有被证实,但已经是科学的假说,让人觉得有相当的可信度了。接下来,再按所设计的实验方案进行实验,当实验结果与预期相符合时,这个科学假说便得到了有条件的证实,该假说通常就被称为定理。因而,"在科学研究中,科学家总是把归纳和演绎结合在一起。根据事实归纳出理论假设,又经演绎推导设计实验(证实或否证)假设时,又包含由个别回到一般的归纳。如此归纳与演绎、个别与一般反复,就是科学发现的逻辑。"①

就这种科学的逻辑而言,冯契认为它不但体现了在实践基础上以得自现实之道还治现实的认识过程,而且是一个"一致而百虑"的思维运动过程。正是通过实践的检验和逻辑的论证,百虑才达到一致;但实践和理论的矛盾又会引发新的问题,一致又要化为百虑,如此循环往复,认识不断深化,不断有所发现。以得自现实之道还治现实的过程也就是一致而百虑的过程,而一致而百虑的思维运动的逻辑就是辩证逻辑。

冯契确信,辩证思维的论辩使人们的认识能通过现象深入本质,由浅层达到深层,由片面扩展到全面,就可揭示现实本身的矛盾运动,阐释现实的辩证法。客观现实的辩证法就是现实之道,以客观现实之道还治现实表现为一个辩证逻辑的思维运动。反过来说,辩证逻辑也就是现实的辩证法的反映和认识的辩证运动的总结。正是基于此,马克思主义者认为客观辩证法、认识和逻辑三者是统一的。

二、如何把握天道

本章第一节探讨了冯契的具体真理学说,在他看来,人们运用辩证思维能

---

① 冯契:《认识世界和认识自己》,华东师范大学出版社1996年版,第267页。

够获得具体真理,能够获得关于宇宙、人生的真理性的认识,也就是能够获得把握性与天道的智慧。但究竟怎样认识天道和人性,并没有充分展开。本节将对冯契有关如何认识天道的理论作较为详细的阐述。冯契指出,对天道的认识也就是对"自然界及其秩序"的认识,涉及对世界统一原理和发展原理的把握,对本然界、事实界、可能界和价值界及相互之间关系的认识,通过这种把握和认识,形成自然界的秩序是多样性的统一的观念。

1. 作为自在之物和为我之物统一的自然界

（1）自在之物和为我之物

这里所说的自然界是广义的自然界,是指包括人类社会在内的整个客观物质世界,即整个宇宙。人类社会产生以后,自然界便有了自在之物(本然界或本然自然)和为我之物(人化自然)的区别,自然界便成了自在之物与为我之物的统一。自在之物就是人类的活动没有涉及的自然界及其存在物,也就是没有打上人类实践活动印记的自然界。而为我之物是进入人的实践领域、认识领域的对象世界。冯契概括了自在之物的三层含义:其一,它是"自在"的,即离开人的意识而独立存在的;其二,它因自身内部的原因而运动;其三,具有自然的必然性,是"必然王国"。人类认识世界、改造世界的过程就是不断化自然之物为为我之物的过程,为我之物是相对于人的自然界,是打上了人类活动印记的自然界。为我之物包含了三层含义:"第一,它是相对于人的意识的世界,相对于'能'的'所',是人的认识的对象和内容;第二,它是与人的有目的的活动相联系的,目的因指导着它的发展方向;第三,它或多或少地展现了人的自由本质,要求成为自由王国。"①冯契对自在之物和为我之物含义的概括是全面、系统的,体现了中国传统哲学的素养。冯契看到了自在之物与为我之物的区别只有相对的意义,自在之物一旦进入人的认识领域就化为为我之物,随着实践的发展,认识活动的推进,越来越多的自在之物化为为我之物,因而二者的界限在不断地变动着,没有固定的、绝对的界限。在人类认识世界、改造世界的过程中,自在与自为、自发与自觉、必然与自由都是辩证统一的,是矛盾运动的过程,不存在绝对的界限。

---

① 冯契:《认识世界和认识自己》,华东师范大学出版社 1996 年版,第 300 页。

　　人们对世界的认识是从感性实践活动开始的。在感性实践活动中,人们认识到为感觉所给予的外界对象是客观实在的。唯物论者由此概括出物质或实在的范畴,并以此作为世界第一原理。这一原理认为,物质是实体,是自在的,是不能被创造也不能被消灭的,是永恒地自己运动的。事物虽然是客观存在的,但人们的感性实践活动能改变其存在形态。"正是在实践活动中,通过物质力量的交换,人们获得了外界事物的客观实在感,这种客观实在感是在视觉、听觉、触觉等感性直观中直接经验到的,所以我们说,感觉能给予客观实在。"①在冯契看来,对这种感性活动给予的客观实在感或实体感作哲学的概括,便得到了实在或物质这一范畴。它的内涵主要体现在两方面:其一,它是离开人的意识而独立存在的,是自在之物;其二,它是感觉所给予我们的、相对于主体的,因而又是为我之物。正因为化自在之物为为我之物是在感性实践活动中实现的,所以,我们常说感性实践活动是沟通主、客观的桥梁。在这里,冯契对物质范畴含义的界定有别于列宁概括的三点内容,特别强调了主体性,体现了个性特点。

　　自在之物与为我之物既有相同的属性,也有区别。就物质性或客观实在性方面来说,自在之物与为我之物没有原则上的差别,具有同一性。但为我之物既然是相对于人的自然界,与一般的自在之物必然存在差别。冯契认为这种区别正如王夫之所说的,自在之物是"天之天",为我之物是"人之天"。所谓"天之天"就是本然界,是没有打上人类活动印记的自然界;而"人之天"是与人相对的自然,是人的实践活动、认识活动指向的领域,是与"能"相对的"所"。一方面,自在之物是无对待的领域,未进入人的认识视野,对于它,我们无法言说;自在之物处于无是非、无彼此、无能所的混沌之域,玄远高深,无法把握。另一方面,对于无待的本然界我们实际还是有所言说、有所知的,当说它是"无名"、"混沌"、"玄之又玄"时,实际上已经有所言说了。冯契论证说,自在之物本来处于无知的领域,当我们说感觉能够给予客观实在时,就已经接触或开始把握,就进入了认识领域,无知就转化为知。

　　(2)基于实践的人类认识活动的特点

　　冯契认为,人类的认识与实践反复交替的过程就是化自在之物为为我之

---

① 冯契:《认识世界和认识自己》,华东师范大学出版社1996年版,第301页。

物的过程。随着人类实践的发展、认识的深化,自在之物在深度和广度两方面不断转化为为我之物。人类认识运动的极限在于如实地了解世界的本来面貌,了解本然界,也就是要达到绝对真理。绝对真理不是可望不可即的,是可以在把握相对真理的过程中实现的。"绝对真理就是在掌握相对真理的过程中逐步逐步地展开的。正是在获得关于为我之物的认识过程中,人们在不断地逼近、深入到自在之物。化自在之物为为我之物的每一步,可以说都是对本然界的认识的提高。"①

　　接着,冯契较为详细地阐述了人们基于实践的认识活动是如何化自在之物为为我之物的。为我之物是和"能"相对的"所",它包括所知的对象和所知的内容。对象是相对于主体来说的,以主体存在为条件;内容是为主体所把握而与形式相结合的。在正常的感觉经验(排除错觉、幻觉等)中,所与是客观对象的呈现,内容与对象是同一的。一方面,它呈现于人们的感官之前,是相对于主体的对象;另一方面,它取得了感觉的形式而成为内容,而不是与主体毫无关联的对象。在正常的感觉条件下,外界对象与耳接触形成声音,与眼睛相遇而成颜色,内容与对象具有同一性。对于思维领域来说,思想内容虽是客观事物的反映,但内容与对象并不一定直接同一。不少思维对象仅是观念所指,并不具有实在的内容。冯契认识到,不论是感觉活动还是思维活动,人的所知、人所把握的为我之物总有它的局限性:一方面人所知道的总是很有限的,它只是自在之物的一小部分;另一方面所获得的知总有不足之处,可能掺杂错误。感觉能够给予客观实在,但不必然给予客观实在,因为感觉中有幻觉、错觉;思维的内容与对象并不一定相符合。即使在正常感觉和正确的思维活动中,内容与对象的统一也是有条件的、相对的。因此,无论在什么时候,认识总有待于改进。"这种改进包括量的扩大和质的提高,要通过实践和认识、感性和理性的交互作用,通过一致和百虑的反复,不断地克服表面性、片面性和主观盲目性,从而使人的认识在总体上日趋全面,并逐步深入地把握客观实在,达到具体真理。"②这样一个基于实践的认识过程,是不断地化自在之物为为我之物的过程,是一个由自在向自为发展的辩证运动过程。

---

① 冯契:《认识世界和认识自己》,华东师范大学出版社 1996 年版,第 303 页。
② 冯契:《认识世界和认识自己》,华东师范大学出版社 1996 年版,第 305 页。

（3）世界的统一原理和发展原理

通过认识的辩证运动，人能够把握世界统一原理和发展原理。在冯契看来，宇宙间纷繁复杂的现象、万事万物、各种运动形态、各个发展阶段，都是统一的物质实体的作用和表现；体用不二，实体和现象是统一的，二者的统一就是现实；因而世界的统一原理是物质。实体是自因，物质实体因其内部固有的矛盾而运动变化，现实世界是一个由低级形态到高级形态的无限多样地演化和发展的过程，因而物质与运动是统一的。物质与运动是统一的，这表明世界统一原理与发展原理是不可分割的。

（4）自然界的秩序

在概括、提炼世界统一原理和发展原理的基础上，冯契描绘了自然界的秩序。

自然界的秩序是指自然界有条理地演化发展的状态。冯契将自然界的秩序理解为道或天道，并认同老子"道法自然"的观点，主张道就在自然之中。"道作为万物的原因无非就是任万物之自然，道就是实体自己运动的过程、自然界变化运行的秩序，也就是天地万物的自然的秩序。"①自然界的秩序体现在时间空间框架中，物质实体运动的展开有时间方面的绵延、空间位置方面的广延，分化为形形色色的具体事物有先后相随之序，小大高下相形之序。因而，天道就是在时空中展开的秩序。作为自然界的秩序，道可以从总体上把握，也可以从分开来把握。从总体方面来说，天道就是世界统一原理和发展原理的统一，就是自然界演变总秩序和宇宙的总的发展原理；从分开方面而言，各种物质运动形式及其相互转化、各个发展过程以及发展过程中的环节，各有自己的条理、规律。

不仅自然界有自己的秩序，人类社会的发展也有自己的秩序。从天人关系来说，人道是天道的一部分，又和天道对立。人类社会发展的规律，个体生命发育的规律，人类认识世界、改造世界，认识自己、提升自我的规律都是自然界秩序的一部分，都有着独立于意识的客观性，都以一种强制性的方式起作用。冯契意识到人道与天道存在很大差别，是可以区分的。人道的自然秩序就是由自在向自为、从自发到自觉的运动，现实世界由自在之物转化为为我之

———————
① 冯契:《认识世界和认识自己》,华东师范大学出版社1996年版,第309—310页。

物。冯契强调,讨论人道或人类社会的秩序,一定要聚焦为我之物的实现历程、方向;否则,就难以描绘人类社会的发展方向和秩序。

2. 事实界及其秩序

(1)事实界的含义和特点

事实界是由知识经验的积累而形成的领域,是无数事实的汇集。冯契认为,主体在感性活动中与外界对象接触并获得客观实在感,取得所与,进而形成抽象概念,以得自所与者还治所与,于是就化所与为事实。化所与为事实的过程就是知识经验的程序,而事实界就是对这一程序的把握。知识经验化本然界为事实界,也就是化自在之物为为我之物,因而事实都是为我之物,是人所认识的、经验到的对象的内容。事实界由无数的事实汇集而成,事实之间的联系是自然界的秩序的反映。

事实是对所与即知识经验的描述,都是用单称命题表达的。例如,当外物刺激人的感官,在感性材料呈现一只花猫的意象时,主体就会形成"这是一只花猫"的命题,这就是一个事实。冯契认为,事实有当前的事实和以往的事实之分,但没有未来的事实。当前的事实就是主体当下的直接经验所把握的外物刺激感官引起的所与。以往的事实是过去的感觉经验所把握的,其现实性是由间接经验所提供的,多数是凭借历史记载或口头相传,有的则是经过探索、推理才发现的。未来不在经验知识之中,没有被主体的感性活动所把握,因而没有未来的事实。冯契认为作为当前事实和以往事实构成的事实界,其范围在不断扩大。这体现在两方面:其一,时间之矢不间断地化现在为过去,化未来为现在,新的经验源源不断地涌来,事实界就不断地扩展、丰富;其二,过去了的事实经过探索、推理而不断被发现,如考古学、地质学等就发现了许多过去的事实。

事实界有着自己的秩序。因为知识经验就是以得自现实之道还治现实,这里的"道"就是秩序,也就是科学理论或概念结构的秩序。"一方面,此秩序得自经验,是对现实的摹写,是事实界固有的秩序,并非主观外加的;另一方面,这个秩序既然是人类作为知识者、知识类对所与的一种安排,是一种模式,那么,它当然有人为的成分。"①人类之所以能借助一定的模式来安排现实,是

---

① 冯契:《认识世界和认识自己》,华东师范大学出版社1996年版,第322页。

因为它们有现实的根据,其现实性是可以用实践来验证的,其中所包含的片面的、错误的成分能够随着实践和认识的发展而逐渐地得到克服、改进。

(2)事实界的秩序

在冯契看来,事实界是分化了的现实,是无限多样化的。但事实都是对所与所作的判断,而所与在直接经验中给人以客观存在实在感。据此,事实都依存于客观实在,即依存于实体,是统一的物质实体运动的表现。作为实体运动的分化,事实用单称命题来陈述,陈述的是个体或具体事物的属性以及它们之间的关系。"事实总是以具体化的或个体化的现实作为基础,世界统一原理和发展原理贯穿于事实界。分别地说,各个事实都既有殊相又有共相,既有特殊的时空位置,是个体化的属性或个体之间的关系,而事实间又形成互相联系之网,有其一般的秩序。"①冯契主张,事实界最一般的秩序有两条:一条是现实并行不悖,一条是现实矛盾发展。

先看现实并行不悖。它说的是在空间上并存、时间上相继分化的现实事物是并行不悖的、互不抵触的。说得更清楚些,现实并行不悖是说现实世界不存在不相容的事实。换言之,现实世界的事实之间没有逻辑矛盾。"不悖",根据形式逻辑的理解,就是事实之间没有逻辑矛盾。事实尽管千差万别,纷繁复杂,但都不违反逻辑基本规律的要求。在冯契看来,事实之间之所以不违反逻辑基本规律的要求,是因为事实的秩序与概念的结构是一致的,而概念结构是排斥矛盾的。

现实并行不悖除了事实之间不存在逻辑矛盾这一层含义外,更重要的一层含义是:"自然界万物并存,变化运动各有其规律,有一种自然均衡或动态平衡的秩序。自然界的运动区分为各种运动形态,各个发展过程,各式各样的个体,并各有其存在的条件,虽纷繁复杂而在时空中并行不悖,保持其动态的平衡,显得是'天地位,万物育',一切自然有序。"②现实并行不悖表现在:事实界有自然均衡的秩序、不违反逻辑规律的要求,这说明现实世界是能以理性即概念、范畴等逻辑思维形式去把握的世界。

接着看现实矛盾发展。

---

① 冯契:《认识世界和认识自己》,华东师范大学出版社1996年版,第323—324页。
② 冯契:《认识世界和认识自己》,华东师范大学出版社1996年版,第324—325页。

事实界的自然均衡、并行不悖的秩序总是相对的、有条件的。在冯契看来,事实界的各个过程之间、个体之间,一方面在一定条件下并行不悖,彼此相容;另一方面,所有的事物、过程、运动形态内部都包含差异、对立和矛盾,都是对立面的统一。矛盾发展是现实世界的最基本的、一般的发展原理。因此,现实发展原则的完整表述是:现实并行不悖而又矛盾发展。如果只承认现实并行不悖而无视现实矛盾发展,那便只是描绘运动、变化,而没有揭示事物运动的根据。并行不悖是具体化、个体化的现实的原则,如果只注意并行不悖、只看到现实有归纳演绎的秩序,那就没有真正把握个体、具体之"体"。冯契指出,在知觉中对个体只是识别而已,而概念都是抽象的,因而要真正把握个体、具体之"体",不能停留在归纳演绎这种形式逻辑的秩序层面,还要进而把握由内在矛盾决定的现实的矛盾运动,也就是把握现实的辩证法的秩序。在冯契看来,现实矛盾发展原理包含了两个方面:一是指分化了的万物是对立统一的,二是指整个物质世界的矛盾运动。而要把握这两个方面,需要运用"立"和"破"相结合的方法,通过思辨的综合和理性的直觉来把握。本章第四节会对思辨的综合与理性的直觉作出详尽的论述,这里暂且搁置。

在关于事实界的秩序方面,先哲对"现实并行不悖"这一秩序有过明确的论述。《中庸》就有"万物并育而不相害,道并行而不相悖"[1]的主张。金岳霖则明确指出,"现实并行不悖"[2]是事实界的重要原则。冯契坚持了金岳霖的观点,给予了更清晰的说明。而"现实矛盾发展"这一秩序在先哲那里只提出了"相反相成"、"体用不二"、"理一分殊"等朦胧的观念,没有明确的表述,而冯契则明确提出了这一命题,丰富了认识世界的理论。

(3)事实界的规律性

冯契认为,事实界不但包括并行不悖、矛盾发展最一般的秩序或逻辑秩序,也包括各个领域以至各个过程中个体的特殊规律。从分化、万殊这方面说,各种运动形态、各个发展过程都存在不同层次上的本质联系,因而都有其特殊的规律,这些特殊规律在各自的领域、范围起作用。特殊与一般是相对的,相对于最一般的逻辑秩序来说,各种运动形态以至所有事物的规律都是特

---

[1]   参见《四书五经》,岳麓书社1991年版,第13页。

[2]   金岳霖:《论道》,商务印书馆1987年版,第66页。

殊的,但任何特殊规律在其起作用的范围内也有普遍性。主体是运用事实命题或单称命题陈述事实界中的事实的,仅靠这种陈述对事实指向的对象的了解是粗浅的、表面的,而没有了解其个性和实质。要达到对个体个性的、实际的了解,就必须从各个方面、各种关系入手,以把握其特殊规律。

自然界的秩序或规律即事实界的本质联系,也就是我们通常所说的理。在理和事的关系上,冯契坚持了唯物论的观点。"理在事中,没有在事实界之外的柏拉图式的理念世界,没有在事实之上的理。"①人们在把握理和事的辩证关系的基础上,既可以以事求理,也可以以理求事。在冯契看来,事实都处于联系之中,都能够为概念结构所摹写和规范,因而没有脱离理性秩序的事实。从事实是过去事实界的分化的现实说,它属于间接经验的领域;而从事实是现在事实界分化的现实说,它是直接经验的领域。而在由间接经验和直接经验构成的知识经验领域,人们能够运用逻辑推理以事求理、以理求事,在思维中对经验进行加工,以把握事实间的本质联系。

3. 可能界及可能的实现

（1）可能界的含义

可能界是人的思维活动所思议的各种可能性汇集的领域。冯契认为,作为知识经验领域内的理总和事有内在的联系,但就人们的思维活动来说,只要反思一下就会意识到,思想的内容往往超出现实的范围而不限于事和理,是一个可以包含各种可能的领域。具体个人的思维活动都有差别,但指向不同的领域是可能的,也就是可能的就是可以思议的,可以思议的也就是可能的。现实的事和理都是可能的,但可能的并不就是现实的,有不少可能是不会变为现实的。可能界与事实界比较起来,不但界限不清晰,而且范围比事实界广阔得多。比如一个人成年后,他从事各种各样的职业是可能的,但变为事实的可能就只能是一种或两种具体职业。冯契认为不同知识背景的个体对未来作出的"可能"预测,其含义存在很大差别。一个普通人和一个气象工作者同样预测"明天可能下雨",前者仅仅是猜测,没有多少根据;而后者是经过科学分析作出的推断,揭示的是现实的可能性。在冯契看来,由于主、客观两方面的原因,

---

① 冯契:《认识世界和认识自己》,华东师范大学出版社 1996 年版,第 331 页。

导致不同个体使用的"可能"一词其含义存在差别和分歧：就主观方面的原因来说，由于不同主体的观点、意见和知识结构、阅历、经验等主观条件上的种种差异，对同一思维对象的认识往往产生意见的分歧；就客观原因来说，由于对象本身包含有矛盾，事物本来就是多方面因素的矛盾对立统一，处于不同条件下有不同的发展可能性。"这两方面互有影响，而客观方面是主要的决定的方面，如果毫无客观根据，仅凭主观猜测而提出的可能性，将被证明为无意义而被排斥于可能界之外。"①

可能界有什么特征呢？在冯契看来，可能界虽然好像漫无边际、界限不明，但从否定方面来说有以下特征：首先，它会排除逻辑矛盾。所谓逻辑矛盾，是说对同一思维对象作出的两个可能命题是相互矛盾的。具体来说，当同一主体对一个思维对象作出了"可能 p"的预测后，不能再作出"不可能 p"的预测。其次，它排除无意义的，保留有意义的，因为有意义的才可能为思议的对象。可能界有意义至少满足以下条件：一是遵守同一律，因为同一律是命题存在的必要条件；二是必须和已知的科学知识并行不悖，不能违背。笔者认为，冯契的见解是非常准确的。比如，研制永动机违背了科学原理，因而任何声称成功研制永动机的说法都是错误的。现代实证论者拒斥形而上学，认为形而上学是无意义的命题。冯契指出：现代实证论者的论证只从形式逻辑方面进行，忽视了辩证思维，失之偏颇。对形而上学的命题要从辩证法的观点着眼，分析其中是否包含辩证法的因素，是否包含有人类认识发展的必经环节。如果结论是肯定的，那就是有意义的。

"可能"作为思议的对象应怎样理解，在学术界存在不同意见的争论。冯契认为，将可能界定义为有意义的领域，以意义作为思议的对象，将可能的领域理解为可以思议的领域，这在学术界没有什么争论。但对于"可能"作为思议的对象作怎样的理解却存在争论。柏拉图把思议的内容与对象等同，把概念理解为独立存在的东西，主张在现实世界之外另有一个理念世界。在冯契看来，只有一个现实世界，它包括现实事物及其联系，观念世界只不过是对现实世界及其联系的反映。现实世界即宇宙洪流源源不断地奔流前进：往后看，现在的事物不断成为过去、成为历史；向前看，现在的事物不断奔向未来。不

① 冯契：《认识世界和认识自己》，华东师范大学出版社 1996 年版，第 334 页。

能把现在看做过去和未来之间的一个点,应当把现在理解为是与人的现实的实践、经验相联系的,现在不是无内容的刹那,它纳过去、孕未来。对过去的来说,尝然的"有"已经是无了,但又不是虚无,因为它与现在的"有"联系着。就未来者看,未来的"有"是可能的"有",可能的"有"在今天还是无,但它是现在的"有"的发展,因而也与现在的"有"相联系。广义的"有"包括尝然的"有"和可能的"有",二者都是"有"和"无"的统一。之所以称为"有",是因为它与现在的"有"联系着。尝然的"有"、现在的"有"属于事实界,而可能的"有"属于可能界。

(2)现实的可能性

由于可能性依存于现实,是由现实事物之间的联系所提供的,所以贯穿于事实界的一般现实的秩序也贯穿于可能界。与事实界类似,可能界也排除逻辑矛盾,也必须遵守同一律而并行不悖,否则的话就会成为无意义的,失去成为可能的条件。冯契断言,成为可能的条件就在于与事实界存在并行不悖的联系。由于事实界的联系是多种多样的,所提供的可能性也是多种多样的。无论哪种联系提供的可能性都是可以思议的,都是可证实或否证的,因而都是有意义的。

对事实界的多种联系及提供的可能性是不是同等对待呢? 冯契给予了否定的回答。"从认识论的角度看,要重视本质的、规律性的联系及其所提供的可能性,这样的可能性我们称其为现实的可能性——具有现实性的可能性,那是与现实事物有本质联系的可能性、可以合符规律地由可能化为现实的可能性。"①他进一步指出:由于本质联系有不同的层次,而且每种本质本身也是矛盾发展的,因而本质联系提供的可能性也是复杂的,不是唯一的。对于特定的发展过程,人们在考察本质联系或规律性的联系时,还应当区分内因和外因、根据和条件。虽然内因和外因相互联系着,但把握事物的内因即内在根据更重要。内在根据提供的可能性就是潜能,它在一定条件下发展成为现实的事物。冯契认识到,由于同一个具体的现实事物参与了不同的物质形态,与不同的发展过程相联系着而且内因与外因、根据与条件也可相互转化,因而内在根据提供的可能性也是复杂的,不是唯一的。

---

① 冯契:《认识世界和认识自己》,华东师范大学出版社1996年版,第338页。

作为主体,必须运用辩证法对现实的可能性作出具体的分析,以采取适当的对策。冯契认为,就人的认识来说,具体的物质运动的潜能也是不可穷尽的。无论哪种领域的事物,内在根据所提供的可能性以及人们如何创造条件使这种可能变为现实,也是很复杂的。这需要人们运用辩证法进行具体分析。

（3）可能的实现

可能性的实现是个有着秩序的过程,体现了现实演化的趋势。在冯契看来,现实的规律提供的可能性随着条件的变化而发展,由隐而显,由可能的"有"转化为现实的"有";而现实的"有"又包含新的可能性,又会经历新的化可能为现实的过程。如此不断向前,没有止境。这种可能不断转化为现实的过程就是"势",即由可能之"有"转化为现实之"有"的趋势。他认为,金岳霖"理有固然,势无必至"①的论断既有合理的方面,也有不准确的方面。就合理的方面说,这一命题肯定了现实的演化有规律可循,世界是可以用理性去把握、理解的,现实的事物是合乎规律的;不准确的方面在于,这一命题认为现实历程有非决定的成分,是偶然性的,是无法预知的。"'势无必至'的说法我认为有正确的一面,但说的偏了些。事实界的联系是复杂的、多样性的,我们要区分本质联系和非本质联系;在本质联系中又要区分不同的层次和区分根据与条件。所以,一方面说,确实'势无必至';但是另一方面,如果我们全面地把握对象的本质的联系,把握其根据和条件,那么是可以把握发展的必然趋势,是可以在'势之必然处见理'的。"②冯契确信,必然、偶然是联结在一起的,是不可分割的,每一具体过程的联系是不可穷尽的,这导致必然趋势总有不确定的因素,从而无法准确无误地预知未来。因此,比较科学的提法应当是:势之"趋"与"至"是必然与偶然的辩证统一。冯契对现实发展趋势的理解无疑更多地体现了辩证法的精神,更贴切地反映了可能性的实现的实际情形。

4. 价值界及价值的实现

（1）价值界的含义

来源于实践的人类认识,转过来又指导人们能动地改造世界的实践活动。

---

① 　金岳霖:《论道》,商务印书馆1987年版,第201页。

② 　冯契:《认识世界和认识自己》,华东师范大学出版社1996年版,第341页。

由于人们的实践活动,自然界得到了改造而人化了,成了人化的自然。冯契认为,人化的自然也是自然界的一部分,自然的人化过程本身也是自然历史过程;但它毕竟渗透了人的目的,有别于本然界的自然过程。一方面,它也是自然历史过程,自然的人化活动的根据是自然必然性提供的现实可能性;另一方面,它又不同于一般的自然过程,而出于人的社会生活的需要,与人的利益密切相关。这两方面的结合,决定了人的活动的合理目的,才产生人类人化自然的实践活动,才会有人化自然的过程。人化的自然界的事物对人类是有价值的,自然界就进入了价值界。冯契指出:人们把有利于自己的可能性作为目的指导实践、改造自然,使自然人化,就创造了价值。因此,在化自然之物为为我之物的过程中,不仅分化出了事实界、可能界,而且分化出了价值界。"价值界就是经过人的劳作、活动(社会实践)而改变了面貌的自然界,是人在自然上加人工的结果,就是对人有利的、有价值的种种可能性的实现。"①冯契强调,价值的实现以自然必然性所提供的现实可能性为前提,但有可能性不等于有价值;可能界只有与人们的需要相联系的部分,经过人们的实践改造活动,才实现为价值。人的创造性活动总是以合理的目的为其内在根据的,而合理的目的是现实的可能性与人的社会需要两方面的结合;合理的目的作为根据、作为准则贯彻于人的实践,其结果就是实现了的价值。价值是人的创造,人们常说劳动创造世界,这里的"世界"就是价值界。

价值界与广义的文化是同义语。广义的文化是人们在社会实践中创造的各种各样的产品,包括物质生产、社会组织以及自然科学、艺术和各种意识形态等。冯契确信,文化都是人们在自然物上加工的结果。而对自然物加工的过程就是人的主观意识把现实的可能性和人的需要结合起来,使概念取得理想形态,并通过实践将理想化为现实,从而创造价值。笔者认为,这里的"概念"一词,指的应当是人们行动的计划、目的等。冯契指出:一般所说的价值是指在一定条件下对人类有肯定意义的正价值,包括真、善、美、有利等。在冯契看来,价值问题是人类文化的核心问题,创造价值是人类文化活动的根本特征。人类的劳动不同于动物凭本能行为活动的地方,就在于受意识、目的的支配。

---

① 冯契:《认识世界和认识自己》,华东师范大学出版社 1996 年版,第 344—345 页。

（2）价值界的秩序

冯契虽然不赞成目的论的宇宙观，但对目的在人们创造价值活动中的作用给予了肯定，认为对于价值界这个人化的自然领域来看，目的确实是动力因。为达到目的，人就必须利用物质工具与媒介、社会组织和制度等各种手段。为了有效地利用手段、工具来实现目的，人们就必须以目的作为根据去制定活动的规则。规则与规律有本质的区别：规律是对象内部必然之理的体现，是自然的、不以人的意志为转移的，人必须遵守它。规则是人订立的，人可以违背它、破坏它、修改它。当人的目的以客观规律为根据，又符合进步人类的需要时，目的就是正当的。冯契把由正当的目的所规定的活动规则称做当然之则。当然之则是人们怎样运用手段、创造条件使理想化为现实，使目的得以实现的准则、规则。当然之则中的"当然"一词是广义的，人们对客观规律的遵循是理所当然；为现实人的正当合理的目的所制定的活动规则也是当然之则。"人化的自然的领域既是自然过程的一部分，有其不以人的意志为转移的自然规律，有自然的必然性，但同时这个领域有对人的当然性，有其当然之则。"①冯契以自然经济的农业社会里人们日出而作、日落而息、男耕女织作了论证，认为这些活动方式是理所当然的，是一种当然之则。它一方面合乎自然规律，另一方面又是人们的社会需要。

冯契深信，通过人们的反复实践，那些合理的当然之则可以习以成性、习惯成为自然。当习惯成为自然时，人道就自然化了。这时，"当然"也就成为"适然"，人们就会感到规则是合适的，不再认为它是外在的强制力量。就自然过程来说，现在的世界之恰恰如此，是几所适然的；就人道的自然化来说，人们当前的实践活动是合适的、自由的，也是几所适然的。这里的"几"是人们行为的动机。人们以目的来指导行动，以准则来规范活动，行为、活动总是在特定条件下发生的，特定的条件也就是我们常说的机遇，机遇使目的具体化为动机，确保规则贯彻于行动，从而使人们感到当前的活动是恰当的、理所当然的，也是很适应的。事实上也的确如此，禁止酒后驾车、公共场所禁止吸烟等规则刚出台时，人们一时难以适应，但是经过长时间的坚持，就会慢慢适应，渐渐感到乃理所当然。因此，冯契的见解是准确的。

———————————

① 冯契：《认识世界和认识自己》，华东师范大学出版社 1996 年版，第 347 页。

　　基于以上理由,冯契认为价值界不但是人化的自然,也是人道的自然化。他论证说,农民插秧、林业人员造林总是力求行列整齐,尽量使它美化,成为赏心悦目的景色,在这样的劳动中,自然界被打上了人的烙印。因此,人们的实践活动一方面使自然界的秩序成了人化的,另一方面人的审美之道等人道也就表现在自然界身上。"人的劳动使人类从动物界分化出来,使人类与自然对立起来,通过劳动、斗争,后来就达到一定条件下的人和自然的统一,人就创造了价值,获得了自由。之所以能如此,是因为人道(当然之则)和天道(自然界的秩序)结合为一了。"①人作为自然界的产物,在进行物质生产的过程中,一定要遵循自然界的秩序即规律;另一方面,也要遵循当然之则,也就是要适应社会制度,根据一定的道德准则处理人和社会、人和人的关系。冯契强调,人在自然的基础上建立起社会的秩序,当然之则在社会活动得到贯彻、实现,人道就自然化了。整个人类的文化就是在自然上面加人工的影响,因而它既有自然的必然性,又有理所当然的人道,是两者的结合。人道与自然的必然之理即规律之间存在矛盾,但人道必须合乎自然。只有当人的劳动及社会生活所建立的秩序和自然界的秩序一致而又不违背人的自然本性时,才可能达到人和自然的统一,获得自由。

　　哲学探讨的主题离不开形上之域,而客观世界的本质及其发展规律是形上之域的核心,因而,大凡有理论深度的哲学不会绕开如何认识世界的问题。辩证唯物主义同样把认识世界、改造世界作为自己的天职,但没有对对象世界作出划分,因而这种认识仍是不清晰的,难以操作。"智慧"说把对象世界分为相互联系、相互制约的本然界、事实界、可能界、价值界,认为认识世界就是要了解人类在实践的基础上如何化本然界为事实界、可能界,进化达到价值界。在这方面,"智慧"说既坚持了实践的观点,又为人们如何认识世界提供了全新的思路,丰富了马克思主义的认识论。

三、怎样认识自己

　　人们在把握自然界秩序的过程中也会认识自己。认识自己是指认识作为

---

①　冯契:《认识世界和认识自己》,华东师范大学出版社 1996 年版,第 349 页。

精神主体的人类的本性,包括对群体和个体的认识。认识自己"所要解决的问题是'我'(自己)如何自在而自为,即由自发的天性到自觉人格的德性"。①以往的认识论著作也注意到认识活动包括对自己的认识,但对于"自己"的含义甚了了。冯契对"自己"的含义进行了专门的探讨,作了准确的界定,丰富了认识论的内容。在冯契看来,精神主体是人的心灵。由于人性或人的本性是一个由天性发展为德性的过程,与精神由自在而自为的过程有着内的联系,因而认识自己主要是认识自己的心灵、德性以及二者之间的关系。

1. 心、性及其关系

作为哲学范畴的"心"或"心灵"是相对于物质、存在而言的,与精神、意识含义相同,是指作为精神主体的自我。冯契坚持了唯物论和科学的立场,肯定心即精神主体依存于物质,是人脑的作用或功能,是生命发展到一定阶段的产物,是一种特殊的物质运动形式。在他看来,从哲学层面考察,精神活动作为一种特殊的物质运动形式,其本质特点就是中国传统哲学所说的灵明觉知。灵明觉知的主体就是心或心灵。作为精神主体的心或心灵,就是在精神活动中的一贯之体。作为依存于人脑的心,不是物质一样的实体,是在能动的精神活动中形成的一种秩序、结构,体现出一贯性,可以称做"心之体"。在精神活动中,伴随着灵明觉知的发展,灵明觉知的主体,也就是人的心灵渐渐形成。

冯契断言,灵明觉知是心灵的本质特征,是人类所特有的。心灵有一种明觉状态,也就是意识状态。心灵是精神主体主要体现为有意识的主体。心的灵明表现为觉和知两方面,即意识和认识两方面。"人有意识即有所觉、有所知,就是说主体有认识并且意识到自己有认识。"②人的精神活动包括有意识的和无意识的两类。无意识的精神活动是一种本能,是强有力的。但它只有在被意识照亮之时才能为心灵所觉察到,才真正被注意,得到研究。一旦被人注意,为人研究,就进入了意识领域,转化为意识了。就此而言,意识与无意识的界限不是固定不变的,无意识的力量、出于本能的倾向一旦被觉察便进入意识领域了。主张无意识与意识的界限不是绝对的,这颇有新意。但总的来说,

---

① 杨国荣主编:《知识与智慧:冯契哲学研究论文集》,华东师范大学出版社 2005 年版,第96 页。

② 冯契:《认识世界和认识自己》,华东师范大学出版社 1996 年版,第 356 页。

冯契对无意识的研究不够深入、不够全面,诸如连无意识的含义、类型都没有涉及。

在冯契看来,在意识领域,主体不仅对知即认识有所觉,而且意识中还有情感、意志等非理性的因素,这使心灵的结构显得复杂。知有广义和狭义之分,广义的知是人与动物共有的感知;狭义的知是指人类特有的理性思维。人的认识也不限于理论理性的活动,还指向评价。评价与单纯的认知的区别在于:评价性的认识与人的需要结合在一起,与人的情感、意志相联系。冯契指出,情感、意志、直觉这些非理性的东西随着人的意识的发展越来越理性化了。实践理性、审美理性、理性的直觉等概念的形成,就说明人们已认识到上述非理性的东西越来越理性化。正是基于以上的分析,冯契提出了非常有新意的见解:"我们把人的意识活动了解为理性与非理性的统一,把人的精神活动了解为意识与无意识的统一。不过在总的精神的活动中,意识(相对于无意识)是主导方面;在意识活动中,理性(相对于非理性)是主导方面。"①

笔者认为,冯契对心即精神主体的自我的探讨有两点创新:一是把精神活动理解为意识与无意识的统一,也就是人的精神活动既有有意识的灵明觉知的一面,也有无意识的一面;二是强调自我意识中不仅有理性的一面,也有情感、意志、愿望等非理性的一面,把人的本质理解为理性和非理性的统一。可以说,冯契是现代中国哲学中对非理性作了最高评价的哲学家,这在以往的马克思主义哲学家中是极为少见的。

在阐述了"心"范畴后,冯契对"性"范畴作了探讨。在他看来,从哲学层面考察,作为人性的性,包括人的天性与德性。人性相对天道而言,随着实践的展开、社会的发展而不断完善。关于人性的本质,中国传统哲学进行了长期的争论。先秦哲学中的性善、性恶的争论,宋明时期的成性说、复性说的争论都指向人性。冯契指出,人是动物、生物,当然有动物性与生物性。但考察人性要着重注意人类之所异于禽兽的类的本质、特征,如理性、意识,进行劳动,建立社会制度和凝练伦理道德等。这些是人类所特有的现象,是人所特有的共性。

对天道的考察与对人性的把握存在很大的区别。人们在对自然界进行科

———————

① 冯契:《认识世界和认识自己》,华东师范大学出版社1996年版,第357页。

学研究时,往往注意共相而忽视个性。这是因为从人的角度来说,把握了自然现象的共同本质后,就可以从事实践活动了,因而通常只需了解自然现象的共同的本质。但这并不是说它没有个性,而只是说人类忽视了对个性的把握。冯契断言,自然界中的每个个体、每个发展过程都有一以贯之的东西,这就是贯穿全过程的本质、规律。本质、规律规定了这个事物之所以为这个事物、这个过程之所以为这个过程,也就是规定了个性。

而对人性的把握,则应当注重个性。冯契认为,在考察人性时,注意共性当然重要,但更重要的是关注个性,就是要将人当做一个个活生生的个性来对待。对亲友、较熟悉的人,人们总是把他们看做一个个完整的、有血有肉、生动鲜活的个体;否则,就不会有同情的了解,就不会真正地尊重他。"人类的道德行为、审美感受都包含着要把人作为个性来对待这一前提。对于自己,我们更是要求按自己的志向来塑造自己,把自己培养成自由的人格、自由的个性。"①

对天道、人性的考察还有另一个重要的区别:是否要探讨本体论的区别。冯契认为,人们在探讨自然现象即天道时,需要进行分门别类的研究,以把握它们的共性、规律性;但在一般情况下,科学不需要考察其本体论根据。对人性问题,人们也可以从不同科学领域进行研究,以分别把握它的规律性。但是从哲学层面研究人性问题,最重要的是注意人性与天道的关系,即把它当做本体论问题来研究。"本体论的研究是要求把握具体真理的。关于性与天道的真理性认识是具体的而决不是抽象的——它也是和德性的自由、发展内在地联系着的。这种与德性的自由内在联系着的真理性认识就是智慧。"②正是基于这种认识,冯契强调要着重从智慧的角度来考察人性。

在对天道和人性的研究方面,冯契提出了两方面的新见解:一是研究天道侧重于研究共相和一般规律;而研究人性侧重于把握个性。这是对极"左"路线统治时期无视个性、摧残个性,按单一模式培养人才,要求人们按单一模式生活所作的反思。二是研究天道不需要追寻本体论的根据,而研究人性则需要追寻本体论的根据,需要从智慧层面加以把握。

---

① 冯契:《认识世界和认识自己》,华东师范大学出版社 1996 年版,第 359 页。
② 冯契:《认识世界和认识自己》,华东师范大学出版社 1996 年版,第 360 页。

对心、性的含义、特点作了阐述后,冯契探讨了二者之间的关系。在他看来,认识自己的问题就是了解自我、自己如何由自在而自为的问题,而核心是心与性的关系问题。历史上,一些哲学家把心和性等同起来,认为人的本性就在于人有灵明觉知,心和性是一回事。冯契以为,尽管灵明觉知是人区别于动物的本质特征,但心和性的含义还是有区别的。"人的本质、本性,不仅是有灵明觉知,而且它还包括无意识、非理性的力量,还有劳动、社会性、要求自由等特征。而人的意识,即灵明觉知,不仅要把握人性本身,还要对自然界及其秩序进行认知和评价。所以心和性是不同的范畴。"①从这段论述中,笔者认为可以概括出心和性的两大区别:一是人性或人的本性比心即灵明觉知的内涵丰富得多,既包括自我意识、理性,也包括无意识和非理性的因素;二是心即灵明觉知是意识的主体,是能动的认识主体;而人性中的无意识、非理性因素则不是意识的主体,不具有认知的功能。

冯契断言,虽然心和性是不同的范畴,但对心和性关系的考察却确实是"认识自己"的根本问题。能、所关系是在实践过程中的客观关系,就所知、对象方面而言,人们在实践基础上的认识世界的过程就是化自在之物为为我之物的过程;就能知、主体方面而言,这一过程是由自在而自为的过程。冯契对能知、主体如何由自在而自为作了论证。在他看来,感觉给予客观实在,建立起主客观之间的桥梁,感觉过程中获得的客观实在感是自在之物化为为我之物的开始。但是单纯的感官活动实际上还没有"觉",视而不见,听而不闻,有视听但无见闻,就是还没有觉察到主客之分、能所之别。"不过,既然已经给予了客观实在感,那么,客观实在就已经为'我'所接受、所感到了。所以,事实上主客的对立已经存在了,只是还没有觉察到,只是还没有进入意识的领域而已。这时的直观之我只能说是自在的。"②

有了主客的对立,就为主体意识这种对立提供了前提。冯契进一步论证说,从感觉进展到知觉,主体就有了彼此的识别,就能区分这个和那个、区别我你他。至此,主体以得自所与者还治所与,化所与为事实,才真正有了"觉",也就是有了意识。有了觉,便不仅对事实、彼此、你我有所知,而且还能够回光

---

① 冯契:《认识世界和认识自己》,华东师范大学出版社1996年版,第360页。
② 冯契:《认识世界和认识自己》,华东师范大学出版社1996年版,第361页。

返顾,也就是在理性光辉的照射下进行内省,从而意识到自我,即意识到能知之主体。这就是由自在而自为的开始,也就是开始有自觉了。他指出,这里的所知与能知都兼有两种身份。所知的为我之物既是外在对象,又是认识内容;能知的自觉既指自觉为主体又指自觉有主观。自觉有主观就是主体自觉到以一定的主观形式把握所知内容。无论自觉为主体还是自觉有主观,都是从心的方面来说的,也就是从主体方面来说的,似乎与所知、对象无关,而实际上与所知、对象有关。因为认识自己不仅指能知作为主体的自觉,也指人以自身即主体本身为对象来考察其本质力量,它包括人的意识与无意识能力,理性与非理性,还包括人类能进行以生产劳动为主的社会实践活动,能结成社会关系,制定伦理道德规范等;不仅如此,人还能动地以天性为基础来塑造自己的德性,使自我由自在向自为发展。主体由自在而自为的过程,既是精神主体(心灵)的自觉,同时又是天性化为德性这一人的本质力量的自证和自由发展。正因为如此,人对自己的认识,包括对心和性以及二者关系的认识。冯契确信,随着社会历史的演进和人类对自然界认识的进步,人的灵明觉知之心在发展着,人性在发展着,心性关系也在发展着。不过,这个发展过程是曲折的矛盾运动的过程,但其总的演进方向是人的本质力量由自在而自为,渐渐实现由必然王国向自由王国的飞跃。

已往的认识论强调的是如何在实践的基础上由自在之物为为我之物,冯契则对在化自在之物为为我之物的过程中主体如何由自在而自为、如何发展自我和提升自我,作了别开生面的探讨,丰富了马克思主义的认识论。

2. 主体意识与人的类本质

与自然界及其秩序相联系,与化自在之物为为我之物的过程相联系,人的心灵和德性也有个演变和发展的过程。考察这个过程首先应当考察与事实界及其规律相联着的人的主体意识与人的类本质。

冯契认为化本然界为事实界就是知识经验,知识经验的意识的综合统一性就在于统觉,也就是在于我思。"我"作为意识主体具有思维的功能或作用,这种功能或作用统摄着知识经验的领域,因而"我"就具有主体意识。主体意识体现为三个方面:

首先,主体意识体现在主体有思维能力,以统觉即我思统率着知识经验领域。"我能够进行思维,能对感觉提供的材料进行抽象、形成概念,并且能以得自所与者还治所与,化所与为事实,并进而把握事实之间的规律性的联系,以事求理,以理求事。这就是理论思维的活动,而思维能力就贯彻在(显现于)这种活动之中。"①他肯定,主体的思维能力就内在于思维活动之中,思维能力与思维活动的统一就是心灵,就是主体意识。作为意识综合统一性的统觉就在于其内含的逻辑结构。具体来说,统觉就是用逻辑范畴来统摄思维内容,就是用形式逻辑的原则和以得自现实之道还治现实的辩证逻辑接受总则来把握世界,也就是用理论思维的方式来把握对象世界。而用理论思维方式去把握对象世界就涉及理论思维和感性认识的关系。概念是从感性材料中抽象得到的,知觉就是以得自所与者还治所与,因而理论思维离不开感性材料。但如果仅仅只有感性直观,还没有形成知识经验,还没有觉,没有意识,就不能把人与动物区别开来。什么才是有觉或有意识呢? 这就是感觉上升为知觉,能够以得自所与者还治所与,形成了抽象概念,并且能用语言来传达。那种视而不见、听而不闻的单纯的感官活动没有进入意识的领域,是"无知"、"无心"的,不能把握对象。感性只有与借助概念的理性思维相结合,才能为心灵所统摄,才能进入知识经验的领域,才上升为统觉。

其次,主体意识包括评价。在冯契看来,以上是从认知方面考察意识活动,但意识活动不只是认知,还包括情感、意志和欲望的作用。换言之,人的认识不仅仅是理论理性的活动,还包括评价。由于评价总是与人的需要、情感、意志、欲望相关联的,这决定了主体不仅以理论思维的方式去把握世界,而且以审美活动、伦理实践、宗教信仰等方式去把握世界。

正因为意识活动中既有认知,又有评价,所以要把认知与评价、理性与非理性联系起来研究,而不能割裂开来。"人的情感、意志、直觉本来是非理性,但在精神的发展过程中间越来越沾上了理性的色彩,或者说理性化了。所以说理性照亮了这些领域,故我们可以谈实践理性、审美理性、理性直觉等等。"②冯契指出,虽然主体意识是理性和非理性的统一,其中感性和理性,情感、意志、欲望都是互相联系的,但理性占据主导地位,制约着非理性因素。笔

---

① 冯契:《认识世界和认识自己》,华东师范大学出版社 1996 年版,第 384 页。

② 冯契:《认识世界和认识自己》,华东师范大学出版社 1996 年版,第 385—386 页。

者赞同冯契先生的观点,觉得非理性因素的确受理性之光的照耀,正是这种照耀,使得情感宣泄适度、意志张扬得当、欲望不致过分膨胀。

再次,主体意识还体现在能以思维活动本身为对象进行反思。冯契认为,凭借反思,一方面,主体能够认识到自己怎样运用概念、命题、推理、论证等逻辑形式来统摄思维内容,如何运用理性之光来照亮情感、意志、欲望、直觉等非理性的活动;另一方面,主体能够从与他人的交往中,从语言交流活动中来自证为主体。这使得主体的自我意识越来越明确。主体意识到有个"我"贯穿在自己的思维活动中,意识到主体有个"我"与他人交换意见、与他人相对立而存在,从而确证自己是主体。冯契深信,人一旦有了自我意识,就有了一种绵延的同一性。所谓绵延的同一性是指经历时间的或长或短的流逝后,事物仍保持自身的同一性。人的绵延的同一性是指昨天的"我"与今天的"我"是一贯的,是同一个主体。在他看来,虽然思维活动经常变化多端,虽然人有时心不在焉,对自己的活动当时并未意识到,但一经反省,主体就会意识到有个"我"、"自我"贯穿在这些活动中间。自我受意志的驱使在本质上要求做主宰,能够自主选择,用《荀子·解蔽》中的话来说就是可以或禁或使,或夺或取或行或止。① 据此,冯契断言,外在的力量虽然可以迫使形体屈伸,强迫嘴巴张合,但无法使其意志屈服,依然能坚持原则,对的就接受,错误的就拒绝。笔者认为,成语"贫贱不能移、富贵不能淫、威武不能屈"就佐证了主体意识中意志的重要性,也佐证上述观点的正确性。冯契指出,正因为主体意识有一种自做主宰、自主选择的意志,确保心灵专一不二,能成为形体的主宰,从而主体就能自觉地塑造自己,完善自我。冯契不但是这样说的,也是这样做的,表现为他在"文化大革命"期间能保持心灵的自由思考,不人云亦云,不趋炎附势。

人的类本质是指整个人类的最本质的特征。在冯契看来,马克思主义诞生以前,关于人的类本质有理性主义和经验论两种基本观点。理性主义者认为心灵就是人性,人之所以异于禽兽的地方就在于人能思维,有意识;人是有理性的生物,理性是人类最本质的特征。以孟子为代表的儒家在人的类本质上持理性主义立场,他认为人之所以区别于禽兽,就是人的心灵有意识,能思考。在近代欧洲哲学史上,笛卡尔、康德、黑格尔在人的类本质上都持理性主

---

① 参见《诸子集成·荀子集解》,岳麓书社 1996 年版,第 283 页。

义立场。经验论则注重人的感性方面，强调感性是人的类本质。先秦时期，告子主张："生之谓性"，①"食也，性也。"②告子把人与动物共同的生理需要作为人的类本质，显然有失偏颇。荀子看到人生而好利，生而有耳目之欲，同样主张人的感性是人的本性，由此得出了性恶论的观点。近代西方哲学流派中的不少唯物论者从生物学的观点来看人性，把人类理解为生物进化链条中的一个环节，都重视人的感性存在。费尔巴哈在批判黑格尔有关人性问题时，强调的就是人的感性存在。

冯契明确指出，在马克思主义者看来，从事社会实践，进行生产劳动，不断从必然王国迈向自由王国是人的类本质。针对费尔巴哈强调人的感性存在，马克思提出了批评："费尔巴哈不满意抽象的思维而诉诸感性的直观；但是他把感性不是看做实践的、人的感性的活动。"③冯契认为，马克思的这段话表明了这样一种观点：人与一般动物相区别的地方，人的最本质的特征就在于能从事劳动生产；而明确提出实践范畴，把它看做人与动物的最根本区别或界限，是马克思的贡献。"社会实践的范畴是马克思主义历史观、认识论的第一的基本的观点，其人性论就是建立在此基础上的。在劳动生产以及其他的社会实践的基础上，人的肉体感官随社会历史的进步也发生变化，使得人的感性活动与动物的感性区别开来。"④这种区别具体体现在，人的劳动活动即感性活动绝大部分是社会性的，社会性活动使社会交往不可避免；人们在社会交往中产生了语言，在语言的基础上创造了文字，语言文字的出现表明人类抽象思维能力逐渐形成。随着抽象思维能力的形成，人们就有了日益清醒的意识，意识反过来指导实践的顺利展开，促进实践的发展。在他看来，人的意识的形成对劳动的合理展开意义重大。人的意识与理论思维为劳动提供了明确的目标和周密的计划，确保劳动过程能够合乎规律地进行，这种条件下的劳动使人取得了支配自然的自由。劳动生产本来是出于人类天性即自然本性的需要，人类要生存必须凭借劳动获取生活资料；而劳动就要合群即组成群体来进行，这是由自然规律规定的。受理论思维、意识的影响，人们劳动的对象越来越多地由

① 《诸子集成·孟子正义》，岳麓书社 1996 年版，第 491 页。
② 《诸子集成·孟子正义》，岳麓书社 1996 年版，第 494 页。
③ 《马克思恩格斯选集》第 1 卷，人民出版社 1972 年版，第 17 页。
④ 冯契：《认识世界和认识自己》，华东师范大学出版社 1996 年版，第 389 页。

自在之物化为为我之物；与此同时，人本身、人的劳动也逐渐地由自在走向自为，也就是日益成为自由的人。据此，冯契总结道："按劳动发展方向来说，它要求成为自由的，自由劳动使得人类与动物界有了真正的本质的区别。自由劳动是劳动与意识、感性活动与理性思维的有机统一，这就是人的类本质。"①

在人的类本质问题上，冯契坚持和发展了马克思主义经典作家的观点。所谓坚持，是指他肯定了劳动是人的类本质的见解；所谓发展，是指他把劳动理解为人类获得自由的桥梁，把凭借劳动追求自由理解为人的类本质。

如上所述，马克思主义经典作家认为在劳动与意识、实践与理论的交互作用中，人性不断得到完善，体现为由自在而自为的过程。据此，冯契作了发挥，断言人性不是固定不移的，而是发展变化的，是由天性培养德性，又由德性回归天性的辩证统一。在他看来，人的本质或本性既有天性即自然方面的根据，又可以发挥自己的作用加以后天的培养。人正是根据自然的可能性来培养、提升自身，以真正形成德性。"真正形成德性的时候，那一定是习惯成自然，德性一定与天性融为一体了。就是说，真正要成为德性，德性一定要归为自然，否则它就是外加的东西，那就不是德性了。"②这表明，中国古代哲学中的成性说和复性说都有一定的合理性。冯契确信，人类是要复归自然的，人们在实践与意识的交互作用中，其天性发展为德性，对自我的认识，包括对自我这一意识主体的自证越来越高。这体现为，主体意识不仅意识到自己的意识活动，而且意识到主体自我。这样，人们能够以自己为对象来揭示自己的本质力量，以便根据人性来发展德性，从而提升自己，完善自我。本成果第五章还将对这一问题作全面、深入的探讨，这里不予展开。

冯契把人的本质理解为从天性中培养德性，又从德性回归天性的动态过程，有两方面的理论创新：一是在坚持马克思主义实践观点的前提下，注重从中国传统哲学的成性说、复性说之中寻找理论支持；二是体现了辩证法的立场，即把人性、人的本质理解为动态变化的过程。

3. 社会意识与人的社会本质

前一节是从意识主体作为类的分子的角度考察意识主体和人的类本质

---

① 冯契：《认识世界和认识自己》，华东师范大学出版社 1996 年版，第 389 页。
② 冯契：《认识世界和认识自己》，华东师范大学出版社 1996 年版，第 390 页。

的，由于意识主体还是社会关系中的自我，主体意识往往包含有社会意识，因此，冯契接着探讨了人的社会意识与人的社会本质。

所谓主体的社会意识是指主体意识中渗透的民族心理、国民意识、时代精神、阶级意识等群体意识。冯契认识到，意识者是一个个的主体，彼此相互独立，且能够通过反思自证其为主体。自我意识往往是独特的，有些经验只有自己可以体验到，某些独特的感受也是无法共享的。但是，自我总是群体中的自我，离开了他人和群体就没有自我，我是在与你、与他人的交往中，在参与社会群体的活动中才意识到自己的主体性。我不与他人相比较、相交往，不参与社会生活和群体活动，就不可能形成自我意识。"自我意识固然是对个别精神的自证，但个别精神不能离开群体意识，比如民族心理、国民意识、时代精神、阶级意识等等。"①冯契断言，群体意识是人们在社会集团中、文化传统中通过社会交往而形成的，体现在具体个人身上，是个性与共性的矛盾统一。一方面是个性化的，因每个人的主客观条件不同、经历不同，群体意识从不同个体身上表现出来是千差万别的，是个性化的；另一方面，群体意识作为共性，作为社会传统的力量、习惯势力，往往在人们身上有一种先入之见的稳固性，成为人们观察问题的视角、处理问题的立场。因此，意识主体不仅具有统觉，也就是用逻辑思维统摄思想内容，而且意识主体又以一定的社会意识作为观察问题的视角。每个主体总是从自我的角度对遇到的社会问题、现象发表看法，表达意见。而意见往往与个人的感受、教养、阅历相关，同时又往往自觉不自觉地受某种社会意识的支配。在他看来，自我是小我与大我的矛盾统一、小我和大我的结合。自我一方面是指彼此有别的独特的小我，同时也体现了一个人的大我，也就是个别主体的意识总渗透着民族精神、国民心理等群体意识。

为进一步论证主体的自我意识是小我和大我的矛盾统一，冯契提出了"综观"这一概念。在他看来，意识主体在讨论问题、发表意见、进行争辩时，总受观点、立场的统率。自我的意见包含了我对所探讨问题、现象的观点、立场、态度，而观点、立场、态度总是现实认识与社会意识的结合，这种结合就是综观。在表达意见、观点时，意识主体都是大我与小我结合在一起的，也就是一方面体现了个性特点，另一方面又反映群体意识。这表明，我或自我不仅是

---

① 冯契：《认识世界和认识自己》，华东师范大学出版社1996年版，第393页。

一般意识的主体,而且处在社会交往中,是社会意识的主体。综观具有两个基本特征:一是综观统率着意见,即意识主体在表达意见时,总受群体意识的影响;二是综观总是有主观性的,即意识主体都是"以我观之",即从自己的角度来看问题的。个人如果仅仅以一孔之见去看问题,就会陷入主观片面性。为了克服主观片面性,哲学家力图"以道观之",即通过把握事物的内在规律来理解事物。以道观之也往往是见蔽相杂的,先秦时期诸子百家的学说就如此。为了克服"以我观之"和"以道观之"内含的缺陷,冯契主张以全面的观点、实事求是的观点去克服片面性。"当一个人能这样地反观自己的时候,他就意识到自我是个综观的主体,这种自我意识不仅自觉自己有个性,而且自觉自己代表着一定的群体意识,如自觉地表现出爱国主义的精神等等。"①

"综观"这一概念原意指综合观察,总体上把握。冯契把它作为广义认识论的一个范畴来使用,丰富了马克思主义的认识论。

与主体的社会意识相关联,从与他人、群体相比较的角度看,人的本质是一切社会关系的总和。在冯契看来,以社会实践为基础的主体意识或综观不仅是理论认识,而且具有社会意识的性质,是对社会存在的反映。社会存在既包括客观的社会实践、社会物质生活,也包括在社会中活动的人们本身。而在社会中活动的人们都是有意识的,所以社会意识既是客观存在的反映,也是社会的人们作为主体的作用的表现。以往,人们在讨论社会存在时,将它仅仅理解为客观对象,即仅仅是外在的对象世界;冯契将社会存在扩展到在社会中活动的人们本身,突出了"智慧"说中主体的在场性。

马克思曾指出:由于人们在社会实践中结成各种不同的社会关系,形成不同的社会集团,所以人的本质是一切社会关系的总和。这种作为人的社会关系总和的本质是历史地演变着的,所以不能离开历史的进程来抽象地谈人性。从这个意义上说,没有抽象的人性,只有具体的人性。冯契认为,马克思的上述见解是正确的,但我们对没有抽象的人性、只有具体的人性的说法有过长期的曲解。这种曲解体现在两个方面:一是把人的本质属性理解为阶级性。这显然不符合马克思的原意。因为马克思说的人的本质是一切社会关系的总和,阶级关系只是其中一种关系;二是形成了本质主义的形而上学观点。本质

① 冯契:《认识世界和认识自己》,华东师范大学出版社 1996 年版,第 395—396 页。

主义把本质与存在、共性与个性割裂开来,将本质、共性形而上学化,致使本质成为抽象的东西,失去了具体性。冯契批判了那种以为一般就是本质、个别只是一般本质的例子或殊相,从而将个别与特殊、单一与殊相等同起来的流行观点。在他看来,虽然个别有特殊的时空关系,有不同于其他个别的殊相,但如果将个别仅看做是许多殊相的集合体,那就把个别抽象化了,个别就失去了真实存在的性质。"真实存在都是具体的,都是本质与存在的统一。人的本质是社会关系的总和,而社会关系是许多个别人们之间的关系,本质不能脱离一个一个的人,不能脱离个性而独立存在。所以,不要把单一和特殊混淆起来,本质主义者把单一看成只是特殊,这是不对的。"[①]在极"左"路线盛行时,往往忽视了对人的个性了解、认同,更谈不上有意识地培养,妨碍了多样性人才的成长。冯契的上述见解体现了一位哲人的反思。

人性的完善还体现为克服异化的过程。在冯契看来,从人类历史发展的总过程而言,劳动以及在劳动生产基础上结成社会关系和形成社会意识形态,实际上是一个由自在而异化、克服异化而达到自为的过程。人性由天性到德性之所以是个由自在而自为的过程,其中的曲折就在于自在还要经过异化、克服异化而达到自为。

4. 自由意识与德性的全面发展

为准确地认识自己,人类还应当把握自己的自由意识,了解德性是如何全面发展的。

首先考察人的自由意识的形成及具体体现。冯契认为,随着实践的发展和社会历史的演变,作为个别意识与社会意识统一的主体意识也由自在而自为地发展着,经过异化及其克服,渐渐发展为自由意识。自由意识是与价值的创造、自然的人化相联系的,是人类所特有的。自由意识是人在创造价值、改造自然、发展自我中的主体意识,是有自我意识的所有人都具有的。在他看来,庄子的"庖丁解牛"、"轮扁斫轮"等寓言故事讲述的是创造价值的劳动活动,这些劳动活动是真正自由的劳动,体现了劳动者的自由意识。这种自由意识是在创造价值的活动中的主客观统一的意识。从物我关系而言,人在自然

---

① 冯契:《认识世界和认识自己》,华东师范大学出版社 1996 年版,第 398 页。

上面加工,与自然就构成了对立、矛盾。自然力对于人而言是一种外在的力量,对人的劳动是一种限制。因而一方面,人们必须经过斗争,克服困难和限制;另一方面,人们在劳动实践中锻炼了自己的才干,逐步使自己的能力发展起来,从而达到主客观的统一,使人的理想或预期目标得以实现。在这一过程中,主体也从中获得了创造的乐趣,形成了自由意识。"自由意识首先是主体作为主宰者、主人翁的意识,即自由人格的意识。"①这是因为人们在改造自然的活动中逐渐认识了自然,培育、提升了支配自然的能力,力求成为社会的主人,自由意识便不可避免地呈现。冯契强调,这里所说的"主人"概念首先指向群体,但也指向个体。这是因为群体是由个体构成的,个人在参与群体的活动中由自在而自为地塑造自己、发展自己,使自己拥有自由的个性和人格。

在简要回顾了历史上哲学家提倡、追求的自由人格理论后,冯契对自己提倡的平民化的自由人格学说中的自由意识作了勾勒。在他看来,平民化自由人格中的劳动者不仅能自觉地主宰自然,而且能在改造自然的基础上培养自己的才能、德性,自作主宰。也就是说,这样的劳动者既能主宰外在的自然,也能主宰自己内在的自然即天性。冯契指出,要实现这样的自由、形成这样的自由意识,必须满足两个前提条件:一是在一定程度上克服劳动的异化;二是主体要有正确的世界观、人生观。

自由意识的形成过程,是凝道成德、显性弘道的过程。

冯契认为,人类与其他动物界的根本区别之一是,人类按其发展方向来说本质要求自由,在人与自然、性与天道的交互作用中创造价值,发展自由的德性。"价值的创造、自然的人化,就是人与自然的交互作用。这种交互作用以感性实践为桥梁,正是通过感性实践活动,道转化为人的德性,人的德性体现于道。"②冯契的这一见解来源于王夫之。王夫之曾说过:"道恶乎察?察于天地。道恶乎著?著于形色。"③也就是说,只有接触形色等天地万物的感性特征,才能把握天道、人道,才能显现人性。王夫之还看到了人们在感性活动中是如何凝道成德、显性弘道的。"色声味之授我也以道,吾之受之也以性。吾

---

①　冯契:《认识世界和认识自己》,华东师范大学出版社 1996 年版,第 403 页。

②　冯契:《认识世界和认识自己》,华东师范大学出版社 1996 年版,第 405 页。

③　《船山全书》(二),岳麓书社 1996 年版,第 352 页。

授色声味也以性,色声味之授我也各以其道。"①冯契认为,以实践的观点来审视,王夫之的上述说法可以理解为:正是在感性实践活动中,客观事物色声味等感性性质授予主体以"道"即客观事物的规律和当然之则,主体根据性之所近、习之所惯加以接受,使自己的性得到陶冶而不断完善;反过来,主体通过感性实践活动而使性得以显现,以色声味等感性性质显现的客观事物各以其道,也就是以不同的途径、方式而使自己的"性"对象化,成为人化的自然。这实际上就是性与道交互作用的过程。在冯契看来,这里的"道"包括天道与人道,二者在人化的自然中是统一的。在化本然界为事实界、化可能界为价值界的过程中,人的德性日渐完善。这种完善体现在两个方面:一方面是人化自然给予的影响,另一方面又是出于主体的权衡、选择。这是一个凝道而成德、显性以弘道的日新不已的渐进过程。"道,本是现实固有之理和当然之则,反映在典籍和传统中,通过实践和教育为人们所把握,就是世界观和人生观。"②冯契指出,人们在接受教育和实践的过程中,开始难免将天与人、道与性区分开来,只有经过凝道成德、显性弘道的不断反复,道才能凝结成为自己的德性,德性才能显现于实践而使道得以弘扬。"在这一过程中,我逐渐达到理性的自明,意志的自主,情感的自得,并真正形成自由的德性。"③

而凝道成德、显性弘道的过程也就是自由德性、自由人格的实现过程。张载在《正蒙·诚明》中曾说过:"性与天道合一,存乎诚。"意即主体能体会到与天道合一,就在于有真诚的德性。性与天道合一的过程是"自诚明"和"自明诚"的过程。一方面,真诚的德性与情感、意志、欲望相联,在化自在之物为为我之物的感性活动中,主体在色声等情态中直观自身,认识自我,这就是由诚而明;另一方面,主体结合感性实践活动来认识和把握天道与人道,经过培养而使其凝而成性,这就是由明而诚。"在'自诚明'与'自明诚'的反复中,觉悟提高了,凝道而成德、显性以弘道,天道成了自己的德性,亲切体会到了我的德性与天道为一,而'我'作为'德之主,性情之所持者',便是自由人格。"④

---

① 《船山全书》(二),岳麓书社1996年版,第409页。

② 冯契:《认识世界和认识自己》,华东师范大学出版社1996年版,第406页。

③ 杨国荣主编:《知识与智慧:冯契哲学研究论文集》,华东师范大学出版2005年版,第96页。

④ 冯契:《认识世界和认识自己》,华东师范大学出版社1996年版,第407—408页。

自由德性、自由人格的实现离不开德性之知与价值原则的引导。

冯契肯定了张载把人的认识区分为德性之知与见闻之知,但批评张载断言德性之知不萌于见闻的先验论观点。他主张在肯定感性实践的基础上,应当区分见闻之知与德性之知。德性之知也就是"诚明所知",实际上是德性的自证。本章第四节会较为详尽地阐释德性的自证,这里暂且搁置。

冯契断言自我意识或良知是德性的主体,而良知是指觉悟的自我。在中国传统哲学中,王阳明对良知极为推崇。他不但把良知看成判断是非善恶的标尺,而且是规范万事万物的尺度。冯契批判地继承了王氏的良知说。这种批判指向两处:一是王氏的良知说是先验论的,二是王氏的良知说只有伦理学的意义。继承则是肯定了王氏把良知作为认知与评价的标准,规范着人们的言行。"归根到底,人的尊严,人的价值正在于其要求自由劳动的本质,亦即要求发展成为自由个性、自由人格的倾向。"①而良知正是自由个性、自由人格的基本要求。冯契指出,在创造价值、使自然人化的劳动中,主体(良知、自我意识)凭借与认识规律一致的规矩尺度、价值原则,把自己培养成为具有自由个性、自由人格的人。原因在于,人们不但以得自现实之道还治现实过程,而且以得自认识过程之道还治认识过程,并把现实之道、认识之道与人的需要结合起来以创造价值,塑造自己的自由人格,这决定了主体所遵循的价值原则与认识规律是一致的。

在肯定实践给予客观实在感的基础上,冯契阐述了认识过程的规律性,这就是感性与理性的辩证统一,同归而殊途,一致而百虑;在认识世界和认识自己的交互作用中获得智慧和自由。而这种认识过程的规律性制约着主体的价值原则。因为在实践基础上的认识世界和认识自己的反复不已,也就是天与人、天道与性的交互作用,不但使人性表现为情态,自然人化为对人们有价值的文化;而且通过凝道成德,使天性发展成为德性,造就自由人格。因此,从价值原则着眼,人们心灵所使用的规矩、尺度就是自然原则和人道原则的统一,而认识世界和认识自己交互作用的过程同时也是一致而百虑、感性与理性反复的运动。"在价值的创造中,这种认识运动与人性的要求结合起来:与一致而百虑相联系,主体具有综观,能以全面观点克服片面性,那么其社会意识一

---

① 冯契:《认识世界和认识自己》,华东师范大学出版社1996年版,第409页。

定是群体原则与个性原则的统一；与理性得自经验者还治经验的规律性相联系，主体意识以理性为主导，要求知情意、真善美的全面发展。"①在此基础上，冯契总结、概括了主体在创造性劳动中所要遵循的基本原则：这就是自然原则与人道原则的统一，群体原则与个体原则的统一，真善美原则与知情意原则的统一。

冯契对主体在创造性劳动中应遵循的基本原则的总结、概括具有理论上的创新意义。首先，他强调了自然原则与人道原则的统一，也就是必然之理与当然之则的统一。这就是说，当然之则不能违背必然之理，主观能动性的发挥不能背离客观规律。其次，在创造性劳动中，既要关注群体的利益，重视对群体的培养，也要重视对个体的培养；对于有着长期重视国家、群体传统的我国来说，对个体创造性劳动的尊重、认同显得更重要。

四、转识成智的飞跃

认识世界和认识自己，既要认识天道和人道，还要认识人的心灵和德性。而性与天道的交互作用，就构成了人类认识由无知到知、从知识转化为智慧的辩证发展过程。"转识成智"是冯契"智慧"说的核心命题，集中体现了"智慧"说的创新，有必要作稍为详细的论述。冯契先生是从两个方面阐释转识成智的：

首先，知识通过飞跃可以转化为智慧。冯契认为，人们在认识世界、改造世界和认识自我、提升自我的实践活动中，既凝结成了以求真、发现事实和条理等知识形态为主体的纯科学，又获得了求穷通，达到物我两忘、天人合一境界的哲学智慧。这表明知识可以飞跃为智慧。在他看来，主体由知识到智慧的飞跃体现为连续性的中断和顿然实现的感觉。知识重分析和抽象，是对事物各个方面性质和属性的把握；而智慧是关于天道、人道根本原理的把握，这种认识是具体的、综合的。侧重分析的知识相加不等于智慧，"把部分相加不等于整体，只有通过飞跃，才能顿然地全面、具体把握关于整体的认识。"②陈

---

① 冯契：《认识世界和认识自己》，华东师范大学出版社1996年版，第410页。
② 冯契：《认识世界和认识自己》，华东师范大学出版社1996年版，第419页。

晓龙教授在《转识成智：冯契对时代问题的哲学沉思》一文中，对为什么要经过飞跃作出了更清晰的理解："知识注重的是有分别的领域，所把握到的是一件件的事实，一条条的定理，而智慧则要求求穷通，达到物我两忘、天人合一的境界。因此，从知识到智慧的跃升必然是以连续性的中断和顿然了悟的方式实现的。"①这就是说，知识只有通过飞跃才能转化为智慧。

其次，由知识到智慧的飞跃是通过理性的直觉、辩证的综合、德性的自证实现的。

理性的直觉是领悟，是在理性的照耀下给人以豁然贯通之感的直觉。在转识成智的过程中，理性的直觉是在理论思维领域中的豁然贯通而体验到无限、绝对的东西。在冯契看来，理性的直觉是感性和理性的统一，是渗透了理性的感性活动，是一下子把握到的主客观的统一，给人以顿悟和豁然贯通之感；理性的直觉并不神秘，大量存在于艺术、科学、伦理道德、宗教、哲学等精神活动的各个领域。就哲学领域而言，理性的直觉探讨的是主体如何能够具体地、生动地把握绝对的、无条件的、无限的形上之域。主体的认识活动是有条件的、相对的、有限的，而哲学上的理性直觉揭示了相对中的绝对、有限中的无限、有条件中的无条件的东西；这种揭示往往是顿然之间实现的，是领悟。

正确理解有限与无限的辩证法是实现理性直觉的关键。冯契认为，恩格斯提出的"无限的前进运动"这一概念比较科学地回答了人们的认识活动能否把握绝对、无限、无条件的形上之域的问题。冯契指出，无限的前进运动包括了三个范畴：有限（相对的、有条件的），无限（绝对的、无条件的），无限前进运动（有限与无限的对立统一过程）。从客观辩证法来说，物质运动是无限的，个别物体的运动是有限的，无限与有限的矛盾展开为物质世界的无限发展过程。从认识的辩证法着眼，无限前进运动是螺旋式的前进上升运动，是在实践基础上感性和理性的统一、一致和百虑的反复、认识世界和认识自己的交互作用中辩证发展的过程。"在这个过程中，人的知识一次次地达到矛盾的解决，从相对中揭示绝对，从有限中揭示无限，从有条件的东西中揭示无条件的，每一次揭示、每一次矛盾的解决都是飞跃。"②基于此，他认为无限、绝对的天

---

① 杨国荣主编：《知识与智慧：冯契哲学研究论文集》，华东师范大学出版社 2005 年版，第52 页。

② 冯契：《认识世界和认识自己》，华东师范大学出版社 1996 年版，第 426 页。

道以及与天道合一的自由德性就不是可望而不可即的,而是在无限前进运动中逐步展开的,是人的理性直觉能把握的。理性的直觉是体现了性与天道交互作用的直觉活动,是理性的观照和具体亲切的体验的统一。可以说,从这一角度去理解,理性的直觉不但不是神秘的,而且是只要善于捕捉就能获得的。

理性直觉的展开主要体现为"破"的方法与"立"的方法的辩证转化过程。"破和立不可分割,破就是破除对待,超越相对;立就是揭示绝对即在相对之中,在相对者的联系、对立面的统一之中就有绝对。"①冯契认为,破是必要的,因为要达到理性的直觉必须去圃或解蔽,只有超越是非,进而超越彼我界限、能所对待,才能把握性与天道;立更重要,因为破的目的是立,立是从肯定的方面把握对象界。因此,强调破或立都是片面的,只有将二者结合起来,才能达此目的。就"破"的方面而言,冯契从庄子、郭象的见解中得到了启示,将理性直觉在破除是非、彼我、能所等知识经验领域中的种种对待,实现从名言之域向超名言之域上升过程中的方法,概括为三个密切联系、层层递进的"阶梯":第一个阶梯是分而齐之,就是齐是非,超越各种意见的是非对待和各种对立观点的界限;第二个阶梯是"有而一之",就是在存在主客、能所对立的情况下,破除外物的界限、大小、同异等种种差别而均齐如一地从整体上把握对象;第三个阶梯是"有而无之",就是将天人、内外、主客观、能知与所知种种差别超越了,达到旷然无累、超型脱相的境界。就"立"的方面而言,冯契肯定了王夫之对老庄站在"静观"、"玄览"立场上圃于"破"的方法所造成的片面性提出的批评。王夫之认为老庄讲静观、玄览,并未真正体验到色、声、味等现象和见闻等感性活动的本原。在他看来,这些感性经验、感性活动是德性的体现,是天道、人道的具体化。冯契认同王夫之的观点,认为从本原上说,这些感性经验、感性活动源于性与天道的交互作用,因而,一方面,理性的直觉作为渗透着理性的感性活动,并不是闭目塞听,而是既闻见又超乎闻见,把握性与天道;另一方面,理性的直觉并非像佛学、老庄那样以灭闻见为途径,而是凭闻见等感性活动以载道、显性,所把握的不是虚无、寂静的境界,而是生动活泼的实在之流,性与天道交互作用的辩证运动。

冯契指出,哲学是以理论思维的方式来求穷通的,哲学上的理性直觉也总

---

① 冯契:《认识世界和认识自己》,华东师范大学出版社1996年版,第428—429页。

是与辩证的结合、德性的培养结合在一起的。换言之,理性的直觉与辩证的综合、德性的自证不可分离。

辩证的综合是指在理性直觉过程中用多样性统一的范畴把握性与天道。在冯契看来,理性直觉所把握的是无限的天道、自由的德性和物我两忘的境界。这些是超名言之域,超知识经验的领域,是不可思议、不可用名言表达的。在名言之域中,言必有语词、语句等语言,知必有所待,要再现物我、能所的矛盾。但从名实关系说,名言、概念又总是将对象分割开来把握。换言之,名言之域中的概念、语言与其所反映的对象有一一对应的相对静止的关系。但理性的直觉把握的是不断变化的日新之流,是无对待的,是名言无法传达的。然而无法言语的领域还是要说。说不得的领域如何说? 冯契认为庄子的卮言中体现的以差观之、以趣观之、以功观之的方法为人们如何言说说不得的超验领域提供了借鉴。在他看来,当庄子凭卮言把握对象世界时,一般的概念就演变为齐万物的达名。达名所表示的就是哲学范畴,可以运用于天地万物,如物、性、时、空、类、故、理等等。达名表现了对立面的统一或多样性的统一。所有这些以达名表示的范畴相联系构成了一个整体,这个整体就是大全、宇宙、天道;而大全、宇宙、天道是囊括万有、超越对待的总名。因此,就表达而言,"辩证的综合就是元学的理念,而元学的理念是用'总名'表示的。"①

冯契对总名和达名作了如下区分:达名是对最大事物类的反映,而总名表达的是元学的理念,是对宇宙整体的反映。达名是名言之域之名,受限制、概括等逻辑关系的制约;总名虽然称之为名,但实际上是说不得的,不是可名之名。对这个理性直觉所把握的无名的道,只能强为之名,也就是借用名去指称,实际上并不是名。冯契指出:我们现在用世界统一原理、宇宙发展法则、本体、第一因、天道、大全等来称谓理性直觉所把握的实在之流或物质运动的长河,只不过是主体对它们的一种命名,是语言意义上的名,而非概念意义上的名。总名之所以能称谓哪些不可言说的领域,是与用达名表达的哲学范畴的多样性统一相联系的。达名所表示的概念、范畴,其多样性的统一是辩证的综合,这就可以用总名来称呼。比如,人们在把握宇宙洪流时,就要运用时空这

①　杨国荣主编:《知识与智慧:冯契哲学研究论文集》,华东师范大学出版社 2005 年版,第 53 页。

一达名,而讲时空这一达名又是通过在有限中揭示无限、在瞬间把握永恒等辩证的综合实现的。在冯契看来,用达名所表示的范畴之间的辩证综合来表达的概念是元学的理念,元学的理念有其含义。"理念是关于总体的具体范畴,要用理性直觉来把握,用辩证的综合来表达的。"①

要在理性的直觉中实现辩证的综合,还必须注意两点:一是从抽象上升为具体。在冯契看来,认识的辩证运动是从感性具体上升为思维中的抽象,再从思维中的抽象上升为思维中的具体。人们在认识活动中,总是先把握对象这样那样的属性、运动状态和变化规律,形成的概念是抽象的。从感性具体上升为思维中的抽象,就是从这样那样的方面揭示一定领域的变化规律,体现出分析的特征。方方面面的认识积累多了,到了一定程度,认识就会从思维中的抽象上升为具体,把已经发现的规律、范畴有机地结合起来,就能实现辩证的综合,从而把握有限中的无限,相对中的绝对。二是逻辑和历史的统一。冯契指出,理性直觉中实现的辩证综合是主观和客观、理论和实践的具体的历史的统一,是具体真理。"既然是具体的历史的统一,就是有条件的,有局限性的。历史向前发展了,条件改变了,原来达到的具体结论又有待发展,要发生分化,于是又要经历一致化百虑、百虑归于一致的辩证运动。"②这就是说,不能把一定历史条件下实现的辩证的综合绝对化、教条化,而应当随着时间的推移、实践的发展不断丰富、完善。

值得一提的是,冯契主张哲学研究一定要做到辩证的综合。在他看来,哲学研究只有在批判地继承前人遗产的基础上才能作出新的探索和新的创造,从而推动哲学理论向前发展。他非常欣赏黑格尔说过的一句名言:所有的哲学体系都被推翻了,但也可以说没有一个哲学体系被推翻,因为推翻一个哲学体系就是克服其体系形式,而把它降低为一个从属的原理,包含在自己新的体系里面。冯契指出:任何新的哲学体系的建立,总是既提出了新的思想,又分析批判了先哲的相关成果,克服了旧的体系,同时将其合理成分包含在自己新的体系之中,从而形成辩证的综合。哲学凭理性的直觉把握性与天道,总是通过对哲学传统的辩证综合来表达和论证的。

---

① 冯契:《认识世界和认识自己》,华东师范大学出版社 1996 年版,第 435 页。
② 冯契:《认识世界和认识自己》,华东师范大学出版社 1996 年版,第 438 页。

上述见解无疑是非常精辟的,哲学研究不可能是无源之水、无本之木,全新意义的哲学创造在现代社会是不可能的,必须以先哲提供的思想材料为出发点。冯契不但在理论上主张哲学研究应做到辩证的综合,而且将这种理论真正付诸了实践,体现了理论和实践的统一。他花费毕生心血建构的"智慧"说哲学体系继承了马克思主义哲学的真精神,吸取了中国传统哲学中的积极因素,采借了西方哲学中逻辑分析方法,实现了"三流合一",是真正的辩证的综合。正因为如此,"智慧"说哲学体系既有深厚的哲学传统,又有自己的创新,是20世纪中国大陆难得一见的哲学体系。哲学工作者想要有所建树,创造出有学术价值的哲学理论,必须借鉴冯契先生的经验。

所谓德性的自证是指主体在理性的直觉中对自己具有的德性能作反思和验证。在冯契看来,理性的直觉虽然同彼我、泯能所,但它毕竟是理性的自由意识活动,其主体受德性的统率。元学的理念以总名表示,天道、大全、无限、绝对是超越主客对待的,但元学理念作为具体范畴,受理性精神的支配。辩证的综合作为意识主体的活动,总有个"我"贯穿其中。王夫之曾肯定"我"作为意识主体受德性的支配。他说:"我者,德之主,性情之所持也。"① "我者,大公之理所凝也。"②冯契在肯定这些见解的基础上,阐述了"我"为什么是德之主。我在与自然的接触之中受自然之理,在社会交往当中受当然之则。我接受了天道、人道,并使大公之理凝结成为我的德性,这就是凝道而成德。反过来,我在与外界的接触、交往中使德性能够显现为情态,而具有感性性质的事物各以不同的途径使人的本质力量对象化了,成为人化的自然,创造了价值,这就是显性以弘道。"凝道而成德与显性以弘道都有个'我'作主体,所以说,'我者德之主'。"③

在冯契看来,作为意识主体的我,不仅有意识和自我意识,而且还能用意识之光来返观自我,自证"我"为德之主,也就是德性的自证。他论证说,从自身的种种言行、思想、意欲、情感活动中,主体都能经过反观而体认到有个"我"贯穿其中,而这些活动和感受,总是或多或少、这样那样地表现了"我"之性情。主体能对自己具有的德性进行反思和验证,只是说主体有能力、有可能

① 《船山全书》(三),岳麓书社1996年版,第448页。
② 《船山全书》(一、二),岳麓书社1996年版,第418页。
③ 冯契:《认识世界和认识自己》,华东师范大学出版社1996年版,第441页。

自证,但实际上人们在平时的活动和感受中并没有经常反观而求自证。自证是主体的自觉活动。虽说人人有个'我',但要真正认识自己的面目、性情,并不是一件容易的事情。

要真正认识自己,实现德性的自证,主观上必须真诚;而要保持和发展真诚的德性,既要防止异化现象,又要解放思想,破除种种蒙蔽。我自证为德性之主体,也就是具有德性之智。冯契认为,德性之智是我真诚实有,克服异化,解除蒙蔽,在心口如一、言行一致中自证的。德性的自证具有理性的自明、意志的自主和情感的自得等特点。三者统一于自我,自我便具有自证其德性的意识;在这种意识驱使下,主体渐渐养成自由的德性。自由的德性是知、意、情的全面发展,以达到真、善、美统一为其目标。冯契还对哲学工作者如何实现德性的自证提出了自己的见解:就是无论处境怎样,必须始终保持心灵的自由思考,保持独立、高尚的德操。而要保持独立、高尚的德操,难免使自己历经磨难、痛苦,甚至面临悲剧性的后果,但能够行心之所安,在功业、著述及日常生活中寄托自己的精神,使情感得到升华,真正实现在一定领域内凝道而成德,显性以弘道,自我便达到了自由的境界。当主体具有自由的德性时,就能意识到自我与天道为一,自我具足不依赖于外物。"但自我具足不是自我封闭,而正是自我超越,与时代精神为一,与生生不已的实在洪流为一。自由的德性具有肯定自己又超越自己的品格。我不断地以创造性活动表现自己,把我的德性对象化——显性以弘道;而又同时从为我之物吸取营养——凝道而成德。"①在冯契看来,正是在这一显性弘道和凝道成德的交互作用过程中,自我以德性之智在有限中把握无限、在相对中把握绝对。这表明,在理性的直觉中,德性的自证,自我的提升,有助于把握天道,有助于转识成智。

"转识成智"本是佛教唯识学成佛理论的核心,唯识学的成佛途径就是转识成智,即转舍世俗的心识,成就超越的智慧。但唯识学主张外境非有,内识非无,万法唯识,把现象世界看成是由主体的意识派生的,是虚幻的、不真实的。这就是说,唯识学的"转识成智"论是典型的主观唯心主义理论。冯契借用了唯识学的"转识成智"这一概念,但作了唯物主义的改造。他所说的转识成智,是指把知识飞跃为智慧。在"智慧"说中,知识所探讨的主要是"感觉能

---

① 冯契:《认识世界和认识自己》,华东师范大学出版社1996年版,第454页。

否给予客观世界"和"普遍必然的知识何以可能"等问题。因此,冯契心目中的知识是主体在实践活动中获得的对事物的认识成果。这就是说,"智慧"说中的转识成智理论是建立在辩证唯物主义基础上的。

"智慧"说中转识成智理论的提出和论证,具有重大的理论意义:.

首先,拓宽了认识论的领域。以往的认识理论只探讨知识形态的认识理论,忽视了对智慧形态认识理论的追寻。"智慧"说通过对智慧形态认识理论的考察,把狭义认识论改造成为广义认识论,无疑拓宽了认识论的领域。

其次,成功地探讨了"转识成智"的机制,使"智慧"说成为自身圆融的哲学体系。唯识学主张的转识成智仅仅是顿悟和纯粹的思辨,没有找到由知识到智慧的桥梁。"智慧"说中的"转识成智"理论则提供了贴切的机制,这就是理性的直觉、综证的综合、德性的自证。在认识活动中,通过这些环节,主体是可以从有限中把握无限、从相对中把握绝对的,也就是能够把握性与天道,获得智慧。自身圆融是建构哲学体系的基本要求。冯契所建构的"智慧"说哲学体系,其核心范畴就是转识成智,不但阐述了知识为什么可以转化为智慧,而且详细考察了知识转化为智慧的机制,使其体系达到了圆融境界。

再次,创新精神的示范作用。"智慧"说之所以受到学界的重视,得到高度评价,一个重要的原因就是它提供了许多原创意义的观点,充满了创新精神。"智慧"说关于广义认识论范畴的提出,对转识成智机制的考察,都具有原创意义,因而能够给人以启示和借鉴,从而吸引别人。一种哲学理论,若要产生一定的影响,一定要在先哲提供思想材料的基础上有所创新和发展,否则就是无病呻吟,不会受到学界的关注。

最后,转识成智学说作为冯契哲学创造的个性体现,复合了哲学家的"为学"与"为人"的统一,①即"遵德性"、"道问学"统一的传统,为如何端正学风,抑制学术腐败提供了一剂良药。

转识成智,还体现为化理论为方法,化理论为德性。本成果第四章专门探讨如何化理论为方法,第五章专门探讨怎样化理论为德性,这里暂不展开。

---

① 《理论、方法、德性:纪念冯契》,学林出版社 1996 年版,第 155 页。

第四章　化理论为方法：认识论与 方法论的统一

　　"智慧"说提出了两个著名的命题，这就是"化理论为方法，化理论为德性"。冯契回顾了这两个命题提出的时代背景和目的。"我在50年代(指20世纪50年代——引者注)提出了'化理论为方法，化理论为德性'这两句话，用以勉励自己，也勉励同学，用意就在于贯彻理论联系实际的方针。就是说理论联系实际可以从运用理论作方法和运用理论来提高思想觉悟这两方面着手。"①人们常常说理论要联系实际，但对于理论怎样联系实际却不甚了了。"化理论为方法，化理论为德性"指明了理论联系实际的方向。

　　理论为什么要化为方法、为什么要化为德性呢？冯契的回答是："哲学理论，一方面要化为思想方法，贯彻于自己的活动，自己的研究领域；另一方面又要通过身体力行，化为自己的德性，具体化为有血有肉的人格。只有这样，哲学才有生命力，才能够真正说服人。"②在他看来，凡在历史上产生过积极影响的哲学家都会提出这方面的要求，也都会付诸实施。

　　前面已提到过，"智慧"说由《认识世界和认识自己》、《逻辑思维的辩证法》与《人的自由和真善美》三部著作构成，前一本书为主干，探讨的是人类基于实践的认识活动是怎样由无知到知的飞跃，由知识到智慧的飞跃，也就是怎样转识为智；后两本书为两翼，分别阐述如何化理论为方法、化理论为德性。

　　本章力图对《逻辑思维的辩证法》中蕴涵的化理论为方法的原理作出较为准确、全面的揭示。

　　《逻辑思维的辩证法》的"主旨在讲化理论为方法"，主张将"认识的辩证

---

① 冯契：《认识世界和认识自己》，华东师范大学出版社1996年版，第20页。
② 冯契：《认识世界和认识自己》，华东师范大学出版社1996年版，第20页。

法如何通过逻辑思维的范畴,转化为方法论的一般原理"。① 化理论为方法体现了方法论和认识论的统一。笔者拟从化理论为方法及其根据、逻辑范畴及其方法论意义、辩证逻辑方法论的基本原理等方面围绕本章主题展开探索。

一、化理论为方法概述

1. "化理论为方法"命题中的"理论"、"方法"的含义

对于"化理论为方法"这一命题"理论"的含义,冯契有过明确的解释。他说:"哲学理论,一方面要化为思想方法,贯彻于自己的活动,自己的研究领域。"②"要把哲学理论化为自己的研究方法。任何学术研究都要有方法才行,哲学也不例外,要是有区别的话,也只能说哲学家在方法论上有更大的自觉性。"③在这里,冯契把"化理论为方法"命题中的"理论"理解为"哲学理论",这是不是说应当或者可以转化为方法的"理论"就只能是"哲学理论"呢。笔者以为不能一概而论,而应当具体分析。其理由如次:

其一,作为职业哲学家,冯契是在"智慧"说这一哲学著作中探讨"化理论为方法"的,出于职业习惯,当然会强调这里的"理论"是"哲学理论",并没有说过在任何情况下应当化为方法的"理论"都是"哲学理论"。应当说,任何一种理论都有化为方法的内在要求,因为理论只有转化为方法,才具有可操作性,才能有效地运用于改造对象世界的实践活动。

其二,如前所述,冯契曾明确指出过"任何学术研究都要有方法才行",这就是说,所有的学术研究都要"化理论为方法",只不过相对于哲学理论和具体科学的理论而言,由它们转化而成的方法存在着层次上的差异、适用领域的不同。

"化理论为方法"中"方法"的含义是什么呢? 方法的一般含义是人们为达到某种目的而采取的手段、工具之和。方法包括哲学方法、逻辑方法和具体科学的方法。哲学方法是指具有普遍意义的思想方法、研究方法、工作方法。

---

① 冯契:《认识世界和认识自己》,华东师范大学出版社 1996 年版,第 50 页。
② 冯契:《认识世界和认识自己》,华东师范大学出版社 1996 年版,第 20 页。
③ 冯契:《智慧的探索·补编》,华东师范大学出版社 1998 年版,第 567 页。

逻辑方法是指由逻辑理论转化而成的方法,诸如探求因果联系的"穆勒五法"、分析和综合相结合的方法、抽象上升为具体的方法、逻辑与历史相一致的方法等。具体科学的方法是指自然科学、社会科学中特有的方法,如实验方法、社会调查方法等。冯契在"智慧"说中所说的"化理论为方法"中的"方法"是指由哲学理论转化而来的具有普遍意义的思想方法、研究方法和工作方法。正如彭漪涟教授所指出的那样,这里的方法"也就是认识世界和认识自己的方法,改造世界和改造自己(发展自我)的方法"。① 由于这里关涉天道和人性,因而这里的方法不但指获取知识的方法,也包括理性的直觉、思辨的综合、德性的自证等达到智慧的方法。"化理论为方法"还包括将逻辑学理论化为逻辑方法,将具体科学的理论化为具体的思维方法、研究方法。

笔者认为,在将不同层次理论化为方法的过程中,将哲学理论化为方法显得尤为重要,这是因为哲学理论化成的方法是指具有普遍意义的思想方法、工作方法,适用范围广,影响大。当一种哲学理论转化成的方法比较全面、科学、合理时,用于指导实践便会带来积极的成果,推动社会进步;反之,当一种哲学理论转化的方法比较片面、不科学、不合理时,用于指导实践活动便会带来消极的后果,妨碍社会的进步和发展。"文化大革命"期间,极"左"思潮盛行,一个重要的原因是我们的意识形态领域在将马克思主义哲学原理转化为方法时,出现了片面性的偏差,比如在将对立统一原理转化为方法论时,强调一分为二的分析方法,无视合二而一的综合方法,在指导处理人与社会、人与人、人与自然之间的关系时,就片面强调斗争的一面,忽视合作的一面,形成了斗争哲学大行其道的格局,没有为经济建设营造出和谐、稳定、有序的社会环境,导致了社会的长期动荡。又如我们在分析人性时,一味地用阶级分析方法作为公式到处乱套,片面强调人的社会属性和类本质,忽视人的自然属性和个性,致使阶级斗争的观念根深蒂固,长期将阶级矛盾作为我国社会的主要矛盾,忽视了经济发展,导致经济建设没有达到应有的速度。血的教训昭示我们,在将哲学理论化为方法时一定要防止片面性。

在厘清了"理论"和"方法"的含义后,我们就能比较容易地把握"化理论

_____

① 彭漪涟:《化理论为方法、化理论为德性:对冯契一个哲学命题的思考与探索》,上海人民出版社 2008 年版,第 44 页。

为方法"的含义了。所谓"化理论为方法",就是指在哲学和其他具体科学的研究过程中,理论工作者应善于把自己研究的理论转化进一步从事理论研究的方法,实际工作者应当将理论转化为指导自己从事实际工作的方法,为自己继续从事理论研究工作或实际工作提供强有力的方法论工具和武器,以便在理论创造和实际工作中实现由无知到知、由知之不多、不甚深刻到知之很多、很深刻,进而实现由知识到智慧的飞跃。①

2. 理论为什么要转化为方法?

理论自身的性质决定了它必须转化为方法。所有的理论包括哲学理论和具体科学理论都是思维主体概括地反映对象的本质及其规律的概念、命题和推理或论证体系,是主观形态的东西。人们总结、概括理论的根本任务是为认识世界和改造世界、认识自己和发展完善自我提供思想武器,以便有效地指导实践。怎样才能正确地发挥理论对实践的指导作用呢? 其根本的途径是把它转化为方法。因为理论是概念、命题、推理和论证体系,是抽象的、主观形态的东西,往往以全称的形式存在;而实践是主观见之于客观、改造对象世界的物质性活动,是人们凭借工具在特定的时空中展开的,具有特殊性。显然,作为精神形态的理论不具有直接施加影响于客观对象的能力。而方法也就是根据对象的本质、规律设计适当的工具、程序以变革对象。相对于理论而言,方法是具体的,具有直接的现实性,是与工具联系在一起的,是可操作的,具有变革对象的功能。理论如果不转化为方法,那就永远停留在主观形态上,无法影响对象世界。因此,理论必须转化为方法。

3. 理论为什么能够转化为方法?

冯契指出:"在人们从经验中抽出概念来摹写和规范现实、化所与为事实、运用命题加以陈述、作出肯定或否定的判断时,已是在用概念作工具来区别这个、那个,对现实事物作了剖析,有了理解。一切概念都具有这种作工具或剖析方法的功能。所以,可以说,'即以现实之道还治现实'这个认识论原

---

① 参见彭漪涟:《化理论为方法、化理论为德性:对冯契一个哲学命题的思考与探索》,上海人民出版社 2008 年版,第 45 页。

理,已包含有方法论的基本原则。"①在他看来,每一门科学的基本概念在它各自的领域内都有方法论的意义。举例来说,元素周期律发现后,就可根据它来预测未知的新元素,这表明它在物理学、化学学科中就具有方法论的意义。进化论在生物学领域、唯物史观在社会科学领域中都具有方法论的意义。"而唯物辩证法是关于自然、社会和人类思维的最一般的规律,而当我们即以客观现实之道,还治客观现实之身的时候,唯物辩证法就成了最一般的方法论。"②既然一切概念都具有作工具或剖析方法的功能,那么,作为概念展开的判断、推理体系,也就是理论,当然具有作工具和剖析方法的功能。换言之,理论内涵着转化为方法的根据。

　　说得具体一点,理论之所以能转化为方法,是以其摹写现实和规范现实的双重功能为根据的。如前所述,所谓理论都是在人们认识对象世界的活动中,通过一系列概念(范畴)、判断(科学定理、规律)所表达出来的关于事物本质及其发展、变化规律的知识体系。而概念、判断作为基本的思维形式,都具有摹写和规范现实的双重功能。一方面,概念、判断作为现实的反映形式,具有摹写现实的功能;另一方面,概念、判断既然是现实的反映和摹写,那么人们就可以运用它们去说明现实和规范现实,从而使它们具有规范现实的功能。不仅哲学、逻辑学的概念(范畴)、判断(科学定律、规律)具有这种双重功能,其他具体科学的概念也都具有双重功能。这体现了辩证唯物主义的能动的反映论原理,作为认识成果的概念(范畴)、判断(科学定律、规律)即理论,既有受动的一面,也有主动的一面。概念(范畴)、判断(科学定律、规律)规范现实的作用,实质上也就是一种方法论的作用。当人们把揭示出一定对象本质和规律性的科学范畴和规律,用来说明或规范相应对象及其发展过程时,这些科学范畴和规律也就转化为人们用以研究和分析相应对象的方法。从这一点说,所有的方法都是以客观现实之道还治客观现实之身。因此,所有的理论都内含转化为方法的根据。

4. 理论化为方法的基本环节或步骤

　　认识的辩证法体现于思维活动中,主要表现为概念、判断、推理等思维形

---

① 冯契:《认识世界和认识自己》,华东师范大学出版社 1996 年版,第 50—51 页。
② 冯契:《逻辑思维的辩证法》,华东师范大学出版社 1996 年版,第 406 页。

式的辩证法,以概念展开为判断、推理的矛盾运动呈现出来。它是一种在人的主观思维中存在并起作用的具有客观意义的辩证法,是辩证思维这一辩证逻辑研究对象的客观依据,因而是《逻辑思维的辩证法》所探讨的"化理论为方法"的起点。由此出发,冯契从概念、判断、推理的展开过程中,也就是从思维形式的矛盾运动中,概括出贯穿概念、判断、推理矛盾运动全过程的作为思维基本规律的对立统一规律。此外,还概括出作为体现这一矛盾运动过程的一些主要环节和阶段的基本概念,即按类、故、理顺序排列的三组逻辑范畴,准确地阐明三组范畴的内在层次和推移。通过这些范畴的辩证推移,揭示正确思维的结构和逻辑规律,从而把握认识的辩证法和辩证运动,把握作为思维规律的对立统一规律的辩证展开。

透过《逻辑思维的辩证法》一书的主要内容,我们可以发现"化理论为方法"的大致思路:把握作为特定理论中概念、判断、推理的主要内容和形成过程,阐明体现在概念、判断、推理的矛盾运动之中的认识的辩证法,从中概括、揭示出逻辑规律和逻辑范畴,然后将这些逻辑规律和范畴运用于客观现实和认识活动,就转化为辩证思维的方法。①

二、逻辑范畴及其方法论意义

冯契多次强调,方法无非是逻辑范畴和规律的运用,逻辑范畴特别具有方法论的意义。范畴是辩证逻辑的研究对象,辩证逻辑的目标也在于建立完整的范畴学说,这具有重大的逻辑意义。因为范畴是极其重要的思维工具,在认识世界和改造世界的过程中,范畴是我们把握和反映客观事物的工具。他指出:"范畴和方法,是哲学、逻辑学和科学的交接点。"②任何一门科学理论和任何一个理论家,总是要提出这样或那样的一系列概念和范畴,而这一系列概念和范畴之间决不是杂乱的堆积,而总是要按照一定的原则有机排列起来,形成一个前后相继、相互作用的概念和范畴体系。不形成这样的体系,就不会有真正的科学方法。冯契指出:"科学方法如果是正确的,就总是蕴涵着逻辑范畴

---

① 参见彭漪涟:《化理论为方法、化理论为德性:对冯契一个哲学命题的思考与探索》,上海人民出版社 2008 年版,第 51 页。

② 冯契:《智慧的探索》,华东师范大学出版社 1997 年版,第 204 页。

的运用。"①这深刻地表明了逻辑范畴与方法论是紧密联系的,逻辑范畴具有方法论的意义。

在《逻辑思维的辩证法》一书中,冯契花了一百多页、五万多字的篇幅,就逻辑范畴的一般含义、逻辑范畴体系与认识的辩证运动的关系、以"类"、"故"、"理"为骨架的逻辑范畴体系及其展开、逻辑范畴体系对具体真理的把握、逻辑范畴体系的方法论意义等方面,深入、全面地作了考察。

1. 逻辑范畴的辩证本性和特点

冯契认为,无论从哲学来看,还是从具体科学来看,范畴都是一些基本概念,是客观存在的一般形式的反映,是人类认识世界和认识自己的一些环节,是人类认识过程中的一些小阶段,在理论思维中起着骨干作用,具有重要的方法论意义。因而,范畴体系都体现了客观辩证法、认识论和逻辑的统一。

(1)范畴的辩证本性

在冯契看来,范畴既然是客观现实的反映和人类认识世界和认识自己的一些环节,是人类认识过程中的小阶段,当然会随着现实的发展和科学的进步而变化发展。范畴的发展变化在社会历史领域是非常明显的。在人类社会中,人们根据生产力的发展水平建立起相应的生产关系,又根据社会存在概括、提炼出了相应的理论、观念和范畴。这决定了具有社会意识性质的范畴不是永恒的,而是特定社会的产物,具有历史性。如作为封建社会生产关系反映的"三纲五常"等伦理范畴就具有历史性。冯契指出,自然科学中的许多范畴也不是一成不变的,随着实践的发展,科学的进步,新的范畴总是不断被概括出来,旧的范畴则不断被改造、被深化,甚至被抛弃。如化学中"燃素"范畴、物理学中的"以太"范畴等被抛弃,化学中的"原子"范畴就被改造和深化了。哲学范畴同样具有历史性,也经历着不断改造、深化旧范畴,抛弃旧范畴,概括、提炼新范畴的过程。冯契用现代哲学的"物质"范畴取代古代的"元气"范畴,用"对立统一"取代"阴阳"范畴,以及"五行"、"八卦"范畴的被抛弃就说明了这一点。基于此,冯契断言,从认识发展的角度来说,无论是哲学的范畴、抑或具体科学的范畴,都不是凝固不变的,而是历史地发展变化的,体现出辩

① 冯契:《逻辑思维的辩证法》,华东师范大学出版社1996年版,第311页。

证的特点。

范畴为什么具有变化、发展这一辩证本性呢？冯契解释道："逻辑范畴是认识史的总结和现实矛盾的反映，它不仅要经历认识论意义上的新陈代谢，而且从逻辑学的意义上来讲，必须是流动的、灵活的、在对立中统一的，这样才能把握具体真理。"①冯契指出，自己是在对哲学基本问题作唯物主义理解的前提下去考察范畴的辩证本性，去阐明如何通过一系列范畴的矛盾运动以揭示宇宙发展的法则的。正是以唯物辩证法为理论根据，冯契批判了中外哲学史上对范畴作形而上学和唯心理解的种种错误观念。他强调，对于从事具体科学工作的学者来说，应当要在唯物辩证法指导下，通过一系列范畴的矛盾运动，以揭示这一科学领域的基本规律。冯契对范畴辩证本性的理解扬弃了康德、黑格尔的相关思想，继承、发展了恩格斯、列宁的理论，比较科学、全面。

（2）逻辑范畴的特点

在学术史上，有人试图把范畴区分为本体论范畴、认识论范畴和逻辑范畴三类并分别加以研究。冯契认为作这种区分是可以的，而且应当从客观辩证法、认识论和逻辑不同的侧面来研究。但他认为，客观辩证法、认识论和逻辑三者从根本上说是一致的，把它们截然分割开来加以研究，是无法办到的。也就是说，这种区分只有相对的意义。冯契论证说，"能"、"所"，感性和理性，意见、观点和真理等在认识论中具有特别重要的意义，首先应当是认识论的范畴；但逻辑是认识史的总结，在考察逻辑范畴时也不能不考察这些范畴。这就是说，逻辑范畴和认识论范畴不能截然分开。同样，认识论范畴与本体论范畴也不能截然分开。

正因为如此，冯契提醒，当他侧重于从逻辑学角度考察"类"、"故"、"理"等范畴时，并不是说这些范畴只有逻辑的意义，还必须看到，这些范畴同时还是本体论和认识论的范畴。虽然不能把范畴截然三分，但从逻辑学这个侧面来考察范畴，还是有其自身特点的。

首先，逻辑范畴是从概念、判断、推理中概括出来的。

冯契认为，不少逻辑范畴已被形式逻辑提出来了，因而在考察逻辑范畴时，必须从形式逻辑与辩证逻辑二者的关系中加以研究。在研究的过程中，应

---

① 冯契：《逻辑思维的辩证法》，华东师范大学出版社1996年版，第304页。

注意将范畴安排为一个体系,因为思维对象内在矛盾的展开体现为一个过程,只有凭借范畴体系才能加以把握。从客观辩证法、认识论和逻辑的不同侧面去考察范畴体系时体现出不同的特点。而《逻辑思维的辩证法》所探讨的范畴的推移、联系、秩序是从其作为逻辑体系而提出来的,而不是从客观辩证法和认识论的体系提出来的。

其次,逻辑范畴的推移体现了正确思维的结构和运动法则。

在冯契看来,离开了意识主体的自然界无所谓主观与客观的对立,当然也就无所谓正确与错误。而由于人类认识的条件和认识矛盾运动的复杂性,决定了认识过程难免出现这样或那样的错误;当然这些错误都有它的原因,都受客观世界因果律以及认识过程中因果律的支配。但逻辑学揭示的是正确思维的形式和规律,要求排除错误。"形式逻辑要求排除逻辑矛盾,而辩证逻辑则要求通过观点的批判和实践的检验来克服理论思维的错误。"①正因为如此,冯契主张人们在探讨逻辑范畴时,就应当考察它们在进行逻辑论证和观点批判方面的意义,要阐明逻辑范畴的推移怎样体现了正确地进行推理、论证等正确思维的规律,并结合逻辑范畴推移的每一步指出如何进行观点的分析批判。

再次,方法在本质上是思维形式的运用,所有的科学范畴都蕴涵着逻辑范畴。

冯契指出:虽然所有的概念、范畴都有方法论的意义,但方法本质上是思维形式的运用,因而,所有的科学范畴都蕴涵着逻辑范畴。当思维主体运用科学概念、科学理论作为方法,即运用科学概念来规范现实时,总是蕴涵着运用了逻辑范畴。他论证说,门捷列夫在发现元素周期律以后,就运用它预测了好几种以前未曾发现的新元素,而且其预测都为后来的实验所证实。在门捷列夫运用元素周期律去预测新元素的过程中,元素周期律就转化为发现新元素的方法。当然,这里的方法是化学家所运用的具体科学的方法。在他看来,在元素周期律作为方法的同时,其中就蕴涵着归纳与演绎方法的运用,具体说来是个别与一般、现象与本质这些逻辑范畴的运用。基于此,冯契断言,科学方法如果是正确的,就总是蕴涵着逻辑范畴的运用。

---

① 冯契:《逻辑思维的辩证法》,华东师范大学出版社 1996 年版,第 310 页。

冯契在这里概括了逻辑范畴的三个特点,或者是前人有所涉及但没有诠释的,或者是前人根本没有涉及的,属个人的独创性见解。就第一个特点而言,列宁就隐约表达过这一思想,但未展开,更没有提出应通过范畴体系去把握对象;冯契明确提出了这一观点,并作了阐释,指出应通过安排范畴体系去把握对象。而第二个特点和第三个特点是前人没有涉及的,是全新的观点。这两个特点的概括,不但丰富、完善了辩证逻辑的范畴理论,而且具有方法论的意义。譬如,他提出的所有范畴都蕴涵着逻辑范畴的运用就具有方法论的意义,可以指导人们自觉从具体科学和逻辑两个侧面去把握对象。

2. 逻辑范畴体系与认识的辩证运动

逻辑是认识的总结,考察范畴及其推移就不能不涉及认识的辩证运动。在这个问题上,冯契的基本观点是:逻辑范畴体系和认识的辩证运动是一致的。因为人类的认识运动是通过实践和认识的多次反复而进行的,是一个由现象深入本质、由感性上升为理性,进而由不甚深刻的本质达到更加深刻的本质、由不很全面的理解达到更加全面的理解这样一个不断深化、不断扩展,以至无穷的过程。而逻辑范畴正是认识的辩证运动过程的一些阶段、环节,与认识的辩证运动是一致的。

在冯契看来,黑格尔在《逻辑学》一书中建构的范畴体系与人类认识的辩证运动是一致的。《逻辑学》的第一部分是"存在论"。黑格尔从"存在"开始,最初的存在即直接的现象。把握了直接现象,随之而来的就要把握现象的规定,考察质和量的关系。《逻辑学》的第二部分是"本质论"。人类的认识不会停留在直接存在及其规定上,在考察质和量及其辩证关系后,还会透过现象深入本质,因而就会进一步去探讨同一、差别、根据、因果性等有关本质联系的一系列范畴。《逻辑学》的第三部分是"概念论"。它探讨的是绝对观念,也就是考察真理问题。

对于黑格尔《逻辑学》中的范畴理论,冯契既肯定了其合理内容,又批判了其错误所在。其合理内容就是《逻辑学》中的范畴体系及其推移与人类的认识运动是一致的。"黑格尔《逻辑学》中的范畴就是认识的环节,通过这些范畴的辩证的推移,认识逐步从主体走向客体,即主体逐步深入到客体,并通过实践的检验达到真理。整个黑格尔《逻辑学》正体现了逻辑范畴体系与人的认识过程的一致。"①《逻辑学》范畴理论的错误主要有两点:一是唯心论倾向。它把逻辑范畴看成是先验的,不是从认识过程中概括、提炼而成的。二是独断论倾向。在黑格尔看来,《逻辑学》中的范畴就是绝对观念自我发展的各个阶段,范畴体系及其推移已包罗无遗地完成了绝对真理。正因为如此,冯契一方面主张不能原封不动地照搬黑格尔的范畴体系,而必须打破它,在唯物辩证法的基础上给以根本改造;另一方面要克服其独断论,不能把逻辑范畴理解为封闭的体系,而应把逻辑范畴理解为认识的辩证运动过程中的一个个环节和小阶段,而不是穷尽了真理。

在批判、继承黑格尔的范畴理论的基础上,冯契就怎样建构逻辑范畴体系提出了自己的看法。一方面必须建立逻辑范畴体系,不建构一定的范畴体系,没有范畴间的推移和展开,就难以达到思维中的具体,也就难以把握具体真理。通常所说的逻辑思维能够把握具体真理,也就是说哲学的和科学的理论能够客观地、全面地把握一定层次的实在,而这种理论必然是体系化了的。另一方面,这种体系是有条件的、相对的,是一定层次的体系,是在特定的条件下对对象本质及其规律的把握,是相对真理。

接下来,冯契比较详细地阐明了应如何安排逻辑范畴体系。

首先,安排范畴体系应从什么开始?

基于认识的辩证运动和逻辑范畴的统一,冯契主张认识从哪里开始,逻辑范畴也就从哪里开始。在他看来,认识开始于对当前的呈现有所知觉和作出判断,也就是开始于存在。但对存在要作唯物主义的理解,从存在开始也就是从客观实在开始,从实际出发。因为归根到底,概念与范畴所摹写和规范的对象、判断指称的对象是实在。冯契注意到,呈现在主体感官面前的实在具有有和无、肯定和否定等两重性。"一切的色彩、声音、温凉的感觉,各种嗅味,都是实有的,但都是在一定条件、一定关系中的呈现,因此这都包含着自身的否定,离开了这些关系和条件就无法呈现。"②他论证说,色彩是在眼睛的接触和光照的条件下才呈现出来的,当没有光源或者眼睛是色盲时,就呈现不了色彩。因此,呈现包含着矛盾,是实有的,又是非实有的。要解决这一矛盾,认识

---

① 冯契:《逻辑思维的辩证法》,华东师范大学出版社 1996 年版,第 313 页。

② 冯契:《逻辑思维的辩证法》,华东师范大学出版社 1996 年版,第 316 页。

就不能停留在感性直观上,而要通过现象深入到本质中去。而要认识本质必须把握感性材料,要对感性材料有如实的了解,就必须深入本质。因而,实在是现象和本质的统一。

其次,关于范畴如何展开的问题。

在范畴如何展开的问题上,冯契首先对黑格尔《逻辑学》中的范畴展开观点进行了检省。在黑格尔的《逻辑学》中,范畴的安排是从"存在"开始的,"存在论"是直接性范畴,"本质论"是间接性范畴,"概念论"是直接性范畴和间接性范畴相统一的范畴。黑格尔在安排逻辑范畴体系时,把存在与本质两部分截然分割开来加以考察,也就是把直接性和间接性分割开来加以考察。冯契认为这种分割是不妥当的,因为直接性和间接性是不能分割的。冯契指出,即使像简单事实判断这样的逻辑思维都包含了直接性和间接性的统一。他论证说,在"这个是白的"这一简单事实判断中,"这个"就是直观所把握的,是直接性的;而"白"是抽象概念,不仅可以摹写"这个",而且可以摹写"那个",是对"这个"、"那个"许多个具体的白的物体的概括,具有抽象性、间接性。感性知识、事实判断都离不开概念,没有概念就不能构成判断。只有当思维主体用概念去摹写、规范"这个"、"那个"时,才会形成关于"这个"、"那个"的事实判断。因此,逻辑的结论是:"现象和本质、个别和一般、感性和理性都是不可分割地联系着的,我们不能把逻辑范畴分为直接性范畴和间接性范畴,而应该把它们联系起来考察。"①他指出,"有"、"无","质"、"量"等"存在论"中被黑格尔当做直接性的范畴,固然有直接性的特点,但也有间接性的特点。譬如,人们虽然知觉到对象的"质"、"量",也就是体验到"质"、"量"的直接性,如关于体验到色觉的"觉"、空间知觉的"觉"的"质"、"量"的直接性。但是要真正把握"质"、"量",就必须把握类,没有把握类就不能说真正把握了"质"和"量"。以"这是白的"这一色觉为例,"白"是类;以"这是方的"这一空间知觉来说,"方"也是类。而"类"是关于本质、一般的范畴,具有间接性。因而,"质"和"量"既是直接的,又是间接的。应当说,冯契的分析、批判是言之成理、持之有故的。

黑格尔《逻辑学》的第一篇、第二篇考察的是客观逻辑,而第三篇"概念论"考察的是主观逻辑。黑格尔从先验论出发,先阐述存在和本质的范畴,然

---

① 冯契:《逻辑思维的辩证法》,华东师范大学出版社1996年版,第318页。

后进入"概念论",探讨概念、判断、推理的形式和精神认识真理的过程。冯契认为,这样安排的范畴体系是客观唯心主义的,必须抛弃。在他看来,安排范畴体系应当以辩证唯物主义认识论作为前提,首先从现象与本质统一的实在出发,接着从概念、判断、推理形式中概括出逻辑范畴,再通过范畴的矛盾运动来揭示思维形式的辩证法。

解决了从哪里着手概括、提炼出逻辑范畴后,接下来要解答的是怎样从概念、判断、推理等思维形式中概括、提炼出逻辑范畴,概括、提炼出哪些逻辑范畴。通过对墨子、康德、黑格尔、恩格斯等古今中西哲学史上哲学家们安排、提炼范畴的考察并加以综合,冯契认为逻辑范畴包括类、故、理三组。接着,他从认识论、逻辑学两个侧面对类、故、理范畴作了解析。

从认识论来说,察类、明故、达理是认识过程的必经环节。察类就是知其然,明故就是知其所以然,达理则是知其必然与当然。类、故、理都是关于本质的范畴,但都涉及现象,因为本质与现象是统一的。"一般与个别、根据与条件、必然与偶然,都体现了本质与现象的联系。这三组范畴是人们的认识从现象到本质,并对本质的认识不断深化和扩大所必经的一些环节。由'然'到'所以然',再到'必然'和'当然',是一个认识深化扩展的进程。但三者又是不可分割的,真正要把握事物类的本质,那就一定要知其所以然之故、必然之理;而要把握事物发展的必然规律,那当然需要察类、明故。"①

就逻辑学而言,形式逻辑的所有推理、辩证逻辑的所有论证都要"三物必具",也就是必须同时具备类、故、理三个范畴。逻辑思维实际上就是通过这些环节去把握事物的本质,以形成概念,作出正确的判断和推理的。形式逻辑的推理要"以故生、以理长、以类行",说的是一个推断要有根据、理由,要遵循逻辑规律和规则,要按照实际的种属包含关系来进行推导。因而任何一个形式逻辑的推理都是"三物必具",即包含类、故、理三个逻辑范畴。就辩证逻辑而言,对立统一规律是思维的根本规律,矛盾是最基本的范畴,贯穿于逻辑范畴之中,也就是内在于类、故、理这些范畴之中。矛盾是类概念的本质,是论断的依据,是推理的规则。正是通过类、故、理范畴的矛盾运动,思维就越来越全面、越来越深刻地反映客观实在的本质。

---

① 冯契:《逻辑思维的辩证法》,华东师范大学出版社1996年版,第323页。

3. 以"类"、"故"、"理"为骨架的逻辑范畴体系的主要范畴及其展开

在阐明了安排逻辑范畴应从客观实在开始,应从概念、判断、推理等思维形式概括、提炼出类、故、理三组逻辑范畴后,冯契对这三组范畴包含的次一级范畴及其推移作了详尽的考察。

（1）"类"范畴包括的次一级范畴:同一和差异,个别、特殊和一般,整体和部分,质和量,类和关系

逻辑思维首先要察类,而要察类就要辩同异,因为只有经过辩同异,才能揭示对象的特征及其规律,才能从现象上升到本质。从思维形式来说,即使像"玫瑰花是花"等简单命题都包含着同一和差异的矛盾。冯契认为,先秦时期关于名实问题的争论引起的坚白、同异之辩,涉及的主要是有关类范畴的争辩。正是通过这场争论,才促使《墨经》对同异有了比较正确的看法。《墨经》把"同"分为重同、体同、合同、类同;把"异"分为二、不体、不合、不类。就"同"来说,"体同"和"类同"是最重要的,"体同"涉及的是整体和部分的关系,而"类同"涉及的是类和分子的关系。就"异"来说,"不体"、"不类"是最重要的,"不体"就是说二者不存在整体和部分的关系,"不类"指二者不存在类和分子的关系。在简要梳理了《墨经》对同异的考察后,冯契对荀子提出的"同则同之,异则异之"的逻辑命名原则作了分析。依据这一原则,概念和反映的对象要有对应关系,不得偷换概念。同时,荀子还意识到一个概念概括了不同的实物,一个判断则把反映不同实物的概念结合起来以表达一个思想;而一个推理即辩说则是在"不异实名"的情况下说明现实对象的动静变化的规律。冯契总结说:"荀子已给我们指出概念、判断、推理都是同中有异,都是包含矛盾的。这就是说,辩证法是普通逻辑思维所固有的。"①

在冯契看来,形式逻辑视域中的"类同"就是指有共同属性的一类事物,一类之中的各个分子是彼此独立的,这些分子的总和就构成了类的总体。因而,类是所有分子的总和,但这是从相对稳定状态来考察同异关系的。但在现实世界中,具体的个体每时每刻都在发生变化,每一个体都是在自身同一中包含着内在差别。与形式逻辑相反,辩证逻辑则要求把握现实世界的矛盾运动。为了把握客观现实的变化和发展,辩证逻辑视野下的概念也应当是同一和差

---

① 冯契:《逻辑思维的辩证法》,华东师范大学出版社 1996 年版,第 326 页。

异的对立统一。换言之,为了把握现实的矛盾,概念在本质上必须是矛盾的。正因为矛盾是各类事物固有的本质,概念应再现这种矛盾,所以在思维中不能把同和异割裂开来。命名固然要遵守"同则同之,异则异之"的同一律原则,但不能停留于形式逻辑,不能将同和异的关系当做外在的,从而将它们并列起来;而应当从辩证逻辑的角度去审视和把握概念、判断内在的差别。

接着考察个别、特殊、一般这一组次一级范畴。限于篇幅,从这组次一级范畴开始,只能作简明扼要的勾勒。在冯契看来,要对同类对象中的许多个别分子辨别同异,就会有个性、共性之分,因而就会考察"个别、特殊和一般"这组范畴。个别与一般的关系在一定意义上就是部分与整体的关系,考察"个别、特殊和一般"这组范畴后,就过渡到"部分与整体"这对范畴。个别、特殊与一般,部分与整体既有量的规定,也有质的规定,是质和量的对立统一。因而,要准确地把握事物,就应当把握事物的质与量,这样,就要考察"质与量"这对范畴。为了真正把握类及其本质,还必须多从事物间的联系即类与类之间的关系来进行探讨,这样,就自然会讨论"类与关系"这对范畴。弄清了事物的类及其本质和关系,就是懂得了事物存在的根据,也就是把握了事物所以然之故,这样,就从"类"范畴过渡到"故"的范畴。

(2)"故"范畴包括的次一级范畴:因果关系和相互作用,条件和根据,实体和作用,内容和形式,客观根据和人的目的

关于"类"的范畴所要回答的是事物"是什么"的问题,但仅仅知道事物"是什么"还不够,还要进一步知道为什么是这样,就会提出"为什么"的问题。这就是不但要知其然,而且还要知其所以然,即知道其根据和理由。而关于"为什么"的范畴就是有关"故"的范畴。

"故"范畴就是用"为什么"来说明"类"范畴的"是什么"。怎样把握事物的根据,先秦逻辑学家提出了"以说出故"的主张,就是通过辩说和推理去探寻。为了实现"以说出故"的目标,就必然要揭示事物间的因果关系,而要准确地揭示事物间的因果关系,就必须从事物间普遍的相互作用出发,于是,"故"范畴首先要考察的次一级范畴是"因果关系和相互作用"。从相互作用来考察因果关系,就要客观地、全面地分析事物的所有条件:主观的与客观的、内在的与外在的、主要的与次要的、有利的与不利的等,并对这些条件进行全面分析、综合,以把握所考察对象的根据。这样,就涉及对"根据和条件"这对

次一级范畴的考察。冯契认为,通过对条件的全面分析来把握事物的根据,也就是认识事物自己运动的原因,从客观辩证法来说,在总体上物质实体运动的原因在于物质自身内在的矛盾;就物质世界分化为各种实体来说,这些实体既自己运动又相互作用。这样,就过渡到"实体与作用"这对次一级范畴。实体以自身为根据,也就是以实体的内在矛盾为内容。辩证逻辑主张以事物的内在矛盾即内容为根据来解释形式的演变,从内容与形式的相互作用来考察其发展变化过程,这就涉及"内容与形式"这对次一级范畴。把握了内容和形式的对立统一,就把握了事物自身发展变化的客观根据。但人们的实践活动总是指向特定目的的活动,这就是说,仅仅理解事物的客观根据还不够,还应当考虑人的要求和目的,以便将二者结合起来,作为行动的根据。这样,就过渡到"客观根据与人的目的"这组次一级范畴。辩证思维将人的目的与客观根据很好地结合起来,也就是要求人的目的与客观事物发展趋势、运动规律相一致,把握事物发展的必然之理与人的活动的"当然之则",这就涉及"理"范畴。

(3)"理"范畴包括的次一级范畴:现实、可能和必然,必然和偶然,目的、手段和当然,必然和自由

在冯契看来,人们对客观世界的认识不但要问"是什么"、"为什么",还要问"如何",也就是不仅要知其然、知其所以然,还要知其必然。知其必然就是把握事物运动的规律,人们依据规律来行动,以求达到自己的目的,这就有"如何做"的问题。对"如何做"的回答,就涉及"当然之则"即"理"的范畴。

逻辑思维要"达理",也就是把握事物发展的必然趋势和发展规律。要达到此目的,人们必须把握现实及其展开过程中各个环节、各个方面的总和,以便揭示其必然发展的趋势,把握真实的、占优势的、有利的可能性,避免虚假的、不利的可能性,这就要探讨"现实、可能和必然"这组次级范畴。冯契认为,通过现实、可能、必然这些范畴所把握的事物发展规律是辩证的,即"不仅反映现象中肯定的东西,而且把握否定的方面,这样的规律不仅是现象中稳固的东西,而且表现为一个发展过程。"①众所周知,事物发展的必然趋势都是通过一系列偶然性作为自己的实现途径的。因而,人们就要从必然性和偶然性的对立统一中去把握现实事物及其发展过程,从偶然现象中揭示必然规律,这

---

① 冯契:《逻辑思维的辩证法》,华东师范大学出版社1996年版,第378页。

就涉及"必然与偶然"这对次一级的范畴。人们把握事物的发展趋势和必然规律,为的是指导自己的实践活动;为了使实践活动成功,还必须遵循行动的法则,懂得怎样运用手段创造条件,使目标能够实现。人具有社会性,人类的实践活动受特定社会道德规范、法律规范的制约,人们还要知道如何根据"必然之理"去制定"当然之则"。这样就涉及"目的、手段和当然之则"这组次一级的范畴。人们以合理的目的作为行动的根据,通过科学的手段作中介,达到主观和客观的一致,就获得了自由;但合理目的的提出,是以认识必然规律为前提的。这就过渡到"必然与自由"这对次一级范畴。

4. 逻辑范畴体系对具体真理的把握

冯契所建构的逻辑范畴体系蕴涵了这样一个基本观点:通过类、故、理范畴的展开和辩证运动,逻辑思维把握"性"与"天道",也就是能够把握具体真理。在中西哲学史上,绝大部分哲学家们认为逻辑范畴体系是一个有机的整体,具有内在的统一性;但对于统一于什么则见仁见智,莫衷一是。

(1)中西哲学史上关于逻辑范畴体系统一基础的基本观点

认识活动包括自然界、精神、逻辑理念三项,也就是三个要素。在黑格尔的《逻辑学》中,逻辑理念即概念或范畴是世界统一原理,也就是世界统一的基础,精神即意识活动是逻辑理念的复归。冯契认为,黑格尔的范畴理论是一种客观唯心主义的理论。而德国古籍哲学的另一个代表人物康德则认为,逻辑范畴体系一于"统觉",而"统觉"是自我意识或"我思",因而,可以说逻辑范畴体系一于"统觉"也就是统一于主观精神。在冯契看来,这是主观唯心论的观点。我国明清之际的王夫之则主张心(主观精神)、理(逻辑理念)依存于"气",统一于"气",也就是统一于物质世界。冯契肯定了王夫之关于物质世界是逻辑范畴体系统一基础的唯物主义观点。"归根到底哲学的三项要以自然界为统一原理。人的精神是自然界的最高产物,而概念、范畴、逻辑是自然界在人的认识中的反映形式。自然界是一个统一的体系,反映到人的头脑里,就形成概念、范畴的体系。"①这段话有力地论证了逻辑范畴体系的统一基础是自然界,是物质世界。

---

① 冯契:《逻辑思维的辩证法》,华东师范大学出版社 1996 年版,第 395 页。

(2)对庄子关于有限、有对待的逻辑范畴怎能把握无限、无对待的宇宙洪流的责难的回应

物质世界的长河就是一幅全面联系、相互作用、不断演进的生生不息的多彩图景。在冯契看来,逻辑范畴就是把握这个联系之网和永恒之流的一些环节,是科学的内在本质和科学体系的骨干概念;而宇宙、物质、运动、宇宙发展法则等关于世界统一原理的范畴则代表这个联系之网、永恒之流的整体。辩证法、逻辑、真理都可用来反映这个联系之网的整体,而这个联系之网实际上是许多概念、范畴相互依存、相互对立、相互转化的矛盾体系。真理的全面性要求我们全面地把握范畴的整个体系,也就是全面把握范畴之间的对立统一。因而,作为思维根本规律的对立统一规律是逻辑范畴体系的核心;正是通过范畴间对立统一的展开、推移实现对性与天道的把握。

不过,早在先秦时期,庄子对逻辑思维能够把握性与天道即能够把握真理提出了责难。在他看来,道是大全,是世界的全体,是"一",是无限的、不可分割的、无对待的;而概念、范畴总是有限的、有对待的。有限、有对待、可以分割的概念、范畴,无法把握无限的、无对待的、无法分割的性与天道。

冯契认为,庄子意识到了有限与无限的矛盾,这是值得肯定的,但把这种矛盾理解为荒谬,则是没有理解无限与有限的辩证法。在他看来,生生不息的宇宙洪流就是无限的物质运动,而无限的物质运动又是由相对的、有限的过程实现的。"无限、绝对内在于有限的、相对的东西之中,而决非超越于有限、相对的东西之外,这是一方面;另外一方面,说某个东西是有限的,那就是说它在特定条件下有它存在的理由,它的存在是有界限的,它将由于自己运动而否定自己,于是超出界限,从而向无限转化。"①因此,不能把相对和绝对、有限和无限割裂开来。

在冯契看来,在有限与无限的辩证法中,包含了三个范畴:有限(相对的、有条件的东西)、无限(绝对的、无条件的东西)和无限前进运动(有限与无限对立统一的过程)。从客观辩证法来看,物质运动是绝对的、无限的,而个别物体的运动是相对的,有限的,绝对的、无限的物质运动就内在于相对的、有限的个别物体运动之中,有限与无限、相对与绝对的矛盾展开体现为无限前进的

---

① 冯契:《逻辑思维的辩证法》,华东师范大学出版社1996年版,第398页。

发展过程。就认识的辩证法来说,认识论上有限和无限的矛盾表现为人类认识史的无限前进的过程。这个无限前进过程正如恩格斯在《反杜林论》中所指出的:"一方面,人的思维的性质必然被看做是绝对的;另一方面,人的思维又是在完全有限地思维着的个人中实现的。这个矛盾只有在无限的前进过程中,在至少对我们来说实际上是无止境的人类世代更迭中才能得到解决。"①冯契坚持了恩格斯的观点,认为无限就在有限之中,绝对真理存在于相对真理之中。"人类的认识能够从有限中找到无限,从暂时中找到永恒,从有条件的东西中找到无条件的东西,并使之确定下来,积累下去,绝对真理是在认识的循环往复中、螺旋形的发展中逐步展开的。所以说,真理是过程。"②

既然人类的认识能够从有限中找到无限,从相对真理中把握绝对真理,那么作为认识史总结的逻辑当然能够从有限中把握无限,把握性与天道。哲学和科学都遵循由具体到抽象、再由抽象到具体的螺旋式的上升、发展过程。每一个螺旋或圆圈的完成都是人类的认识在一定领域内达到主观和客观的具体的历史的统一,即比较正确、比较全面地把握了这个特定领域的发展趋势和规律。这里的一定领域的规律可以是历史领域的规律,也可以是哲学领域的规律,还可以是一个科学研究领域在一定层次上的规律。就哲学领域来说,一个螺旋或圆圈的完成就是某一哲学争论比较全面、比较正确的解决。冯契确信,当哲学和科学达到主观与客观的具体的历史的统一阶段时,作为它们反映和总结的逻辑思维的概念、范畴就必然是灵活的、能动的、对立统一的,也就是辩证的,能够从有限中揭示无限,从相对中揭示绝对。冯契断言,只要思维主体坚持辩证唯物主义立场,坚持从对立统一中去总结、概括逻辑范畴体系,那么当思维主体运用它去规范现实时,就能够把握一定领域的具体真理,或一定领域的一定层次的具体真理,从而获得智慧。但是,不能把这样的逻辑范畴体系绝对化而封闭起来。因为一定阶段上或一定层次上的逻辑范畴体系都不是封闭的体系,随着实践的推移和认识的深化,新的逻辑范畴会不断地概括、提炼出来,原有的逻辑范畴中未被认识的侧面也会不断被人们所把握,这决定了逻辑范畴自身也是螺旋式的、永无止境地向前发展着的。"总之,我们在唯物主

① 《马克思恩格斯选集》第3卷,人民出版社1972年版,第126页。
② 冯契:《逻辑思维的辩证法》,华东师范大学出版社1996年版,第402页。

义的前提下讲逻辑范畴的统一,把对立统一规律看成是逻辑的核心,肯定这样的逻辑范畴体系能够从有限中把握无限,从而也就回答了庄子的责难。"①

5. 以"类"、"故"、"理"为骨架的逻辑范畴体系的理论意义

冯契先生建构的以"类"、"故"、"理"范畴为骨架的逻辑范畴体系及其展开具有重要的理论意义:

首先,它是中外逻辑史和中外哲学史上最完善的范畴体系。以"类"、"故"、"理"为骨架的逻辑范畴体系,继承了中外哲学史上哲学家关于逻辑范畴理论的积极成果,抛弃了不合理的东西。以"类"、"故"、"理"为骨架的范畴体系的直接理论来源是《墨辩》提出的"类、故、理"范畴,冯契认为它作为逻辑范畴体系的大纲是非常合理的,但需要细化。而对于黑格尔《逻辑学》中的范畴理论,一方面肯定了从"存在"出发的合理性,认为其范畴体系的安排符合人类的认识过程;另一方面指出了它的两大问题:一是逻辑范畴体系的安排及其展开是绝对概念自己认识自己的过程,体现了客观唯心主义的特点;二是这一体系是封闭的、独断论的。以"类"、"故"、"理"为骨架的范畴体系,集中外逻辑史、中外哲学史范畴理论之大成,吸取了它们的积极成果,抛弃了不合理的内容,是最完善的范畴体系。

其次,它是中外逻辑史和中外哲学史上最科学、合理的逻辑范畴体系。这体现为四方面:

一是以"类"、"故"、"理"为骨架的逻辑范畴体系的安排遵循客观辩证法、认识论和逻辑三者一致的原则,坚持了辩证唯物主义立场。二是它体现了逻辑范畴体系与认识的辩证运动的一致性,体现了逻辑与历史的一致性。逻辑范畴作为认识历史的总结,是认识过程的小阶段和环节,充分体现了逻辑范畴与认识史的一致。三是它坚持了辩证唯物主义的发展原理,是一个开放的、发展的体系。冯契认为逻辑范畴体系不能穷尽性与天道,只能近似地把握真理,有待完善与修正,不是封闭的。这就克服了黑格尔《逻辑学》中范畴体系的独断性。四是它克服了黑格尔《逻辑学》中范畴理论的形而上学性。黑格尔《逻辑学》中范畴理论是绝对理念自己认识自己的过程,完全按照正、反、合的模式

---

① 冯契:《逻辑思维的辩证法》,华东师范大学出版社 1996 年版,第 404 页。

推移与展开,许多组范畴与实际情况不符。冯契的范畴理论抛弃了黑格尔形而上学的"正、反、合"的范畴推移与展开模式,如实再现了人类认识的辩证运动。

6. 以"类"、"故"、"理"为骨架的逻辑范畴体系的方法论意义

所谓逻辑范畴体系的方法论意义就是指逻辑范畴体系蕴涵的方法可以用来作为人们认识世界和认识自己、改造世界、发展和提升自己的手段和工具。我们认为冯契建构的以"类"、"故"、"理"为骨架的逻辑范畴体系具有重大的方法论意义。总的来说,这种方法论意义就是概念或范畴的双重作用,即概念既具有摹写现实的作用,也有规范现实的作用,通过摹写与规范的交替进行,从而达到实践的目的。具体说来,以"类"、"故"、"理"为骨架的逻辑范畴体系的方法论意义体现在:

第一,以"类"、"故"、"理"为骨架的逻辑范畴体系为人们如何认识世界、认识自我、改造世界、完善和发展自我的实践活动指明了途径。

人们为了有效地开展实践活动,以实现预定的目标,就得依据类、故、理范畴揭示的认识和改造对象的次序进行。首先就要"察类"以"知其然",通过辩同异,弄清其所属,确定"是什么"。接着是"明故",也就是"知其所以然",把握对象是现在这个样子的根据。最后是"达理",也就知其必然。知其必然包括两方面:一是知其必然之理,二是知其当然之则。"察类"、"明故"、"达理"既总结了先贤的相关理论,又融入了辩证唯物主义的基本观点,是人们从事认识活动、实践活动必须遵循的途径。

第二,以"类"、"故"、"理"为骨架的逻辑范畴体系的展开、推演,为人们如何认识世界、认识自己、改造世界、提升和发展自我提供了比较具体的步骤。

冯契不但将"类"、"故"、"理"作为自己逻辑范畴体系的纲领性范畴,而且总结、概括了各范畴的次级范畴及其展开和推移,从而将认识活动、实践活动的环节比较具体化。在他看来,要"察类",就得把握同一和差异,个别、特殊和一般,整体和部分,质和量,类和关系等次一级范畴;而要"明故",就要弄清因果关系和相互作用,条件和根据,实体和作用,内容和形式,客观根据和人的目的等次一级范畴;要"达理",就得把握现实、可能和必然,必然和偶然,目的、手段和当然,必然和自由等次一级范畴。这些范畴的展开和推移,准确地再现了认识的辩证发展过程和实践的要求,是人们必须遵循的、比较具体的步骤,更具有方法论的意义。

第三,以"类"、"故"、"理"为骨架的逻辑范畴体系与辩证逻辑方法环节的结合,是人们从事认识活动和实践活动的具体方法。

笔者在本章第三节"辩证逻辑方法论的基本原理"中阐明了冯契眼界中辩证逻辑方法所包含的五个环节,这就是:从实际出发,保持观察的客观性;分析和综合相结合,并且结合运用具体和抽象的方法;归纳的和演绎的方法;逻辑的和历史的方法;理论与实践相统一的方法,并结合假设和验证的方法。方法的五个环节是抽象的、一般的东西,当我运用它们来"察类"、"明故"、"达理"时,就转化为具体的方法。比如,我们在"察类"辩同异时,就要从客观实际出发,保持观察的客观性。保持观察的客观性说起来容易,做起来并不那么容易。就自然科学的观察、实验而言,受主、客观条件的限制,要做到客观就不那么容易。而对于社会现象来说,观察更是受到观察者立场的限制,要做到客观就更不容易。但为了准确把握对象的性质,又必须保持观察的客观性。又如,我们在"明故"、"达理"时,就必须运用分析与综合相结合的方法、归纳与演绎相结合的方法、逻辑与历史一致的方法,还要运用理论与实践相统一的方法。

三、辩证逻辑方法论的基本原理

马克思主义哲学既是世界观,又是方法论,但这是从基本精神上说的,而不是说它就是具体的方法论。冯契不但提出了"化理论为方法"这一命题,而且撰写了《逻辑思维的辩证法》一书,阐明了怎样才能化理论为方法,其中的关键就是要把哲学理论化为思维方法和辩证逻辑。在他看来,马克思主义经典作家虽然阐发了辩证逻辑的基本原理和基本方法,但没有留下辩证逻辑专著。一百多年来,马克思主义者对辩证逻辑研究不多,中国近现代哲学对辩证逻辑同样缺乏深入、系统的研究。这一不足导致人们遇到问题不能辩证思维,独断论、形而上学大行其道。这就要求我们研究辩证逻辑,注重辩证思维。冯契认为,辩证逻辑为正确认识事物提供了逻辑思维的形式和方法论的环节,因而是马克思主义哲学的生长点。① 《逻辑思维的辩证法》对方法的含义、内容、

———————————

① 参见冯契:《逻辑思维的辩证法》,华东师范大学出版社 1996 年版,第4—6页。

环节等辩证逻辑方法论原理作了富有个性的探讨。

1. 辩证逻辑方法的含义和内容

在对方法含义的界定上,冯契既继承了前人的合理思想,又有所发展。

以往,学术界对方法的定义基本是一致的,都是把方法看成是一种获得知识的手段和工具。黑格尔曾指出:"在探索的认识中,方法也同样被列为工具,是站在主观方面的手段,主观方面通过它而与客体相关。主体在这种推论中是一端,客体则是另一端,前者通过它的方法而与后者联在一起。"[①]冯契认为,"人们在探索未知的领域的时候,要解决主观和客观的矛盾,使无知转化为有知。为了达到这样的目的,需要运用物的手段,也需要有正确的方法,所以在探索的认识中,方法也是工具,也是一种手段,它起着主观和客观之间的中介作用。"[②]这表明,冯契承认方法有工具和手段的功能。而且,他更强调方法起着主观和客观之间的中介作用。对此,他进一步阐述了方法为什么能够成为一种工具、手段和联系主客观的中介作用,以此来揭示方法的内涵和实质。"方法之所以能成为解决主观和客观之间的矛盾的工具和手段,正是由于方法本身就是客观对象的内在原则。"[③]黑格尔也曾指出,方法"是科学认识中运动着的内容的本性",是"内容本身的内在灵魂"。[④] 这表明,逻辑方法不是先天的,也不是主观臆造的,而是来源于客观对象,其实质就是被"移植"和"迁入"人的意识中的客观对象的固有的内在规律性,它是对象的本质和规律的体现和运用。任何方法都是对客观规律性的认识,这种被认识了的规律性就构成了方法的客观方面;根据客观规律而形成的认识以及改造客观世界的手段,就构成了方法的主观方面。冯契还指出:"作为主客观之间中介的方法实际上就是客观对象内在的原则,就是说,方法不仅是主观方面的工具,不仅是主观思维中的范畴、概念,而且它就是客观现实固有的本质。"[⑤]这表明,他把方法看成是主观和客观的统一,二者缺一不可。

---

① 黑格尔:《逻辑学》(下册),商务印书馆 1977 年版,第 532 页。
② 冯契:《逻辑思维的辩证法》,华东师范大学出版社 1996 年版,第 406 页。
③ 冯契:《逻辑思维的辩证法》,华东师范大学出版社 1996 年版,第 407 页。
④ 黑格尔:《逻辑学》(下册),商务印书馆 1977 年版,第 4—5 页。
⑤ 冯契:《逻辑思维的辩证法》,华东师范大学出版社 1996 年版,第 407 页。

除了继承外,冯契还对方法的定义作了新的界定,认为方法就是"即以客观现实之道,还治客观现实之身",并且把它作为方法论的基本命题。这一基本命题贯穿于他整个辩证逻辑方法论思想的始终,是冯契方法论原理的基本原则、观点和对一切科学方法实质揭示的依据,也是我们理解冯契有关辩证逻辑方法论原理所有论述和思想的关键。

"即以客观现实之道,还治客观现实之身",这一命题最早是由其师金岳霖先生在《知识论》中提出的。金岳霖曾指出,"经验之所得还治经验",并在肯定"所与是客观的呈现"的前提下说明:"所谓知识就是以抽自所与的意念还治所与。"①金岳霖还认为:"所谓科学方法即以自然律去接受自然,或以自然律为手段或工具去研究自然。这是非常简单的说法。科学愈进步,自然律底发现愈多,而发现自然律底能力也愈大,其结果是科学更进步得快。科学方法,或者说自然科学的方法,不仅是以发现自然律为目标,而且是以引用自然律为手段。所谓利用自然律以为手段,就是引用在试验观察中所用的方法底背后底理,以为手段或工具。"②冯契不但接受这一思想,而且对它作了引申,概括为"即以客观现实之道,还治客观现实之身",并作为他阐述方法论原理的基本命题。可以说,冯契对辩证逻辑方法论原理的阐述都是建立在这一基本命题之上的。在后面的论述中,我们可以深刻的理解这一命题的重要性。

在冯契看来,辩证逻辑方法的内容主要是两条:"一条是分析和综合的结合,一条是理论与实践的统一"。③这表明,冯契对辩证逻辑方法的基本内容的界定是建立在唯物主义的基础之上的,符合辩证法的要求。

早在先秦时代,《荀子·性恶》篇中就指出:"善言古者必有节于今,善言天者必有征于人。凡论者,贵其有辨合,有符验。故坐而言之,起而可设,张而可施行。"④冯契对这段话进行了如下分析:第一,"贵有辨合",即要进行正确的分析和综合,也就是正确地运用"类"、"故"、"理"这些范畴,包括解蔽,以求全面地把握事物固有的规律。第二,"贵有符验",即理论要得到事实的验证,谈论古代的东西一定要用现今的事实加以验证,谈论天道就一定要从人事

①　金岳霖:《知识论》,商务印书馆 1983 年版,第 185 页。
②　金岳霖:《知识论》,商务印书馆 1983 年版,第 185 页。
③　冯契:《逻辑思维的辩证法》,华东师范大学出版社 1996 年版,第 407 页。
④　《诸子集成》第 2 册,北京燕山出版社 2008 年版,第 215 页。

上加以验证。这表明,先秦哲学家已经认识到要达到主观和客观、知和行的统一,最基本的方法就是"辨合"和"符验",且两者不能分割,是统一的。从上面的分析中我们可以看出,荀子说的"辨合"就是分析和综合相结合,"符验"就是理论要受实践的检验。冯契指出:"一般的辩证方法是人类整个认识运动的内在原则或固有本质,是内在于一切科学的普遍适应性,并不是脱离现实的、先验的模式,而是客观现实在人脑中的反映形式。一般的辩证方法作为逻辑思维的一般形式的范畴的运用,无非是即以客观现实和认识过程之道,还治客观现实和认识过程之身,所以它是'辨合'和'符验'的统一。这是我们关于方法论的基本观点。"①因此,在他看来,"辨合"和"符验"的统一就是分析和综合相统一、理论与实践相结合。而且,冯契不仅把分析和综合相统一、理论与实践相结合看做是辩证方法的基本内容,甚至看成是辩证逻辑方法论的全部内容。从根本上来说,这也是因为冯契把分析和综合相统一、理论与实践相结合建立在方法论的基本命题——"即以客观现实之道,还治客观现实之身"之上。分析和综合相统一、理论与实践相结合是一个主客观统一的过程,建立在实践的基础之上。所以,这也论证了方法无非就是即以客观现实和认识过程之道,还治客观现实和认识过程之身的过程。

2. 辩证逻辑方法的基本环节

冯契认为,辩证逻辑的一般方法是人类整个认识运动的内在原则或固有本质,是客观现实在人脑中的反映形式,是内在于一切科学的普遍适用的方法。辩证逻辑的一般方法作为逻辑思维的一般形式的范畴的运用,就是即以客观现实和认识过程之道还治客观现实和认识过程之身,因而是"辨合"和"符验"的统一。辩证逻辑的一般方法包括哪些环节呢? 在冯契看来,既然分析和综合相统一、理论和实践相结合是辩证逻辑方法的主要内容,那么就应当从它们那里揭示辩证逻辑一般方法所内涵的环节。通过对毛泽东的《论持久战》一文中运用分析和综合相结合方法的考察,冯契概括了分析和综合相结合方法包含的三个主要环节:开始、进展和目的。通过对毛泽东的《中国革命战争的战略问题》一文中运用理论和实践相结合方法的考察,冯契概括了理

① 冯契:《逻辑思维的辩证法》,华东师范大学出版社 1996 年版,第 407 页。

论和实践相结合方法也包含了三个主要环节:第一,进行周到和必要的观察,详细占有事实材料,并着手对其进行分析研究;第二,通过研究,找出对象内在的规律性,作出正确的判断;第三,正确的判断转化为行动的决心,依据规律订出行动的目的,作出行动的计划,使理论转过来指导实践。① 冯契接着还考察了列宁在《哲学笔记》中所分析的《资本论》的逻辑。列宁在《哲学笔记》中说:"开始是最简单的、最普通的、最常见的、直接的'存在':个别的商品(政治经济学中的"存在")。把它作为社会关系来加以分析。两种分析:演绎的和归纳的,——逻辑的和历史的(价值形式)。在这里,每一步分析中,都用事实即用实践来进行检验。"② 这里所谈的也是辩证逻辑一般方法的环节问题。冯契吸收、综合了列宁、毛泽东的观点,概括了辩证逻辑一般方法所包含的五个环节:

第一,从实际出发,保持观察的客观性。

第二,分析和综合相结合,并且结合运用具体和抽象的方法。

第三,归纳的和演绎的方法。

第四,逻辑的和历史的方法。

第五,理论与实践相统一的方法,并结合假设和验证的方法。

这是冯契对辩证逻辑方法环节全面而系统的概括,与当前学术界所谈论的方法环节有很大的区别,其中包含了许多新的创见。

辩证逻辑方法的第一个环节:从实际出发,保持观察的客观性。

"从实际出发,保持观察的客观性"是冯契辩证逻辑方法的首要环节,而在其他的辩证逻辑著作中,都没有把从"实际出发,保持观察的客观性"作为方法的独立环节进行论述。从实际出发,从事实出发,这是唯物主义者观察和研究问题的基本出发点,这就要求观察要具有客观性。列宁在《哲学笔记》中提出了十六条"辩证法的要素",其中第一条就是:"观察的客观性(不是实例,不是枝节之论,而是自在之物本身)"。③ 就是说,我们在进行观察时,必须把握自在之物本身,而不是从某一个特例出发,只观察一些表面的现象,更不能带有任何主观的偏见。在冯契看来,为了保持观察的客观性,必须遵守以下三

---

① 参见冯契:《逻辑思维的辩证法》,华东师范大学出版社1996年版,第411页。

② 《列宁全集》第55卷,人民出版社1990年版,第337页。

③ 《列宁全集》第2卷,人民出版社1995年版,第258页。

条原则:

第一,排除主观性。冯契认为:"唯物辩证法要求按照世界的本来面目了解世界,不附加任何主观的成分,要求只就对象本身来考察对象,即列宁所说的就'自在之物本身'来考察'自在之物',排除一切先入之见。"①因此,我们要坚持唯物主义原则,用辩证唯物主义的世界观来观察一切,尊重事实本身,只就对象来考察对象,这也是进行科学观察的必要前提。

第二,把握全部事实的总和。科学是建立在不容争辩的事实基础之上的,而基础要真正成为基础,是不能仅仅抽出一些个别的事实来代替的。也就是说,观察的客观性不是仅仅掌握一些例子,而是必须掌握所研究对象的全部事实的总和。当然事实的总和并不等于实例的总和,实例只是事实的一部分,我们应当从事物的联系和发展中来把握事实的全部。列宁在谈到关于辩证逻辑思维方法的规则时也曾指出:"要真正地认识事物,就必须把握、研究它的一切方法、一切联系和'中介'。我们决不会完全地做到这一点,但是全面性的要求可以使我们防止错误和僵化。"②因此,我们对事物的观察不仅是客观的,还要是全面的。

第三,抓典型事例。通过系统周密的观察掌握事实的总和,并不等于事实的全部列举,重要的是全面地把握那些基本要素,而并非所有要素,这就要求抓关键、抓典型。恩格斯曾经说过,十万部蒸汽机并不比一万部蒸汽机能更多地证明热能转化为机械能的原理。毛泽东也认为"麻雀虽小,五脏俱全",因为一只麻雀就是一个典型。典型的事物总是比较集中地体现该类事物的内部矛盾,以及这类事物与其他事物之间的本质联系。在社会科学领域里,进行典型调查、典型实验是很重要的方法。这就要求我们在辩证唯物主义的指导下,对所研究领域里的对象进行大致分类,有计划地抓住事物的各类典型来进行周密的调查,以便更好地认识事物。此外,冯契还特别强调实验的方法。在他看来,实验的方法不仅能够较好保持观察的客观性,而且比单纯的观察更有优势:用于实验的事物是典型的;实验的结果是可以重复的;实验使自在之物转变为为我之物,通过技术手段把自然过程的秘密揭露出来;实验可以检验理论

① 冯契:《逻辑思维的辩证法》,华东师范大学出版社1996年版,第414—415页。
② 《列宁全集》第40卷,人民出版社1991年版,第453页。

的正确性。

辩证逻辑方法的第二个环节:分析和综合相结合谈具体和抽象。

冯契指出:"通过观察、调查占有事实材料以后,还要从事实材料中抽象出科学概念。而要进行科学抽象,就必须进行分析和综合。"①这是方法的第二个环节,即分析和综合相结合谈具体与抽象。这与其他著作论述方法环节也有很大区别,冯契不仅了说明分析与综合是相结合的,还通过分析与综合的结合谈抽象与具体,而不是把具体与抽象当做方法的一个独立环节罗列出来进行论述。在他看来,"从抽象到具体的方法无非是分析与综合的结合"。②

(1)分析与综合相结合

在马克思主义之前,分析与综合的真实关系一直存在争论,而没有得到科学的解决。一些学者认为,分析是认识真理的唯一方法;另一些思想家则认为,综合是认识真理的唯一方法。直到黑格尔认识到了分析与综合的辩证关系,他在批评把分析和综合分割开来的观点时,打了一个生动的比喻:"用分析的方法来研究对象就好像剥葱一样,将葱皮一层一层地剥掉,但原葱已不在了。"③这表明,如果只有分析而没有综合,认识就可能囿于枝节之见,不能统观全局。只有把分析与综合互相联系、互相补充、辩证地统一起来,才能认识事物的本质,最终把整个事物在思维中再现出来,以便形成一个概念和逻辑系统。但很可惜,他把这个关系建立在唯心主义基础之上。

冯契认为,分析与综合相结合的方法不仅是辩证逻辑方法的主要内容,还是辩证逻辑方法的核心。"所谓分析,就是在思维中把作为对象的统一的具体事物分解为各个要素、部分和特性,而对其分别加以考察。所谓综合则是在思维中把客观事物的各个要素、部分、特性综合起来作为一个统一整体来把握。"④这表明,分析与综合是相联系的,对事物的认识不能仅依靠一种方法实现,必须是两者相结合。所谓"相结合",就是指分析与综合的相结合。冯契明确指出:"相结合是指分析与综合乃是同一方法的不可分割的环节。要把对立统一作为一个完整的范畴来理解和把握。有一个'对立',另外就有一个

---

① 冯契:《逻辑思维的辩证法》,华东师范大学出版社1996年版,第420—421页。
② 冯契:《逻辑思维的辩证法》,华东师范大学出版社1996年版,第426页。
③ [德]黑格尔:《小逻辑》,商务印书馆1980年版,第339页。
④ 冯契:《逻辑思维的辩证法》,华东师范大学出版社1996年版,第286页。

'统一',对分析和综合的理解也应该如此。"①所以,辩证逻辑的分析与综合,不是两种方法,而是一种方法的不同环节,分析中有综合,综合中有分析,两者相互结合。他还强调说:"不能把分析和综合的结合看成是两种方法的交替使用,不能把二者并列起来,辩证方法的每一步都是既分析又是综合。"②就实质来说,分析与综合的对立统一性无非是"即以客观现实之道,还治客观现实之身"命题的体现。这是从对象本身的矛盾运动来把握对象自身的内在脉搏,也就是认识过程之道还治认识过程之身。我们对同一事物、同一矛盾的认识都是分析与综合的结合。任何分析,总是要从事物的整体出发,总不能脱离关于对象的整体性的指导,否则就会陷入盲目无从地分析;综合也不能脱离分析,都以分析为基础,没有分析,认识就不能深入,对事物整体的认识就只能是抽象的、空洞的和片面的。总之,分析中有综合,综合中有分析,两者相互统一。

另外,冯契还认为,形式逻辑也讲分析与综合。但形式逻辑的分析与综合是静态的关系,遵循整体是各个部分的综合的公理。所以,在形式逻辑中,分析命题和综合命题不能混同,分析方法和综合方法被看成是两种方法。即使是两种方法,冯契也看到:"形式逻辑的分析与综合也是互为条件的,两者相辅相成,具有辩证法因素。"③虽然形式逻辑是用定义和划分的方法来揭示概念的意义,但概念的定义和划分就是一种综合,可以用它来概括经验。而通过属加种差来下定义,把属概念划分为种概念这又是分析、比较的结果。因此,在形式逻辑中,分析与综合也是不可分割的,如果片面强调分析或片面强调综合都会导致形而上学。

(2)"从抽象到具体的方法无非是分析与综合的结合"④

冯契不仅说明了分析与综合关系的对立统一性,还通过分析和综合相结合谈具体与抽象。抽象与具体的方法是人类思维的一条固有规律和方法,也是我们把握真理的重要方法。他在其他辩证逻辑著作中,都是把抽象与具体作为单独的一种方法罗列出来。但冯契并不把抽象与具体作为一种独立的方

---

①　冯契:《逻辑思维的辩证法》,华东师范大学出版社 1996 年版,第 287 页。
②　冯契:《逻辑思维的辩证法》,华东师范大学出版社 1996 年版,第 288 页。
③　冯契:《逻辑思维的辩证法》,华东师范大学出版社 1996 年版,第 286 页。
④　冯契:《逻辑思维的辩证法》,华东师范大学出版社 1996 年版,第 425 页。

法,而是通过分析与综合相结合谈抽象与具体。在他看来,从抽象到具体的方法无非就是分析与综合的结合。占有事实材料之后,还要从事实材料中抽象出科学概念,而要进行科学的抽象就必须进行分析与综合。冯契说:"真正科学的抽象是分析与综合的结合,具体和抽象的统一。"①所谓抽象,就是从许多事物中,舍弃个别的、非本质的东西,把共同的、本质的东西抽取出来。抽象的结果是形成概念。所谓具体,就有点复杂了,简单地说,就是把理论或原则结合到特定的人或事上去的那些东西。马克思曾说过:"抽象的规定在思维行程中导致具体的再现。"②而科学的认识就是由具体到抽象,再由抽象上升到具体的一个发展过程。从具体到抽象,从混沌整体中抽出一个个范畴,是一个以分析为主的过程;而从抽象上升到具体,把抽象的思维规定综合起来,成为一个具有多样性的统一整体,可以说是一个以综合为主的过程。但这是相对而言的,以分析为主的抽象也包含了综合,因为从具体到抽象,获得的每一个范畴都综合了经验,因此也是一个综合的过程;而以综合为主的从抽象到具体的过程也包含了分析,因为从抽象到具体就是一个进行矛盾分析、观点批判的过程,最终形成一个理论体系,这样的理论体系就是具体。马克思指出:"具体之所以具体,因为它是许多规定的综合,因而是多样性的统一。因此它在思维中表现为综合的过程,表现为结果。"③也就是说,综合是由理性的抽象上升到理性的具体的过程,是在思维中再现具体的过程,从抽象到具体的方法是和分析与综合相联系着的。辩证思维的根本任务在于认识具体真理,具体乃是多样规定的综合,只是具体分析了对象包含的诸多规定,展现这些规定,才能通过综合在思维中复现具体。所以说,从抽象到具体的方法无非是分析与综合的结合。

辩证逻辑方法的第三个环节:归纳和演绎相结合的方法。

(1)归纳和演绎的统一

归纳是从个别或特殊情况推出一般性原理的推理方法,其实质是从特称命题或单称命题推出全称命题。演绎是从一般性原理推出个别结论的推理方法,其实质是从全称命题推出特称或单称命题。由于不能全面、客观、辩证地

---

① 冯契:《逻辑思维的辩证法》,华东师范大学出版社 1996 年版,第 426 页。
② 《马克思恩格斯选集》第 2 卷,人民出版社 1995 年版,第 103 页。
③ 《马克思恩格斯选集》第 2 卷,人民出版社 1995 年版,第 103 页。

对待这两种方法,学术界形成了归纳万能派和演绎万能派,并且两派之间一直存在争议。培根是第一个比较系统地提出归纳法的人,他不满意三段论和简单枚举,而是注重归纳法的研究,认为自己在《新工具》一书中创立的"三表法"才是一种真正的归纳法。笛卡尔在他的《方法谈》一书中论述到,三段论及其大部分逻辑规则都只能用来向人说明已经知道的事物,并不能增进人们的知识。他认为我们的理智主要靠直觉和演绎来把握真理,归纳不能增进人们的认识,主张用类似于数学的方法进行演绎论证。但是,歌德尔定理表明了单靠公理和演绎法不可能获得完全的比较复杂的公理系统。

　　冯契既驳斥了归纳万能论也驳斥了演绎万能论。他认为归纳和演绎方法都有自己的长处和不足,在运用时应有所侧重。他说:"培根不了解数学方法在科学研究中对推理的重要性,笛卡尔则忽视了实验进行归纳的重要性,所以两者都有片面的地方。"这表明我们不应该偏重某一种方法,因为两者都有局限性。对此,他进一步指出,"在科学研究中间,归纳和演绎是必然相互联系着的。"①某些科学主要用演绎法,另一些科学主要用归纳法;某些科学在一定阶段主要用归纳法,在另外一些阶段主要用演绎法。这些情况是可以有所不同的。黑格尔也说:"每一种归纳是不完备的。"②所以,我们对事物的认识不是单靠归纳和演绎中的一种方法可以完成的,只是在使用的过程中,有时两者的侧重性不同而已。但不管在什么情况下,归纳和演绎是相互联系的,使用归纳法的时候会用到演绎法,使用演绎法的时候也要用到归纳法。因此,恩格斯强调:"归纳和演绎,正如分析与综合一样,是必然相互联系着的。不应当牺牲一个而把另一个捧到天上去,应当把每一个都用到该用的地方,而要做到这一点,就只有注意它们的相互联系、它们的相互补充。"③这也表明两者存在相互对立、相互依存、相互促进的辩证关系。基于此,冯契断言:"辩证逻辑认为演绎和归纳必然是相互联系着的,而且归纳与演绎的结合是对事物进行矛盾分析方法的组成部分,辩证方法要求我们从普遍和特殊的互相联结上来把握事物的内部矛盾及其外部联系,这就要求我们从演绎和归纳相结合上来分析

---

① 冯契:《逻辑思维的辩证法》,华东师范大学出版社 1996 年版,第 430 页。
② [德]黑格尔:《小逻辑》,商务印书馆 1980 年版,第 300 页。
③ 《马克思恩格斯选集》第 3 卷,人民出版社 1972 年版,第 548 页。

事物的矛盾运动。"①总之,不论是哪一种情况,都是归纳与演绎的统一。也就是说,主要运用演绎法时离不开归纳法,主要运用归纳法时也一定要用到演绎法,演绎和归纳总是结合在一起运用的,两者是相互对立又相互依存、渗透的辩证关系。另外,冯契对形式逻辑中的归纳与演绎的关系也进行了阐述,认为在形式逻辑中的归纳和演绎也是不能截然分割的。因为在形式逻辑中,进行归纳时有一般原理作为指导,在演绎的时候也是以归纳为前提进行推演的,两者紧密地联系在一起。

(2)"归纳和演绎的统一是分析和综合的过程"②

冯契认为:"分析与综合相结合,具体分析具体情况是方法论的核心;而归纳和演绎的统一,逻辑方法与历史方法的统一,则是其组成部分;而唯物主义则要求每一步分析都是用事实来检验。"③他还指出:"我们在归纳过程中间必须进行具体分析。归纳也是一个分析与综合的过程,并且归纳总是和演绎相联系的。"④也就是说,归纳和演绎的统一作为方法的环节,是一个分析和综合有机结合的过程,在其方法使用过程中离不开分析与综合相结合的方法。所以,冯契把归纳和演绎的统一看做是分析和综合的过程是合理的,符合辩证法的要求。

在此基础上,冯契还从分析和综合相结合的角度阐释演绎和归纳的关系,解答了科学和逻辑史上长期争论的归纳有效性问题和演绎能否推出新知识的问题。他以这种独特的方式为学术界解答这两个问题提供了新的思路,具有重要的理论意义。关于归纳的有效性问题,历史上一直有种种争论。休谟认为,归纳得不出必然结论,虽然太阳过去都是从东方升起,但你又怎么能保证明天的太阳还会从东方升起;罗素认为,归纳是从特殊事实得出普遍真理的,而特殊推不出普遍来;怀疑论者认为,科学真理都是从经验归纳得来的,而经验总是未完成的,从而归纳所得到的结论都是或然的。因为,人们不可能经验到无限系列,在有限的时间内人所能经历到的只能是有限的。曾经有人提出要使归纳有效,就要假定宇宙是有限的,但是这样就带来了新的困难——归纳

---

① 冯契:《逻辑思维的辩证法》,华东师范大学出版社 1996 年版,第 439 页。
② 冯契:《逻辑思维的辩证法》,华东师范大学出版社 1996 年版,第 434 页。
③ 冯契:《逻辑思维的辩证法》,华东师范大学出版社 1996 年版,第 23 页。
④ 冯契:《逻辑思维的辩证法》,华东师范大学出版社 1996 年版,第 434 页。

原则从哪里来? 那么得出归纳原则本身就是先验的。这个问题在学术界一度引起混乱。在冯契看来:"归纳能得到普遍有效的命题就是因为归纳是通过分析和综合深入到本质的过程,并且归纳所得的结论又经过实践反复检验的","正是通过分析与综合的反复,才深入把握了事物的矛盾本性,达到了比较全面、比较正确的结论。"①恩格斯也曾说过:"我们用世界上的一切归纳法都永远不能把归纳过程弄清楚,只有对这个过程的分析才能做到这一点。"②可以说,归纳本身就是分析和综合的过程。但同时,我们要注意归纳只具有相对的意义,我们不能把它看成是唯一的办法。另外,演绎能否推出新知识也是长期争论的一个问题,有人说不能,有人说能。冯契则认为,演绎是可以推出新东西,发现新问题的。因为,演绎的结论虽然已经蕴涵在前提中,但是,经过演绎论证,会得到出乎意料的结果,甚至进入另一个新的领域。而且,他指出:"演绎的过程我们也应该把它看成是一个分析与综合相结合的过程,即演绎也不能离开分析和综合。"③所以,归纳和演绎既是相互统一的,又是不可分割的。我们在对事物进行归纳和演绎的同时,每一个步骤中都包含了分析和综合的过程。这也说明了,分析与综合相结合的方法不仅是辩证逻辑方法论的主要内容,还是辩证逻辑方法的核心。

辩证逻辑方法的第四个环节:逻辑方法与历史方法的一致。

逻辑与历史一致的方法是在分析与综合、归纳和演绎、抽象与具体等方法的基础上发展起来的,可以说,这是为什么冯契把它放在方法的第四个环节来考察的原因。在他看来:"逻辑的方法和历史的方法相结合也是对矛盾进行具体分析的组成部分。矛盾作为类的本质,在方法论上就有归纳和演绎的统一;矛盾作为事物发展的根据,在方法论上就有逻辑的和历史的统一。"④也就是说,逻辑与历史的一致是对矛盾进行具体分析的必然要求。

所谓历史的方法就是要把握所考察领域的基本历史线索,把握它是怎样产生的,根据是什么,是怎样发展的,经历了哪些主要的阶段,其发展趋势如何? 因此,历史的方法就是要把握历史发展的基本线索,按照事物历史发展的

---

① 冯契:《逻辑思维的辩证法》,华东师范大学出版社1996年版,第435页。
② 《马克思恩格斯选集》第4卷,人民出版社1995年版,第548页。
③ 冯契:《逻辑思维的辩证法》,华东师范大学出版社1996年版,第437页。
④ 《冯契文集》第二卷,华东师范大学出版社1996年版,第444页。

自然行程来揭示历史规律的研究方法。也就是恩格斯所说的,"'按照历史',
'必须处处跟随着它'的研究方法。"①逻辑的方法就是从原始的基本关系开
始,通过分析和综合,把握事物的内在矛盾及其展开过程的思维方法。它是一
种把事物的发展进程在思维中以逻辑的形式表现出来的研究方法。在冯契看
来,"历史与逻辑也有矛盾",②它们都有各自的优点和缺点。历史的方法的优
点在于能详细地分析事物的全部要素,比逻辑的方法更加丰富、更加生动,从
最简单的关系进到比较复杂的关系的运动过程,最可能地反映全部具体实在
的思维方法。但历史往往是曲折多变的,在展开过程中包含了许多偶然的因
素,影响了对事物、对过程中的主要矛盾和发展趋势的把握,而且往往会中断
思维的进程。逻辑的方法则不像历史的方法那样生动和丰富地反映现实发展
的全过程,它的优点是排除了偶然因素,力求把握事物的本质、规律。但是,这
种方法是在客观历史的基础上对历史发展过程进行高度的概括,并以抽象的、
理论上前后一贯的形式反映出历史的发展。那么,逻辑的方法既然摆脱了历
史的形式和起干扰作用的偶然性,也就不可能完全充分地研究具体历史过程
的具体发展状况。这样很容易脱离现实,导致唯心主义。冯契认为:"要把逻
辑看做是对现实的历史的概括和对现实过程的认识史的总结。"③总之,我们
要坚持历史的方法和逻辑的方法的统一。但同时,冯契也指出,在运用这两种
方法时要有所侧重。比如,我们在讲哲学史时,要把握历史的基本线索,就要
以历史的方法为主;在讲认识论和辩证逻辑时,则要侧重逻辑的方法。他强
调,我们讲历史方法和逻辑方法的统一,研究的对象是历史过程和历史演变的
总结,只有达到一定的阶段才能用逻辑和历史相结合的方法,所以不能要求
科学的所有阶段都运用逻辑和历史的方法。这也表明了,冯契所谈到的历
史的方法和逻辑的方法的统一并不是绝对的,而是以辩证的观点来看待两
者的统一,这充分体现了他对方法论的阐述是立足在辩证唯物主义的基础
之上的。

　　辩证逻辑方法的最后一个环节:理论和实践的统一。

　　理论和实践的统一,这是冯契方法的最后一个环节。冯契对这一环节的

---

① 《马克思恩格斯选集》第 2 卷,人民出版社 1972 年版,第 120 页。
② 冯契:《逻辑思维的辩证法》,华东师范大学出版社 1996 年版,第 444 页。
③ 冯契:《逻辑思维的辩证法》,华东师范大学出版社 1996 年版,第 446 页。

阐述贯穿于方法的诸环节中,而且是把假设和证明与理论和实际统一起来进行论述。可以说,"假设和证明、理论与实践的统一"的思想是冯契在探讨方法环节时提出的又一新观点。他主张把理论和实际的联系看做是提出假设、进行逻辑论证和实践检验的过程。一般来说,理论的发展往往是从假设即假说开始的。提出假说的过程就是一种创造性思维,而假说一旦提出就要进行逻辑论证。尽管在冯契看来,"在进行逻辑论证时,形式逻辑的论证和反驳都是必要的"。① 但更重要的是,他论述的是辩证逻辑方法的环节。所以,他更强调辩证逻辑分析的重要,辩证逻辑要求运用归纳和演绎相结合,逻辑与历史的一致等矛盾分析的方法对假说进行观点的分析批判,每一步都要有事实进行验证。所谓对假说进行观点的分析批判,就是对自己认为正确的观点进行论证,对荒谬的观点进行反驳、批判。这种论证、反驳与批判是否正确,归根到底应当接受实践的检验。因为,只有实践才是检验理论是否真理的唯一标准。冯契说:"在得到实践的证实之前,任何学说都是一种假设;只有得到实践的检验之后,假说才有可能转化为科学的真理。"②而且,我们在认识世界和改造世界的过程中,所接触到的现实情形要复杂得多。一个假说可能在一个新的事物出现后就被否证,也可能大部分被否证,也可能是被基本地证实,并对原有的理论进行完善。所以,"对假设进行验证的一个过程,是使假设转化为科学真理的过程,同时也往往使理论获得新的发展。这就是理论和实践统一的运动。"③理论与实践的统一是唯物主义的方法,它要求从实际出发,在详细占有材料的基础上提出理论。但这些理论一开始都是以假设的形式存在,这就需要得到实践的证明,并用于指导具体行动,达到对具体真理的把握,这也是冯契的辩证逻辑方法的最终目的。

在冯契看来,辩证逻辑方法的五个环节之间并不是相互独立的,而是相互联系的。他不仅详细地阐述方法诸环节之间的内在关系,还说明了方法环节与范畴之间的联系。

首先,他概括了辩证逻辑方法各环节之间的关系。冯契说:"第一,从实际出发,详细地占有材料,把握事物原始的基本关系,从而把握事物变化发展

① 冯契:《逻辑思维的辩证法》,华东师范大学出版社1996年版,第453页。
② 冯契:《逻辑思维的辩证法》,华东师范大学出版社1996年版,第453页。
③ 冯契:《逻辑思维的辩证法》,华东师范大学出版社1996年版,第455页。

的根据。第二,运用对立统一规律作为根本的方法,其核心就是分析与综合相结合;而对现实的矛盾的具体分析,要联系到对不同意见、不同观点的评论。第三,归纳与演绎相结合。第四,逻辑与历史相结合。三四条是分析与综合相结合的组成部分。分析与综合相结合的方法运用于不同对象有不同特点。有的科学要着重横的分析,归纳与演绎便成为主要的;有的科学要着重纵的考察,历史与逻辑的集合便成为主要的。第五,每一步都要用事实来检验,理论与实践的统一贯彻于整个过程之中"。① 从以上引文可以看出来,他对辩证逻辑方法环节的阐述有先后主次之分,而不像其他逻辑著作中那样平行的进行论述。从实际出发,保持观察的客观性之所以是方法的首要环节,是因为这为方法的具体运用提供了基础。接着,他说明了方法的核心就是分析与综合相结合,而归纳与演绎相结合和逻辑与历史相结合是分析与综合相结合的组成部分,只是在对方法的运用过程中有所侧重而已。在前面四个环节的基础上,他论述了理论与实践的统一是方法的最后一个环节。冯契的这一概括严格遵守了辩证唯物主义原理,是符合客观实际的。他不仅详细说明了方法的环节是什么,还揭示了它们之间的为什么。这为我们更好地理解冯契对方法环节的阐述作了全面、准确的论述。冯契方法的五个环节是紧密联系在一起,我们在使用方法的同时,必须要把握好方法环节之间的关系。事实上,我们要把握好具体真理,实现对事物本质的认识是一个复杂的过程,不是单独使用某一种方法可以办到的,而是各种方法的相互穿插使用。

其次,揭示逻辑方法环节与逻辑范畴"类"、"故"、"理"之间的关系。在他看来,"从逻辑方法就是逻辑思维和逻辑范畴的运用的观点来说,分析与综合就是对立统一规律的运用,归纳与演绎主要是'类'范畴的运用,逻辑的方法和历史的方法主要是'故'范畴的运用,假设和验证、理论和实践的统一主要是'理'范畴的运用。虽然不能把方法和范畴看做是机械地对应的,但是方法论体系与范畴体系基本上是一致的。"②这表明,冯契对方法环节的展开与逻辑范畴的辩证推移之间有着相互依存的关系,为进一步揭示辩证逻辑方法诸环节的客观必然性提供了内在根据。方法环节上的某一个环节都是与若干

---

① 冯契:《智慧的探索》,华东师范大学出版社 1997 年版,第 263 页。
② 冯契:《逻辑思维的辩证法》,华东师范大学出版社 1996 年版,第 413 页。

逻辑范畴联结在一起的;同时某一对逻辑范畴又体现在很多思维方法中。所以,他明确指出:"方法虽然就是范畴的运用,可是方法论的环节并不是机械地一——对应的。"①冯契眼界中辩证逻辑方法的环节,是一个由若干逻辑范畴相联结的整体。对于方法环节与"类"范畴的关系,在他看来,"从辩证逻辑来看,无论演绎、归纳,还是类比都主要是根据类的范畴来进行推理的,因而都可以说主要是类范畴的应用。"②而逻辑的方法和历史的方法则主要是"故"范畴的运用。对于理论和实践的统一的环节,他说:"这里主要讲'理'范畴的运用,特别是'现实'、'可能'、'必然'的运用。"③可以说,整个过程也就是察类、明故、达理的过程,是我们认识事物、把握具体真理的必经环节。察类是知其然,明故是知其所以然,而达理是知其必然和当然。辩证逻辑的方法的目的是为了把握具体真理,而方法的环节问题也就成了把握具体真理的过程。所以,我们对方法环节的把握就是对察类、明故、达理过程的把握,完成这一过程也就完成了对具体真理的把握。

总的来说,冯契对方法环节的阐述是他对辩证逻辑方法论所作的最大贡献,具有重要意义。有学者谈道:"冯契对方法论环节的概括,既是根据马克思主义的观点,也是把中国近代化哲学家对方法论探索的积极成果批判地包含在其间了,前人提出的用科学方法来取代经学方法的要求,归纳方法、演绎方法和历史主义方法的精华,已被有机地结合在一起,安置在唯物辩证法的基础上。"④我们在认识世界和改造世界的过程中,必然要用到各种方法。所以,我们要对这些方法作出分析、评价和选择,才能更好地防止和克服形而上学的方法,才能更有效地运用各种辩证逻辑的思维方法。

3. 辩证逻辑方法的特点

冯契对辩证逻辑方法的内容和环节作了精辟的阐述,从中表现出一系列的特点,主要有:逻辑范畴的具体运用,强调实践的基础地位,把握具体真理的方法。

---

① 冯契:《逻辑思维的辩证法》,华东师范大学出版社 1996 年版,第 408 页。
② 冯契:《逻辑思维的辩证法》,华东师范大学出版社 1996 年版,第 440 页。
③ 冯契:《逻辑思维的辩证法》,华东师范大学出版社 1996 年版,第 450 页。
④ 彭漪涟:《冯契辩证逻辑思想研究》,华东师范大学出版社 1999 年版,第 285 页。

（1）逻辑范畴的具体运用

冯契对辩证逻辑方法论原理的阐述与范畴学说是紧密联系在一起的,这是他关于方法论原理的一个重要特点。冯契的辩证逻辑方法论是在"化理论为方法"这一思想的指导下进行阐述的,那么,理论又如何转化为方法呢？这就要求认识的辩证法通过逻辑思维的范畴转化为方法论的一般原理。而理论转化为方法是需要运用范畴这个中介的,所谓的理论无非是人们在认识的过程中,通过一系列概念、判断所表达出来的关于事物本质及其规律性的知识体系。范畴是哲学和科学的基本概念,在冯契看来,"每一门科学都有一些基本概念,这些基本概念我们就称它们为范畴"。①　而且,一切的概念、范畴都有方法论的意义,方法无非就是范畴和规律的运用。"唯物辩证法也认为科学的具体真理必须通过范畴的联系才能把握。"②既然方法在本质上都是思维形式的运用,那么一切科学范畴都蕴涵着逻辑范畴。这也就表明,冯契的辩证逻辑方法也是逻辑范畴的具体运用。

首先,逻辑范畴都具有方法论的意义。逻辑范畴与方法有着直接的联系,冯契讲述方法论的整个过程都是结合范畴理论来进行的。他多次强调,方法无非是逻辑范畴和规律的运用,逻辑范畴特别具有方法论的意义。范畴是辩证逻辑的研究对象,辩证逻辑的目标也在于建立完整的范畴学说,这具有重大的逻辑意义。因为范畴是极其重要的思维工具,在认识世界和改造世界的过程中,范畴是我们把握和反映客观事物的工具。

其次,冯契的辩证逻辑方法论与类、故、理范畴的运用相联系。在冯契看来,所谓"化理论为方法"无非就是说明认识的辩证法,如何通过逻辑思维范畴的辩证法转化为方法论的各个基本环节,从而为人们科学地认识世界、把握对象的具体真理提供辩证逻辑的工具和方法。而且,在他看来,方法无非就是范畴和规律的运用。冯契以《墨经》提出的类、故、理范畴体系为典范,把逻辑范畴分成三组,这是冯契对中国哲学和西方哲学长期发展所凝聚的理论成果的总结。冯契继承了先秦墨家,康德、黑格尔范畴理论中的积极成果,建立了一个以类、故、理三组范畴所构建的逻辑范畴体系。

---

① 　冯契:《逻辑思维的辩证法》,华东师范大学出版社 1996 年版,第 298 页。
② 　冯契:《逻辑思维的辩证法》,华东师范大学出版社 1996 年版,第 300 页。

（2）强调实践的基础地位

实践是整个哲学体系的基础,是唯物主义认识论的基本原理。马克思主义的创始人称自己的哲学为"实践的唯物主义"。"实践"这一范畴是辩证唯物主义基本的和重要的范畴之一,因而也是辩证逻辑的一个重要原理。辩证逻辑作为逻辑学的辩证法,它要保证认识具有真理的作用,要保证在当时的条件下,认识近似地客观地反映事物的真实性。所以,实践也是辩证逻辑的基础,在辩证逻辑中具有特殊的重要地位。辩证逻辑思维方法的特点就由抽象上升到具体,而这个上升过程也是离不开实践的。辩证逻辑的思维方法是在社会实践中逐渐形成和发展起来的。换句话说,辩证逻辑思维方法的形成和发展受社会实践的发展状况的制约。社会实践,对于人类的思维的内容、思维的形式、思维的方法,以至思维的发展的进程,都有重要的决定作用。因而,实践问题是辩证逻辑思维方法的基础。

首先,冯契辩证逻辑方法论的基本命题——"即以客观现实之道,还治客观现实之身"就是"实践"这一范畴的充分体现。辩证逻辑方法作为客观的辩证法,是一种认识的辩证运动。它以唯物主义作为世界观,这从根本上决定了冯契的辩证逻辑方法论是建立在实践的基础之上的。"方法是即以客观现实之道,还治客观现实之身",也就是说方法是来自实践,也要还治于实践。他说:"即以客观现实之道,还治客观现实之身的时候,唯物辩证法就成了最一般的方法论。"①唯物辩证法是以实践作为基础的,当唯物辩证法转化为方法时,方法也以实践作为基础。方法的运用是为了把握事物的具体真理,冯契的辩证逻辑方法的目的就是探求用何种方法来把握具体真理。要保证辩证逻辑方法论对具体真理的把握,就要把辩证逻辑方法论建立在实践的基础上,如此才能保证理想的可实现性。

其次,实践是冯契的辩证逻辑方法环节的基础。冯契的辩证逻辑方法环节是其方法论内容——分析和综合相统一、理论与实践相结合的展开。而分析与综合的每一步都以实践为基础,因为只有这样才能使分析的每一步符合事实;每一个综合都能得到实践的检验。冯契说:"归纳是通过分析和综合后

---

①　冯契:《逻辑思维的辩证法》,华东师范大学出版社 1996 年版,第 406 页。

深入到本质的过程,并且归纳所得的结论又经过实践反复检验的。"①"归纳也是一个分析与综合的过程,并且,归纳总是和演绎相联系的。"②这也表明,归纳与演绎也是以实践为基础的。历史的方法要把握的是所考察领域的基本历史线索,看它在历史上是怎样产生的,根据是什么,是怎样发展的,经历了哪些主要阶段。这些要求都是要建立在客观实践的基础上,以事实为根据,才能保证历史真实的再现。历史从那里开始,逻辑思维就从那里开始,所以逻辑与历史的方法也是通过实践反复进行检验的。冯契的辩证逻辑方法的最后一个环节就是理论与实践的统一,更体现了对实践的推崇。这表明,冯契对方法环节的阐述都是建立在实践的基础之上,遵循每一步是分析和综合的结合,要求每一步都要用实践来检验。

（3）把握具体真理的方法

在冯契看来,如何把握具体真理,不仅是辩证逻辑方法的最终目标,还是辩证逻辑方法论原理的显著特点。他认为,辩证逻辑方法论的基本原理,"是把握具体真理的方法,它是哲学的方法,也程度不同地适用于各门科学。不过,科学还有其特殊的方法,而且哲学不同于具体科学,不是在求分别的真,而是要求'穷通',把握关于性与天道的真理性认识、即智慧。哲学的辩证方法不是在把握个别具体历史进程,获得的见解也不能在实验室里验证;它通过思辨的综合来转识成智,并且要由自由的德性来亲证"。③

冯契对如何把握好具体真理进行了详细的论述:

第一,"要客观全面地审查已有的理论,进行观点的分析批判"。④

为什么把要客观全面地审查已有的理论,进行观点的分析批判作为把握具体真理的第一个步骤呢? 在冯契看来,人们研究的每一个领域里,前人都已经做了许多工作,已经提出种种学说。而我们要进行科学研究都不是凭空而论的,要讲事实根据。这就要求我们从实际出发,实事求是地对已有的学说进行分析、审查,批判地继承其合理的科学成果。冯契列举了马克思《政治经济学批判》的内容,在这部著作中,马克思针对古希腊以来,特别是重农学派经

---

① 冯契:《逻辑思维的辩证法》,华东师范大学出版社 1996 年版,第 435 页。
② 冯契:《逻辑思维的辩证法》,华东师范大学出版社 1996 年版,第 434 页。
③ 冯契:《认识世界和认识自己》,华东师范大学出版社 1996 年版,第 55 页。
④ 冯契:《逻辑思维的辩证法》,华东师范大学出版社 1996 年版,第 424 页。

济学说作了分析批判,进行了全面的审查,克服了那些形而上学的抽象,把合理的因素汲取进来。这也就说明了冯契把客观全面地审查已有的理论、进行观点的分析批判,作为我们把握好具体真理的前提条件。

第二,"要把已经获得的思想规定、科学范畴联系起来进行研究,揭示出所要研究领域里的基本范畴,即这个领域中具有的最大统一性的范畴"。① 我们可以把这一步看做是把握具体真理"最关键的一步"。我们对一门学科的研究就是把已经获得的思想规定、科学范畴联系起来进行研究,揭示出所要研究领域里的具体概念。这些具体概念也就是这一门学科中的一些基本范畴,而我们要把握的也就是这些基本范畴。冯契认为:"逻辑思维是能把握具体真理的。何以能够把握,在于运用具体概念。而运用具体概念的思维就是辩证法思维。"②这一阐述明确了对具体真理的把握就在于对具体概念的把握。对此,他进一步阐述,对于一个领域来说,如果能掌握它的基本范畴,那就会给人一种豁然贯通的感觉,这里就包含了飞跃。他举例说,马克思在政治经济学中提出了"剩余价值"这一基本范畴,就把资本主义经济领域的一系列抽象思维规定都贯穿起来,使这个领域的主要过程和主要方面都得到了合理的解释;达尔文的"自然选择"这一范畴是生物进化论领域里的基本概念和基本范畴。由此,物种进化的一切主要方面和主要过程就得以贯穿起来得到合理的解释;化学中的"原子"这一范畴就是化学这门科学的范畴体系中的基本范畴。物理学中的"电子"范畴也是电学的基本范畴。这一系列的事实说明了,为了把握一定对象领域的具体真理,也就是把握一定领域的具体对象,就必须揭示和把握该领域的基本范畴,亦即该领域中具有最大统一性的范畴。

第三,"基本范畴发现之后,还要用适当方式在思维行程中再现具体"。③

我们把握好最大统一性的范畴即基本范畴之后,就需要在思维的行程中再现具体,这是把握具体真理整个过程的最后一个步骤。这不仅是前两个步骤的必然结果,也是前两个步骤的目标。这一步骤是需要使用一系列辩证逻辑的方法,"或者演绎和归纳相结合的方式,从基本范畴推导出理论体系,同时又让这个理论体系与感觉经验保持足够的联系";"或者用逻辑与历史相联

---

① 冯契:《逻辑思维的辩证法》,华东师范大学出版社 1996 年版,第 425 页。
② 冯契:《逻辑思维的辩证法》,华东师范大学出版社 1996 年版,第 113 页。
③ 冯契:《逻辑思维的辩证法》,华东师范大学出版社 1996 年版,第 426 页。

系相结合的方式,从基本的、原始的关系出发,通过矛盾分析再现具体的历史过程,这样,基本范畴就得到系统的阐明。"①这样就可以把基本范畴和其他范畴联系起来,从而形成理论体系,完成了再现具体任务,最终达到对该领域对象的具体真理的把握。

在这个过程中,最先对已有理论的观点进行分析批判,其次揭示基本范畴,最后在思维行程中把握具体真理。可以说,这本身就是对辩证逻辑一系列方法的应用过程。所以,把握具体真理不仅是辩证逻辑方法的最终目标,也是区别于其他逻辑方法的显著特点。

① 冯契:《逻辑思维的辩证法》,华东师范大学出版社1996年版,第426页。

第五章　化理论为德性：智慧与德性

冯契先生曾在《〈智慧说三篇〉导论》中指出，《人的自由和真善美》的主旨在于"讲化理论为德性"，主张将"认识的辩证法贯彻于价值领域，表现为在使理想成为现实以创造真善美的活动中，培养了自由人格的德性。"①同时还指出，"不论是化理论为方法还是化理论为德性，它的依据在于认识论的原理尤其是智慧的学说"。② 可见，其"化理论为德性"的命题，与其认识论原理尤其是智慧说紧密关联，而其主旨在于在知识的基础上，如何升华为主体的心性修养和内在发展，追求自由德性和自由个性的理想境界。因此，我们也可以说，冯契"化理论为德性"的理论更多地体现为对西方近代认识论中普遍认同的狭义认识论的纠偏，是对其广义认识论中第四个问题即如何培养理想人格问题的一种回答，而其理论目的正在于克服近代以来科学与人生脱节的缺陷。而冯契对智慧说问题中"德性"理论和理想人格的讨论都是围绕自由问题展开的，在理想的层面主张人生理想、道德理想和审美理想的统一，追求真善美的统一，从而落实于自由理想人格理论的建构。大体而言，就"化理论为德性"命题中所表现出的智慧与德性的问题，具体包含着以下三个互相关联的方面：智慧与自由的关系；智慧与真善美的统一；智慧与理想人格的培养。

一、智慧与自由

在冯契的"智慧"说中，对智慧的探究往往围绕着自由问题展开。而自由的问题，我们不仅需要明确其定义，更需要理解其自由观与人的本质理论之间

---

① 冯契：《认识世界和认识自己》，华东师范大学出版社 1996 年版，第 51 页。
② 冯契：《认识世界和认识自己》，华东师范大学出版社 1996 年版，第 22—23 页。

的关系。

1. 自由的内涵

要理解"智慧"说中的自由,首先必须了解冯契对"自由"概念的定义。

在冯契看来,自由作为哲学范畴,其一般内涵为理想化为现实,认为"自由就是人的理想得到实现"。① 就这一哲学范畴的内涵,我们可以从以下方面来理解:

从思维和存在这一哲学基本问题的角度来看,冯契认为,中西哲学围绕这一问题的争论,发展到后来都集中于哲学的三项:自然界和人的精神、自然界在人的精神、认识中反映的形式,即概念、范畴和规律,用中国哲学的术语说,就是气、心和理(道)的关系。冯契通过对中国传统哲学及近代哲学和马克思主义哲学理论的整合,认为这三项对应着认识论或宇宙观和历史观,无论哪个领域,又都是基于"以得自现实之道还治现实之身"理论。所不同者,前者表现为人的知识经验和逻辑方法,后者的"现实"具体指向作为现实世界或自然过程的一部分——"人生"或人类生活,其完整的过程表现为从现实生活中汲取理想,又创造条件使理想在社会生活和人身上得到实现,也就是说,主体在这种自由的劳动中感受到自由,获得自由。

从实践的观点看,人类无论是从事物质生产还是精神生产,都可以说是在性与天道的交互作用过程中,从现实中汲取理想,又促使理想化为现实的活动,而理想的实现就意味着人的自由。因此,作为理想之实现的自由,又是一个改变世界和发展自己的过程。实现理想与现实即天与人、性与天道相统一的人的感性实践活动。实践基础上主客观的对立统一,是认识的动力,也是人的全部理性活动的动力。正是在实践的过程中,通过主客、知行交互作用,人的理性要求自由的本质发展起来了。理性要求自由的本质,正是在劳动中、在人际关系中、在人的感性活动中展开的。因此,脱离了劳动实践和社会关系,也就无所谓自由。故人的自由虽然表现在思想活动中,但从根本上说,人的自由存在于人的劳动实践中。人类通过实践和认识,化自在之物为为我之物,运用自己的实践力量不断打破外在的限制,这个过程就是人取得自由的过程,即

①　冯契:《人的自由和真善美》,华东师范大学出版社 1996 年版,第 3 页。

认识自在之物并使之为我所用的过程。人的自由是凭着相应的对象、相应的为我之物而发展起来的,这正如冯契所说:"人天生并不自由,但在化自在之物为为我之物的过程中,人由自在而自为,越来越获得自由"①,从而"奔向马克思所说的'建立在个人全面发展和他们共同的社会生产能力成为他们的社会财富这一基础上的自由个性'的阶段"。②

　　主体从现实中汲取理想,又把理想化为现实,实现的是价值的创造和人的本质力量的对象化,都体现了人对"自由"的追求。在劳动生产过程中,人不仅懂得按照任何一个种的尺度进行生产,而且懂得怎样处处都把人的内在尺度运用到对象上去,以实现人的目的,从而也就把人自身的本质力量投射到自然物上去,即主体客体化,这意味着价值的创造。价值创造愈多愈能显露和实现人的意志与精神自由。一般来说,人追求自由必须通过价值的创造,自由既是价值创造的先天形式又是价值创造的后天成果。或者说,价值创造既是自由的充分表现,又是实现自由的必要过程。两者互为表里,互为因果,都是人的本体创造能力的表现和实现的根本方式。正是在劳动生产的基础上,科学、道德、艺术等有价值的文化发展起来了,而实践和文化的发展又转过来培育了人的能力和德性。因此,主体在使自在之物转化为为我之物的同时,也使主体从自发走向自觉。文化(包括物质产品、制度组织和精神产品)和人的本质力量互相促进,人们在不断发展功利和真善美等价值的活动中提高了自身的价值,而一切价值(不论是人自身的还是文化的),都可以说是人要求自由的本质的展现。

　　另外,冯契以真善美等价值的创造为例,明确指出"自由"在不同领域里有不同的含义。③ 首先,从认识论角度看,真作为价值范畴,它是符合人类利益、合乎个性发展的认识,而自由就是根据真理性认识来改造世界,将对现实的可能性的预见同人的要求结合起来构成的科学理想得到了实现。人的"理想"是从现实中汲取的,是对现实可能性的把握;人的"自由"就是认识和把握必然规律,把握"真理",以及根据这种认识和把握来改造世界。"人们越来越自觉地掌握外部世界的必然规律和行动法则,同时也越来越自觉地掌握思维

———————

① 冯契:《人的自由和真善美》,华东师范大学出版社 1996 年版,第 12 页。
② 冯契:《智慧的探索》,华东师范大学出版社 1997 年版,第 394 页。
③ 参见冯契:《人的自由和真善美》,华东师范大学出版社 1996 年版,第 25—28 页。

规律并运用思维规律作为认识事物和指导行动的方法,这样,人就将越来越自由。"①其次,从伦理学角度看,"自由是对客观必然性的认识和对客观世界的改造"这一定义,不仅有认识的作用,而且有意志选择的作用。意志既做了选择,又体现出专一的品格(表现为目的对行动的规定和支配)。冯契认为,道德规范无不要求人们自觉自愿地遵守;道德行为是以自由意志、独立人格为必要前提的。因此,自由就意味着自愿地选择、自觉地遵循行为中的"当然之则",从而使体现人类进步要求的道德理想得到了实现,即体现义和利、义和理相统一的道德理想,在人们的德行和社会伦理关系中得到了实现。再次,从美学角度看,"自由就是如马克思所说的在'人化的自然'中直观人自身,即直观人的本质力量"②,因为人的本质力量在人化的自然特别是艺术品中对象化、形象化了,审美理想在关注了人的感情的生动形象(意境或典型)中得到了实现,于是人们便从对美的事物的欣赏中获得自由的美感。另外,从真善美这些价值的整合角度看,"自由"就是在合规律性基础上的合目的性。因为"理想"不仅是对现实可能性的把握,它还必须是"合乎人性的",否则,这个理想就不是真正的理想,而只能是空想、幻想。因此,"自由"就是在合规律性基础上的合目的性,"真正的自由是真善美的统一"。③ 最后,从认识论、价值论与实践论相统一的角度看,人的自由还"可以理解为从自在达到自为"④,即把外在于人的客观自然和人类社会存在,转化成为人类服务、符合人性要求的环境,使之成为"为我之物"。这种"为我之物",既是认识论意义上的"真理"之实现,又是价值论意义上的人的目的之实现,即合规律性与合目的性的有机结合。

无论我们从何种角度来理解自由的定义,也不论自由在不同领域里有何种不同的含义,但有一点是共同的,即自由都是理想化为现实,而理想都是现实的可能性和人的本质要求相结合的主观表现。所以,自由又可以归结为理想和现实的统一,是天与人、性与天道的统一。而现实往往指涉事实界、经验界,而理想往往指向价值界,前者对应知识的形而下领域:科学领域;后者对应

① 冯契:《逻辑思维的辩证法》,华东师范大学出版社1996年版,第393页。
② 冯契:《智慧的探索》,华东师范大学出版社1997年版,第177页。
③ 冯契:《智慧的探索》,华东师范大学出版社1997年版,第178页。
④ 冯契:《人的自由和真善美》,华东师范大学出版社1996年版,第9页。

智慧、价值的形而上领域:哲学。因此,现实和理想的分野在二分法的传统那里,也就往往表现为科学和人生、知识和智慧、知识和价值、科学和哲学、理性和非理性之间的对立,这也正是科学主义和人文主义对峙的理论根源。基于对科学主义和人文主义对峙的克服这一目的,冯契从自由的视角,将现实和理想经过实践这一中介统一起来,实现在性与天道的交互作用过程中的相互转换,从而也可以说,是冯契对科学和人文对峙传统的一种尝试性克服和探讨。

2. 自由与人的本质

通过对冯契自由范畴含义的梳理,不难看出,其自由理论与人的本质学说紧密关联。他认为:"哲学就是要面对现实,干预人生。"①在广义认识论体系中,面对现实,通过对人生的干预,不断获得人在各个领域中的自由,更体现其智慧说的理论的和现实的价值和意义,有效地解决近一个世纪以来哲学中科学和人文、知识和智慧的脱节问题。他自己也曾明确指出,其自由学说的目的之一在于使人面对自然和社会的各种问题时变得更智慧些,从而使人在自然和社会之中变得更自由些,成就自由的人。而这种自由的人的造就,更多地通过人的本质力量的对象化过程得以实现。

就人的本质而言,马克思在《关于费尔巴哈的提纲》中指出:人的本质是一切社会关系的总和;社会生活在本质上是实践的。结合《德意志意识形态》等文的观点,马克思关于人的本质理论主要包括以下三个方面的内容:人能够创造工具进行劳动,劳动使人与动物界区别开来;人在劳动的基础上形成了社会组织和制度;人在劳动实践中发展了理性。冯契在肯定、阐发马克思关于人的本质理论的基础上,提出了自己的新见解。

在他看来,人性主要指人的本质属性,天道指自然界的本质和规律,首先是世界的统一原理和发展法则。人性与天道指向形上层面,属于智慧层面的认识。作为人的本质的"性"首先分为天性(nature)和德性(virtue);人的本质力量的"性"在心理学的系统中,又可以分为理性和非理性(如情感、意志、欲望、本能等等);研究人生,以造就自由的个性为目的,但是也不可能离开人的社会关系,所以又可以指个性和共性。仔细研读冯契的著作,我们可以将人的

① 冯契:《智慧的探索》,华东师范大学出版社1997年版,第595页。

本质理解为在实践过程中实现的化天性为德性,德性复归天性,理性和非理性,个性和共性的辩证统一,实现着真善美的统一的过程。在这一过程中,主体化理论为方法、化理论为德性,由自在而自为,不断实现自由;客体则不断地由自在之物转化为为我之物,从而打通了认识论、方法论和价值论的界限,给人们提供了一个全新的视野。

首先,人的本质是化天性为德性,德性复归天性的辩证统一。人的本质是在社会存在的特殊条件下产生和形成的,是人的对象性的物质创造和精神创造的结果,表现为化天性(自在)为德性(自为)、德性复归天性(自由)的双向运动过程。"人的本质也就是人的 essence,我们把它看做是一种从天性中培养成的德性,亦即从人的 nature 中形成的 virtue,这样便使人与动物区别开来。"①人的本质有其天性方面的依据,人本身可以发挥自己的作用来加以培养。天性提供了发展的可能性,包含着实在的潜能。冯契认为,在人与自然、实践与理性的交互作用中,首先是取得感性材料(所与),即外物与主体的感官接触而形成颜色、声音、味道等,然后以得自所与还治所与,取得知识经验,再根据得自现实之道还治现实的原则,选择现实的可能性改造自然,把道(当然之则)与人的本质需求相结合,将目的因作为动力因,指导行动,改造自然,使人依天性培育德性,实现由自在而自为,由现实提升理想,表现出自然的人化或客体主体化。其次,客观现实之道又使人的本质力量显现、对象化,使德性复归自然,将理想化为现实,实现由自为而自由,复归自在,表现出合乎自然规律和社会需求亦即人的需求的自然化或主体客体化。前者体现为从天性中培养德性的过程,而后者体现了从德性复归天性的过程。

由天性到德性的实践中,包括对客体(包括客观的外在事物和作为反思对象时的主体及其精神)的认知,对目的(合乎客观规律和人的本质需要而制定的目标)的分辨和对过程(人类认识和改造世界、认识和塑造自我的活动)的直观,是真、善、美的实现,知、意、情的全面发展,实现了自由的德性和德性的自由。对客体的认知体现了人的活动的自然性,人本身的自然属性。天道为自然,人的德性亦出于自然,而不能违背自然。对目的的分辨表明人的实践活动是有目的有意识的,人的活动的依据或所以然之故与自然运动的根本区

①　冯契:《人的自由和真善美》,华东师范大学出版社 1996 年版,第 41 页。

别就在于目的性，目的因内在于社会实践，贯穿于人类历史长河之中。对过程的直观则要求人们不仅要根据必然性的认识来支配自然界，还要掌握人本身作为物质存在和精神存在的规律，在改造世界的同时来改造主观世界以支配人类自身，自觉运用逻辑规律来认识事物，指导行动，将必然之理与当然之则相结合，求得人的本质的自由发展。

人之所以为人，除劳动与意识和现实性上是社会关系的总和之外，按其发展方向来看，人在本质上要求自由。在人与自然、性与天道的交互作用中，发展他的自由的德性。而人与自然的交互作用以感性实践活动为桥梁，使道转化成为人的德性，人的德性又体现于道。所谓道，概括起来为天道、人道和认识过程之道。通过实践和教育为人们所把握的道，又通常表现为世界观和人生观。"君子深造之以道，欲其自得之也。""造道"是在实践中受教育的活动，起初不免把天与人、道与性分为二物，只有经过凝道成德、显性弘道的反复不已，道凝成为自己的德性，德性又显现于实践而使道得以弘扬。这才是自得，才是自由。个体依真诚的德性而体会到与天道合一，性则显现为情，在色声等情态中直观自身，这就是由诚而明。反过来，结合感性实践活动来认识和把握道，经存养而使之凝而成性，也就是由明而诚。在"自诚明"和"自明诚"的反复运动中，凝道而成德、显性以弘道，天道成为自己的德性，亲身体会到自己的德性与天道合一，从而实现德性的自证，包含理性的自明、意志的自主、情感的自得。通过自证精神的"自明、自主、自得"（主体在返观中自证其明觉的理性、自主而坚定的意志，还有因情感的升华而有自得的情操），便有了知、意、情等本质力量的全面发展，在一定程度上达到真善美的统一，主体在相对、有限中体认到了绝对、无限的东西，这就是自由的德性和德性的自由。

对于这一过程的理解，我们首先要明确德性与德行之间的关系。所谓德性，《辞海》（1999）是如此界定的："个体在道德活动中所表现出来的思想与行为的优秀特质、品格。"显然，这种特质和品格带有明显的后验性，总是以一定时期社会道德原则和规范为实际内容，以特定的社会道德要求为标准。可以说，德性外化为人的具体的道德行为，即为德行。因此，我们通常可以借鉴我国古代以内外关系来诠释"德行"之说来说明德性和德行的关系。郑玄注《周礼·地官·师氏》"敏德以为行本"时曾称："德行，内外之称。在心为德，施之为行。"在这里，其"德"大抵对应于"德性"，即人所具有的一种内在的道德特质、品性或禀性;而其"行"则对应于"德行",即人的那种道德禀性的一种外在表现或具体的施展。由此可见,德性是德行的内在性质,德性制约着德行,又必须通过德行来显现;德行是德性的外在表现,德行内蕴着并必定表现着德性。我们知道,在中国传统儒家那里,历来都是崇尚德性的,甚至普遍将德性的地位提高到先验本体的地位,认为德性是人的一种自然禀性,正所谓"君子尊德性而道问学"(《礼记·中庸》)。康有为曾在其《中庸注》中将德性之意明确为"德性者,天生我明德之性,附气质之中,而昭灵不昧者也"。冯契正是在承继中国传统文化的基础上,扬弃德性之先验性,而主张将德性视为德行的内在根据和动力,倡导将理论转化并凝结成人的道德品性和品格,使人的道德原则和规范获得内在的动力和根据,使之有效地制约和影响着主体的行为,使之具体外化为相应的与之符合的道德行为。由此可见,"化理论为德性"这一命题弥补并强化了以往哲人对理论与实践(道德践履)相结合中的中介即德性的忽略。

总之,冯契将形式逻辑与辩证逻辑相结合,并以认识论为主线,阐明如何在实践的基础上,以得自现实之道还治现实,化本然界为事实界,通过把握事实界所提供的可能以创造价值。在自然的人化与理想的实现中不断达到人的自由,实现人的本质和人的全面发展。将认识过程与通过价值的创造而走向自由联系起来,体现了本体论、认识论与价值论的统一。

其次,人的本质是理性和非理性的统一。冯契指出:"人的本质、本性不仅有灵明觉知,而且还包括无意识、非理性的力量。"①人作为主体是复杂的,主体的精神力量有理性也有非理性,有意识也有无意识。理性指主体从所与取得意象,借助抽象形成概念,以得自所与者还治所与,在化所与为事实的过程中为主体所把握的合乎逻辑的东西,主要包括概念、命题、推理以及以它们为要素构成的各种理论体系。所谓非理性,即情感、意志、欲望、想象、直观等精神力量。而无意识或潜意识则指没有进入意识领域的精神力量。人的本质的实现是理性与非理性因素综合作用的结果,两者紧密联系,不可分割。

理性离不开非理性,与感性活动紧密联系,通过感性活动来体现。同时理性又是非理性的引航灯,使情欲不至过分,使人性得到培养,人的要求得到正

---

① 冯契:《认识世界和认识自己》,华东师范大学出版社 1996 年版,第 360 页。

常实现,人的本质得到正常发展;实践又离不开非理性,非理性因素在行为中有重要的地位:完善感性生命的欲望,坚定既定目标的毅力,追求理想、价值、财富的欲求等等,可使行为出于主体的自由选择,又可使主体在行为中不懈追求的目标得以实现,是主体改造世界和发展自我的内在动力和保证。而真正的道德行为一定是自觉自愿地遵循道德规范的行为,自觉是理性的品格,自愿是意志的属性。

文化与人的本质亦紧密联系。文化是人的本质力量的表现,人的本质力量又是在文化的创造和熏陶中发展起来的,自由作为人的最根本的本质力量也凝聚于文化和人性之中。文化和人的本质力量的全面发展要求理性与非理性、意识与无意识的全面发展。也就是说,要求知、意、情与真、善、美的全面发展。人的认识经历一个从无知到知,从知之甚少到知之甚多的过程。人对世界与自身的认识是无限的,但人的活动是有意识的活动,人的良知总是力求以理性为主导,使人的活动成为理性的活动。意识中有无意识,理性中有非理性,情意和本能这些非理性的力量往往自发地起作用,并非理性所能完全控制的。人类文化的创造既靠非理性的力量,也靠情感、意志、本能和欲望等一些无意识、潜意识的力量。而对文化的继承也同样有非理性在起作用。人对自己的创造物往往不是凭理性就可以完全支配的,随着社会的进步,理性总是越来越起主导作用。那种非理性、无意识的力量还需借助于理性来得到正确的诠释,而且随着人的本质力量的发展,人的情感、直觉和本能会越来越具有理性的色彩,所以不能得出非理性主义的结论,也不能引到理性专制主义。

因此,冯契主张既反对“存天理、灭人欲”的禁欲主义,也反对过分强调意志、欲望的反理性主义,提倡理性与非理性相结合。当然,这种结合体现为一个动态的过程。理性和非理性因素在实践中的历史展开是人的本质力量的综合平衡与全面发展,是人之为人的本质规定。

在异化的社会里,对权力的渴望和对金钱的迷信本身就含有非理性和盲目的成分。独裁者和守财奴都不是自由人,而是自身情欲的奴隶。因此,我们应该提高认识能力,以科学代替迷信,以自觉代替盲目,既不放任非理性的东西泛滥,也不能把一定历史条件下的理性凝固化、绝对化,而是从整体上把握人的精神力量,使人性得到全面而自由的发展。

再次,人的本质是共性与个性的统一。冯契强调,人的理性、劳动及社会性都指的是共性,但人之性不同于物之性就在于人的个性,认为"不能把人性简单化地说成就是社会历史的产物"①,不能忽视个性;"人是一个个的个体,每一个人都有个性,每一个人本身都应看做目的,都有要求自由的本质"②,这样的个体都是有血有肉的独特的具体的存在。但个体总是处于一定的社会联系之中,受社会关系的制约。因此,个性的形成需要有尊重个人、个体又能自重的真正集体,只有在民主和谐的集体的帮助下,才能形成有个性的自由人格。意识者是一个个的主体,各具独立性,他能够通过反思自证其主体,但只有在参与社会群体的运动中才能意识到自我的主体性,并产生自我意识。冯契断言,人正是在社会群体中,以他人来反映自己,在彼此交往中形成意识。而无数个体意识的结合形成了民族心理、时代精神和社会意识。这种意识不是抽象的一般,而是具体的充满矛盾的,内在于无数个体之中,通过个性的演变而发展。个体意识离不开群体意识,总是渗透并反映群体意识。社会意识是社会存在的反映,也是个体意识的产物,并由个体意识所把握、体现。这样,群体意识既有个性(个体意识的多样性),又有稳固性(习以成性,传统继承);意识主体既能统观(用逻辑原则统摄思想内容),又可综观(百虑一致,殊途同归),将"以我观之"与"以道观之"统一起来,既能自证其身,又可综观群体。而从整个人类历史看,社会进步的目标在于人的自由全面的发展,这种目标能否实现又取决于一定历史条件下人的活动,即每个个人对社会的贡献(包括物质生产和精神生产),每个个人越能发挥自己的才能进行创造活动,对社会、文化的贡献就越大。因而个人的活动具有社会价值,人的自我价值与社会价值是可以而且应该统一的。人的本质的真正实现要求个性与共性、小我与大我、个体意识与群体意识、个人价值与社会价值的综合。

正因为人的本质是个性与共性的统一,冯契有力地批判了片面强调共性的阶级主义和本质主义观点。在他看来,本质主义者错误的根源在于把本质与存在、共性与个性割裂开来,把单一看成只是特殊的,把本质、共性、社会性形而上学化、抽象化,使其失去具体性,没有认识到本体论意义上的实体是个体,是个有机的整体,是生动发展着的生命,是天性和德性、理性与非理性、意

---

① 冯契:《人的自由和真善美》,华东师范大学出版社 1996 年版,第 211 页。
② 冯契:《人的自由和真善美》,华东师范大学出版社 1996 年版,第 54 页。

识与无意识、个性与共性的统一，是殊相的集合。

冯契对人的本质的三点创新，即天性和德性、理性和非理性、个性和共性的辩证统一理论，显而易见地呈现出其理论对科学主义和人文主义对峙传统的超越的彻底性，有效地克服了先验与后验、理智与意志、殊相与共相等矛盾的截然对立，弥补了认知——意向两系统的分裂，通过实践这一中介桥梁，将本体论、认识论和方法论融于一体，也是其表征跨越科学与人文对峙的理论："转识成智"说与"化理论为方法、化理论为德性"的另一体现。

3.冯契的自由观对以往理论的超越

正如冯契自己所说，其理论是沿着实践唯物主义的路子前进的，其自由理论同样是以实践唯物主义为标的，又借鉴中国传统哲学的合理观点，实现对马克思主义哲学和非马克思主义哲学理论的整合，从而在"哲学是哲学史的总结，哲学史是哲学的展开"中进行理论的建构，实现对以往学说的各种缺陷的克服，将其提升到新的层面。

中国古代哲学对自由的讨论往往围绕着"力命"之争展开。而"力命"之争又是"天人"关系的延伸，因此，内在地蕴涵着理性原则和人道原则的问题。[①] 而理性原则和人道原则的倡导与否及其所表现出的张力，同样体现出知识和智慧之间的关系问题。只不过由于中国传统哲学历来将理性原则置于道德伦理而非西方二分式认识论的视域来考察，而使之有别于西方科学与人生、知识和智慧之间的那种划界式的对峙；相反，却是将其融合为一体，使"转识成智"及其中主体所获得的对自由的体验"何以可能"或"是否可能"的问题不成其问题而获得先在的理论前提和合法性，从而研究的焦点自然置位于"如何可能"的问题。如孔子所谓"七十而从心所欲不逾矩"（《论语·为政》）之"从心所欲"就是一种对自由的体验。这种自由式通过一个学习、努力的过程才能达到，是人力与天命的统一，而且所获得的是"不逾矩"的自由，强调对理性原则的重视和人道原则的彰显。孟子在强调"天命"的同时更是强调人的主观能动性，认为仁义礼智之所得与否，"求在我者"。而墨子主张"非命"

---

① 就人道原则而言，参见陈卫平：《论儒家人道原则的历史演进》（《浙江社会科学》1998年第4期）；《儒学：争鸣和独尊的互动》（上、下）（《社会观察》2004年7月8日）；《"仁"和"礼"的紧张——论孔子的人道原则》（《学术界》1996年第2期）。

论,他非常强调"人力"的作用。对此,庄子批评墨子之道是"使人忧,使人悲,其行难为也"(《庄子·天下篇》)。实际上,墨子这种片面强调的"人力"的确不是真正的自由。因为自由的获得还关涉必然的问题。① 可见,人道原则的彰显只有在理性原则存在的前提下更具生命力。

冯契回顾了中国哲学史上"力命"之争的几个阶段,将其区分为荀子、柳宗元和刘禹锡、王夫之三个古代哲学总结时期和近代哲学革命时期四个阶段。他认为,直到近代,就自由问题而言,还没有作系统的总结,即便是毛泽东也并没有完全在实践和理论上解决人的自由问题。正是这种未完成性,使冯契背负更沉重的使命,为其理论的创造性发挥留置了充足的发展空间。在他看来,荀子比较正确地对先秦哲学天人之辨做了批判的总结,主张"明于天人之分",认为"天行有常",故人不应与天争职;但又主张人之职在于建立合理的秩序,依靠"群"之力,利用自然规律来控制自然,达到天地官、万物役,从而获得自由;针对两汉正统派儒学将纲常名教形而上学化为天命的观点,王充首次揭露了必然与偶然的矛盾,但遗憾的是他将偶然和必然归结为客观之不可违抗之"命",落入了宿命论,而没有使问题得到真正解决。魏晋时期,力命之争尤为突出。大体而言,玄学主流倡导力不能胜命。而嵇康则对宿命论提出了挑战,强调意志的作用,主张"越名教而任自然",破除名教之束缚,听从意志自愿之选择而获得自由。而道教如李筌之"盗机"说等,片面强调人力,而最终走向唯意志论。而禅宗在"自性是佛"的理论基础上,主张充分发挥人的主观能动性,"顿悟成佛",成为自由之人。而唐代的柳宗元和刘禹锡通过"天人不相预"和"天人交相胜"说的阐发,明晰了人能"明理"与"势中之数"的关系,比较准确地解决了力命之争。而王夫之更是将这一思想发挥为理势统一的历史观,同时区分出"天之天"和"人之天",认为人在尊重自然界的同时,又要发挥"人力",通过不断化"天之天"为"人之天"的过程,不断呈现"日新之命"而越来越多地获得了自由。王夫之的这一思想对冯契的触动尤为深刻,他认为其相当于对自在之物和为我之物的区分,认为是人力能够胜天、造命的思想。而到了近代,与其反封建和救国救民的时代主题相对应,哲学领域内掀

---

① 参见冯契:《人的自由和真善美》之"中国传统哲学的自由概念和'力命'之争",华东师范大学出版社 1996 年版,第 13—21 页。

起了对宿命论的彻底批判,如严复、章太炎对"人力"的强调,谭嗣同、梁启超对"心力"的强调等,不断谱写出近代哲学唯意志论传统的新篇章。在唯意志论与宿命论的争论中,同时显露的是理性主义与非理性主义、历史决定论与非决定论的争论。这一争论在金岳霖"理有固然,势无必至"之说那里有了总结。在他看来,从"理"的角度来看,不管个体如何变动,我们总是可以理解的。因此,世界是理性的、可以把握的;而从"势"来说,其中总包含偶然性,故无论如何去理解,我们总不能完全控制个体的变动。因此,把握这种"势",不仅要用理性的方式,而且还需非理性方式如情感和意志。就自由而言,金岳霖认为,外物的发展趋势总是"情求尽性","势求归理"的,而最后达到的终极目的"太极"是一个"理成而势归"的"至真、至善、至美、至如"的世界;他认为,在这个最自由的世界里,是没有偶然的。当然,这样的绝对自由也是一个永远达不到的极限。冯契在欣赏其师理论的合理性的同时,又叹息其形而上学的归宿。而在马克思主义哲学视域,早期如瞿秋白等主张的机械决定论不可避免地要导致教条主义;其后,毛泽东在反教条主义的同时,从能动的革命的反映论的角度阐析了人的主观能动性和客观规律的关系,但由于其晚年过分地强调主观的力量和上层建筑的作用,而滑向了唯意志论。因此,即便是毛泽东也没有完全在实践和理论上解决人的自由问题。故在冯契看来,无论是古代还是近代,尽管对自由问题做了多方面的探讨,但都没有作出系统的总结。正是这一客观的现实,为冯契智慧说对自由理论的论述提供了绚丽的舞台。

二、智慧与真善美的统一

我们前面已经讲过,在冯契那里,智慧说中的自由,其实质在于将得自现实之理想又化为现实。基于哲学基本问题所展开来的三项在历史领域和人生领域的转化,即现实生活、理想和人格之主体,自由直接关涉的是现实(即人类的社会生活)和理想。冯契认为,人类精神的任何活动领域,都是在现实中吸取理想,再把理想转化为现实,从而也就是对自由目的的追求。而理想大体上可分为人生理想、道德理想和审美理想三个领域,分别对应真、善、美三个价值范畴。冯契对这三个领域的探求和对真善美相统一的要求,尤其是他对作为价值范畴"真"的考察,凸显出其智慧说对科学主义和人文主义、理性主义和非理性主义对峙局面的纠偏。

1. 真与人生理想

理想的三个基本领域中,首要的是人生理想,而与之直接联系的则是"真"这一价值范畴。作为价值范畴的"真"的内涵,更直接映射出与科学可证实之必然的"真"的区别和联系。故在冯契的智慧说中,"真"这一范畴同样折射出了他对科学主义和人文主义对峙的一种超越。

(1)作为价值范畴的"真"的含义

对于"真"的含义,冯契认为可以从认识论、本体论和人的德性等不同角度来加以理解。如真与假、真与俗(真谛与俗谛)是从认识论意义的角度来讲的;真与妄是从本体论角度来讲的;而真与伪则是从人的德性的角度来讲的。因此,就"真"这一范畴而言,同样贯彻着认识论、本体论和价值论的意义。冯契尤其强调作为价值范畴的"真"的意义,认为所谓的"真"就是符合人的利益、合乎人性发展的真理性认识。在他看来,广义认识论中的理论理性(理智)不是"干燥的光",不仅仅具备认知意义,更是与情意等非理性因素相互促进,使理论认识取得理想形态而成为行动的动力和鼓舞人的力量。对"真"的这种价值意义的认识,正是对西方二元认知论传统的颠覆,将被隔绝于科学和人生、理性与非理性两界域的"真"的认识,统一于价值论中。而冯契对于真的这种"价值"意义的考察,正是通过认知和评价的关系得以呈现。

在冯契那里,不仅真假与真妄互相联系,也就是说认知意义上的真与本体论意义上的真互相联系,同时真假还与真伪相连,即认知意义之真与人的德性相互联系。无论是何种联系,都渗透着对传统狭隘认识论中将"真"拘囿于科学知识领域而导致科学和人文、知识和智慧之间二元隔绝对立缺陷的克服和超越。

首先,真假与真妄互相联系。这种联系我们可以通过对哲学和科学的价值属性来反映。

在现实中,存在两种错误的认识,就科学而言,有些人尤其是道学家或理学家视科学为"雕虫小技",搞科学研究被说成"玩物丧志";就哲学而言,人们往往强调哲学的内在价值而忽视其作为工具的意义。如冯友兰强调哲学给人以"天地境界"的内在价值,而忽视其工具价值,认为"哲学无用",不能给人带来利益和物质需要的满足。冯契对以上片面的认识作出了批评。在他看来,无论是学知识还是求智慧都旨在获得真理性认识,使主观与客观真实相符合,如实地而非虚妄地反映真实。而这一真实不仅包括客观的现实的世界,还包括现实人生的真实意义。一切的科学理论不仅能满足人的需求,能为人类求利谋幸福,具有工具价值,同时还能锻炼人的思维能力,培养人的科学精神和理性力量,即有助于人的德性的培养,具有内在价值;同时,哲学不仅具有内在价值,也具有工具价值或手段价值。后者表现在哲学作为一种世界观,作为一般方法论,也是人们认识世界和改造世界的重要武器,因而也是一种重要的工具。因此,无论是哲学还是科学,作为智慧,都是真理性的认识,都如实地反映了真实,因而都具有符合人类利益、合乎人性发展的价值,都能促进人的思维能力,培养人的德性,都是人的本质力量的发展和表现。

其次,真假还与真伪相连。真理性认识化为理想,并得到实现,人凭借为我之物,同时也使自我之本质理论得到实现,从而体现出主体的客体化和客体的主体化。换句话说,在客观规律与人性发展的要求相统一的实践活动中,人类不仅创造了价值,也实现了主体的理想和自身的价值。主体自身价值的实现表现出的是言行一致、表里如一的人格,这种人格不仅"知道",而且"有德",是真实的德性、自由的个性,而决非伪君子、假道学。冯契对真理性认识之"真"的价值意义的阐述,正是基于其"得自现实之道还治现实"的实践过程的立场,体现其实践唯物主义的理论特征。

作为价值范畴的"真"是符合人类利益、合乎人性发展的真理性认识,自然包含了功利与真理、人性与真理的关系问题。这正是对以往狭义认识论中真理观的一种的批判。

首先是功利与真理的关系。客观真理是客观规律的反映,它本来独立于人的利益。只有当主体认识了规律及规律所提供的可能性,并与人的需要相结合,运用规律为人求利谋福时,才获得了价值。科学真理那种促进社会进步、增进人们利益活动的成果,可称之为"事功"或"事业"。针对真理的这种功利性,冯契一方面反对理学脱离事功,空谈性理的做法;另一方面也反对陈亮、叶适等"事功之学"过分追求事功而忽视德性培养的做法,主张把事功和理论正确地统一起来而不可偏废。人类要做到真正趋利避害,"利之中取大,害之中取小",需要科学的理论,需要运用理性来做正确指导。我们运用科学理论来权衡利害,从而创造条件,使有利于人类的可能性成为现实,就发挥出了工具性价值。当然,我们还需认识到,在阶级社会里,不同的人们运用科学理论为工具,是受阶级力量制约的。总之,真理性认识的工具价值,从属于人的趋利避害的目的,又转过来给人的行为以指导,起着权衡利弊、指明方向与途径的作用。

其次是人性与真理的关系问题。真理性认识是合乎人性发展的。而"趋利避害"是人之本能和天性,但这种天性不是一成不变的,同样随着社会历史的发展而发展,受文化传统的影响,即"习以成性"。人类往往凭着本能和自发性理论去行动,也就是说,主体的行为往往是由自发到自觉的,个体行为如此,社会行为更是如此,历史上的各种重大行动,如农民起义,即便是近代反帝反封建的革命斗争同样如此。当然,对这些由自发到自觉的历史活动过程的了解,同样包含着真理性认识,这种认识是一定时代人的本质力量的体现,它反过来又使人们获得教育,而对培养革命品质起了很大的作用。这种作用力的实现正是基于它是人性中自在地萌发出来的,从而逐步取得理论形态,并加以指导人们的行动,从而使革命世界观在实践和教育中逐步走向自觉。这种自觉的获得,冯契称之为"人性的复归"。当然,这绝不同于形而上学的"复性"说,这种"复归"也决不是一次完成的。他指出,人性是随着社会实践的发展不断由自在而自为的,是螺旋式的无限前进的过程,而且每次自觉、自为都不是外加的,而是在实践中自发、自在的东西之被唤醒。

(2)真与人生理想

冯契认为,作为价值范畴的"真"是与善、美不可分割的,理性与情感、意志统一于人的精神。这种符合人类利益和合乎人性发展的真理性认识即为智慧,它既是客观存在的反映,又是主观精神的表现。智慧总要求取得理想形态,是理想与现实之间的交互转化,具有价值意义。

就对象而言,冯契指出,这种真理性认识包括对自然和人生的认识,既包括局部的分门别类的科学认识,也包括整体的哲学认识,两者都是在人道和天道的交互作用中得以把握。而人们正是根据这种对人性和人道的真理性认识来确立科学的人生理想,以求实现人的价值。而每个人的人生理想又总是以一定的价值体系为背景。价值体系涉及天人、理欲、群己的关系问题,故人生理想亦牵涉到这些关系。

　　而冯契主要是运用历史和逻辑统一的方法，从对中国传统哲学有关天人、理欲、群己之辨的论证和近代价值观的革命进程的考察中，来概括合理的价值体系的基本原则和特征。

　　就天人之辨而言，其中所讲的人道观，在自由理论和价值学说方面提供了人道原则和自然原则。冯契认为，天人之辨在先秦体现的是儒、墨与老、庄学说的对立：前者讲人道原则，后者倡导自然原则，各有所长，各有所蔽。只讲尊重自然而忽视人道原则，可成为黄老刑名之学，也可流于玄学清谈；只讲仁义礼教而忽视自然原则，则可使礼教成为虚伪骗人的权威主义价值观。但中国传统哲学总的发展趋势是要求将人道原则和自然原则统一起来的"天人合一"观。冯契同时又认为，"天人合一"还有形而上学和辩证法的区别。无论是董仲舒、王弼的天命论，还是程朱的"天理"，实际上是把孔墨的人道原则变为反人道原则，用天命来维护权威，为封建社会的人的依赖关系作理论论证，这正是不尊重人的尊严和价值的表现，故属于形而上学的"天人合一"观；王安石、王夫之等区分了人道与天道，在人道领域讲人道原则和自然原则的统一，是成性说，相对而言，属于辩证的"天人合一"观，但仍有缺陷。这一观点的进一步发展就是近代人道主义。冯契以实践唯物主义的辩证法对中国古代和近代哲学做了逻辑考察后，提出正确的结论应为："在社会实践的基础上，通过性与天道的交互作用，达到天和人之间动态的统一。"①人与外在的自然界要达到和谐一致，人们内在的自然即人性得到自由的发展，既不与自然为敌，也不能在自然面前处于奴隶的地位。只有如此，才能实现人的本质的真正自由。主张主体在感性劳动中凝道以成德，显性以弘道，获得德性之智（慧），自证理性的自明、意志的自主和情感的自得，是自然原则和人道原则的融和。

　　就理欲之辨而言，在价值观上体现的是感性原则和理性原则的对立。总体上，中国传统哲学的主流为理性主义：孔、孟、荀及管子等观点虽有差异，但都强调人的本质特点在于有理性，精神的本质就在于理性思维，理性相对于情欲处于主导地位；禅宗与天台宗力主用理性直觉的方法，把理性的光辉照耀到非理性的领域；宋儒强调通过"存天理，灭人欲"的功夫来力求恢复人的本性。但这种理性主义，特别是正统儒学的理性主义，后来实际上成了"以理杀人"

---

　　①　冯契：《人的自由和真善美》，华东师范大学出版社1996年版，第347页。

的理性专制主义。而近代哲学又受西方影响,将情意与理性尖锐对立起来,倡导非理性主义。龚自珍的"心力"与"尊情"、谭嗣同的"心力挽劫运"、章太炎的"依自不依他"、鲁迅早年的"摩罗诗力"等,虽有力地抨击了正统儒学提倡的理性专制主义,但后来又走向反面,导致唯意志论大行其道。为清除唯意志论的负面影响,回过头来强调自觉的理性的作用。如此矫枉过正,过分地强调理性精神的作用,又倾向于历史决定论,把人看成是工具,最终在"文化大革命"中充分暴露出来。而西方近代的实证论思潮和非理性主义思潮的对立,集中反映了近代科学和人生的脱节,理性和非理性的不协调。如尼采将日神精神与酒神精神对立,凸显非理性的酒神精神的力量和权力意志;弗洛伊德主张"本我"(原始的本能),力求冲破理性道德加给的束缚。冯契认为这些思想在特定社会条件下有一定的作用,但都没有把握好度,走向了片面性的极端,科学的方法应为理性原则与感性原则的有机统一。故冯契认为,理欲之辨不仅是理智领域的问题,也是情感意志领域的问题,科学理论、道德实践以及艺术想象等虽都是理性的活动,但理性活动伴随着感性情意,得其正即为道。

就群己之辨而言,在价值观上体现的是个性原则和群体原则的对立。冯契指出,不论儒家还是墨家都比较强调群体的原则,视社会群体利益高于或重于个体生命的存在价值,重视责任伦理的实践价值、个体的社会认同和社会责任;而老庄则崇尚个体原则,其人生价值取向视个体自由高于社会责任伦理价值;以理性专制主义为特征的正统儒学强调群体认同,忽视个性解放,最终导致了整体主义和权威主义的价值观;而中国近代哲学革命则反对理性专制主义。龚自珍开始了"自我"的觉醒;谭嗣同等强调冲决网罗;突出个性解放和个性自由、反帝反封建的民族民主革命者力主大同理想;李大钊、鲁迅等早期马克思主义者提出人道主义与社会主义、个性解放与大同团结相结合的新的理想目标和价值观念,但这一成果在理论上没有得到总结;从20世纪30年代开始,教条主义对马克思主义作了本质主义的歪曲,人性被抽象扭曲,导致了整体主义,并变相复活了权威主义和独断论。这种消极现象在"文化大革命"中被推到无以复加的地步。十年动乱后,社会又走向了另一个极端,片面强调个性解放和个体存在,个人中心主义盛行。冯契认为,片面强调群体原则的至上性,会导致以群体压抑个体的权威主义和盲目服从群体的宿命论,如传统的理性专制主义和20世纪30年代后的教条主义;反之,片面强调个性,虽对批判权威主义有一定的积极意义,但又极易导致唯意志论而对社会有破坏作用。人的本质的正常发展要求自由个性和集体精神互相促进,奔向个性解放和大同团结相统一,培养全面发展的德性,造就自由的人格(平民化的自由人格)。这种人格既是类的分子,体现类的社会本质,又具有独特的一贯性,意识到自我价值,对社会、集体作出贡献,实现自我价值和社会责任的统一,既得到了群体的认同,又强调了个性的解放。

对于中国传统哲学的上述争议,冯契进行了概括,认为正统派儒学主张独断论的天命论,其实质在于漠视了人道原则,把实践理性绝对化而忽视了人性情意等方面,打着"公"的旗帜来扼杀个性,是权威主义价值观的体现。各派学说经过曲折的斗争,大体上形成了比较准确的辩证的见解,即强调自然原则和人道原则的统一,身与心、理智与情意的比较全面和多样化的发展,主张群己统一,既尊重个性又提倡高度的社会责任感和爱国主义精神。而这些积极成果经过近代价值观的革命,进一步发展为比较合理的价值体系,既提出科学精神,又强调个性自由,既反对权威主义,也反对实用主义,主张清除权利崇拜和拜金主义的异化现象,主张社会主义和人道主义的统一,大同团结和个性解放的统一。由此,冯契概括出了合理的价值体系的基本原则及其特征,主张合理的价值体系应以自由的劳动作为目的因,主张正确地解决天人、理欲、群己之辨,既要反对权威主义和独断论的天命论,又要克服利己主义和相对主义的非决定论,主张自然原则和人道原则的辩证统一;人的理智和情意的全面发展的原则;个性原则和集体精神互相促进,达到个性自由和大同团结统一的理想目标,力求达到基于人们大众的利益又合乎人性发展的真善美统一的理想境界。

而具体到群己关系,冯契认为,人生理想包括社会理想和个人理想。

由于人们对社会历史的认识长期以来并不科学,使得人们的历史活动长期为欲望冲动所左右,而非出于理智的认识,如秦皇造长城、汉武开边疆等历史事件大都出于"私天下"的动机,却在客观上推动了历史的发展,故历史的真理与其理想性动机出现不一致性。很多历史重大事件的理想性动机,自发性多于自觉性,其中所包含的真理性内容不为当时的人们所清楚认识。就社会理想而言,在中国传统哲学中,无论是孔子对尧舜三代的向往,孟子王道、仁政之说,还是老子的"小国寡民"理想,庄子心日中"同与禽兽居"的远古的"至德之世",都将其社会理想指向了远古社会,是复古思想的一种体现。而荀子对先秦"礼法之争"进行了总结,提出了最合乎当时历史的演变规律和发展趋势的"王霸杂用、礼法兼施"的社会蓝图。可惜的是,这一社会蓝图遭遇了异化力量的侵蚀。在专制制度下,"居阴而为阳"的权术使"仁政"成为虚伪的幌子,变成了杀人的软刀。荀子真诚的社会蓝图却导致了"其上申韩,其下佛老"的结果。而到了中国近代,历史观的变革影响并决定了生活理想的变革。同样是对大同理想的向往,却经过洪秀全、康有为、孙中山以及李大钊乃至毛泽东等人的发挥,不断体现出"可以通过群众的革命斗争"来得以实现的特点,而不断向进化论乃至唯物史观演进。这一近代哲学的革命进程表现出人们革命世界观由自发到自觉,由自在到自为的过程。

当然,我们还需正视理想与现实的交互作用中的曲折表现。如荀子的社会理想在历史上的遭遇,毛泽东曾指出的大同理想在新中国成立之初的遭遇。正是基于这种曲折性和艰巨性,冯契认为,理想展现为过程,理想是在过程中得以展开和实现的。建立在对历史发展规律和人性发展要求的真理性认识的基础上的社会理想,具体到今天就是共产主义的理想,是随着实践的发展,逐步充实其内容而具体化,逐步变成现实,同时又有所改进,并进而被充实更新的内容,更深刻地反映现实的本质,从而具有更多、更丰富的真理性认识。因此,冯契主张"主观与客观,理论和实践,知和行的具体的历史的统一"。真理总是具体的,理想的实现也是具体的,具体表现为阶段性,每一阶段都要经历由必然到自由、由自在而自为的过程。

就个人理想而言,首先,在认识论方面,我们要正确处理好群己关系。一方面,历史的过程不过是追求着自己的目的的人的活动的总和,而目的即人自身,因此,人的活动目的就在于实现人的自我价值;另一方面,恩格斯曾提出"历史合力论",[①]认为无数个人的有目的的活动创造了历史,同时,个人是作为社会的个体而存在的,个人的活动相应有其社会价值。因此,冯契认为,人的自我价值与社会价值应该是统一的,人生理想正在于通过创造性活动为社会作贡献,同时,实现自我价值。

其次,从价值论角度来说,我们还需要处理好"自我"之存在与本质之间

---

① 《马克思恩格斯选集》第 4 卷,人民出版社 1995 年版,第 697 页。

的关系。"自我"既是具体的存在,同时也具有作为自我之本质,而本质总是内在于具体存在。一方面,从本体论意义来说,"我"是实践的主体,是实在的具体的单一的主体,每个实体性的"我"具有本体论意义的同一性,有其自身绵延的同一性,都具有自我意识;另一方面,从价值论角度来说,对自我的认识要求把形象思维和理性直觉与概念统一起来,存在和本质统一起来,才能达到"自知者明"。

总之,冯契认为,人生理想所根据的真理性认识,应是从个人与社会统一、存在与本质统一的角度来把握人生的认识。这也是哲学上一个很重要的问题。

就中国哲学史上的人生理想而言,冯契指出,在儒家那里,个人的具体的存在往往从属于本质,重视从伦理道德关系的角度强调人的类本质,自然容易忽视个人的具体的存在。这一主张到理学家那里,甚至将个体视为"私欲"而主张摒弃。儒家的本质主义被演变为理性专制主义;而道家主张通过"坐忘"、"心斋"的途径强调"天地与我并生,万物与我为一"的逍遥境界,强调人的自我价值而忽视人的社会价值。其后嵇康、阮籍、向秀、郭象一派玄学和禅宗一派佛学大都继承了庄子的传统,推崇个性。他们往往主张通过理性的直觉来把握具体的存在。这种主张曾被西方称为"东方神秘主义"。而现代西方的"反本质主义"正是从中得到启发。有鉴于此,冯契认为儒道两家代表了本质主义与反本质主义的两个主要传统,前者重视本质,后者强调把握存在;前者强调社会价值,后者推崇自我价值;前者是道德层面的积极自由,后者则是逍遥无为的消极自由。而近代哲学革命阶段,个人理想的观念较以往发生了三点根本的变化:其一,强调自我多样化,要求培养多样化的"不拘一格"的人才,把人生理想的重心由德转向才;其二,强调竞争意识,担负社会历史赋予的责任,表现自己的力量来发展自己,实现自我;其三,执著于今,理想的标向指向了未来,而非复古。近代的这种人生理想,能促使人们去反抗传统、进行社会变革,具有启蒙意义。当然,也容易导致自我与社会的对立而走向个性主义,尤其是实用主义、无政府主义思潮等。针对这一流弊,20世纪30年代起又走向了以集体主义反对个性主义的另一极端,过分强调社会价值而忽视具体的我的存在和自我价值,过分强调自我的改造,而忽视自我的实现和发展。冯契认为,这正是以正统自居的苏联教条式马克思主义,在理论和实践上长期忽视"认识自我"这一课题遗留下来的问题。

鉴于我国哲学传统的缺陷和苏联正统派马克思主义的流弊,冯契主张在改变世界和发展自我于一体的实践过程中来探究人生理想的问题,从而弥补"认识自我"空缺的缺陷。

冯契认为,作为价值范畴的"真",与人的利益相关,与人性发展相联系;而作为真理标准的实践,也是改变世界和发展自我相统一的活动。基于以下三点,使得实践作为真理标准变得相当复杂:首先,评价中牵涉人的利益和主观愿望;其次,人性是理性和非理性的统一,故符合人性发展不单单是个理论理性的问题;再次,改造世界与发展自我之间存在不一致性,如西方现代化过程中所表现的科学与人生之间的张力。因此,冯契认为,在价值领域,无论是社会理想还是个人理想,我们都需"兼容并包,自由争鸣"的宽容态度。

另外,冯契不满于以往只讲自我改造而不讲自我实现、自我发展的片面观点和现实,主张以"发展自我"代替"自我改造"。在他看来,自我改造的提法是消极的、片面的,而发展自我的提法是积极的,包括自我实现、自我改造和自我发展。冯契阐明了为什么要以"发展自我"的命题取代"改造自我"的命题。"应该肯定每个人都有其独立的人格,才能自尊也尊重别人;每个人都要求自我实现,充分发挥自己能力,自主选择自己的道路,这样才勇于为社会、国家担负起责任,作出自己的贡献。"①在他看来,在发展自我的过程中要勇于进行自我批评。这是对自己独立人格的肯定和履行义务,作为独立的人格,就要对自己的言行负责,有错误就要勇于改正。反之,如果片面强调自我改造、自我检讨,外力的强迫只能使人感到失去了人的尊严,易产生抗拒心理。基于以上理由,冯契主张:"'认识自我、认识世界','改变世界,发展自我'是哲学的主题。考察性与天道、认识自我与认识世界之间的关系,使之逐渐变得自觉起来,这就是哲学的智慧。"②因此,他主张在唯物辩证法的基础上汲取实证论、非理性主义的合理因素,用中国的传统智慧(近代化了的)来科学地认识世界、认识自己,在改变世界和发展自己的统一中使哲学达到一种新的更高的境界。

以"发展自我"的命题取代"改造自我"的命题,是冯契先生的一大理论创

---

① 冯契:《人的自由和真善美》,华东师范大学出版社1996年版,第197页。
② 冯契:《人的自由和真善美》,华东师范大学出版社1996年版,第198页。

新。这一创新是对极"左"路线盛行时期不尊重个人的人格尊严,动辄以自我批判、自我改造粗暴对待个人的错误做法的反思、总结。

2. 善与道德理想

在智慧说中,就理想的领域而言,不仅涉及作为价值范畴的"真"及其所反映的人生理想,还涉及善与道德理想。

(1)道德意义上"善"的含义

冯契认为,善有广义、狭义之分。满足人的物质的、精神的需要,就是利益。合理的利益就是广义的善;而狭义的善仅指人伦关系的好的行为。这种道德行为上的善,其本质特征与"义利"关系紧密关联。如墨家"义,利也"反映的是功利论的观点,而儒家"义,宜也"反映的是一种道义论的观点。冯契认为,两者都有道理,但又各偏执一方,而正确的观点是主张二者的统一,认为"义"、"利"都是历史范畴,都是相对于特定的社会关系来说的。

在冯契看来,人的道德行为有两个要素:其一,有社会规律方面的依据;其二,合乎人性发展的要求。人在社会实践中的一切有目的的活动都涉及人与人的关系,这种关系有相应的道德准则和道德规范。任何社会都需要一定的道德规范来维护社会的合理秩序,使群、己的利益都得到满足。道德行为的特点就在于:要把合理的人际关系建立在"爱"的基础上,将利人与爱人统一起来,建立在自觉自愿的基础上。以"仁义"而言,仁出于人性、人心("仁,心也"),而义是应当遵循的准则,所谓"义,人路也"。因此,人的道德行为,一方面出于人性的自然要求即爱心;另一方面,又是必须遵循的当然之则。所谓"居仁由义"正是说明道德既反映社会关系的准则、规范,同时又是发自内心的要求,两者缺一不可。

道德规范的合理性不仅在于有社会历史规律方面的依据,而且在于合乎人性发展的真实要求,人性是个性与共性的统一。在价值领域,如果忽视了人的个性,价值就是抽象的,所以讲到善、讲到美、讲到智慧时,每个人都是具有内在价值的主体。历史上的道德规范,在最初往往是自发的,然后逐步获得自觉的形态,而经历由自在到自为、自发到自觉的发展,从而在一定历史阶段上对维护社会伦理关系和对人性的发展起着积极的作用。而这种作用呈现出相对性、有条件性和历史性。正是针对道德规范的这种历史性,冯契主张,对道德上的是非与善恶都应辩证地看,切忌将善绝对化。在价值领域,我们不能对道德采取相对主义和虚无主义的态度,而要认识到道德规范的合理性;同时也不能采取独断论的态度,要认识到道德规范的相对性。

把客观规律性与人性的真实要求相结合来考察,可以得出这样的结论:善以真为前提,要以客观规律为依据,要以人性发展的真实要求为前提。"饿死事小,失节事大"的说法体现的是虚伪礼教与真实人性之间的冲突所造成的悲剧,要求寡妇守节实质上是在劳动的异化条件下反映在伦理道德方面的异化现象。善转过来又成为求真的巨大动力,如许多科学家、学者积极献身于国家,献身于正义事业,献身于自己的目标,巨大的道德力量促使他们去追求真理,持之以恒,百折不挠。

(2)善与道德理想

道德理想是人生理想的重要方面,是关于善的伦理和品德的思想。其中伦理指的是人和人之间应当有的关系,而品德指道德主体的品质。故,道德理想通常包括社会伦理和个人品德,与道德规范和道德行为紧密关联。

道德理想表现于人的行为中,具体化为处理人和人关系的准则,即道德规范。道德规范是道德理想的具体化。道德规范不仅具有现实性,同时具有理想形态。一方面,道德规范如果是正当的、合理的,总是有其客观条件和人性方面的根据,具有现实的可能性,合乎人的利益,同时又往往形象化,如此才能有效规范行动,在行为中化为现实;另一方面,道德理想分化为规范,故每一规范又要取得理想形态,在规范行为时,是出于爱心来掌握,并生动地构想出来,灵活而真实地贯彻于行动。如"言必信,行必果",否则就是不负责任,没有"肩胛"。冯契借用墨家之仁义来解释道德规范,认为首先是要爱人如己;其次,将利人作为自己的职责和义务。而为了利人,又需培养自己的才能,"而能能利之",获得能利人的能力;再次,主张"合其志功而观焉",主张把动机和效果统一起来评价道德行为。

而用道德规范来规范自己的行为即为道德行为,故道德行为往往是合乎规范的行为。冯契认为,道德行为可以区分为自发的道德行为和自觉的道德行为。前者只是按本能或习惯去自发地行动而合乎道德的行为。当然,这种行为同样具有善的价值,也是自发地趋于行善,但自由程度尚不高;后者则是出于自觉自愿,具有自觉原则与自愿原则统一、意志和理智统一的特征的行为,二者不可偏废。自觉是理智的品格,而自愿是意志的品格。道德行为合乎规范,一方面是根据理性认识作出的,是自觉的;另一方面,又要出于意志的自由选择,是自愿的。只有自愿地选择和自觉地遵循的道德规范,才是在道德行为上真正自由的行为。只有这样的德行,才是以自身为目的,自身具有内在价值的自律而非他律的行为。

道德行为一方面必须出于理性认识,另一方面必须出于自由意志。"如果行为不是出于意志的自由选择,而是出于外力的强迫,那就谈不上善或恶。"①在冯契看来,道德领域中所谓出于理性认识,不仅是对道德规范的明察和理解,也是教育的结果,而且还要以明觉的心理状态遵循规范行事,这就是涵养功夫。而道德行为出于自由意志,说明道德行为是人的意志的活动,而意志具有自由选择的功能,"是之则受,非之则辞"(《荀子·解蔽》),规范中本身含有意愿的成分,是"应当"的问题。意志具有双重品格:一是自愿选择来作出决定;二是意志力量表现出专一贯彻性,在道德行为中,真正做自己的主宰,真正自己掌握命运,有如魏源之"天子不能与之富,上帝不能使之寿"(《默觚上·学篇八》)。

冯契认为,在哲学史上、伦理学上对上述原则往往产生不同的偏向。他反复批评中国儒学更多地考察自觉原则而极少讨论自愿原则。如孟子强调区分"行仁义"与"由仁义行"(《孟子·离娄下》)的行为;冯友兰先生强调以觉解之程度来区分人生境界之不同,都意在强调道德行为的高度自觉性。儒家虽也有讨论道德行为要由意志力来贯彻,但却对意志的"自愿"品格没有重视;而理学家"存天理,灭人欲"之说更是忽视了自愿原则;而西方基督教之原罪说中信仰上帝与否是处于自愿选择,虽强调了意志的自由及其自愿性,却容易变成独断论和专制主义。故中国理学家的伦理学比较强调自觉而容易陷入宿命论,西方基督教的伦理学比较强调自愿而容易陷入唯意志论,二者各有偏颇。

道德的主体,即为实践精神或实践理性。实践理性是善良意志或合乎理性的意志,通过行动使理想变为现实,形成合理的伦理关系,提高人的品格。在道德实践中,理智与意志互相促进,借用中国哲学的术语说,就是"明"(明

---

① 冯契:《人的自由和真善美》,华东师范大学出版社 1996 年版,第 221 页。

察即理智)与"志"(意志)的相互促进发展过程。

在社会伦理关系方面,道德行为就其内容来说,在于巩固和发展合理的人际关系,使社会组织具有道德的凝聚力,即"仁"、"义"关系。社会伦理总有其客观的基础,是在社会组织形成后所表现的道德凝聚力,如孝道之于家庭、宗法制所起的巩固作用。适应一定社会集团的道德理想、道德规范,通过人们有意识的道德行为,反作用于现实,所起的极大的作用,就叫道德凝聚力。在冯契看来,道德凝聚力通常表现在三方面:其一,使群体获得明确的共同的正义目标;其二,使群体中的个人与个人之间有一种爱和信任的关系,个人在集体中获得尊重,有一种幸福感;其三,形成道德风尚、社会舆论,渗透到社会生活的各个方面。这种道德的凝聚力通常起着把一个民族、一个阶级发动起来进行伟大的行动的巨大作用,如爱国主义在抗日战争中的作用等。①

在冯契看来,形成、发展合理的人际关系,使社会组织具有凝聚力是就道德行为的内容来说的;道德行为还有形式的方面,这就是文明的交际方式,也就是中国人长期以来所讲的礼。文明的交际方式体现为"节"和"文"两个方面。"节"是指人们在与他人的交往过程中应节制、克制自己;因为人们之间的欲望、爱好、意愿往往存在矛盾,个人利益和集体利益之间也常有矛盾,这就需要运用道德规范来对自己的情感、欲望加以节制,以便使自己的行为真正起到巩固合理的人际关系的作用。"文"就是文饰、美化,也就是人们在交往过程中要遵循一定的礼节,要讲礼貌,应采取特定的仪式或规程,使交往过程显得庄重、典雅和文明。"文"对群体、个人的行为都有美化的作用,甚至可以说人际交往取得了艺术的形式。笔者认为,"节"指向自身,通过约束自我惠及他人;"文"指向他人,凭借一定的礼节或仪式尊重他人。文明交际方式的实现需要节文并重,也就是既要节制,又要文饰。"封建礼教中许多是糟粕,儒家的礼教讲得很烦琐。但我认为以节和文的双重作用作为礼的基本精神是好的,各个社会都需要文明的交际方式,发挥节和文的作用。"②笔者认为,冯契的观点是很有见地的,封建礼教的确需要批判,但文明礼貌、文明的交往方式在任何时代、任何社会都是需要的。这是因为道德规范的内容、合理的人际关

---

① 参见冯契:《人的自由和真善美》,华东师范大学出版社1996年版,第227页。
② 冯契:《人的自由和真善美》,华东师范大学出版社1996年版,第229页。

系要用语言、动作、仪式等表现出来。这些表现方式应是文明的、得体的，而不能是粗俗的、愚昧的。冯契对以"节"和"文"为内容的文明交际方式的提倡，具有很强的现实针对性。因为在现实的人际交往中，文明的交际方式常常缺位。

冯契指出，由于中国人过去的伦理观念，一方面缺乏人格的独立性，忽视自愿原则；另一方面，将人的道德义务看成应服从有恩于自己的个人，服从在上者，而不是个人对国家、对集体负责。而近代过分强调了阶级性，将道德与政治混为一谈而在对旧道德的批判中导致了个人崇拜。因此，他认为，道德革命的目标主要在于反对那种与对人的依赖关系（权力迷信）和与对物的依赖关系（拜金主义）相联系的规范，这些规范呈现的都是一种异化。而道德革命要求建立李大钊所提出来的人道主义和社会主义统一的、个性解放和大同团结统一的那样的伦理关系，尤其需要在建设中培养全民族的凝聚力，这可谓任重而道远。

道德理想化为现实，除了社会伦理关系外，还包括培养个人的道德品质。一个真正有品德的人，是一个在道德上自由的人，他的道德行为一定是自觉自愿的。如孔子之仁智统一说，孟子之仁义礼智说，苏格拉底美德就是知识的主张等所表明的，他对道德规范有理性的认识，并且有明觉的心理状态，这就是智（知）的品德。

在冯契看来，讲品德不能离开人的实践精神。实践精神是一种合理的意志。道德主体是有意志力的，这首先表现在自愿地做道德选择上，如动机斗争中需经过权衡，作出选择，要靠意志力；其次，意志力也表现在行动中，即看他能否凭借意志力把道德原则始终如一地、言行一致地贯彻于行动中，从而表现其坚定的品格。在道德行为中所表现出的意志的独立和坚定，是实践精神或合理的意志的本质特征。冯契强调，不能把实践精神和善良意志绝对化，把它同本能感情、欲望如母爱、性爱等非理性的因素割裂开来，因为那种自发的、非理性的本能，往往能表现出难以估量的道德力量。

在道德规范化为人的品德方面，冯契主张要注意其历史性。这体现在两方面：一方面，道德规范化为人的品德是在一定历史阶段、在一定的社会组织之间形成的，如我国今天人道主义和社会主义统一原则下的"五爱"准则；另一方面，个人品德的形成也都要经历培养的过程。"品德"虽通常用于正面的褒义，但也有被用作负面意义的时候，如所谓的异化品质。异化的品质一方面表现为权势欲和金钱欲,是与社会发展史上基于人的依赖关系和基于对物的依赖关系所产生的两种异化的力量即权力迷信和拜金主义所产生的。尽管这种异化的品质在一定历史条件下曾有其历史作用,但总是违背人的自由发展的要求的。另一方面,还表现为中国人的所谓面子观念。在道学家以及鲁迅所说的那种"做戏的虚无党"那里,存在心口不一、表里不符的状况。由于异化的品质在经异化后,会产生极大的破坏力,并使人失去道德凝聚力,失去应有的信任、正义和友爱,而且违背了人的自由发展的要求。因此,必须克服异化现象,以达到每个人的自由发展是所有人自由发展的条件的社会即实现共产主义目标。

另外,道德品质在不同人的身上以及同一个人的不同阶段上,表现为层次上的差别。因此,人的品德和他所处的道德境界有高下之分。人的善的品质是一个在实践和教育中不断发育培养的过程。冯契认为,从人道原则和自然原则的统一、从性与天道交互作用的观点来看,品德与智慧、道德境界与哲理境界是可以达到统一的。我们根据科学世界观(智慧)来提出人道主义和社会主义相统一的社会理想,也是道德理想。它为实践精神所把握,贯彻于道德的行为,通过实践精神自觉自愿的活动,可以成性,最后达到自然,而出于德性自然的道德行为,又使现实世界成为合乎规范的。这样,品德、道德境界与现实的社会伦理、社会的道德秩序是统一的,不仅是社会秩序,而且与社会相联系的自然界也因为人的活动而抹上了道德的色彩。这种道德色彩又往往与艺术相联系而涉及"美"的范畴。

3. 美与审美理想

前面讲过,所谓自由就是在实践过程中,在性与天道的交互作用中,在现实中构建理想,又将理想化为现实。而与理想直接关涉的三个领域,除了人生理想和道德理想外,则为审美理想,三者的统一也就意味着真、善、美的统一。这种统一在实践中得以存在、得以实现。也正是这种统一才得以打破以往认知系统中科学和哲学、知识和智慧之间的壁垒,从而超越科学主义和人文主义之间的对峙。

(1)审美意义上的"美"的含义

冯契认为,"美"范畴有不同的意义,如美德、美味等。作为审美意义上的

"美"的含义，即美感是一种自由的快感。为此，首先需要理解美感和快感的关系。

所谓快感，通常是感性上的，如身体的舒适、官能之享受等，不一定具有美学上的意义。这种快感往往有所待，具有很明显的相对性。这点在《庄子·齐物论》中对"正处"、"正味"和"正色"的讨论之中有经典体现。事实上，官能的享受会因时、因地、因条件而有不同，如饱食者与饿汉之于美味。梁启超强调美感是快感，讲趣味主义，认为美的作用不外乎引起人的快感，艺术的功用就是要激发人的生活趣味。① 冯契认为，趣味同样因人因时而有异，如果把美感与趣味等同，就会陷入相对主义的泥淖。他反对把相对绝对化，认同孟子"同听"、"同美"（《孟子·告子上》）之说，认为人之听觉、视觉确实存在共同之处，存在共同的审美经验。而审美经验要诉之于感性直观，这种直观能给人以愉快，这是大家一致公认的。因此，审美经验中存在愉快是不成问题的。问题是其中所存在的愉快是什么性质，有什么特点。康德认为，美感是一种自由的快感②，强调其是"自由"的，是没有任何利益关系的，故美感的特点是超利害关系的，是无所谓而为的。冯契大致认可康德所讲的审美经验的愉快是自由的观点，如庖丁解牛中所获得的踌躇满志就是一种审美活动的自由；但不赞同康德关于审美经验的快感超功利、超利害关系的见解。冯契认为，艺术不仅就其起源来说具有功利性，而且艺术及审美经验对于培养人的性格和精神素质有重要作用，故是为人生而艺术而非为艺术而艺术。康德以后的美学家将他的观点引导到了形式主义，给为艺术而艺术的主张提供了根据。实际上，从艺术的起源的角度看，还是可以发现美感和艺术的根底里都有功利的性质，这点在普列汉诺夫的《艺术论》及鲁迅翻译《艺术论》所作的序言中有清楚的说明。的确，即便是庖丁解牛，其解牛的活动本来也是为满足人的物质需求，故富有功利性，只不过是庖丁在解牛的过程中能因其固然、合乎天理而使其动作变得优美，才有其踌躇满志的表现和自由的享受。因此，他的活动不过是人的本质力量的对象化、形象化，人在这种活动中直观到了自己的本质力量而已，而且这种活动对人的德性培养发展起着重要的作用。艺术有其内在价值，美

---

① 参见《饮冰室文集》卷三十九《美术与生活》。
② 参见康德：《判断力批判》第一章"美的分析"第1—22节，商务印书馆1985年版。

感经验对人的自由发展有重要意义。

当然,除自由的快感中存在美感外,还存在悲剧的美,悲剧也能给人以自由的愉快,给人美感。亚里士多德从悲剧艺术对人性发展的作用的角度,认为悲剧有净化作用。朱光潜在其《悲剧心理学》中,也从悲剧使人怜悯、恐惧的情绪得到净化的角度,探讨了由痛苦到快感的转化,认为悲剧本身具有形式美。

其次,要把握美和真、善的关系。

康德区分出自由美和依存美,认为自由美纯粹凭形象直观,不掺杂概念和道德评价。他认为,美感中如果掺杂有真理性的追求和道德的评价的那种具有依存性的美,是不自由的。冯契指出,不能认为表现真理和德行的艺术给人的美感就是不自由的,康德把两者过分割裂,是错误的。在他看来,美是以真和善为前提的,美和真、善之间有着相互促进的作用。人在必然王国里,可按照规律来获得物质利益;在此基础上,智慧、道德和艺术发展起来,于是就有了理想的价值领域,这就是理想化为现实的领域。由此,发展了自由的智慧。真理性的认识用来改变世界,发展自身,也发展了自由的德性。自愿选择与自觉遵循的道德准则,用来规范行为,也发展了自由的美感。在人化的自然中,直观人的本质力量,在主客观的统一中享受自由的愉快。这种真、善、美的领域统一于理想化为现实的精神自由之中。因此,冯契认为,真、善和美之间决不是完全割裂的,而只是有所区别。

冯契简单回顾了哲学史上对美和真、善之间关系问题的看法,认为各有所见,又各有所蔽。孔孟主张,美是善的充实,是人格美;老庄认为,美就是与自然、与真实合一,美首先是自然美。孔孟强调,美要以善为前提,"人而不仁,如礼何? 人而不仁,如乐何?"(《论语·八佾》)。礼乐基于仁义而发,没有仁义就没有礼乐艺术,美首先是人格美。他们认识到了善和美之间的区别,尽善未必尽美,尽美未必尽善(《论语·八佾》)。但又认为,美就是善的发展,如孟子认为,人的善出于本性而达到充实,就是美(《孟子·尽心下》),换句话说,美无非是人的德性发展到充实的地步。而老庄强调自然原则,认为仁义礼乐是摧残人性的,真正的自由是否定人道,复归自然。老庄认为,天道即天籁、至乐,天地有"大美"(《庄子·知北游》),自然就是美,哲学就是诗,所谓"圣人者,原天地之美而达万物之理"(《庄子·知北游》),认为逍遥境界的获得就是以习惯成自然的技艺与自然的天性相合,如庖丁解牛、梓庆削木等,在技进于道时获得的自由就是美感的自由。而荀子对此进行了总结,初步确立了真、善、美统一的思想。他一方面强调"舞艺天道兼"(《荀子·乐论》),认为天地之道作为理想体现在艺术中,强调美和真的关系;另一方面又强调"美善相乐"(《荀子·乐论》),认为艺术可以培养人的德性,习惯成自然,使人格不仅是善的,而且是美的。故他认为,"成人"即理想人格的造就是"不全不粹不足以为美"(《荀子·劝学》),"全"指全面的认识,"粹"指纯粹的品德,两者对应真和善,再加上礼乐的培养,才能成"美"。可见,这体现了真善美统一的境界和思想。通过梳理,冯契认为在后来的哲学史演变中,尽管仍有人偏重于老庄或孔孟,但总体趋势是要求真、善、美的统一。

再次,要把握美和丑的相对性以及美的多样性。

美和丑,较之于真和伪、善和恶更具有相对性。美是美感的内容,美感是在形象中直观到人的本质力量,体验到人的自由发展的愉快。丑同样是一种直观形象,但和人要求自由的本质相违背或不一致。但作为美的对立面,丑在审美经验中不是完全消极的角色,对美起着陪衬、对比的作用。一般而言,在审美经验中,精神美较之形体美更为重要。如庄子对许多丑陋形体之人的描述就在于衬托其精神美。这也是罗丹的雕像艺术风格。另外,即便是精神和性格,同样是一个矛盾的综合体,许多丑角在艺术戏剧中是既丑又美的、既可笑又可爱的,如《西游记》之猪八戒。即便是对那些本身精神上是丑的角色,如《十五贯》中的娄阿鼠,如果赋予其形式美,我们同样能从审美经验中获得美感。基于此,冯契确信,美本身是复杂的,而非简单的美丑截然分割;不仅美和丑的结合是多样的、非简单的,就是美的领域本身也是多方面的、多层次的,因此,对于艺术趣味不能强求一律,而需非常宽容。

(2)美与审美理想

审美理想是人生理想的重要方面,它是关于人的本质力量的形象化的理想。审美理想通过人的鉴赏和艺术创作活动具体化,成为包括意境、典型性格等的艺术形象。

审美理想不是抽象的概念,而是在艺术作品中,将人和人的生活本质反映在艺术的典型形象之中而使之具体化,成为现实的事物,它体现于生动的形象,并渗透着人的感情。王国维将情、景作为文学"境界"的两元质;朱光潜认为意境是形象的直觉,表现一定的情趣。① 冯契也认为,艺术形象总是包含造型因素(即事和景)和表情因素(情)并借以表现艺术理想,两者不可分离,但可以有所偏重。我们通常所说的情景交融所表达的就是艺术理想。

冯契主张,艺术美是艺术理想的现实,艺术理想与真善不能分割,其缘由在于艺术理想要求真实性,和道德评价相联系。就真实性而言,表现在艺术理想内容和形式两方面的物质前提:就内容而言,艺术理想源自社会生活及人本身,都要反映生活的本质;就形式而言,艺术理想要成为现实,必须取得物质外壳,一定要通过物质媒介(如声音、形体、色彩等)来表现出来。艺术理想的真实性在于人的生活的本质,人的本质力量。这种真实性往往能给人以意境,给人性格,使生活逻辑通过艺术表现出来。艺术家凭借理性的直觉,抓住现实生活中萌芽状态的东西及其可能性,加以典型化、理想化,从而成就艺术理想。如此,艺术能使人看到生活的本质,看到它的发展趋势,给人提供真理性的认识,提供智慧。另外,艺术理想还要体现一定社会集团的要求和道德理想。艺术创作中形象的选择和感情的抒发,总是伴随着道德评价,因而道德理想与艺术理想的结合,是优秀的艺术作品的内在要求。总之,艺术要反映社会生活的真实,既要写正面人物,又要写反面人物,于正面人物予以道德的肯定,于反面人物要从道义上给予谴责,从本质上揭露其虚伪,这正是美以真和善为前提所提出来的要求。

艺术理想由艺术想象或形象思维形成。而艺术想象每一步都需要形象直观和感情的灌注,是情景的结合,即表情因素和造型因素的结合,具有其本身的特点。冯契概括了艺术想象的两大特点:首先,有无动静的统一,即艺术想象既要有形象又要超脱形象,既要有感情又要超脱感情,要能入能出,善入善出,如此,情景的结合才能表现艺术的理想。这点在魏晋南北朝的美学理论和哲学争辩中有卓越的表现。其次,艺术创作作为一种从现实中汲取理想,又化理想为现实的精神生产,特别要求个性化。在艺术领域,艺术家把生活和理想、构思和创作、内容和形式统一于一体,表现出个性。因此,艺术理想的现实都呈现出个性。再次,艺术创作中构思和表现、形式和内容是统一的,两者不可分离。形式和内容的关系在文学领域具体呈现出的就是"文""道"之辨。

---

① 参见《静庵文集续编·文学小言》和朱光潜《诗论》第三章,三联书店 1984 年版。

尽管两者可以有所偏重,但总体上,形式和内容中仍需以内容为主,言意中仍需以意为主,否则就会成为备受批评的六朝骈文一样,出现"理不胜辞"的弊病。不难发现,上述两个特点是从中国传统哲学的史料中挖掘出来的。

艺术理想还要表现于灌注了感情的形象,没有表现就不能成为理想。而艺术形象要体现艺术理想,必须形成一个有机整体,这就需要依靠想象力,因而涉及形象结合的方式问题。以往心理学家早就注意到形象结合遵循联想律,但通常的联系常常是偶然的、散漫的,难以成整体。在冯契看来,艺术形象结合的方式不仅包括赋、比、兴,还包括对照和补充等方法,这些方式把形象结合成一个有机整体来体现艺术理想。而这种形象思维较之于理论思维,实质上体现的是时空形式和类、故、理的范畴。形象思维中同样富含辩证法,如有无动静的统一,内容形式、构思表现的统一来实现个性化;利用赋比兴与形象对照和补充作为形象结合的方式,通过这些方式来反映形象的矛盾运动,反映现实生活的本质和人的本质力量的矛盾运动等。形象思维凭借理性的直觉、艺术的想象来把握具体,给人暗示、启发,用形象来揭示生活的趋势,即揭示现实可能性。深刻揭示出现实生活的逻辑、提供现实生活发展的趋势和可能性的艺术作品是充满智慧的,是有助于人们真理性的认识的。这一点呈现艺术境界和哲理境界的统一,这种统一在大的艺术家那里,往往都有体现。

当然,基于艺术形象的表情因素和造型因素两要素的结合,艺术理想的表现有偏重于抒情的意境和偏重于造型的典型性格。前者用传统的话说即"言志说",后者表现为模仿说。抒情艺术讲言志就包括情和志,就是吟咏情性和抒写志向两个方面。而志向又离不开政治和教化,离不开社会作用,这就要抒发对现实的美刺(中国古代关于诗歌社会功能的一种说法,"美"即歌颂,"刺"即讽刺)。一般来说,抒情式以情作为性的表现,把情灌注于形象的结构之中。人的德性或本质力量表现为人的情感,表现为喜怒哀乐,都是人性因感物而动,故离不开事物的形象如声、色等。艺术家和诗人用灌注了人的感情的形象来表现人的本质力量,从而构成艺术意境。在这方面,中国思想史在美学上长期发展了言志说和意境论。大体而言,儒家重视诗教与礼教的结合,重视兴寄(中国古代诗歌的重要特点之一,指通过对具体事物的描写来表达作者的思想感)。但这一传统容易产生"文以载道"的倾向,变成教条化。而老庄、禅宗重视妙悟的传统,如司空图、严羽所讲的"别趣"、"吟咏情性"和"兴趣",

这种传统注重理性的直觉,看到了形象思维的特点,但往往忽视了美要以真、善为前提,从而忽视了艺术与人生的关系。冯契认为,过分地强调羚羊挂角就不可能有盛唐那样的风骨、气派,盛唐的传统要求艺术具有风骨、兴寄,讲艺术是为人生的。这一传统演变到后来,就成为白居易和韩愈的理论,强调文学艺术的美刺比兴的批判现实的作用。后来大体上都强调这一传统,主张文学艺术反映社会矛盾,干预社会现实,如黄宗羲强调的风雷之文,鲁迅强调的"金刚怒目"等,都是这一传统。造型艺术以及语言艺术中的叙事作品、戏剧往往重视叙事类造型因素,强调艺术理想表现的具体化,就在于描写典型性格。叙事作品形象结合的逻辑通过情节、场面来展开。在情节的发展中,通过任务之间的矛盾的展开,人的本质力量也表现出来,从而形成人物性格。这种性格是一般和个别的统一,是形神兼备的性格,具有完整的具体性和独特的个性的特点,故称之为典型性格。通过典型性格,生活的逻辑得以展开。冯契认为,大体而言,就中西方文化的显著差异在艺术和美术传统方面的表现而言,中国文化的言志说和意境理论相当丰富,擅长诗歌体的抒情,而叙事作品直到宋以后才有较大的发展,到清初李渔和金圣叹那里才有较完整的小说、戏剧理论,才有关于如何抒写典型性格的理论。而且,在意境理论和表现说的渗透下,造型艺术和叙事作品都受了抒情的影响。如中国人物画重在意境,而非如西方人那样重视人体解剖和对色彩作科学的研究,故其成就不如西方人而以山水画见长,这难免有重神而轻形的倾向。而在戏剧小说方面,主张叙事和抒情、性格和意境的结合,讲究意境,富于抒情色彩,并且结构不太严密,可分折上演,折折有意境,而不像西方戏剧。实际上,这些显著的差异,正是中西方哲学一重智慧一重科学之显著差异在艺术和美学方面的反映。

关于"美"中的个性与自由,冯契断言,审美活动的自由就是在人化的自然中间直观人的本质力量,这种人和自然、性与天道的交互作用要以感性形象作为中介。而这种感性形象一定是个性化的,是个性自由的体现。客观过程(自然和社会)之必然之理和当然之则的秩序总是通过人的感官而成为主体的"所与";主体也正是通过这些感官活动,才接受了天道和人道,并在主客体交互作用中来塑造自己的性格。同时,在这些交互作用中,其性格表现为情意;情意又通过语言、动作和容貌表现等,与客观事物以及社会中的人沟通。从而,以这些感性形象为中介,客观秩序、节奏表现出主体的个性,打上主体个性的烙印。如此,不仅是主体进行审美活动和艺术创作,都表现为个性化的形象,而且,性与天道、自然和人的互相作用都是要通过个性化的感性形象。但这些感性形象是具体的特殊的,情意也是特殊的,故都是殊相的、转瞬即逝的,有特殊的时空限制。而艺术运用想象力,把殊相结合为个性来揭示理想,使感性形象成为人的性情的流露而呈现个性化,从而超越时空限制,从有限中把握无限。这些个性化的感性形象,就是性和天道、人和自然交互作用的桥梁,是人的本质力量的对象化和形象化。

冯契强调,感性形象的个性化的特点,对于培养人的个性,发展人的个性自由,有着特别重要的意义。主体在艺术鉴赏中发展审美的能力,培养美的个性,需要个性化的形象的滋养,每个人都可以成为美的个性,在对自然美景和艺术的鉴赏中享受到自由。一般而言,个性是离不开精神主体的,人的精神要求使感性形象个性化,具有艺术的性质。只有如此,精神主体才能感到真正自由的愉快,如庖丁解牛的踌躇满志,就是技艺成为艺术。如科学的发明和理论上的创造中所伴有的生动的想象,总是激发着人的灵感,使精神主体处于自由状态,感到个性得到最充分的表现,并真正乐于从事,感到人的德性有艺术的性质,这就如马斯洛所说的高峰体验。而无论在哪个领域,真正达到高峰体验,其活动就会具有审美的自由。

对于不同时代对美感中的个性的培养和艺术的创造而言,冯契认为纲常名教束缚了人的个性,资本主义社会的拜金主义使人屈服于金钱,这些都是摧残艺术、摧残个性的。过分地强调思想性,就会概念化地把艺术作为某种教义的图解;过分地强调阶级性,就会把阶级作为类,而人作为类的一个例子来划分阶级成分;过分地强调群体性,就会把人看做群体的细胞或被驯服的工具。冯契相信,这些都是扼杀个性、抹杀艺术的魔鬼。这种教条主义往往与权力迷信、金钱崇拜相联系,表现为对人的依赖;走向另一个极端,过分强调经济利益,认为“人不为己,天诛地灭”,则是利己主义;再走向极端则导致价值的虚无主义。不论教条主义、实用主义还是价值虚无主义,都不利于美感的产生。① 受到摧残的艺术和个性更不利于人的本质的全面发展而倒向人的本质的再次异化。

---

① 参见冯契:《人的自由和真善美》,华东师范大学出版社1996年版,第286—287页。

总之,艺术以个性化的形象来揭示生活的逻辑,有助于人的个性的自由发展。一般而言,一切真正的艺术品都既是个性化又符合生活逻辑的。如宗白华所言的艺中之道,认为艺术家外师造化,中得心源,既体现宇宙的生命,又表现自己内心的节奏,将性与天道统一起来。但冯契在认可宗白华这一理论的合理之处的同时,又否定其狭隘的理解缺陷,认为不足以说明艺术意境的多样性,容易使人脱离人生和现实,而时代精神本身不是抽象的,而是通过艺术家个人的遭遇和切身的感受体现出来的。因此,冯契主张将时代精神反映在艺术中。在他看来,金刚怒目的传统比羚羊挂角的传统更为重要。

以上对理想领域,真、善、美及其所关涉的自由作了论述。那么,人类能否达到至真、至善、至美的领域呢?人的本质能否得到充分的发展呢?在这个问题上,冯契否定了金先生悲观的看法,认为金先生的观点是超越于现实的目标,是形而上学的,缺乏辩证法的精神。冯契断言,在人化的自然中,目的因是动力因,真与伪、善与恶、美与丑都是相对的。这种对立通过矛盾发展人的理性的鉴别、比较和选择,从而创造越来越多的价值,获得越来越多的目的。从辩证法的观点来看,人获得的自由是有条件的、相对的。但相对的东西之中内在地包含着绝对的东西,绝对的真善美和自由就是在相对的精神创造的过程中展开的。成中英先生认为:真善美的创造是历史文化的具体方式在一定形式下实现的。求真要在科学和哲学的探索中实现,真表现为知识的真理形式;为善则在伦理的行为中实现,善表现为德性和德行的形式;创造美要在不同的艺术与审美活动中进行,美表现为艺术和文艺形式。就主体而言,真善美的创造显露和实现了人的意志与生命自由;就价值而言亦如此。自由既是价值创造的先天形式,又是价值创造的后天成果,两者互为表里,互为因果,如此达到有限条件中的无限自由。①

总之,人的本质的发展就是创造价值,实现自由的过程。主体在实践的基础上不断实现自然的人化和人的自然化,也即客体主体化和主体客体化,实现自然的社会和社会的自然的转化,将外在的尺度与内在的尺度融合统一,使外在的自然与内在的自然相结合。在实践中,主体不仅要对当然之则有理性的

---

① 参见成中英:《冯契先生的智慧学说与本体思考——知识与价值的辩证逻辑统一》,《学术月刊》1997 年第 3 期。

认识,更重要的还在于把普遍的外在的道德准则及要求等内化为主体的信念、意志和情感等内在意识,化理论为德性,凝道成德,显性弘道,在道德行为中坚持自觉原则和自愿原则的统一,通过德育、智育和美育培养平民化的自由人格,克服人的本质的异化,争取实现真、善、美的统一。

三、智慧与理想人格的培养

冯契在对自由的论述中同时也表明:从现实汲取理想、把理想化为现实的活动的主体是"我"或"自我";在化理想为现实的过程中,作为主体之"我"的人格自然也就得到了培养。冯契将理想人格与自由和智慧学说相联系,认为哲学的智慧可以使人达到与天道合一的自由德性,自由德性经过凝道成德、显性弘道,凭借理智对天道、人道和认识过程之道进行长期的思辨的综合,获得豁然贯通的感觉,从而在有限中把握无限,在相对中体验绝对,并且以此为契机,使理论化为德性,获得人格的自由。他明确表示,理论必须落实到现实的实践层面,指向自由的人格。这种自由的人格即理想人格。

1. 冯契理想人格学说的定义和内涵

就"人格"的定义而言,其原初意义来自于拉丁文 persona(面具),最早出现于罗马法典中用以明确私有财产所决定的阶级性的抽象人格权利。而在现代西方国家,相当一部分是从人格心理学的角度进行阐释。在中国传统文化中,伦理原则被当做绝对的价值尺度,主体对客体的评价都是以伦理原则为最高价值尺度的,这在儒家那里更为彰显。与西方文化中那种以理性与知识作为评判事物最主要的价值尺度相比,有明显的区别。如梁启超在《新民说》中曾提出"忠孝二德,人格最要之件也"[①],主张把"忠孝"、"忠义"等有"德性"之内涵的术语等同于"人格"。这种对"人格"从德性、伦理的角度作出的界说,就是受中国传统文化价值尺度影响的一个明显的映照。

在对"人格"范畴的阐释上,冯契并没有被传统儒学如梁启超所理解的那种含义所误导,而是立足于更为宽泛的文化人类学的视野,以历史唯物主义为

---

① 《梁启超选集》,上海人民出版社 1984 年版,第 220 页。

基本出发点,对"人格"一词的内涵作出了他自己所特有的界定。在他看来,如要了解一个人的人格,就得了解他在一定的社会结构和文化中所处的地位以及经常扮演的角色。每一个社会都存在着"基本人格"和"身份人格",前者是共同的人格因素一起形成的紧密组合之综合体,后者则指与每个人相连的生理群体和所处的社会层次。因此,冯契认为,可以从文化、社会与人三者的交互关系这一角度对人格下一个定义,即,人格是指人在一定社会制度与传统文化中所形成的、旨在调节人与自然、人与社会、人与人(包括自身)关系的行为准则,以及在实际行为中所凸显出来的精神素质。之所以加上"精神素质",是因为不能把人格当做外在行为的专有品。人格是具体的,它"作为主体是有血有肉的,不能离开人的言行谈人格",其原因就在于"人的精神依存于形体"。① 任何个人都是具有自我认识和自我控制能力的认知、情感、意志等机能的综合体,所以,人格作为价值主体性范畴,它是多样性的统一,是感性和理性、个体性与群体性、自然性(天道)与社会性(德性)的统一,它就是"一个精神统一体,是知情意等本质力量的统一体",②是"从现实中汲取理想,把理想化为现实"的活动主体之"我";这个"我"是"逻辑思维的主体,又是行动、感觉的主体,也是意志、情感的主体"。人格的内驱力是人所固有的求真、向善、爱美的意向,人在实现这些意向时,这一内驱力使得个体的行动具有"一贯性及在行动基础上意识上的一贯性",并往往表现为智慧的迸发、道德的判断与审美的追求,这不单单是种外在的行为,同时也体现为渗透在种种行为之中的精神素质。③

因此,冯契所讲的"人格",就更凸显人的个性品质,不同于传统人生哲学中"人品"所表现出来的那种与"道"相联系的普遍性特征;同时,他也肯定了"人格"与品德的关系。他认为:"'人格'这个词通常也只用来指有德性的主体。一个伪君子、市侩、卖国贼,是丧失了人格的人。""真正有价值的人格是自由的人格。"④这种"自由的人格"就是从现实中取得理想,并把理想化为现实的活动之主体及理想之承担者。这一"自由的人格"在"性与人道"的交互

---

① 冯契:《人的自由和真善美》,华东师范大学出版社 1996 年版,第 8 页。
② 冯契:《智慧的探索》,华东师范大学出版社 1997 年版,第 81 页。
③ 参见冯契:《人的自由和真善美》,华东师范大学出版社 1996 年版,第 8 页。
④ 冯契:《人的自由和真善美》,华东师范大学出版社 1996 年版,第 9 页。

过程中,不断化自在之物为为我之物,使人为的习性变成仿佛是人的自然本性的东西,使人在规律和规则面前,保持一种从容自如的"个性"姿态。可见,冯契强调的"人格"不是一种静态的具有孤立意识的"个人精神",而是充满着积极进取精神,在类与自我、自我与现实的交互活动之中不断丰富的"精神主体","人格既是理想的因,也是理想的果"①,是理想的客观化身;而理想则是客观现实的反映、概括,是人格的主观体现,是人的本质力量的对象化。所以在把理想化为现实的过程中,人格得到了培养,而培养起来的人格又去承担新的理想。人就是这样在从现实中汲取理想、化理想为现实的社会实践活动中使自身的本质力量或自由主体性充分发展,从而进入真善美统一的理想境界,成为越来越自由的人。

那么究竟什么是理想的人格,普通的人能否达到这一理想的人格,如何做才能拥有理想的人格即理想人格如何培养等问题,正是冯契广义认识论中的第四个问题需要解答的。

冯契强调的理想人格是"平民化的自由人格"。他指出:"我们讲的自由人格是平民化,是多数人可以达到的。这样的人格也体现类的本质和历史的联系,但是首先要求成为自由的个性。自由的个性就不仅是类的分子,不仅是社会联系中的细胞,而且他有独特的一贯性、坚定性,这种独特的性质使他和同类的其他分子相区别,在纷繁的社会联系中保持着其独立性。"他意识到:"'我'在所创造的价值领域里或我所享受的精神境界中是一个主宰者。'我'主宰着这个领域,这些创造物,价值是我的精神的创造,是我的精神的表现。"②也就是说,不仅"我"在价值创造过程中具有自由的德性,而且价值正是他德性的自由表现。

可见,"平民化的自由人格"并不是如古代传统所说的周公文武那样的英雄人格,也不是高不可攀的孔孟那样的圣贤人格,而是平民化的,是多数人经过努力就可能达到的。具有这种人格的人不是全智全能的圣人,而是普普通通的人,他有缺点,会犯错误;他既是类的分子,体现类的社会本质,又具有独特的一贯性,意识到自我的价值,尤其是具有自由的个性;他不承认人有终极

---

① 冯契:《人的自由和真善美》,华东师范大学出版社1996年版,第8页。
② 冯契:《人的自由和真善美》,华东师范大学出版社1996年版,第320—321页。

意义的觉悟,不认为人能拥有绝对意义的自由,只承认人在性与天道的交互过程中,在不断地化自在之物为为我之物的过程中,才能获得自由。因为"理想本身是随着现实发展的,自觉性也是相对的。我们把基于社会实践的精神由自在到自为、自发到自觉的发展理解为螺旋形上升的无限前进运动,不承认有终极的绝对意义上的觉悟,所以决不能把人神化"①。我们从冯契对理想人格的界定中可以发现,其理论具有以下几个基本特征:

首先,不同于传统人生哲学中普遍盛行抽象的"存天理、灭人欲"、"忘情"、"无欲"、"无我"的"醇儒"、圣贤、君子,冯契倡导的理想人格强调的是平民化,不拥有终极意义的觉悟和绝对意义的自由,是每一个普通人经过努力就可以达到的;同时,他强调多样化。他认为,具有多样化个性的个体应是知情意的统一、真善美的统一的全面发展的人,表现为理性因素和非理性因素(情意等)的综合,理性自觉和意志自愿相统一的个性品质,是认识主体性(求真)、道德主体性(至善)和审美主体性(达美)的辩证统一,因而对其培养,就不仅仅要以德性的发展为内涵,还要重视其个性的解放及其知识、才能、体魄等各方面发展的多样化。

其次,有别于20世纪30年代以来马克思主义对人的共性的过度强调,冯契强调个性,强调人的自由和独立性。这是冯契人格理想中最具时代意义的部分。与西方近代哲学以及中国五四以来西化派的极端个人主义的人格理想不同,冯契的理想人格在强调人的自由和个性的同时,又注意到了社会的协同性。冯契继承了中国前近代哲学、近现代哲学中王夫之、顾炎武、戴震、章太炎、孙中山、李大钊、毛泽东等人既注重个性解放与社会协调的关系又注重人格的独立自尊与国家集体观念的树立等思想以及现代西方某些"德性理论"的合理要素,非常强调自由人格的社会性和独立个性的统一,尤其是以马克思主义的实践观为基础,明确地将"自由"观念纳入人格理想之中,从而提出了既具有现代性又超越于西方资产阶级启蒙哲学极端个人主义思想的现代人生理想。

再次,也不完全等同于中国共产党人所倡导的具有共产主义道德和革命英雄主义精神的人格理想。他认为,那种人格理想"忽视自愿原则,实际上也

---

① 冯契:《智慧的探索》,华东师范大学出版社1997年版,第123页。

就是忽视了个性解放,忽视了每个人本身都是目的,同时也违背了'个性解放和大同团结相统一'的原理,鼓励了把群众视为阿斗的习惯势力,为'个人迷信'开辟了道路"。① 可以说,冯契论述其理想人格理论时所阐述的"自觉与自愿"相结合的伦理学原则,不仅在理论层面上揭示了造成"文化大革命"时期"个人迷信"的理性认识原因,而且为解决当前我国社会中道德规范的崇高性与道德实践的软弱性问题提供了一条切实可行且必须遵循的道路。

最后,与一般西方学者从静态角度讨论"自由人格"的思路不同,冯契汲取了马克思主义哲学的实践观点,从动态的历史过程角度对"自由人格"作了哲学的界定。他认为,自由人格就是有自由德性的人格,在实践和认识的反复过程中,理想化为信念,成为德性,就是精神成了具有自由的人格。换言之,在改造客观世界、化理想为现实的社会实践中,人不断发展着认知主体性、道德主体性和审美主体性,由此便发展了自由人格,进入了理想境界。这种"自由人格"既是"承担理想的承担者,也是理想实现的产物"②,而"一个自觉的或者理想的人格,就是实现了理想的个性"③,是在基于实践的认识世界和认识自己的交互作用过程中实现的。因此,冯契"平民化自由人格"的做人理想既具有历史性,又具有广阔的前瞻性和开放性,而非像某些哲学家那样为人们设定的那种一旦达到便永恒静止的乌托邦境界。

2. 理想人格的培养

要求走向自由、要求自由劳动是人的本质。而知、意、情与真、善、美的全面发展是自由人格的基本特征。在他看来,理想和自由是过程,自由人格正是在过程中展开。冯契根据其自由理论和真善美相统一和人的本质的全面发展的原则,以马克思主义的实践观为基础,提出了培养自由人格的基本途径:

首先,是实践和教育相结合,冯契认为,这也是"培养人的一般规律,是我们今天培养共产主义的自觉人格的必由之路"。④ 因为主体从自发到自觉的发展是同自在之物转化为为我之物的过程相一致的;同时,人又是在改变世界

---

① 冯契:《中国近代哲学的革命进程》,华东师范大学出版社1997年版,第676页。
② 冯契:《人的自由和真善美》,华东师范大学出版社1996年版,第8页。
③ 冯契:《逻辑思维的辩证法》,华东师范大学出版社1996年版,第189页。
④ 冯契:《智慧的探索》,华东师范大学出版社1997年版,第127页。

中发展自己的。在这里,把实践理解为自然和人、主体和客体(对象)之间的感性的物质交往过程,而教育则包含了全部文化环境的熏陶,所以,"培养自觉的人格、自由的人格,首先要通过实践,当然也要通过教育"。① 从教育来说,要培养平民化的自由人格、具有共产主义理想的自觉的人格,最关键的是要求全面地而不是零碎地,实际地而不是抽象地掌握马克思主义的科学真理,其核心是进行马克思主义的科学世界观和科学共产主义的教育。当然,改变环境和培育人,不能靠少数天才人物的教导,冯契认为,一定要通过群众的革命实践来改造社会,并使人们在实践斗争中受教育,由自发变为自觉。②

其次,是世界观、人生观的培养和德育、智育、美育的结合。人性的要求是比较全面和多样化的,虽然人的理性在人的全部精神世界中占有主导的地位,但人的本质力量不仅有知,还包括情感和意志,是理性和非理性(不是反理性)的统一。因此,从人的天资出发,造就德性、培养理想的人格,在教育上应当把智育、德育、美育等多种途径结合起来,使人们在理论思维、道德品质、审美能力等方面都得到适当发展。

正像人类主体的发展有一个从自发到自觉的发展过程一样,平民化的自由人格的个性形成也有一个过程:用正确的世界观来指导人生,一定要出自真诚的理性认识和尊重意志的自愿选择,并运用想象力把未来目标勾画出来,以形成能激发感情的理想;以理想为目标贯彻于实践,就会遇到种种困难,在同困难作斗争中,要求保持明觉的心态和意志力,从而使理想成为信念;信念使人乐于坚持而形成习惯,习之既久,成为自然,并在行为中有一种自得之感,如孔子所谓"从心所欲而不逾矩",这才成为自由的德性。就是说,从世界观教育的角度说,自由个性的培养,要经过树立明确的理想,形成坚定的信念,以至习惯成自然等环节;自由个性、自由人格的培养的过程也是理论化为德性的过程,同时也是真善美趋于统一的过程,这是一个不断提高的无限前进的运动过程。

再次,集体帮助和个人主观努力相结合以求个性的全面发展,因为"人格的培养既需要客观的社会条件和集体的帮助,也要靠个人的主观能动性"。③

---

① 冯契:《逻辑思维的辩证法》,华东师范大学出版社 1996 年版,第 183 页。
② 参见冯契:《智慧的探索》,华东师范大学出版社 1997 年版,第 124—125 页。
③ 冯契:《智慧的探索》,华东师范大学出版社 1997 年版,第 126 页。

人的本质是社会关系的总和,人是在社会、群体中成长的;个体之能形成自我意识,是因为存在着"他",人正是以别人来反映自己的,正是在彼此交往中、在我和他的交往中形成自我意识的。如传统儒家所主张的,自由在于肯定人的尊严、人的价值那样,自由个性的形成需要有尊重个人、个人又能自重的真正集体,因为"既然是环境造就人,那就必须以合乎人性的方式去造就环境"。① 就个人来说,应积极主动地发挥自己的主观能动性,在实践中锻炼自己、培养自己,并立志做一个自由人;就集体来说,应该培育一个使个人受到尊重和信任并充满爱心和温暖的民主的环境,只有在这种民主和谐的集体的帮助下,又经过个体的自我努力,才能真正形成有个性的自由人格。

当然,冯契关于理想人格的理论,同样是在"化理论为方法"的精神的指导下,运用了逻辑和历史相统一的方法,贯彻"哲学是哲学史的总结,哲学史是哲学的展开"的观点,通过对中国传统哲学的回顾和分析,并沿着实践唯物主义辩证法的路子前进的结果。②

总之,冯契认为,唯物史观的创立对人如何解决由自在变成自为、由必然王国进入自由王国而实现真善美统一的社会理想和人生理想这个既属于历史观又属于认识论的问题,做了科学的回答。在他看来,本质上要求自由的人类通过实践基础上的认识世界与认识自己的交互作用,人与自然、性与天道在理论与实践的辩证统一中互相促进,人之知情意等本质力量也随之全面发展,进而达到真善美的统一。因为人们化自在之物为为我之物的过程,就是以真善美的统一为目标,"就在达到真善美统一的理想境界和造就真善美统一的理想人格"。③ 从对象方面来说,"人类的全部历史就是一部化自在之物为为我之物的历史,它所要达到的目标就是真善美的统一"④;从主体方面来说,这个过程就是从自在到自为、从自发到自觉的过程,目标就是要培养真善美统一和知情意统一的全面发展的理想的人格、自觉的人格、自由的人格。这种自由人格拥有自由的德性,有了这种自由的德性,就意识到了我与天道为一,意识到

① 《马克思恩格斯全集》第11卷,人民出版社1995年版,第752页。
② 参见王向清:《冯契与马克思主义中国化》之第五章之"冯契理想人格学说的思想渊源",湘潭大学出版社2008年版。
③ 冯契:《智慧的探索》,华东师范大学出版社1997年版,第266页。
④ 冯契:《智慧的探索》,华东师范大学出版社1997年版,第77页。

了我具有一种"足乎己无待于外"的真诚的充实感。这种表现为真善美统一、知情意统一的理想人格、自由人格,显然又蕴涵着无形的道德力量,对我们所追求的宏伟的共产主义事业,对社会主义革命和建设,对中国及人类走向自由之路,都将会产生巨大的积极的推动作用。

第六章　"智慧"说对学术层面马克思主义哲学中国化的贡献

马克思主义哲学从传入中国的时候起,就存在着如何中国化的问题。马克思主义哲学中国化包括了实践层面的中国化和学术层面的中国化。实践层面的马克思主义哲学中国化是指:革命家、政治领袖运用马克思主义哲学的立场、观点和方法考察中国的历史和现状,科学地解答新民主主义革命和社会主义建设进程中遇到的实际问题,从而形成指导中国革命和建设的正确理论、路线、方针和政策。实践层面的马克思主义哲学中国化已取得了丰硕成果,先后形成了毛泽东哲学思想、中国特色的社会主义理论以及"以人为本"的重要思想。上述成果由于理论工作者的积极探索、大众传媒的宣传而广为人知。学术层面的马克思主义哲学中国化主要是指:首先是哲学工作者继承马克思主义哲学的真精神,以中国传统哲学的积极成果为切入点,建构中国化的马克思主义哲学体系,包括内在结构和内容安排,范畴的提炼、概括,命题的提出和展开。其体系结构、内容安排、范畴展开和命题阐述应具有中华文化特点和中国气派;其次是哲学工作者运用马克思主义哲学的立场去解读中国传统哲学,使其可能适用现代社会需要的积极成果得到发展。相对而言,哲学界对学术层面马克思主义哲学中国化的研究要滞后些,具体表现为对学术层面马克思主义哲学中国化经历了哪些环节,取得了哪些成果等重大问题,没有得到应有的关注和探索。

马克思主义哲学在中国的传播、阐发、创造大致经历了以下几个阶段:第一个阶段是李大钊、陈独秀初步传播马克思主义哲学;第二个阶段是瞿秋白全面传播马克思主义哲学;第三个阶段是李达将马克思主义哲学系统化;第四个阶段是艾思奇将马克思主义哲学大众化;第五个阶段是张岱年对中国化马克思主义哲学体系的初步探索;第六个阶段是毛泽东对马克思主义哲学的创造性发展阶段;第七个阶段是冯契等当代哲学家对马克思主义哲学中国化的贡献阶段。能否说这七个阶段都达到了学术层面马克思主义哲学中国化的水平、都构成了学术层面马克思主义哲学中国化的发展环节呢?回答是否定的。要考察学术层面马克思主义哲学中国化的逻辑发展,除了弄清其含义外,关键的问题是确定判别中国化马克思主义哲学的标准。笔者认为,判别学术层面马克思主义哲学中国化或中国化马克思主义哲学的标准,应包括政治、学术和话语方式三方面。政治标准是指中国化的马克思主义哲学应继承马克思主义哲学的真精神,即信守唯物辩证法立场,坚持实践观点,富有革命性和批判精神。学术标准是指中国化的马克思主义哲学必须有理论上的创新,包括新范畴的提炼、新命题的展开、新体系的建构。话语方式标准是指中国化的马克思主义哲学应当与中华民族传统哲学的思维方式、表达方式相契合,具有明显的中国特色。政治标准是为了坚持马克思主义哲学的方向,确保马克思主义哲学的性质;而学术标准强调理论上的创新;话语方式标准则注重中国特色和中国气派。李大钊、陈独秀、瞿秋白等早期马克思主义者主要是介绍、传播马克思主义哲学,几乎没有理论的创新,没有达到学术层面马克思主义哲学中国化的水准。从发生学的角度着眼,学术层面马克思主义哲学中国化是从李达、艾思奇开始的,经历了前后相继的三个发展阶段。作为职业哲学家,李达、艾思奇分别致力于从整体上系统地、通俗地阐发马克思主义哲学;张岱年率先探索了为何建构中国化的马克思主义哲学体系,他们充当了学术层面马克思主义哲学中国化的先驱,毛泽东的哲学创造从多层面实现了马克思主义哲学在中国的生成;而冯契的"智慧"说所阐发的广义认识则从体系建构层面实现了马克思主义哲学中国化。

一、学术层面马克思主义哲学
中国化的历史回顾

1. 李达、艾思奇、张岱年对学术层面马克思主义哲学中国化的初步探索

作为中国早期的马克思主义者,李达对马克思主义哲学在中国的传播是通过翻译、讲授、著述三条途径实现的。20 世纪 20—30 年代,他先后翻译出版了《唯物史观解说》、《辩证法唯物论教程》等多种马克思主义哲学著作,对

传播马克思哲学起到了很大的作用。从 30 年代初起,李达先后在上海市、北京市的一些大学讲授马克思主义哲学,是当时著名的红色教授之一。在翻译、讲授马克思主义哲学的同时,李达还从事艰辛的著述:1923 年撰写了《马克思学说与中国》,1929 年撰写了《中国产业革命概观》、《社会之基础知识》、《民族问题》,1937 年出版了《社会学大纲》、《辩证法的唯物论问答》。这些哲学著述体现了当时的中国学者对马克思主义哲学的理解程度,为学术层面的马克思主义哲学中国化做了准备。

李达对学术层面马克思主义哲学中国化的准备主要体现在以下几个方面:首先,最早以朦胧的形式提出了"马克思主义中国化"的概念。"马克思主义中国化"的概念虽然是毛泽东于 1938 年 10 在中共六届六中全会上明确提出来的,但李达早在 1923 年 5 月撰写的《马克思主义学说与中国》一文中就提出了"中国可以应用马克思学说改造社会"的论断。在他看来,马克思在《共产党宣言》中并未为中国共产党筹划在中国如何从事革命运动的方案;但根据马克思 1848 年对于波兰等国共产党所制订的计划,结合中国的具体情况,可以制定出一个革命运动的方案。这些看法体现了"按照中国国情"、"考虑中国社会问题的特殊性"来应用马克思主义学说的思想。这实质上是要求将马克思主义中国化。马克思主义哲学是马克思主义理论的基础,将马克思主义中国化,核心是将马克思主义哲学中国化。从这一层面说上,李达以朦胧的形式提出了马克思主义哲学中国化的思想。这为尔后毛泽东明确提出"马克思主义中国化"做了理论准备,也为"马克思主义哲学中国化"的提出做了理论准备。

其次,对建构中国化的马克思主义哲学体系作了初步尝试。1937 年,李达出版了《社会学大纲》一书。《社会学大纲》是中国学者撰写的第一部系统、完整阐述马克思主义哲学原理、探讨马克思主义哲学体系结构的著作。马克思、恩格斯创立了马克思主义哲学,列宁阐发了马克思主义哲学,但他们都没有像黑格尔那样为自己的哲学思想建立一个逻辑范畴体系,他们的哲学思想散见于多篇哲学论著中。20 世纪 20 年代,苏俄哲学界还没有形成一个为学术界多数人认可的马克思主义哲学体系;30 年代以来,苏俄哲学界在批判德波林学派的过程中逐渐形成了相对稳定的马克思主义哲学体系,其代表作是西洛可夫等人撰写的《辩证法唯物论教程》、米丁等人撰写的《新哲学大纲》、米丁等人撰写的《辩证唯物论与历史唯物论》。这些著作确定了马克思主义哲学的内容,建构了马克思主义哲学的体系。这些著作反映了当时苏俄学者的基本看法,这就是将马克思主义哲学分为辩证唯物论与历史唯物论两大部分。李达虽然充分借鉴了上述苏俄哲学著作中的成果,但对将马克思主义哲学划分为辩证唯物论和历史唯物论提出了异见。《社会学大纲》全面地阐述了马克思主义哲学的内容,阐明了马克思主义哲学是由历史观、自然观和认识论等组成的完整体系。这个体系由"唯物辩证法"、"当做科学看的历史唯物论"、"社会的经济结构"、"社会的政治建筑"和"社会的意识形态"等五篇相互联系的内容构成。这与当时将马克思主义哲学划分为辩证唯物论与历史唯物论两部分的流行见解显然不同,反映了作者对建构中国化马克思主义哲学体系的初步尝试。

《社会学大纲》虽然有自己的体系结构,但其内容基本是对马克思主义哲学原理的介绍,大部分内容都是马克思主义哲学经典作家论述过的,它只不过用独特的体系结构把这些内容有机地结合起来,从整体上讲没有多少理论上的创新。当然,这并不否认《社会学大纲》在局部地方有理论上的创新,推进了马克思主义哲学在中国的发展。《社会学大纲》在阐发马克思主义哲学原理时,也没有注意将它与中国古代哲学的朴素唯物论和朴素辩证法传统结合起来,没有体现出中国特色和中国气派。这就是说,李达并没有建构起富有个性特点、民族特色的马克思主义哲学体系。

再次,强调实践观点,推进了中国化马克思主义哲学关注重点的转移。在中国早期的马克思主义学者中,李达率先明确提出了马克思主义哲学是"实践的唯物论",并认为"实践的唯物论"规定"唯物辩证法"和"历史观之唯物论"。他指出:"马克思基于劳动——实践的意义之正确理解,所以超出旧唯物论的界限,建立了实践的唯物论。正因为劳动是人与自然相结合的媒介,所以由于劳动的概念之唯物论的把握,就能理解人类社会所依以树立的物质的基础,理解基础与上层建筑的关系,因而建立历史观之唯物论的根据。"①他还断言:"由于把实践的契机导入唯物论,使从来的哲学的内容起了本质的变

---

① 《李达文集》第2卷,人民出版社1981年版,第57—58页。

革。"①上述见解既强调了实践性是马克思主义哲学的基本特征,又体现了把马克思主义哲学认识论化、方法论化的倾向。因为实践与人类的认识、与人类改造世界的方法密不可分。李达对实践的强调,使马克思主义哲学成为革命实践的指南。以此为基础,毛泽东进一步把马克思主义哲学关注的重点由本体论转向作为认识论和方法论的"实践论",促进了马克思主义哲学的中国化。因此,李达强调"实践的唯物论",注重实践对认识过程的决定作用,是他对马克思主义哲学中国化的贡献之一。但李达在这一方面也只是为毛泽东的哲学创新做了理论上准备,他本人并没有实现马克思主义哲学研究重点的转向。

基于以上理由,笔者认为,李达的哲学研究只是为学术层面的马克思主义哲学中国化做了尝试和准备,并没有真正实现学术层面的马克思主义哲学中国化。

艾思奇在传播、阐发马克思主义哲学的过程中,同样为学术层面的马克思主义哲学中国化作了准备。

首先,他率先探讨了马克思主义哲学的通俗化、大众化。哲学是一门非常古老的学科,但长期笼罩在层层迷雾之中,让大多数人感到高不可攀,神秘莫测。马克思主义哲学的产生,打破了哲学被少数精英所垄断的局面,使普通劳动者有了自己的精神食粮。但哲学具有高度的抽象性和现实性,普通劳动者由于科学文化水平低而难以学习和掌握。在艾思奇看来,哲学在本质上属于全民的智慧,而不应是少数人的专利,它来自实践,理应为实践的主体即广大的人民群众掌握,以便成为指导人民群众进行社会变革的物质力量。他断言:"哲学的主要任务是能够真正解决人类生活上事实上的问题","哲学不能单只是说得好听的东西,还要能够指导我们做事。它的'重要的问题是在于要改变世界'。"②

因此,如何把马克思主义哲学这一"批判的武器"转变为广大群众的世界观和方法论,进而掀起对旧社会的"武器的批判",是当时中国马克思主义学者的亟待解决的重大的时代问题。为解决这一问题,艾思奇在 20 世纪 30 年

---

① 《李达文集》第 2 卷,人民出版社 1981 年版,第 60—61 页。
② 《艾思奇文集》第 1 卷,人民出版社 1981 年版,第 387 页。

代对马克思主义哲学的通俗化、大众化做了大胆的探索。1934 年 11 月至 1935 年 10 期间,他在上海的《读书生活》杂志上连续发表理论联系实际的哲学论文 24 篇,后结集为《大众哲学》,于 1937 年出版。《大众哲学》以生动、深入浅出的语言赢得了无数的读者。马克思主义哲学的通俗化、大众化是马克思主义哲学中国化的起码要求,因为马克思主义哲学只有为广大人民群众所喜爱、所理解,并根据它指导自己的实践,才能真正称得上中国化。可以这样讲,通俗化、大众化是马克思主义哲学中国化的必要准备。

其次,第一个明确提出"马克思主义哲学中国化"的概念。马克思主义哲学中国化是自马克思主义传入中国后就面临的问题,李达在 20 世纪 20 年代初以朦胧的形式提出了"马克思主义中国化"的概念,艾思奇则在 20 世纪 30 年代中、后期明确提出了"马克思主义哲学中国化"的概念。他在 1938 年 4 月撰写的《哲学的现状和任务》一文中指出:"过去的哲学只做了一个通俗化的运动,⋯⋯然而在基本上,整个是通俗化并不等于中国化现实化。"有鉴于此,他呼吁:"现在需要来一个哲学研究的中国化、现实化的运动。"①这实质上提出了"马克思主义哲学中国化"的概念。有学者经过研究得出结论,艾思奇是中国第一位明确提出"马克思主义哲学中国化"概念的学者。

再次,对马克思主义哲学如何中国化作了有益的探索。1940 年 2 月,艾思奇在《论中国的特殊性》一文中指出:"马克思主义者所谓的精通马克思主义不仅是指马克思主义的理论研究,而同时是指要能在一定的具体环境之下实践马克思主义,在一定国家的特殊条件之下来进行创造马克思主义的事业。"②这就从宏观上指明了如何将马克思主义中国化。艾思奇认为,马克思主义中国化的关键是处理好马克思主义普遍真理和中国具体国情之间的关系。那么,怎样处理好二者的关系呢? 为了把握特殊,首先就得了解一般,坚持一般规律。"正因为我们要求马克思主义的中国化,所以就尤其要坚持马克思主义的基本原则和基本方法,正因为我们要具体地应用马克思主义到中国的现实的特殊条件上来,所以我们就尤其要站稳马克思主义的立场。"③

艾思奇还探讨了马克思主义哲学中国化的具体途径:"第一步,要把握辩

---

① 《艾思奇文集》第 1 卷,人民出版社 1981 年版,第 481 页。
② 《艾思奇文集》第 1 卷,人民出版社 1981 年版,第 480 页。
③ 《艾思奇文集》第 1 卷,人民出版社 1981 年版,第 480 页。

证法唯物论本身的基本观点,这只是研究的开始和准备。第二步,就要暂时丢开哲学公式,把所遇到的现实事物的本身作具体的考察。第三步,在辩证法唯物论的引导下,分析事实材料的各方面,并把握这一切方面的联系,这就是要把握辩证法唯物论法则的具体表现。"①

艾思奇从哲学层面理解马克思主义中国化的关建,探讨马克思主义中国化的具体途径,这佐证了笔者认为马克思主义中国化的实质和核心是马克思主义哲学中国化的观点。艾思奇对马克思主义哲学中国化具体途径的探讨是指政治层面的马克思主义哲学中国化,不过这里阐述的是学理问题,带有学术层面马克思主义哲学中国化的特征;但他在学术层面马克思主义哲学中国化方面,并没有建构起具有原创理论、原创逻辑体系的马克思主义哲学。

综上所述,艾思奇虽然对马克思主义哲学中国化作出了自己的贡献,但这种贡献仅仅停留在准备阶段,除了明确提出"马克思主义哲学中国化"的概念外,并没有实现严格意义的马克思主义哲学中国化。

尝试建构"综合创新"的哲学体系是张岱年先生对学术层面马克思主义哲学中国化的主要贡献。

20世纪30年代,中国传统哲学受西方近代哲学的冲击面临转型的挑战,传入中国不久的马克思主义哲学也面临着如何中国化的问题。基于对中国传统哲学、对唯物辩证法和近代西方哲学的认同,张岱年于1936年发表了《哲学上一个可能的综合》一文,明确地指出了"今后哲学之一个新路,当是将唯物、理想、解析,综合于一";"此所说综合,实际上乃是以唯物论为基础而吸收理想与解析,以建立一种广大深微的唯物论"。②

"将唯物、理想、解析,综合于一"是张岱年建构新哲学体系的总纲。首先,这一哲学体系是综合创新的,体现了"三流合一"的特点。它以新唯物论即马克思主义哲学为基础,与中国传统哲学中的朴素唯物论和朴素辩证法的优秀成果相结合,并汲取中国传统的道德观和人生哲学的积极因素,以及西方近代哲学的逻辑分析方法,使之融为一体。这一哲学体系集当时哲坛各流派精华之大成,具有鲜明的时代特征,反映了时代精神的精华。其次,它是马克

---

① 《艾思奇文集》第1卷,人民出版社1981年版,第453—454页。
② 《张岱年全集》第1卷,河北人民出版社1996年版,第262页。

思主义哲学中国化的哲学体系。在这个哲学体系中,辩证唯物论和中国传统哲学是主体,而西方哲学的逻辑分析方法仅仅是一种工具和手段。

20 世纪三四十年代是中国哲学构建体系的时代,冯友兰先生建构了"新理学"的哲学体系,熊十力先生创建了"新唯识论"的哲学体系,金岳霖先生创立了"论道"和"知识论"的哲学体系,贺麟先生建立了"新心学"的哲学体系。这些哲学体系注意运用西方近代哲学的逻辑分析方法,以中国传统哲学的相关成果为基础进行新的创造,各成一家之言,构成了中国现代哲学发展的重要环节。但是,这些哲学体系几乎没有吸收辩证唯物论的成果,忽视了马克思主义哲学的中国化。张岱年先生设想的综合创新的哲学体系则自觉接受辩证唯物论,强调辩证唯物主义与中国传统哲学优秀成果的结合。《哲学上一个可能的综合》一文不但提出了建构综合创新哲学体系的总纲,还指出了建构综合创新哲学体系的六大任务。就现有资料而言,张岱年先生是中国现代首位探索建构马克思主义哲学中国化哲学体系的哲学家。

张岱年先生不但从理论上探讨了怎样建构综合创新的哲学体系,还以这种理论为指导,从事建构综合创新体系的实践。1937 年撰写的《中国哲学大纲》、1942 年至 1948 年撰写的《天人五论》,就是他建构综合创新哲学体系的实践活动的结晶。这两种著作涉及了综合创新哲学体系的主要内容,包括唯物论、人生论、辩证法、知识论、道德和人生境界等方面。

但按照判别学术层面马克思主义哲学中国化的三条标准而言,张岱年先生并没有建构起严格意义的中国化的马克思主义哲学体系,只是为建构这种体系作了初步尝试。其理由如此次,《中国哲学大纲》主要是一部运用马克思主义哲学原理解读中国传统哲学的著作,不是一部创立哲学元理论的著作。《天人五论》力图建构"天人新论"的哲学体系,着眼于哲学元理论的创造。但这是一部没有撰写完毕的著作,其部分篇章是新中国成立前夕着手写作的,只列出了提纲,还没有展开。新中国成立后的近 30 年里,由于特殊的学术环节,张岱年失去了完成这一哲学体系的外部条件。20 世纪 80 年代以来,学术界迎来了自由争鸣和创造的时代,但此时张岱年已到了耄耋之年,再也无力去完成未竟的哲学体系了。因此,"天人新论"的哲学体系并没有真正建立起来。但张岱年的探索、尝试,为其他学者建构学术层面中国化的马克思主义哲学著作指明了方向,提供了借鉴。

2. 毛泽东对学术层面马克思主义哲学中国化的杰出贡献

在马克思主义哲学中国化的历史进程中,毛泽东起着极为关键的作用。没有毛泽东的创造性贡献,就没有马克思主义哲学的中国化。毛泽东不但在政治层面马克思主义哲学中国化方面作出了杰出贡献,而且在学术层面全面促进了中国化马克思主义哲学的生成,首次实现了学术层面的马克思主义哲学中国化。毛泽东将马克思主义哲学中国化经历了三个阶段:即井冈山时期的准备阶段,延安时期的系统化阶段,新中国成立初期的充实、完善阶段。

(1)井冈山时期:马克思主义哲学中国化的准备阶段

在井冈山斗争时期,毛泽东撰写了《反对本本主义》等文章,对马克思主义哲学中国化做了初步探索。

1930年年初,在中国共产党第六次代表大会上,李立三取代瞿秋白成为中共中央的主要负责人。瞿秋白是因为推行城市暴动的"左"倾盲动主义政策使红军蒙受了惨重损失而被解职的,但代之而起的李立三依然推行"左"倾冒险主义政策,指令毛泽东和红四军立即放弃分散开来武装农民的策略,集中红军作好攻打大城市的准备。受李立三为首的中共中央"左"倾教条主义的影响,中央苏区出现了一股脱离中国实际、动辄照搬马列主义"本本"和苏联革命的经验建设根据地的倾向。为驳斥"左"倾教条主义思想,毛泽东于1930年5月撰写了《反对本本主义》一文,为马克思主义哲学中国化做了理论上的准备。

本本主义也就是教条主义,"唯书"和"唯上"是它的两个显著特点,即认为书上说了的就是对的,上级说了的就是对的,就应当照办。在毛泽东看来,这种"唯书"、"唯上"的教条主义对革命事业是极其有害的。他说:"我们说马克思主义是对的,决不是因为马克思这个人是什么'先哲',而是因为他的理论,在我们的实践中,在我们的斗争中,证明了是对的。我们的斗争需要马克思主义。……马克思主义的'本本'是要学习的,但是必须同我国的实际情况相结合。我们需要'本本',但是一定要纠正脱离实际情况的本本主义。"[①]这就是说,马克思主义的基本原理必须与中国革命的实际相结合,中国革命不能照搬苏联革命的模式和经验。

---

① 《毛泽东选集》第一卷,人民出版社1991年版,第111页。

为肃清教条主义的影响,毛泽东在《反对本本主义》一文开宗明义地提出了"没有调查,就没有发言权"的口号。他断言:"一切结论产生于调查情况的末尾,而不是在它的先头";"调查就像'十月怀胎',解决问题就像'一朝分娩'。调查就是解决问题。"①正是基于对调查研究重要性的深刻认识,毛泽东强调:"中国革命斗争的胜利要靠中国同志了解中国情况。"②在辩证唯物主义认识论看来,认识是对客观事物的反映,而人们对客观事物的认识总是先认识个别,然后上升到一般。而调查就是从考察个别对象开始,在获得大量感性材料的基础上,经过去粗取精、去伪存真、由此及彼、由表及里的改造、制作功夫,综合、概括出一般性的结论来。因此,调查是了解情况和解决问题的基本方法。

毛泽东不但在理论上提倡调查研究,而且也是这样践行的。早在 1921 年冬,为推动工人运动,作为中共湘区委员会书记兼中国劳动组合书记部湖南分部主任的毛泽东就深入安源煤矿进行调查研究。通过调查,他掌握了工人们的悲惨境遇,为工人们摆脱剥削、压迫指明了方向。在大革命时期,为回击国民党右派和党内以陈独秀为代表的右倾投降主义者对农民革命斗争的责难,毛泽东于 1926 年 1 月 4 日至 2 月 5 日实地调查、考察了湖南的湘潭、湘乡、衡山、醴陵、长沙等 5 县的农民革命运动,撰成了《湖南农民运动考察报告》一文,以无可辩驳的事实论证了农民革命运动不是"糟得很",而是"好得很"的结论,推动了农民革命运动向前发展。在井冈山革命斗争时期,为探索如何进行武装斗争和根据地建设,毛泽东先后对江西省的长冈乡、寻乌县、福建省上杭县的才溪乡进行了调查,分别写出了《长冈乡调查》、《寻乌调查》、《才溪乡调查》等著名的调查报告;而《反对本本主义》一文就是在寻乌调查的过程中写成的。正因为毛泽东注重调查,通过调查了解中国革命的实际情况,才逐渐形成了武装斗争、土地革命、农村包围城市这一适合中国实际的革命道路,才形成了"敌进我退,敌驻我扰,敌疲我打,敌退我追"等粉碎敌军围剿的军事原则。

"没有调查,就没有发言权";"中国革命斗争的胜利要靠中国同志了解中国情况"。这两个命题以朦胧的形式表达了实事求是、一切从实际出发的党的思想路线。实事求是,就是理论联系实际,这种联系就是通过调查研究了解

---

① 《毛泽东选集》第一卷,人民出版社 1991 年版,第 110 页。
② 《毛泽东选集》第一卷,人民出版社 1991 年版,第 115 页。

实际情况来实现的。理论只有与实际相结合,才能制定出正确的方针、路线和政策。坚持理论联系实际,必须反对本本主义。"没有调查,就没有发言权";"中国革命斗争的胜利要靠中国同志了解中国情况"体现了实事求是、一切从实际出发的马克思主义哲学的基本原理。这一原理同样是马克思主义哲学中国化的基本要求,因为马克思主义哲学中国化的含义之一就是将马克思主义哲学应用于中国的实际,使其能够指导中国社会主义革命和社会主义建设。鉴于《反对本本主义》中并没有出现实事求是、一切从实际出发、马克思主义哲学中国化等清晰的命题,因而笔者认为它只是体现了第一层含义上马克思主义哲学中国化的精神,为马克思主义哲学中国化做了理论上的准备。

在井冈山斗争时期,毛泽东还撰写了《中国的红色政权为什么能够存在?》、《井冈山的斗争》、《星星之火、可以燎原》等文章,这些文章都体现了具体问题具体分析,一切从实际出发的实事求是精神,同样体现了马克思主义哲学中国化的要求。

(2)延安时期:马克思主义哲学中国化的系统化阶段

延安时期,毛泽东撰写了《实践论》、《矛盾论》、《中国革命战争的战略问题》、《抗日游击战争的战略问题》、《论持久战》、《新民主主义论》、《论联合政府》等名著,将马克思主义哲学中国化推进到系统化阶段。这主要体现在以下几个方面:

首先,建构了中国化的马克思主义认识论。时代不同,哲学关注的中心不同。为了回答"中国向何处去"这一近代中心问题而引发的政治思想领域的"古今中西"之争,中国近代哲学对知行观即认识和实践的关系给予了充分的关注。作为忧国忧民的先进知识分子,毛泽东一生都在为回答"中国向何处去"而上下求索,自然会重视认识论的考察,以形成指导革命实践活动的理论。《实践论》就是这种考察的结晶。

《实践论》集中体现了中国化的马克思主义认识论成果。《实践论》提出了实践第一的观点,强调了实践对认识的决定作用。"辩证唯物论的认识论把实践提到第一的地位,认为人的认识一点也不能离开实践,排斥一切否认实践重要性、使认识离开实践的错误理论。"[1]

---

① 《毛泽东选集》第一卷,人民出版社1991年版,第284页。

在毛泽东看来,实践对认识的决定作用体现在:实践是认识的来源,实践是认识发展的动力,实践是判定人们的认识是否是真理的唯一标准,实践是认识的目的。毛泽东以实践第一的观点为基础,将以上四个方面的内容做为认识论的有机环节系统地贯穿起来,对实践在认识过程中的决定作用作了系统而完备的阐发,使马克思主义认识论发展为实践的认识论。在马克思主义哲学发展史上,毛泽东是第一位对实践在认识过程中的决定作用做了如此完备阐述的经典作家,促进了中国哲学关注的重心由本体论到实践的认识论的转换。

如前所述,在中国早期的马克思主义学者中,李达既强调了实践性是马克思主义哲学的基本特征,又体现了把马克思主义哲学认识论化的倾向。以此为基础,毛泽东进一步把马克思主义哲学关注的重点由本体论转向实践的认识论,促进了马克思主义哲学的中国化。

《实践论》扬弃了中国传统哲学中的认识论,具有浓厚的民族特色和中国气派。认识和实践的关系问题用中国传统哲学的术语来说是知和行的关系问题。宋代以降,知行关系问题成了哲学关注的重点问题。北宋程颐认为,"知先行后,知难行亦难",体现出将知行割裂开来的倾向。南宋朱熹继承了程颐的观点,认为"论先后、知为先,论轻重、行为重",同样把知行分为两截。明代的王阳明首倡"知行合一",却又确信行源于人内心的良知,实质上是销行于知。明清之际的王夫之断言,"行可兼知,而知不可兼行"。到了近代,民主革命的先行者孙中山率先从认识论的角度对知行的含义做了重新界定,使它们由内在的道德践履转向外在的对象世界;在此基础上,他肯定"行先知后","知行相因";但他没有科学地解决知行关系问题,没有认识到知行关系乃是实践基础上的具体的历史的统一。《实践论》则以马克思主义哲学为指导,坚持实践第一的观点,深刻地阐明了认识源于实践又为实践所检验的思想。这一理论作为马克思主义认识论的基本观点与中国传统哲学的知行学说有着本质的区别,但其中也确实包含了知行统一、行先知后等中国传统哲学中知行观的合理内容,是对传统知行观的扬弃。正因为如此,毛泽东以《论认识和实践的关系——知和行的关系》作为《实践论》的副标题。可以说,《实践论》所阐明的认识论既是马克思主义的,又地地道道是中国的,体现了马克思主义认识论的中国化。

"能动的革命的反映论"范畴的提出是毛泽东建构中国化马克思主义认识论的另一标志。毛泽东指出:"一定的文化(当作观念形态的文化)是一定社会的政治和经济的反映,又给予伟大影响和作用于一定社会的政治和经济;而经济是基础,政治则是经济的集中的表现。这是我们对于文化和政治、经济的关系及政治和经济的关系的基本观点。那末,一定形态的政治和经济是首先决定那一定形态的文化的;然后,那一定形态的文化又才给予影响和作用于一定形态的政治和经济。马克思说:'不是人们的意识决定人们的存在,而是人们的社会存在决定人们的意识。'他又说:'从来的哲学家只是各式各样地说明世界,但是重要的乃在于改造世界。'这是自有人类历史以来第一次正确地解决意识和存在关系问题的科学的规定,而为后来列宁所深刻地发挥了的能动的革命的反映论之基本的观点。"①

毛泽东把这一观点称为"能动的革命的反映论"。"能动的革命的反映论"既概括了辩证唯物主义认识论关于思维和存在的关系问题的基本观点,也概括了唯物史观关于社会存在和社会意识的基本观点。因而,它集中体现了辩证唯物论和历史唯物论的统一。在中国哲学的发展史上首次把认识论和历史观结合起来,对"心物之辨"作出了科学的总结和回答。西方近代认识论的特点是与自然科学密切相关的;中国古代哲学讨论"心物之辨"主要是天道观和认识论的论争,既没有也不可能讨论社会存在和社会意识的相互关系问题。而在中国近代,为了回答中国向何处去的问题,社会历史观的问题突出了,它和认识论问题互相影响,历史观渗透到认识论中,认识论又渗透到历史观里,最后形成了"能动的革命的反映论"范畴。因此,"能动的革命的反映论"是中国化的马克思主义认识论范畴。

"能动的革命的反映论"不仅是马克思主义和中国革命的具体实践相结合的产物,而且也是马克思主义哲学与中国传统哲学的优秀成果相结合的产物。马克思主义哲学传到中国来,要想在中国扎根并具有生命力,必须营造相应的社会文化氛围。除了中国的国情和革命的实践需要马克思主义理论指导之外,传统哲学留下的理论准备非常重要。先秦时期的荀子就提出了"明于天人之分"和"制天命而用之"的思想;唐代柳宗元、刘禹锡肯定"天人不相

---

① 《毛泽东选集》第二卷,人民出版社1991年版,第663页。

预"、"天人交相胜";明清之际的王夫之则阐发了"天之天"即天然自然转化为"人之天"即人化自然和人能"相天"、"造命"的理论。上述关于"天人之辨"的见解,既坚持了唯物主义的前提,又重视人的主观能动的作用,达到了朴素唯物论和朴素辩证法的统一。而"能动的革命的反映论"则在此基础上获得了更高层次的发展,取得了科学的形态;同时也使中国的马克思主义认识论渗透了显著的民族特点。

揭示认识论与群众路线的一致是毛泽东建构中国化马克思主义认识论的又一重要内容。马克思、恩格斯、列宁都已认识到,人们对客观对象的正确认识是通过实践与认识的多次反复才获得的,毛泽东不但坚持了这一观点,而且将它和群众路线的工作方法密切结合起来。在他看来,认识的多次反复实际上就是从群众中来到群众中去的过程。他强调:"在我党的一切实际工作中,凡属正确的领导,必须是从群众中来,到群众中去。这就是说,将群众的意见(分散的无系统的意见)集中起来(经过研究,化为集中的系统的意见),又到群众中去作宣传解释,化为群众的意见,使群众坚持下去,见之于行动,并在群众行动中考验这些意见是否正确。然后再从群众中集中起来,再到群众中坚持下去。如此无限循环,一次比一次地更正确、更生动、更丰富。这就是马克思主义的认识论。"[①]

群众既是实践的主体,又是认识的主体,从实践到认识的过程,就是将群众(众多个人)的未经实践检验的、带有片面性的认识集中到领导者手中,经过领导者的分析、综合,抽象、概括为一般性的认识;到群众中去的过程就是用这一般性的认识指导群众的实践,检验其是否正确的过程。换言之,马克思主义的认识论与群众路线是一致的,离开了群众路线,要想获得真理性的认识是不可能的。群众路线是中国革命取得胜利的三大法宝之一,将认识论与群众路线明确地联系起来,既体现了中国特色,又丰富了马克思主义的认识论。

其次,概括了中国化的唯物辩证法理论。

《矛盾论》系统、完整地阐明了对立统一规律的内容,提出了新的唯物辩证法理论。在马克思主义哲学发展史上,马克思、恩格斯首先将辩证法建立在唯物论的基础上,从而赋予辩证法以科学形态;列宁则明确提出了"对立统一

---

① 《毛泽东选集》第三卷,人民出版社 1991 年版,第 899 页。

规律是唯物辩证法的实质与核心"的论断,但没有对这一观点进行完整而又系统的论证。《矛盾论》不但坚持了"对立统一规律是唯物辩证法的实质与核心"的观点,指出对立统一规律是"唯物辩证法的根本法则",是宇宙的最根本规律;而且从多层面完整、系统地阐发了对立统一规律的内容。《矛盾论》从六个方面对对立统一规律做了诠释:即两种宇宙观;矛盾的普遍性;矛盾的特殊性;主要的矛盾和主要的矛盾方面;矛盾诸方面的同一性和斗争性;对抗在矛盾中的地位。① 可以说,在唯物辩证法的发展史上,它提出了不少原创性的观点,首次赋予对立统一规律以完备的理论形态。创新是建构理论的重要标志,《矛盾论》对对立统一规律的内容的多方面拓展,标志着它建构了新的唯物辩证法理论。

《矛盾论》对主要矛盾和非主要矛盾、矛盾的主要方面和非主要方面依据一定的条件相互转化的论述就具有原创性。20 世纪 30 年代苏俄的哲学教科书使用了"主要矛盾"和"矛盾的主要方面"的概念,但没有对它们的内涵作出明确的界定,没有意识到矛盾双方依据一定的条件相互转化。《矛盾论》不但明确界定了这些概念的内涵,论证了主要矛盾和非主要矛盾、矛盾的主要方面和非主要方面的区别、联系,而且论证了它们依据一定的条件相互转化。主要矛盾和非主要矛盾在两种情形下相互转化:一是原来的主要矛盾解决了或基本解决了,出现了新的主要矛盾;二是原来的主要矛盾虽没有解决,但由于条件的变化而下降为非主要矛盾的地位,其他某个矛盾则上升为主要的矛盾。矛盾的主要方面和非主要方面的相互转化"这是依靠事物发展中矛盾双方斗争的力量的增减程度来决定的"。② 当这种力量的增减尚未改变双方主次地位时,事物处于量变阶段;而当力量的增减达到一定的程度时,矛盾的主要方面和非主要方面就互易位置,事物则处于质变阶段。《矛盾论》指出:"对于矛盾的各种不平衡情况的研究,对于主要的矛盾和非主要的矛盾、主要的矛盾方面和非主要的矛盾方面的研究,成为革命政党正确地决定其政治上和军事上的战略战术方针的重要方法之一,是一切共产党人都应当注意的。"③

这就是说,《矛盾论》的上述见解具有方法论的意义:人们必须学会抓主

---

① 参见《毛泽东选集》第一卷,人民出版社 1991 年版,第 299 页。
② 《毛泽东选集》第一卷,人民出版社 1991 年版,第 322 页。
③ 《毛泽东选集》第一卷,人民出版社 1991 年版,第 326 页。

要矛盾,把握矛盾的主要方面,随着过程和阶段的推移及时地转移工作重点。

毛泽东不但提出了矛盾双方依据一定的条件相互转化,而且探讨了矛盾双方依据哪些条件相互转化。有研究者撰文考察了毛泽东论著中提出的矛盾双方相互转化的依据条件,这些条件有:内部条件和外部条件、全局性条件和局部性条件、共同性条件和特殊性条件、主观条件和客观条件。① 以往的唯物辩证法理论没有考察矛盾双方依据哪些条件转化,毛泽东的探索进一步丰富了唯物辩证法理论。

借用中国传统哲学中的朴素辩证法思想去阐发或引申对立统一规律原理是《矛盾论》的显著特征。《矛盾论》在阐述矛盾的特殊性时,就是以中国传统文化为根据反对人们主观地、片面地把握事物的矛盾,号召人们客观地、全面地把握客观事物及其发展过程。在毛泽东看来,《孙子兵法》所说的"知彼知己,百战不殆";唐代魏征所说的"兼听则明、偏信则暗";《水浒传》中宋江率部三打祝家庄先败后胜,都生动地说明了人们主观地、片面地把握对象、采取行动就会碰钉子,而客观地、全面地把握对象矛盾的各个方面及其发展过程,采取对策就会成功。他还用"新陈代谢"一词去诠释主要矛盾和次要矛盾,矛盾的主要方面和非主要方面的相互转化;用"相反相成"一语阐发矛盾的斗争性寓于同一性之中;用"天不变,道亦不变"去解读形而上学的庸俗进化论。因此,《矛盾论》不但建构了新的唯物辩证法理论,而且这种唯物辩证法理论继承了中国传统哲学的朴素辩证法成果,具有中华民族的特色和气派,是地道的中国化唯物辩证法理论。

毛泽东对中国化唯物辩证法理论的概括还在于凝练概括了唯物辩证法的新规律。恩格斯、列宁在扬弃黑格尔唯心主义辩证法的基础上,概括、形成了唯物辩证法的三大规律:否定之否定规律、质量互变规律和对立统一规律。毛泽东一方面肯定了这三条规律是唯物辩证法的基本规律,另一方面又有理论上的创新,凝练概括了唯物辩证法的"波浪式发展规律"。

黑格尔认为,人类认识发展的过程体现为由许多圆圈构成的一串圆圈,恩格斯扬弃了这一思想,断言事物是"由矛盾引起的发展,或否定的否定——发

---

① 参见范贤超、王华生:《毛泽东的矛盾转化条件论》,《湘湖论坛》2005 年第 3 期,第 13—15 页。

展的螺旋形式"。① 列宁在《黑格尔〈逻辑学〉一书摘要》中继承了恩格斯的观点,认为事物的螺旋式发展是"在高级阶段重复低级阶段的某些特征、特性等等,并且仿佛是向旧东西的复归(否定的否定)"。② 换言之,列宁认为事物螺旋式发展的实质不是简单的循环,而是前进中的重复,螺旋式的上升。

受列宁的事物螺旋式发展思想的影响,毛泽东在对事物发展不平衡情形进行反思的基础上,指出事物的矛盾、矛盾的各个方面存在着平衡与不平衡两种运动状况,确信"不平衡是普遍的客观规律"。③ 毛泽东把事物的这种不平衡发展状况形象地比喻为波浪式发展。事物的波浪式发展规律有确定的内涵,不同于事物的螺旋式发展的螺旋式发展规律:前者是指事物发展的不均衡性、起伏性;后者是指事物发展的非直线的上升性。正因为如此,把事物的波浪式发展规律纳入唯物辩证法的规律系统是有根据的。毛泽东把事物的波浪式发展规律纳入唯物辩证法规律系统,丰富了唯物辩证法规律的内容。

再次,提炼了中国化的马克思主义政治哲学。

马克思主义政治哲学是关于无产阶级政党的性质、纲领、党的路线、夺取政权的方式,取得政权后的国体、政体等方面的理论。

1848 年问世的《共产党宣言》(以下简称《宣言》)是马克思主义政治哲学形成的标志。《宣言》断言人类的全部历史都是阶级斗争的历史,无产阶级只有通过阶级斗争才能获得解放;阐明了无产阶级政党——共产党——的性质和作用。《宣言》还阐述了无产阶级革命的战略和策略,以及关于国家、革命等政治观点。稍后的《1848—1850 年法兰西阶级斗争》、《法兰西内战》、《家庭、私有制和国家的起源》等论著,总结了资产阶级革命和无产阶级革命的历史经验,进一步发展和完善了关于阶级和阶级斗争的理论,关于无产阶级政党、社会革命、国家政权的理论,揭示了社会重大政治现象的发展规律,概括了许多指导无产阶级革命运动的重要政治理论。列宁的《马克思主义论国家》、《国家与革命》等论著进一步发展了马克思主义的政治哲学理论,这种发展主要体现在马克思主义的国家学说、国家与革命的关系、无产阶级革命和无产阶

---

① 《马克思恩格斯全集》第 20 卷,人民出版社 1971 年版,第 357 页。
② 《列宁全集》第 55 卷,人民出版社 1990 年版,第 191 页。
③ 《毛泽东文集》第七卷,人民出版社 1999 年版,第 352 页。

级专政问题、无产阶级国家的本质、镇压和管理职能、领导力量和阶级基础、政体形式和结构形式、无产阶级国家的发展和消亡等方面。

但马克思、恩格斯的政治哲学对中国民主革命的性质、阶段、道路等政治哲学的问题没有提出明确、具体的说明。列宁也只提出了原则性的指导意见，他断言："一切民族都将走向社会主义，这是不可避免的，但是一切民族的走法却不会完全一样，在民主的这种或那种形式上，在无产阶级专政的这种或那种形态上，在社会生活各方面的社会主义改造的速度上，每个民族都会有自己的特点。"[①]这就是说，各国应根据自己的国情把握革命的性质，选择革命的道路，确定国体和政体等。

早在井冈山斗争时期，毛泽东就提出了反对本本主义即反对教条主义的观点，主张应当将马克思主义的普遍原理与中国革命的实际结合起来，以制定正确的方针。"我们说马克思主义是对的，决不是因为马克思这个人是什么'先哲'，而是因为他的理论，在我们的实践中，在我们的斗争中，证明了是对的。……马克思的'本本'是要学习的，但是必须同我国的实际情况相结合。我们需要'本本'，但是一定要纠正脱离实际情况的本本主义。"[②]毛泽东不但提出了要将马克思主义的普遍原理与中国革命的实际情况相结合，而且在理论上探讨了怎样结合，《中国的红色政权为什么能够存在?》、《井冈山的斗争》、《中国革命战争的战略问题》、《新民主主义论》等著作，就是这种结合的范例。

对 20 世纪 20 年代以来的中国资产阶级民主革命的性质、革命的道路、领导阶级、民主共和国的国体和政体等政治哲学的问题，上述论著给出了富有新意的创造性解答，集中体现了中国化的马克思主义政治哲学理论。

首先，提出了"新民主主义"这一新范畴。在毛泽东看来，中国的半殖民地和半封建的社会性质决定了中国革命分为民主主义革命和社会主义革命两大步骤。第一大步骤是改变中国的半殖民地和半封建的社会形态，使它变成为一个独立的民主主义社会。第二大步骤是使革命继续向前发展，建立社会主义社会。毛泽东认为，1917 年俄国"十月革命"的胜利将中国的民主主义革

① 《列宁全集》第 28 卷，人民出版社 1990 年版，第 163 页。
② 《毛泽东选集》第一卷，人民出版社 1991 年版，第 111 页。

命区分为旧民主主义革命和新民主主义革命两个小阶段。"十月革命"前的中国民主革命是资产阶级领导的旧民主主义革命,革命的对象是帝国主义和封建主义,因而资产阶级是革命的领导阶级,革命的目标是建立资产阶级专政的国家;而"十月革命"后中国的民主革命则成为世界革命的一部分,转变成为无产阶级领导的新民主主义革命,革命的对象是帝国主义、封建主义和官僚资产阶级;无产阶级、农民、知识分子、小资产阶级则是革命力量,革命的目标是建立各革命阶级联合专政的新民主主义共和国。毛泽东在《新民主主义论》中概括形成的"新民主主义"范畴,对民主革命的阶段、领导阶级、革命目标提出了不同于马克思主义经典作家的新见解,丰富了马克思主义的政治哲学理论。

其次,找到了中国新民主主义革命的道路。1927 年大革命的失败,把革命道路问题急迫地摆在中国共产党人的面前,能否正确地、尽快地找到中国革命的正确道路,关系到中国革命的兴衰成败。在这一危难关头,毛泽东义不容辞地承担了探索中国革命道路的任务。"八·七"会议前后,毛泽东形成了武装起义、上山打游击、以枪杆子夺取政权的思想;而"秋收起义"就是这种思想的实践。"秋收起义"余部开赴井冈山,开始了创建中国工农红军、开展土地革命、创建湘赣革命根据地,实行工农武装割据的尝试。工农武装割据就是在中国共产党的领导下,把武装斗争、土地革命、建立革命政权结合起来。《中国的红色政权为什么能够存在?》、《井冈山的斗争》、《中国革命战争的战略问题》等论著,分析了中国红色政权能够发生、存在的原因和条件,回答了如何进行武装斗争、怎样夺取全国政权等问题。经过长期的探索,毛泽东找到了中国新民主主义革命的正确道路,这就是工农武装割据、农村包围城市、武装夺取政权。正是沿着这条正确道路,在以毛泽东为代表的中国共产党的领导下,中国人民经过长达 22 年艰苦卓绝的斗争,终于取得了新民主主义革命的胜利,成立了新中国。毛泽东探索的中国新民主主义的革命道路不同于列宁领导的"十月革命"的道路,是马克思主义普遍原理与中国革命的实际情况相结合的产物。

再次,界定了"国体"、"政体"的内涵。马克思主义经典作家对"国体"和"政体"这对政治哲学的基本范畴的含义并没有给予明确的界定,中国的学术界在 20 世纪 30 年代中期以前对它们也不甚了了。毛泽东通过自己的思考,对"国体"和"政体"两个范畴的含义给予了界定。"它（指国体——引者注）只是指的一个问题，就是社会各阶级在国家中的地位。"根据这一标准，毛泽东指出：当时世界上的国家体制包括三种基本形式：第一种是资产阶级专政的共和国，是资本主义国家的国体形式；第二种是无产阶级的共和国，是苏联首倡的社会主义国家的国体形式；第三种是几个革命阶级联合专政的共和国，是殖民地、半殖民地、半封建国家的革命所采取的过渡的国家形式，中国的新民主主义共和国就是这种形式。在他看来，抗日统一战线是中国新民主主义共和国的国体形式。"在今天的中国，这种新民主主义的国家形式，就是抗日统一战线的形式。它是抗日的，反对帝国主义的；又是几个革命阶级联合的，统一战线的。"①他充分论证了新民主主义的国家既不能实行资产阶级专政，也不能实行无产阶级专政，只能是几个革命阶级的联合专政。

"至于还有所谓'政体'问题，那是指的政权构成的形式问题，指的一定的社会阶级取何种形式去组织那反对敌人保护自己的政权机关。没有适当形式的政权机关，就不能代表国家。"②这里既界定了政体的内涵，又指出了政体的作用，还指出了政体和国体的关系。毛泽东还探讨了新民主主义共和国应采取体现民主集中制原则的人民代表大会制度，以体现广大人民的意志，有效地管理国家等问题。人民代表大会制度虽然在新民主主义革命时期没有实现，但新中国成立后，即成为人民政权构成的基本形式。人民代表大会制度既不同于巴黎公社的政体形式，也不同于苏维埃的政体形式，是毛泽东根据中国社会的特点设计的政体形式。

1945年4月，毛泽东撰写了《论联合政府》一文，充实、完善了"国体"、"政体"的内涵。在他看来，新民主主义共和国的国体是"一个以全国绝大多数人民为基础而在工人阶级领导之下的统一战线的民主联盟的国家制度"。这种国家制度既满足了工人阶级的利益，又满足了占全国人口80%的农民阶级的利益，还兼顾了城市小资产阶级、民族资产阶级、开明士绅及其他爱国分子的利益，因而是最适宜的国体。最明显的完善之处是他将领导阶级由"无产阶级"改为"工人阶级"，也就是说，领导阶级的外延缩小了，原来作为领导

---

① 《毛泽东选集》第二卷，人民出版社1991年版，第676页。
② 《毛泽东选集》第二卷，人民出版社1991年版，第677页。

阶级的雇佣农民已被排除出去。《论联合政府》把体现民主集中制原则的政体充实为"它是民主的,又是集中的,就是说,在民主基础上的集中,在集中指导下的民主"。① 这使得民主集中制的含义更加明确。

"国体"、"政体"是新民主主义政治的核心范畴,毛泽东对二者含义的界定,对中国新民主主义共和国应当采取的国体和政体的见解,既是理论上的创新,又结合了中国社会的实际情况,构成了他的中国化马克思主义政治哲学的重要内容。毛泽东对国体、政体含义的界定,对中国新民主主义共和国应当采取的国体和政体的见解,既是理论上的创新,又结合了中国社会的实际情况,构成了他提出的中国化马克思主义政治哲学的重要内容。

最后,形成了中国化的马克思主义军事哲学。军事哲学就是从哲学的高度反思军事实践的哲学。它揭示的是纷繁复杂的军事活动中所包含的一般本质和规律;运用辩证思维的方法把握军事活动的本质和发展规律,是上升到哲学高度的军事活动的形而上学。

马克思和恩格斯是马克思主义军事哲学的奠基人。马克思、恩格斯把辩证唯物主义和历史唯物主义运用于军事领域,科学地总结了历史上各个时期各个阶级进行战争的丰富经验,在创立科学社会主义学说的同时,创立了无产阶级的军事哲学。这主要体现在,阐述了无产阶级的战争观和方法论,揭示了军事对经济的依赖关系,提出了人民军队和人民战争的基本理论。

列宁在领导俄国工人阶级革命和苏联人民抵御国际帝国主义侵略的斗争中,充实、完善了马克思主义军事哲学。在战争理论方面,他揭示了帝国主义战争的根源、本质以及消灭的途径,进一步分析了战争、政治、经济的相互关系;在军队学说方面,他进一步论述了军队的阶级本质和使命,论证了建立无产阶级军队的必要性;在人民战争理论方面,他提出了战争胜负决定于人民群众对待战争的态度和人民战争的基本理论;在武装起义理论方面,他结合俄国的实际情况,论述了武装起义与暴力革命、战争的关系,阐述了武装起义的规律、前提和条件。

如前所述,早在井冈山时期,毛泽东就撰写了《反对本本主义》一文,主张结合中国的实际情况来应用马克思主义原理,当然包括对马克思主义军事哲

---

① 《毛泽东选集》第三卷,人民出版社1991年版,第1057页。

学的应用。正因为如此,延安时期,毛泽东在马克思主义军事哲学的指导下,撰写了《中国革命战争的战略问题》、《抗日游击战争的战略问题》、《论持久战》、《战争和战略问题》等文,丰富、完善了马克思主义军事哲学,建构了中国化的马克思主义军事哲学。

1936 年 12 月,毛泽东在延安撰成了《中国革命战争的战略问题》一文,第一次系统地对中国革命战争的原则性和规律性问题做了哲学反思,对建构中国化的马克思主义军事哲学进行了创造性的探索。

《中国革命战争的战略问题》首先指出了应当研究中国革命战争的规律:"我们现在是从事战争,我们的战争是革命战争,我们的革命战争是在中国这个半殖民地的半封建的国度里进行的。因此,我们不但要研究一般战争的规律,还要研究特殊的革命战争的规律,还要研究更加特殊的中国革命战争的规律。"①针对当时的教条主义者认为指导中国革命战争只要研究俄国革命战争的规律的错误论调,毛泽东指出:"苏联的规律和条令,包含着苏联内战和苏联红军的特殊性,如果我们一模一样地抄了来用,不允许任何的变更,也同样是削足适履,要打败仗。……我们固然应该特别尊重苏联的战争经验,因为它是最近代的革命战争的经验,是在列宁、斯大林指导之下获得的;但是我们还应该尊重中国革命战争的经验,因为中国革命和中国红军又有许多特殊的情况。"②这段文字清楚地表达了应将马克思主义的军事理论与中国革命的实际结合起来的思想,是毛泽东建构中国化的马克思主义军事哲学的指导原则。在此原则指导下,毛泽东考察了战争的本质和规律,揭示了中国革命战争的规律性问题,然后深入分析了中国革命战争的基本战略和战术。

如果说《中国革命战争的战略问题》是毛泽东建构中国化马克思主义军事哲学的开始,那么《抗日游击战争的战略问题》、《论持久战》、《战争和战略问题》三篇文章的发表则标志着中国化马克思主义军事哲学体系的形成。这些文章把马克思主义军事哲学灵活地贯彻于其中,科学和全面地揭示了我国抗日战争的规律、原则和方法。从研究方法上看,毛泽东在军事哲学的探索上已经从抽象回到了具体,已经能够从相对抽象的一般性领域回到相对具体的

① 《毛泽东选集》第一卷,人民出版社 1991 年版,第 171 页。
② 《毛泽东选集》第一卷,人民出版社 1991 年版,第 172 页。

一般性领域;从研究意义上看,毛泽东已经将从革命战争的具体实践中总结出的一般性军事哲学,进一步运用于思考中国革命战争发展的特殊性领域,从而使中国共产党人能够运用它自觉自如地指导中国革命战争。

上述著作中,《论持久战》是中国化马克思主义军事哲学的典范。《论持久战》完善了《中国革命战争的战略问题》中的军事哲学思想,也概括地包含了《抗日游击战争的战略问题》、《战争和战略问题》等延安时期其他军事著作中的军事哲学思想,从一般原则与具体实践的结合上促使军事哲学的理论内容在整体上达到了理性具体的高度。第一,《论持久战》运用马克思主义军事哲学理论探讨了军事实践活动的一般问题,诸如战争和政治的关系、军队和老百姓的关系,指出了政治对战争的制约作用,提出了"兵民是胜利之本"的口号,继承了马克思主义军事哲学中的人民战争思想。第二,这本著作将"抗日战争"作为一个典型的个案来研究,不仅科学地分析了这一战争的具体发展规律,而且运用马克思主义军事哲学的一般原理,进一步分析了正义战争与非正义战争的辩证运动规律。因此它既是一部指导中国人民进行抗日战争实践的指导性文件,又是一部全面、具体地阐述军事哲学原理的经典著作。第三,《论持久战》确立了辩证唯物主义的军事认识论。从《论持久战》的逻辑结构来看,大体分为两大部分:第一部分回答"为什么是持久战"和"为什么最后胜利是属于中国的",主要解决对抗日战争的认识问题;第二部分回答"怎样进行持久战"、"怎样争取最后胜利"的问题,解决抗日战争的具体操作问题,即把正确的认识变成正确的实践方法,解决如何使主观见之于客观的问题。

不难看出,延安时期,毛泽东侧重的是第二个层面上的马克思主义哲学中国化,在许多领域提出了原创性的中国化的马克思主义哲学理论,建构了系统化的中国化马克思主义哲学。当然,毛泽东在这一时期的哲学创造,其目的不是为了建构纯粹的哲学理论,而是为了用这种哲学理论去解答社会主义革命过程中的实际问题,因而也体现了第一个层面上的马克思主义哲学中国化。

(3)新中国成立初期:马克思主义哲学中国化的充实、完善阶段

井冈山时期、延安时期,毛泽东探索马克思主义哲学中国化的目的是为了运用马克思主义理论指导中国革命的实践,而从1956年开始,毛泽东对马克思主义哲学中国化探索的目的则是为了运用马克思主义理论指导中国的社会主义建设。1956年,我国的社会主义改造取得了成功,社会主义制度得到了

确立。如何借鉴苏联等国家的社会主义建设经验来指导我国的社会主义建设，就成为毛泽东不得不探索的理论问题。1956 年 4 月发表的《论十大关系》，1957 年 2 月发表的《关于正确处理人民内部矛盾的问题》，就是毛泽东根据中国的实际探索怎样建设社会主义的理论结晶，开拓了马克思主义哲学中国化的新领域，充实、完善了马克思主义哲学的中国化。

社会主义社会存不存在矛盾？社会主义制度下生产关系和生产力之间、上层建筑和经济基础之间还有没有矛盾？马克思、恩格斯、列宁、斯大林等马克思主义经典作家都没有探讨和回答这一问题，中国共产党高层领导内部也没有统一认识。当时，党内还流行着一种说法：社会主义不存在矛盾，人民内部不存在矛盾。但事实表明这种说法是站不住脚的。从苏共二十大到波、匈事件，社会主义社会的矛盾逐渐暴露出来，我国个别地方少数工人罢工、学生罢课、商人罢市等群体性事件时有发生。这表明，如何正确认识和处理社会主义社会内部的矛盾，如何从理论上阐明社会主义社会基本矛盾问题，已经成为中国共产党人不得不回答的重大理论问题。

马克思主义唯物历史观认为，生产力与生产关系、经济基础与上层建筑的矛盾运动是人类社会发展的根本动力。作为一个杰出的马克思主义者，毛泽东从理论上承认社会主义社会存在矛盾不是难事。但实际情况怎样呢？1956 年 2 月 14 日至 4 月 24 日，毛泽东听取了国务院 34 个部门的汇报，以及国家计划委员会关于第二个五年计划的汇报。这些汇报表明，我国在建设社会主义社会的过程中的确存在多种矛盾。为了妥善处理这些矛盾，调动一切积极因素为社会主义建设服务，毛泽东于 1956 年 4 月撰写了《论十大关系》一文。《论十大关系》一共讲了十个问题，即重工业和轻工业、农业的关系，沿海工业和内地工业的关系，经济建设和国防建设的关系，国家、生产单位和生产者个人的关系，中央和地方的关系，汉族和少数民族的关系，党和非党的关系，革命和反革命的关系，是非关系，中国和外国的关系。毛泽东指出："这十种关系，都是矛盾。世界是由矛盾组成的。没有矛盾就没有世界。我们的任务，是要正确处理这些矛盾。"①《论十大关系》以马克思主义的唯物史观为指导，结合中国社会主义建设进程中的实际情况，在国际共产主义运动史上率先承认社

---

① 《毛泽东文集》第七卷，人民出版社 1999 年版，第 44 页。

会主义社会存在矛盾,体现了马克思主义哲学的中国化。

《论十大关系》不但分析了我国社会主义建设过程中的十大矛盾,而且提出了解决矛盾的方法,这就是统筹兼顾。所谓统筹兼顾是指在社会主义建设的过程中,要有全局观念,既突出重点,又照顾非重点,兼顾各方面的利益。举例来说,《论十大关系》在论述重工业、轻工业、农业的关系时,一方面指出重工业是我国建设的重点,另一方面又强调必须更多地发展农业和轻工业;在论述沿海和内地工业的关系时,一方面指出为了工业发展的布局必须大力发展内地工业,另一方面又强调要很好地利用沿海工业的基础;在论述经济建设和国防建设的关系时,一方面指出国防建设不可没有,另一方面又强调把军费降到一定的适当比例,以增加经济建设的费用;在论述国家、生产单位和生产者个人的关系时,强调不能只顾一头,必须兼顾国家、集体和个人三个方面,既反对把个人物质利益看得高于一切,又反对不关心群众痛痒的官僚主义。对其他几种矛盾关系,毛泽东也提出了以统筹兼顾的方法处理。而对这些矛盾关系统筹兼顾的目的是为了调动一切积极因素为社会主义建设服务。

《论十大关系》对社会主义建设过程中矛盾关系的处理,既坚持了以联系的观点看问题的辩证思维,又是对苏联在社会主义建设过程中没有妥善处理各种关系而出现偏差的纠正。就拿重工业、农业和轻工业的关系来说,重工业固然是重点,应优先考虑,重点保障,但如果忽视农业和轻工业的发展,一方面重工业得不到足够农产品和轻工产品的供应,另一方面也会失去重要的销售市场,结果是重工业也发展不起来。这就是说,十大关系中的各关系承担者既有利益对立的一面,又有利益一致的一面,是对立统一的辩证关系,因而不能只顾一方,无视另一方。《论十大关系》强调对社会主义建设中的种种矛盾要统筹兼顾,也是对苏联建设社会主义经验、教训的总结。由于历史的原因,苏联在社会主义建设过程中,在处理重工业、轻工业、农业的关系时,片面强调发展重工业,导致农业、轻工业滞后,农产品、日用轻工产品匮乏;在处理经济建设和国防建设的关系时,一味强调国防工业的建设,民用经济发展缓慢,人民生活水平没有得到应有的提高,如此等等,不一而足,严重妨碍了社会主义制度优越性的发挥。正因为如此,毛泽东主张在社会主义建设中各方面要统筹兼顾,协调发展。因此,《论十大关系》中统筹兼顾方法的提出,是对苏联社会主义建设进程中经验的总结、教训的反思,体现了马克思主义哲学的中国化。

　　我国的社会主义建设进程中存在种种矛盾,这些矛盾中有没有基本矛盾呢?这些矛盾能不能用阶级分析方法来审视呢?为解答这些问题,毛泽东于1957年6月在《人民日报》发表了《关于正确处理人民内部矛盾的问题》一文。在该文中,毛泽东从唯物辩证法的对立统一规律原理出发,认为矛盾不论在自然界、人类社会还是在人们的思想中,都是普遍存在的。在社会主义社会里,生产力和生产关系、经济基础和上层建筑之间的矛盾不但普遍存在,而且仍然是社会的基本矛盾;当然,基本矛盾在社会主义社会里不具有对抗的性质,可以通过社会主义制度的自我调节得到解决。除了基本矛盾以外,社会主义社会的其他种种矛盾用阶级分析来审视,不外是敌我矛盾和人民内部矛盾;经过社会主义改造以后,社会矛盾中的绝大部分是人民内部矛盾。毛泽东全面剖析了人民内部矛盾的性质、特点、表现形式,形成了一整套区分和正确处理人民内部矛盾的原则和方法。首先,敌我之间和人民内部这两类矛盾的性质不同,解决的方法也不同。敌我之间的矛盾,需要用强制的、专政的方法去解决;人民内部矛盾是在根本利益一致基础上的矛盾,解决这种矛盾决不允许采取命令主义态度和强制手段,只能用民主的方法去解决。其次,不同领域的人民内部矛盾,解决的具体方针不同。

　　《论十大关系》自觉地在中国具体环境中坚持和运用马克思主义,在坚持马克思主义哲学基本原理的前提下,结合中国实际,系统地阐明了社会主义社会基本矛盾和两类不同性质的社会矛盾的学说,并使之带有中国特点,从而丰富和发展了马克思主义哲学关于社会矛盾的学说,开启了马克思主义哲学中国化的新领域。

　　《关于正确处理人民内部矛盾的问题》在国际共运史上首次把工人阶级和民族资产阶级的矛盾作为人民内部矛盾来处理,体现了一切从实际出发、实事求是的马克思主义原理,体现了马克思主义哲学的中国化。"在我们国家里,工人阶级同民族资产阶级的矛盾属于人民内部的矛盾。工人阶级和民族资产阶级的阶级斗争一般地属于人民内部的阶级斗争,这是因为我国的民族资产阶级有两面性。……在社会主义革命时期,它有剥削工人阶级取得利润的一面,又有拥护宪法、愿意接受社会主义改造的一面。……工人阶级和民族资产阶级之间存在着剥削和被剥削的矛盾,这本来是对抗性的矛盾。但是在我国的具体条件下,这两个阶级的对抗性的矛盾如果处理得当,可以转变为非对抗性的矛盾,可以用和平的方法解决这个矛盾。"①事实上也是这样的,新中国成立后,我们党就把民族资产阶级纳入人民的范畴,采取赎买的政策将他们的工商企业收归国有,而不是没收,从而顺利地完成了对资本主义工商业的社会主义改造。把工人阶级和民族资产阶级的矛盾作为人民内部矛盾来处理,这是毛泽东在理论上和实践上的创举,是马克思主义的基本原理和中国具体实际相结合的产物,体现了马克思主义哲学的中国化。

可以这样说,毛泽东在新中国成立初期所进行的哲学研究,侧重于创造性地运用马克思主义哲学的基本原理解决社会主义建设进程中的实际问题,因而实际上是一种实践智慧,主要是从第一个层面推进马克思主义哲学的中国化。

综上所述,毛泽东在许多领域提出了原创性的中国化的马克思主义哲学理论,但从判定中国化马克思主义哲学的政治、学术和话语方式三条标准看,只是基本上实现了学术层面的马克思主义哲学的中国化。这是因为,虽然毛泽东在推进学术层面马克思主义哲学的中国化的过程中,完全满足了政治标准和话语方式标准的要求,然而就学术标准而言,尽管有新范畴的提炼,新命题的提出,但并没有建构出一部具有严密的逻辑结构、统摄其主要哲学思想的论著,其哲学理论散见于多篇哲学论文中。逻辑体系的建构是检验马克思主义哲学中国化的学术标准的重要内容,从这一维度上说,毛泽东还没有完全实现学术层面的马克思主义哲学中国化。尽管如此,这也是难能可贵的。因为学术层面马克思主义哲学中国化是职业哲学家的工作,毛泽东是一个革命家、政治家,而不是职业哲学家,关注的重点是实践层面的马克思主义哲学中国化而非学术层面的马克思主义哲学中国化,能够在学术层面马克思主义哲学中国化方面作出巨大的贡献实属不易。

二、"智慧"说的马克思主义哲学性质

在分析"智慧"说对学术层面马克思主义哲学中国化的贡献之前,先阐明"智慧"说具有马克思主义哲学的性质。

---

① 《毛泽东文集》第七卷,人民出版社1999年版,第206页。

　　冯契是在毛泽东哲学思想的影响下信奉马克思主义哲学的。20世纪30年代,作为热血青年的他曾赴山西前线参加抗战。在山西前线,他第一次读到了《论持久战》这篇文章,尔后,又读了《新民主主义论》、《矛盾论》和《实践论》。他对这些著作感到心悦诚服,认为"《论持久战》特别使我感受到理论的威力,它以理论的彻底性和严密性来折服人,完整地体现了辩证思维的逻辑进程。可以说,这本书是继《资本论》之后,运用辩证逻辑的典范"。他认为,《新民主主义论》"对一百多年来的政治思想上的古今中西之争做了历史性的总结","指明了中国民主革命的正确道路",其中的"能动的革命的反映论"范畴"集中体现了辩证唯物论和历史唯物论的统一"。① 冯契认为毛泽东的哲学著作之所以那么扣人心弦,是因为它们体现了实践唯物主义的精神,回答了时代面临的迫切问题。他从毛泽东的著作感到:真正要搞哲学,就应该沿着实践唯物主义的路子前进。如前所述,冯契在20世纪30年代就感受到科学主义与人文主义对立的根源就在于将知识和智慧对立起来,他力图超越科学主义和人文主义的对立,将知识和智慧统一起来。为此,他给自己规定了哲学探索的任务:"就是要根据实践唯物主义辩证法来阐明由无知到知,由知识到智慧的辩证运动。"②这就是说,"智慧"说是作者在自觉坚持实践唯物主义立场的前提下建构的,具有马克思主义哲学的性质。

　　首先,"智慧"说在哲学基本问题上坚持了马克思主义哲学的立场,真正做到了沿着实践唯物主义路子前进。在他看来,哲学史是"根源于人类社会实践主要围绕着思维和存在的关系而展开的认识的辩证运动"。③ "哲学是哲学史的总结,哲学史是哲学的展开"。④ 据此逻辑得出的结论是:哲学要探讨的对象也是基于实践而产生的思维和存在的关系问题。他自觉地把马克思主义哲学的基本精神同中国传统哲学的优秀成果结合起来,认为思维和存在的关系问题,可以概括为中国传统哲学所说的人与天、性与天道的问题。这个基本问题在中国传统哲学发展的不同阶段表现为不同的形态和不同的争论,这就是:天人之辨、名实之辨、形神之辨、力命之辨、性习之辨、有无(动静)之辨、

　　① 冯契:《认识世界和认识自己》,华东师范大学出版社1996年版,第14—15页。
　　② 冯契:《认识世界和认识自己》,华东师范大学出版社1996年版,第16页。
　　③ 冯契:《中国古代哲学的逻辑发展》上册,华东师范大学出版社1996年版,第11页。
　　④ 冯契:《认识世界和认识自己》,华东师范大学出版社1996年版,第89页。

言意之辨、理气(道器)之辨、能所之辨、心物(知行)之辨等。"智慧"说建构的是广义认识论体系,而从唯物论的立场出发论证感觉能够给予客观实在是其起点。"首先我从唯物论的观点出发,肯定在实践和感觉中能获得客观实在感",对认识过程其他问题的探讨,"智慧"说同样坚持了实践唯物主义立场。学术界已经注意这点,并给予了高度评价:"20 世纪 80 年代以来,有关中国传统哲学现代化的议论甚多,但真正沿着实践唯物主义辩证法方向从事研究并做出成果的学者可谓凤毛麟角。除冯契的智慧说之外,本人尚未见到贯穿着唯物主义辩证法精神的中国传统哲学现代化的新体系。"①

其次,"智慧"说始终信奉实践的观点。"实践"是人类认识实现由无知到知、由知识到智慧飞跃的中介和桥梁。冯契在论证感觉能够给予客观实在时,最主要的论据是将马克思主义哲学的实践观引入感性活动中,在他看来,以感觉为基础的感性活动就是感官借助工具变革对象的实践活动,因而感觉和实践不可分割,虽然感觉存在着客观内容和主观形式之间的矛盾,但休谟提出的人的感觉和外界对象是否一致、能否比较的问题在感性实践活动中就成了同一过程中的形式与内容能否达到一致的问题。感性实践活动能够提供对象的实在感,这种实在感能够证实感性认识形式与感性认识内容可以达到一致。在"智慧"说中,实践不仅具有获取知识的功能,更具有获得智慧的功能。获得知识的功能表现在:实践能够推动人的认识由感性的直观上升到知识经验、直到知识的真理;获得智慧的功能表现在:实践能够推动人的认识由知识的真理转化为对"性与天道"及整个宇宙人生的真理性认识。这样实践就成为联结知识和智慧的桥梁。在价值论方面,"智慧"说深刻揭示了基于实践的认识的辩证法对于实现人的自由的意义。人的自由可以从作为社会整体的人类的价值体系和作为社会个体的个人自由意识两个层面考察。在冯契看来,实践是建立合理的价值体系和形成个人的自由意识、造就自由德性的基础。

再次,辩证法观点更是在"智慧"说中得到了深刻体现。"智慧"说的主旨就是探讨基于实践的人类认识由无知到知、由知识到智慧的辩证运动;其两翼

---

① 许全兴:《马克思主义哲学中国化的新突破——读冯契的"智慧"说》,《吉林大学学报》2005 年第 5 期。

之一的《逻辑思维的辩证法》探讨的就是思维过程的辩证法和思维形式的辩证法;《人的自由和真善美》探讨的是人在化自在之物为为我之物的过程中,如何由自发到自觉、由自在到自为,提高自己,完善自己。

最后,"智慧"说还继承了马克思主义哲学的批判精神。冯契相信马克思主义哲学,但坚持的是马克思主义哲学的基本原则和立场,始终保持心灵的自由思考,不迷信,不盲从,喜欢标新立异。他尊重毛泽东,但不盲目崇拜。一方面,他肯定了毛泽东及其哲学思想对指导中国革命取得胜利的巨大贡献;另一方面,他也尖锐批评毛泽东及其哲学思想的不足和缺失。如前所述,冯契对毛泽东的《论持久战》、《新民主主义论》、《实践论》、《矛盾论》等论著中体现的哲学思想心悦诚服,受其影响走上了马克思主义哲学之路。但对这些论著中的个别观点持保留态度,对《矛盾论》中的"两个决定作用"的提法就如此。"两个决定作用"是毛泽东在《矛盾论》中提出的一个命题,指的是一般情况下物质对意识、精神的决定作用和一定条件下精神、意识对物质的决定作用。冯契对毛泽东的这一观点是基本赞同的,因为在一定条件下,意识对物质的确具有决定作用;但他明确指出:"两个'决定作用'是有区别的:前者是就物质第一性,意识第二性来说的,物质决定精神贯穿于历史发展的全过程;而后者则是就发展过程中的某个环节说,精神的反作用具有了决定的意义。精神的反作用是存在的,但只有在一定的条件下才成为有关全局的主要的决定的东西。"①这表明他不是将毛泽东的两个"决定作用"等量齐观,而是区别对待的。这一理解将主体的能动作用规定在一定的条件内,无疑在哲学基本问题上坚持了唯物论立场,是对片面强调发挥主观能动性,特别是对 20 世纪 50 年代盛行的唯意志论思潮及其消极影响的反思。他对"文化大革命"时期盛行的专制主义、独断论、权威主义、奴性等封建遗毒进行了深刻的揭露。他一辈子尊敬、爱戴其师金岳霖,但勇于直面金岳霖哲学思想中的缺失。他对金岳霖将知识和智慧截然分开的做法就提出了异见,认为应当把二者统一起来,实现"转识成智"。

---

① 冯契:《中国近代哲学的革命进程》,华东师范大学出版社 1997 年版,第 641 页。

三、"智慧"说对学术层面马克思
主义哲学中国化的贡献

"智慧"说是自马克思主义哲学传入中国以来,专业哲学家建构的第一部学术层面马克思主义哲学中国化的著作。

凡称得上建构了体系的哲学著作,应当接着先哲没有涉及,或虽有涉及但没解决好的学术问题进行研究,围绕特定的问题做好范畴的提炼工作,注重命题的展开和推理的矛盾运动,也就是通过一定的逻辑结构把阐述特定哲学理论的范畴、命题、论证有机地联系进来,形成比较完整的理论体系。"智慧"说完全可以说是具有这些特点的哲学著作。这体现在:其一,它有独特的研究问题和宗旨,具有理论上的创新性。"智慧"说对"转识成智"问题的探讨,对辩证逻辑原理的概括,对价值论中人的自由问题的关注,是同时代的马克思主义哲学论著不曾涉及的或虽有涉及但没有展开的新内容。其二,它有内在的逻辑结构和理论体系。"智慧"说哲学体系以《认识世界和认识自己》为主干,以《逻辑思维的辩证法》、《人的自由和真善美》为两翼,主干围绕认识论上的四个问题阐明了人类认识在实践的基础上如何由无知到知,由知识到智慧的辩证运动;两翼分别阐述了如何将哲学理论化为自己的思维方法、工作方法;如何在化自在之物为为我之物的过程中提升自己、完善自己,培养真善美统一、知情意统一的人格,造就自由的德性。其三,它有自己的范畴提炼和命题的推演。举例来说,就范畴的提炼而言,"智慧"说从实践的观点出发,在阐述人类认识由无知到知,由知识到智慧两次飞跃时,就概括形成了"疑问"、"意见"、"统觉"、"智慧"等新范畴,阐明了这些范畴的含义、特点、根据及在认识过程中的作用。就命题的推演而言,"智慧"说提出了不少新命题,其中最有代表性的是"转识成智"、"化理论为方法、化理论为德性",《认识世界和认识自己》就是"转识成智"这一命题的展开,《逻辑思维的辩证法》就是"化理论为方法"这一命题的展开,而《人的自由和真善美》就是"化理论为德性"这一命题的推演。

"智慧"说哲学体系的建构,对学术层面的马克思主义哲学的中国化作出了独特贡献。笔者认为,"智慧"说是20世纪后半叶中国大陆学者建构的唯

——本堪称体系的哲学著作。由于众所周知的原因,20世纪50年代至70年代末,大陆的哲学工作者的唯一任务就是宣传、阐发苏俄式的马克思主义哲学理论,失去了自由从事哲学研究和创造的氛围,几乎没有哲学专著问世。70年代末开始,学术研究自由的氛围逐渐形成,但由于没有学术积累,鲜有学者从事哲学体系的研究和建构,这就导致20世纪下半叶中国大陆很少有学者建构独特的哲学体系。身陷缺乏学术研究环境的冯契认识到,虽然自己不能进行自由的哲学研究和创造,不能将自己的成果见诸报端,但他却对哲学前沿问题始终保持心灵的自由思考。这种长期的心灵自由思考成果的积累,为他在20世纪80年代初到90年代中期建构"智慧"说的哲学体系提供了便利。

"智慧"说对学术层面马克思主义哲学中国化的最主要贡献是提出了广义认识论,阐明了人类的认识是在实践的基础上由无知到知、由知识到智慧的过程。这个过程前面已做了描述,这里不赘述。"智慧"说对学术层面马克思主义哲学中国化的另两个重要贡献是:建构了马克思主义的辩证逻辑体系和创立了马克思主义的自由理论。

在冯契看来,马克思的《资本论》、毛泽东的《论持久战》体现了辩证逻辑的基本原理,并以它们成功地指导了科学研究和革命实践,但他们都没有撰写出辩证逻辑的专著。一个半世纪以来,马克思主义者忽视了对辩证逻辑的研究,中国近代哲学界也忽视了对辩证逻辑的考察。他特别重视研究辩证逻辑的理论意义和实际价值,认为辩证逻辑是马克思主义的一个生长点,也就是新的发展方向。他认为,《墨经》代表了中国古代形式逻辑理论的最高水平;秦汉以降,中国的形式逻辑理论渐渐落后于欧洲和印度,但中国古代的朴素辩证思维非常丰富,要实现马克思主义哲学的中国化,就必须吸收欧洲和印度的逻辑理论,吸收中国古代的辩证思维。《逻辑思维的辩证法》就是马克思主义的辩证逻辑和中国古代辩证思维相结合的产物。该书深刻地论证了辩证逻辑科学存在的必然性和必要性;科学地阐明了研究辩证逻辑的途径和方法;深入地考察了中国古代辩证逻辑的产生及其发展进程;精辟地阐明了辩证逻辑的一系列基本原理。该书对辩证逻辑理论的贡献主要体现在四个方面:

其一,揭示了逻辑思维的基本矛盾。在他看来,逻辑思维的基本矛盾是:静止的思维形式和运动、发展、变化的对象的矛盾;抽象的思维形式和整体的具体对象的矛盾;有限的思维形式和无限的对象的矛盾。人类的认识正是在不断解决这些基本矛盾的过程中前进的。

其二,关于具体概念的学说。在冯契看来,逻辑思维是能够把握具体真理的,而具体概念就是把握具体真理的思维形式。具体概念是作为思维内容固有形式的概念,是作为思维辩证运动形式的概念,是具体与抽象、个别与一般相结合的概念,是有理想形态的概念。

其三,建构了以类、故、理为框架的逻辑范畴体系。冯契吸收了《墨经》的类、故、理范畴,扬弃了黑格尔创立范畴体系的原则,建构了以类、故、理为框架的逻辑范畴体系。"类"的范畴主要有:同一与差异,个别、物殊与一般,整体与部分,质和量,类和关系;"故"的范畴主要有:因果关系和相互作用,条件和根据,实体和作用,内容和形式,客观根据和人的目的;"理"的范畴主要有:现实、可能与必然,必然与偶然,目的、手段和当然,必然和自由。

其四,关于方法论基本原理的新见解。他概括出了方法论的五个基本环节,即客观地观察,分析和综合相结合,演绎与归纳相结合,逻辑与历史的一致,理论与实践的统一。

马克思主义哲学的价值目标是解放全人类,建立自由人的联合体,实现世界大同。马克思主义哲学强调主体在对必然王国的认识和改造中获得自由,因而是争取自由的哲学。中国的早期马克思主义者陈独秀、李大钊、瞿秋白等人在传播马克思主义哲学时,肯定了个性解放和自由。但随后长期的战争岁月,迫使毛泽东、刘少奇等中国共产党的领导人忽视了马克思主义哲学关注自由的特点。残酷的战争年代,为了确保战争的胜利,要求个人服从组织、下级服从上级。作为革命队伍的一员,血肉之躯都要交给组织,个人的自由更要牺牲。这就是说,革命年代,马克思主义者对自由的忽视是有根据的,是可以理解的。但问题是,新中国成立后,在和平环境里,取得意识形态支配地位的马克思主义哲学仍然长期讳言自由,自由好像成了资产阶级哲学的专利,导致了中国社会主义建设的严重失误。有鉴于此,冯契在"智慧"说中关注自由、高扬自由、追求自由。《人的自由和真善美》探讨的是人的自由和真善美三者的关系,该篇著作从实践唯物主义立场出发,以马克思主义的自由理论为指导,结合中外哲学史,阐发了人生论、价值论、理想论以及平民化的自由人格理论。在他看来,"智慧给予人类以自由,而且是最高的自由,当智慧化为人的德性,自由个性就具有本体论的意义"。① "我们的理想是要使中国达到个性解放和大同团结统一、人道主义和社会主义统一的目标,也就是使中国成为自由人格的联合体那样的社会。"② "智慧"说对人的自由的阐发,丰富、发展了马克思主义的自由学说,是当代中国马克思主义哲学的自由新论。

改革开放以来,中国哲学界对长期奉为经典的苏俄马克思主义哲学体系的缺点进行了反思,认为它已不适应时代需要,亟待变革。20 多年来,哲学研究的对象、方法、内容和体系都发生了重大变化。哲学研究也取得了不少成果,出版了不少新的马克思主义哲学教科书和专著。目前的马克思主义哲学教科书体系同 20 多年相比有很大的不同,增加了许多新的研究成果。但综观 20 年来新出的马克思主义哲学教材、专著,都有一个共同的特点,那就是偏重于汲取西方哲学和科技革命的成果,而对汲取中国传统哲学的精华,对学术层面马克思主义哲学的中国化缺乏应有关注。

"智慧"说则不同,它坚持了马克思主义哲学的基本原则,运用了西方哲学的逻辑分析方法,汲取了中国传统哲学的精华,促进了中国传统哲学的现代化,具有鲜明的个性色彩、时代特点和中国气派,真正实现了学术层面的马克思主义哲学中国化。"可以说,直到冯契的智慧说发表之前,专业哲学家建构的中国化马克思主义哲学的逻辑体系尚未出现。" "智慧说是马克思主义的,又地地道道是中国的,是专业哲学家建构的第一个中国化马克思主义哲学的逻辑体系。"③

---

① 冯契:《人的自由和真善美》,华东师范大学出版社 1996 年版,第 347 页。
② 冯契:《人的自由和真善美》,华东师范大学出版社 1996 年版,第 340 页。
③ 许全兴:《马克思主义哲学中国化的新突破——读冯契的"智慧"说》,《吉林大学学报》2005 年第 5 期。

第七章 "智慧"说与中国传统哲学的现代化

中国传统哲学从产生至今已有三千多年的历史,在长期的发展过程中,积淀了丰富多彩的文化遗产。中国传统哲学对于国人价值观、生活方式、民族心理、民族精神的形成、发展有着十分重要的作用。但中国传统哲学主要是与封建文化相适应的意识形态,其服务的上层建筑、基本的价值取向、话语方式都与现实相去甚远。正因为如此,长期以来,学术界都在探讨中国传统哲学的现代化问题。

中国传统哲学的现代化就是使中国传统哲学向现代哲学转型,包括两个相互联系的层面:一是站在现代的立场上,用现代哲学理论诠释中国传统哲学,使其中的积极成果为当今的现实服务;二是从中国传统哲学资源中发掘可以建构现代哲学的因素。从 20 世纪 20 年代开始,胡适、金岳霖、冯友兰等一批哲学家为中国传统哲学的现代化进行了艰辛的探索,取得了丰厚的成果。在批判地继承前辈成就的基础上,冯契的"智慧"说为中国传统哲学的现代化作出了突出贡献。

一、中国传统哲学现代化的必要性和可能性

哲学是时代精神的精华,体现出鲜明的时代性,以对每一时代的中心问题作出解答为使命。中国自近代以来,中心问题就是"古今中西"之争,即如何在传统与现代、中学与西学之间求得一个妥善的解决。近代以来的哲学是伴随着西学的渗透而演化发展的,是在借鉴西学的基础上对传统哲学进行改造来实现的。中国传统哲学主要扎根于封建社会的土壤中,是适应封建政治制度、伦理纲常的哲学。这种局限使它难以适应变化了的社会环境,更难以与国

际哲学接轨,面临现代化转型的历史性挑战。中国传统哲学的现代化是否可能、如何可能? 即中国传统哲学向现代化转型的必要性与可能性问题,是解读中国传统哲学现代化面临的首先问题。

中国传统哲学现代化的必要性可归结为以下几个方面:一是中国传统哲学是建立在中国古代农业文明以及以血缘关系为基础的古代社会体制之上的旧哲学体系。它的本质是为封建宗法等级社会服务的,强调等级尊卑观念,突出圣贤救世的英雄人生观,漠视平等,钳制自由,与现代社会的基调格格不入。它是适应农业文明发展模式的政治理论,以农为本,以工商、技术为末,拘泥于小生产状态,不利于科学技术的传播与工商业的发展,不能适应社会化大生产的现代社会,而且还将严重制约科学技术的推进,阻碍现代化的进程。二是中国传统哲学侧重直觉思维,不利于传播与理解,不能适应文化加速融合的现代社会。中国传统哲学是一种直觉体验的哲学,具有极大的神秘性,缺乏理性的逻辑思维,侧重于天才般的臆测或心领神会。传统哲学概念含混不清,歧义百出,缺乏明晰性,没有确定的内涵与外延,容易被歧解或误解。传统哲学往往是直下断语而缺乏论证,或者以比附代替论证,无法用系统的理论与方法做严格必然性的论证,思维的缜密度严重欠缺。三是中国传统哲学是非独立形态的学科,缺乏学科本身应当具有的系统性与严密性。中国传统哲学可谓结构庞杂,糅合着历史、文学、政治理论、艺术等其他众多学科知识,各个时期的哲学家的哲学思想也呈现出博杂的样态,而不像西方哲学有着明确的问题线索或哲学史痕迹,学科界限模糊,不利于学科自身的发展。四是中国传统哲学的概念、命题往往晦涩难懂,是少数人才能享受的奢侈品,难以为大众所理解,从而难以发挥其教化功能。

中国传统哲学自身的诸多弊端导致它难以适应现代化的步伐,面临被改造的命运。历史毕竟是割舍不断的,传统也必将向现代渗透,如何实现传统哲学的现代化是一项重大的课题。现今中国的哲学发展并与世界哲学接轨的现实,表明国人在传统与现代之间探索出一定的方法与对策,也说明中国哲学的现代化是可能的。粗略地考察一下,可以发现,中国传统哲学的现代化在以下几个方面体现出可能性:一是以科学的方法论作指导。就是以马克思主义的辩证唯物主义和历史唯物主义作为指导方法,对传统哲学采取了批判地继承的态度,用客观、唯物、辩证的立场与方法澄清了中国传统哲学历史的精华与糟粕,给予了中国传统哲学以客观、公正、合理的评价,使中国传统哲学的精华焕发出新的活力,融入新的环境,成为中国化的马克思主义哲学思想或理论体系的有机部分。二是引进了西方的逻辑分析方法,实现了对传统哲学概念的厘清、界定,使哲学范畴具备了明确的内涵与外延,使那些含混不清的概念得以明确,并形成了一套规范的概念体系或者说形式系统。逻辑分析法的引入还纠正了中国传统哲学重综合轻分析、重体验轻论证的不足,促使国人的思维方式向科学、理性、严密分析等方向靠拢,奠定了新的哲学方法论基础。三是形成了相对独立完整的学科,规范了中国哲学的发展。现代学者从传统哲学的繁杂中脱离出来,致力于中国哲学学科独立性的探索,在参照西方学科发展模式的基础上,突出了对哲学基本问题的探讨,构建了属于自己的现代形态的哲学体系。他们特别突出了对适应现代性步调的哲学问题的探讨,发展了中国传统哲学所缺失或异常薄弱的环节,形成了比较完整的哲学思想体系。这样,在马克思主义的有效指导下,通过逻辑分析法的介入,形成了既有相对明确的界域又有完整严密的学科体系,在中国传统哲学的土壤中产生出适应现代化进程的新哲学,使传统哲学得以转化与升华。

二、中国传统哲学现代化的逻辑进程

在中国传统哲学现代化的过程中,一大批学者付出了艰辛的探索,也作出了卓有成效的贡献,胡适、冯友兰、金岳霖等就是杰出代表。

1. 胡适对中国传统哲学现代化的初创

在中国传统哲学现代化的进程中,胡适有首创或初创之功。其首创或初创之功体现在以下四个方面:

首先,他实现了哲学研究范式的转化,摆脱了哲学研究的经学形式,使中国哲学成为一门真正独立的学科。

严格地说,中国传统哲学是近、现代学术对经学中有关形而上问题探讨的称谓,中国古代并没有独立、规范的哲学学科,哲学研究从属于经学形式。哲学研究的经学形式是指对哲学理论的探讨寄托在对经典的逐句、逐段、逐节、逐章地考证、注梳、阐发中,而没有打破原典的结构,没有分几个主题对其进行解读。我们今天看到的《春秋传》、《老子注》、《论语注》、《孙子注》、《庄子注》、《孟子注》等都是这种形式。

1919年2月，胡适出版了《中国哲学史大纲》（上卷），该书是中国学者运用现代学术方法系统地研究中国古代哲学史的第一部著作，它的出版被视为中国哲学史学科成立的标志。《中国哲学史大纲》使哲学探索摆脱了经学的研究方式，对中国哲学史上每个思想家的史料按几个主题进行考证、阐发，而不是逐句、逐段、逐节、逐章地考证、注梳、阐发。我们不妨列出该书的一些章节目录。该书第三篇考察"老子"的哲学思想，就是通过八章即八个主题展开的，这八个主题分别是：老子略传、老子考、革命家之老子、老子论天道、论无、名与无名、无为、人生哲学；第四篇介绍孔子的哲学思想，则是通过五个主题展开的，这五个主题分别是：孔子略传、孔子的时代、易、正名主义、一以贯之。这种阐释方式采纳了西方哲学史的研究范式，实现了哲学研究范式的现代化。

胡适使中国哲学史成为一门独立的学科，还在于他在该书《导言》中明确指出，中国哲学是世界哲学中的东方一支，与西方哲学处于对等的位置，从而打破了西方学者一向宣扬"中国哲学不属于哲学史"的谬见，确立了中国哲学在世界哲学史上的位置。

其次，他阐明了中国哲学史的学术规范，使中国哲学史研究逐渐走向科学、合理。

《中国哲学史大纲》首次阐明了哲学研究的现代学术规范，从而使中国哲学史研究逐渐走向合理、科学。胡适在该书《导言》中界定了什么是哲学、什么是哲学史，以及研究哲学史的目的等研究哲学史首先应当明确的基本概念。他认为："凡研究人生切要问题，从根本上着想，要寻一个根本的解决，这种学问，叫做哲学。""若有人把种种哲学问题的种种研究法和种种解决方法，都依着年代的先后和学派的系统，一一记叙下来，便成了哲学史。"哲学研究的内容包括：天地万物怎样来的（宇宙论）；知识、思想的范围、作用及方法（名学及知识论）；人生在世应该如何行为（人生哲学，旧称"伦理学"）；怎样才可使人有知识，能思想，行善去恶呢（教育哲学）；社会国家应该如何组织，如何管理（政治哲学）；人生究竟有何归宿（宗教哲学）。研究哲学史的目的在于"明变"、"求因"、"评判"。他以开阔的视野指出了中国哲学在世界哲学史上的地位，进而对中国哲学史的发展做了阶段划分，最后就研究哲学史的史料及史料的审定与整理作了分析。尽管对这些问题的解答有不少不确切的地方,但其首创之功值得肯定。

再次,他兼融中西,创造了新的中国哲学。

胡适留学美国时,修的是西方哲学,但他并不轻视中国哲学,主张融合中西,以创造一种新的哲学,而不主张用西方哲学全盘代替中国哲学。在他看来,对一个具有光荣历史以及自己创造了灿烂文化的民族来讲,不应当采取"突然替换的形式"接受新文化;若采取这种方式接受新文化,那会引起旧文化的消亡,造成人类文明的重大损失。接受新文化的正确方法应采取有组织地吸收的形式,新中国的知识界的领袖应当以有远见的和历史的连接性的意识,"把现代文化的精华与中国自己文化的精华联结起来"。① 应当说,胡适这时对中西文化采取的态度是正确的。这种兼融中西的方法,推进了中国传统哲学向现代哲学的转型。但问题是,胡适虽然提出了用中西兼融的方法研究中国哲学,但他自己并没有很好地贯彻这一精神,所撰写的哲学史著作基本上是杜威的实用主义的那一套,也就是以西方哲学的精神、范式解读中国传统哲学,实际上是全盘西化了。这也就是后来的学界许多学者把胡适当做全盘西化论者的重要原因。

最后,他提倡科学的研究方法。

部分学者认为,中国传统哲学的现代化还应当包括研究手段、方法的现代法。具体说来应当采用西方形式逻辑的方法、实证的方法、实验的方法等。在中国传统哲学向现代哲学转型的过程中,胡适又是首次关注研究方法变革的学者。他一生不断地宣传倡导"科学方法"。他多次说道:"我的唯一的目的,是要提倡一种新的思想方法,要提倡一种注重事实、服从验证的思想方法。"② 这种"科学方法"是以其师杜威的实验主义为理论基础的。实验主义经美国的皮尔士创立,由詹姆士、杜威加以发展,已经形成了一个庞大的哲学理论体系。胡适接受和介绍的是杜威的学说,而真正运用的是其中的方法论。他多次强调:"实验主义只是一个方法,只是一个研究问题的方法。"③胡适倡导的科学方法体现为两种:一是结合西方现代科学方法,阐发了清代乾嘉考据学已

---

① 胡适:《先秦名学史》,上海学林出版社 1983 年版,第 8 页。
② 《胡适文存》二集卷三,上海亚东图书院 1924 年版,第 100 页。
③ 《胡适文存》二集卷三,上海亚东图书院 1924 年版,第 99 页。

经具有了"科学"的精神,强调乾嘉考据学的实证精神,要求学者治学自觉坚持这种实证精神。二是结合达尔文和斯宾塞的历史进化论的观念,注重使用"历史的眼光"、"历史的态度"、"历史演进的方法"对研究对象进行考察,还它一个本来的面目。

2. 冯友兰对中国传统哲学现代化的推进

冯友兰是我国现代著名的哲学家,终生从事哲学元理论和中国哲学史的研究,取得了丰硕的成果,对中国传统哲学的现代化也作出了很大的贡献。冯友兰对中国传统哲学现代化的贡献主要体现在以下方面:

首先,他建构了新的传统哲学研究体系,继续推进哲学研究范式的现代转变。

1931 年,冯友兰出版了《中国哲学史》上卷;1933 年,又出版了《中国哲学史》下卷。与胡适一样,冯友兰在《中国哲学史》中也摒弃了哲学研究的经学方法,代之以现代哲学的研究方法。他将整个中国哲学史分为子学时代与经学时代两篇:子学时代主要讲先秦诸子,共十六章,构成了《中国哲学史》的上卷;经学时代涉及从董仲舒到康有为、谭嗣同、廖平为止的时期,也包括十六章,构成了《中国哲学史》的下卷。子学时代的第一章为绪论,探讨的也是哲学与哲学史研究的学术规范,由十二个问题构成:即哲学之内容、哲学之方法、哲学中论证之重要、哲学与中国人之"义理"之学、中国哲学之弱点及其所以、哲学之统一、哲学与哲学家、历史与哲学史、历史与写的历史、叙述式的哲学史与选录式的哲学史、历史是进步的、中国哲学史取才之标准。两相比较,不难发现冯友兰提出的哲学与哲学史研究的学术规范比胡适的更清晰、具体。子学时代的第八章为《老子》及道家中之《老》学,从九个方面展开讨论:即老聃与李耳、《老》学与庄学、楚人精神、道德、对于事物之观察、处世之方、政治及社会哲学、《老子》对于欲及知之态度、理想的人格及理想的社会。两相比较,冯友兰对老子哲学思想的研究比胡适更深入了一步。因此,继胡适之后,冯友兰将哲学研究范式向现代的转变又向前推进了一步。

其次,他注意到了时代条件、社会存在对哲学思想的制约作用。

冯友兰在《三松堂自序》中谈到,马克思主义唯物史观的一般原则对自己的哲学研究产生过一点影响。他在《中国哲学史》上卷的绪论中指出:"一时代之情势及各方面之思想状况,能有影响于一哲学家之哲学。""一时代有一时代之精神;一时代之哲学即其时代精神之结晶也。研究一哲学家之哲学,固须'知其人,论其世'。"①他在撰写《中国哲学史》这部著作时,就贯彻了这一精神。在分析经学时代取代子学时代的原因时,他指出:"盖人之思想,皆受其物质的精神的环境之限制。春秋战国之时,因贵族政治之崩坏,政治经济社会各方面,皆有根本的变化。"与这种根本的变化相适应,出现了诸子蜂起、百家并作的局面。"及秦汉大一统、政治上定有规模,经济社会各方面之新秩序,亦渐安定。自此而后,朝代虽屡有改易,然在政治经济社会各方面,皆未有根本的变化。各方面皆保其守成之局,人亦少有新环境、新经验。以前之思想,其博大精深,又已至相当之程度。故此后之思想,不能不依傍之也。"②这就形成了经学时代。经学时代主要是对子学时代的典籍进行考证、注解、阐发的时代,是没有提出多少原创思想的时代,因而是依傍之时代。正因为不同时代有不同的哲学,冯友兰要求哲学家创造具有时代特征的哲学理论:"一时代的哲学家,必是将其自己所见,以当时底言语说出或写出者。"③

冯友兰看到了社会存在、时代特点对哲学思想的影响,多少有一点唯物史观的萌芽。而唯物史观是现代哲学发展的结果,因此,当他用这种精神改铸中国传统哲学时,实际上推进了传统哲学向现代的转型。

再次,他倡导"接着讲"的哲学方法,创立"新理学"体系。

冯友兰在建立自己的新理学哲学体系时,提出"照着讲"和"接着讲"的区别,并申明自己是"接着讲",而不是"照着讲"。他在《新理学》绪论中说:"我们说'承接',因为我们是'接着'宋明以来底理学讲底,而不是'照着'宋明以来底理学讲底。"④冯友兰将研究哲学史归为"照着讲",将哲学创作归为"接着讲"。他说:"哲学史家是照着哲学史讲哲学,而哲学家是接着哲学史讲哲学。"⑤尽管写的"哲学史"与"本来意义"上的哲学史并不是一回事,但是,"写的"哲学史毕竟是照着"本来意义"上的哲学史写的,而"本来意义"上的哲学

① 冯友兰:《三松堂全集》第二卷,河南人民出版社 2001 年版,第 254 页。
② 冯友兰:《三松堂全集》第三卷,河南人民出版社 2001 年版,第 7 页。
③ 冯友兰:《三松堂全集》第四卷,河南人民出版社 2001 年版,第 16 页。
④ 冯友兰:《三松堂全集》第三卷,河南人民出版社 2001 年版,第 4 页。
⑤ 冯友兰:《三松堂全集》第五卷,河南人民出版社 2001 年版,第 275 页。

史是客观存在的。"接着讲"就不同了,"接着讲"是着眼于哲学的发展、变化和创新,有明显的时代性。可以说,"照着讲"是忠实于传统哲学的"本来意义",并用现代的语言将它写出来或说出来;"接着讲",是根据时代特点对哲学原典有所发展、创新。

　　遵循"接着讲"的哲学研究方法,冯友兰创立了新理学体系。新理学体系是在继承中国传统哲学优秀成果的基础上建立起来的,是要让自己的问题"接"上传统,同时也让传统"接"上现在的问题,是中国哲学从古代传统哲学向现代哲学的转变,是现代化与民族化的统一。"接着讲"包含两层含义:第一层含义是,赋予中国哲学以全新的现代理性精神,实现中国哲学的现代化。"理性"是现代哲学的基本特征,而现代理性又是以逻辑分析的方法为其重要特征的。第二层含义是,在中国哲学形式化、理性化的同时,要保留、继承其最核心的实质内容,特别是终极性的价值内容。中国哲学的实质是"究天人之际,通古今之变",通过对"究天人之际,通古今之变"的现代分析,从而重新审视人生的意义,提高人的精神境界,造就理想人格,这就是中国哲学的终极关怀。①

3. 金岳霖对中国传统哲学现代化的贡献

　　金岳霖对中国传统哲学现代化的贡献主要体现以下几个方面:

　　首先,他着力引进西方的逻辑分析法,对中国近现代文化革新、哲学转型都产生了积极的推进作用。

　　他引进逻辑分析方法,改变中国传统哲学的直觉思维方式,为中国近现代哲学变革提供了必要的方法论基础。他提出逻辑就是哲学的本质。他说:"哲学主要与论证有关,而不是与这里或那里任意拼凑的一些思想相关。而且如果哲学主要与论证有关,那么逻辑就是哲学的本质。哲学家受到批评往往不是因为他们的思想,而是因为他们发展这些思想的方式,许多哲学体系都是由于触到逻辑这块礁石而毁灭的。"②把逻辑提升到哲学的本质的高度加以认识,是金岳霖对中国传统哲学的逻辑意识不强的深刻反思,是对哲学本质的

---

① 　包聪会:《冯友兰对中国哲学现代化的贡献》,《新西部》(下半月)2007 年第 12 期。

② 　胡伟希:《知识、逻辑与价值:中国新实在论思潮的兴起》,清华大学出版社 2002 年版,第101 页。

独到之见。这种见解虽然有泛逻辑化的倾向或偏颇之处,但毕竟能够唤醒人们对哲学中的逻辑问题的努力探讨,加快了中国哲学现代化的进程。

其次,借助西方哲学的逻辑分析法,他建立了自己的现代性的哲学体系,即《论道》、《知识论》的哲学体系,推进了中国传统哲学的现代化。

《论道》就是以传统哲学的"道"为核心范畴,运用西方哲学理路和逻辑分析方法建构的哲学体系。冯友兰认为,金岳霖的《论道》是接着宋明道学中的理学派讲的,其讨论的问题仍然是殊相和共相的关系,但其表现形式却是西方哲学的。《论道》的体系是以逻辑分析法这一在当时的中国可谓是全新的方法来展开的创新性尝试,这种创新又是在瞄准近现代世界哲学的新进展,汲取了西方哲学的新概念和方法,同时承继了中国传统哲学思想基础上进行的,所以这种创新既是开新,又没忘记返本,是综合贯通。从中国哲学发展进程的大背景来审视,金岳霖在形而上学领域的开拓创新解决的是中国传统哲学的逻辑意识不发达的问题,这种创新是根本性的,无疑属于中国传统哲学的现代转换的环节,具有使中国哲学现代化的重要意义。

金岳霖建构的《知识论》哲学体系对中国传统哲学的现代化具有更重要的意义。有学者认为,中国传统哲学虽然也探讨了认识论问题,但主要是对自然、社会、人类自身的认识,而对认识问题很少进行反思,也就是很少关注认识过程或认识结果的反省或考察。诸如什么是知识、知识的逻辑结构是什么、知识的增长规律是什么、获得知识的主要途径是什么、检验认识成果真伪的标准是什么等问题,就没有引起中国传统哲学的应有关注。中国传统哲学讨论的知行问题,虽然与认识论相关,但主要是道德认识和道德践行,不是严格意义的认识论。西方哲学自古希腊开始就对上述问题有了关注。柏拉图在《泰阿泰德》中便提出了以下问题:知识和真或正确的意见之间的区别是什么? 或者说,真意见再加上什么东西就产生知识? 这一问题是非常重要的,为形成一个新的哲学部门即知识学或知识论奠定了基础。此后,西方许多哲学家如亚里士多德、培根、笛卡尔、洛克、休谟、康德都从不同角度回答这一问题,在解答问题的过程中建立了各种不同的知识论系统。[①] 正是意识到中国传统哲学中的认识论缺失,金岳霖接过了西方哲学认识论的话题,对认识论做了全新的研

① 参见胡军:《中国哲学的现代化与金岳霖的〈知识论〉》,《理论探讨》1994 年第 3 期。

究,对中国传统哲学薄弱环节做了强有力的弥补,为中国传统哲学现代化拓展出了发展的空间,为中国哲学参与世界哲学对话提供了示范和继续深化的窗口。

《知识论》对中国传统哲学现代化的意义体现在:第一,《知识论》在中国哲学史上首次对"什么是知识"、"如何获得知识"等问题做了全面、系统的回答,标志着认识论从此成为中国哲学的一个重要组成部分,实现了与西方现代哲学的对话,使中国哲学融入世界哲学的发展洪流中。第二,《知识论》引进了西方哲学讨论认识论问题的大量题材,突破了中国传统哲学的范围。如正觉论、所与论、意念论、事实论、命题论、度量论、关系论等,都不是中国传统哲学讨论的、是全新问题,经过金岳霖的引入和富有新意的阐发,从此就成为中国哲学中的认识论问题。事实上,《知识论》中的绝大部分概念、命题、话语方式都是从西方哲学认识论引入的,对中国传统哲学来说是全新的。单就这点而言,《知识论》就大大推进了中国哲学认识论的现代化。

再次,他为中国哲学史的学科独立作出了积极的探求。在为冯友兰撰写的《〈中国哲学史〉审查报告》中,他明确提出要以西方的哲学问题作为普遍的哲学问题,重新审视中国传统哲学,把哲学史还原为哲学问题的史,指出哲学史要突出以哲学问题为线索,提出中国哲学史就是哲学问题在中国的发展史,而不是其他问题的发展史,这样就为中国哲学史明确了自身的界限和学理逻辑、脉络,为发展出明确、系统的哲学史学科提供了理论指导。虽然,金岳霖所提出的要以西方哲学的基本问题为普遍的哲学问题的立场为部分学者所否定,但中国哲学史后续的发展见证了金岳霖的论断,中国哲学史也迎来了学科独立性发展的曙光。

三、"智慧"说对中国传统
哲学现代化的贡献

"智慧"说对中国传统哲学现代化的贡献主要体现在两个方面:以马克思主哲学的立场解读中国传统哲学,以"智慧"说的精神传统解读中国传统哲学。

1. 以马克思主义哲学的立场解读中国传统哲学

以马克思主义哲学的立场阐释中国传统哲学,促使中国传统哲学向现代哲学转型,是"智慧"说对中国传统哲学现代化的重大贡献。"智慧"说以马克思主义哲学的立场阐释中国传统哲学,集中体现在冯契撰写的三卷本的《中国古代哲学的逻辑发展》一书中。本书的绪论指出:"用马克思主义的立场、观点和方法来研究中国古代哲学的逻辑发展,以建立科学的中国哲学史,这是一项有待于许多人共同努力的重要工作。我们进行社会主义现代化建设和培养共产主义的新人,指导思想当然是科学的共产主义的世界观,同时也必须继承中华民族的优秀传统,要善于把传统中的科学性、民主性的因素提取出来,加以发扬。"[①]他强调用马克思主义的辩证方法来研究哲学史,总结理论思维的规律性。在这部哲学史著作中,他阐明了社会实践是中国传统哲学的源泉;注重从思维和存在关系问题的不同立场把握中国传统哲学;强调以逻辑与历史相统一的方法把握中国传统哲学的逻辑发展;站在哲学发展的高级阶段即唯物辩证法阶段回顾中国古代哲学。

马克思主义哲学是现代哲学中最重要的流派,是科学的世界观和方法论。以马克思主义哲学解读中国传统哲学,无疑会使中国传统哲学中的积极成果取得现代形态,丰富中国现代哲学的内容。

首先,他认为社会实践是中国传统哲学的源泉。

"哲学作为自然知识和社会知识的概括和总结,同其他意识形态和科学一样,来源于人类的社会实践。社会实践(主要指阶级斗争、生产斗争和科学实验)是哲学的源泉。"[②]正因为如此,冯契主张一方面应该以阶级斗争理论作为分析历史上哲学思想的指导线索,另一方面又必须考察自然科学等具体科学的发展,把两者结合起来研究哲学思想的历史演变。只有做多方面的考察,才能全面地揭示历史上某个特定哲学家的哲学思想是怎样从社会实践中产生的。在他看来,历史上的每种哲学体系都是从它的先驱者留下的思想资料中演变和发展而来的;而当时的经济关系、阶级关系又决定着这些思想资料的演变和发展;经济关系、阶级关系对哲学发展的决定作用往往是通过政治思想、

---

① 冯契:《中国古代哲学的逻辑发展》上册,华东师范大学出版社 1997 年版,第1—2页。

② 冯契:《中国古代哲学的逻辑发展》上册,华东师范大学出版社 1997 年版,第2—3页。

伦理思想等中间环节来实现的。哲学的发展还有其自然科学基础,因此,他主张哲学史家在研究哲学发展历史时还必须考察哲学和自然科学的关系、哲学斗争和科学反对宗教迷信的关系。基于此,他提出了一个基本的观点:"政治思想斗争和科学反对迷信的斗争是推动哲学前进的两条腿,这两腿立在同一个基础上,统一于社会实践。对此,我们不能偏废。"①

　　根据这一基本观点,冯契对中国哲学的历史发展做了简要的回顾。在他看来,不同的时代有不同的阶级矛盾,反映到意识形态领域就有不同的政治思想斗争;而各时代重大的政治思想斗争对哲学的发展有着明显的影响。以春秋战国来说,"古今"、"礼法"之争反映了地主阶级革命时代的社会变革,给哲学以深刻的影响。诸子蜂起,百家争鸣,各自从不同的阶级立场出发,对这些问题提出了自己的政治主张,展开了哲学上的论战。如孔子、老子用唯心论来为保守复古的政治主张辩护;而墨家、法家则用唯物论来反对复古主义,推动社会进步。而到了近代,人民大众反对帝国主义和封建主义的历次重大的政治思想斗争都是围绕"古今"、"中西"之争而展开的。这一争论的实质就是要不要向西方学习,怎样向西方学习,并对中华民族的传统进行反思,以寻求救国救民的真理,找到民族解放、国家独立的途径和方法。而"古今"、"中西"之争这一贯穿整个中国近代社会的重大的政治思想斗争,也对中国近代哲学革命起了巨大的制约作用。中国近代哲学对历史观问题给予了极大关注,其原因就在此。"从春秋战国和近代两个革命时代来看,政治思想斗争制约着哲学斗争,转过来哲学革命又做了政治变革的先导,这种相互作用是非常明显的。"②

　　秦朝至鸦片战争前是中国的封建社会时期,这一时期哲学的发展与先秦和近代这两个革命的时代哲学的发展有所不同。冯契承认,地主和农民的矛盾是封建社会的主要矛盾,意识形态领域中农民要求平等、平均的思想同封建等级思想的对立是两种世界观的斗争;农民阶级的武器的批判,能深刻地揭露当时官方哲学的弊病,从而迫使封建统治者对统治思想的哲学依据作这样那样的修正,从而影响哲学的演变。但农民阶级不是新的生产力的代表,没有自

---

①　冯契:《中国古代哲学的逻辑发展》上册,华东师范大学出版社 1997 年版,第 4 页。
②　冯契:《中国古代哲学的逻辑发展》上册,华东师范大学出版社 1997 年版,第 5 页。

己的理论队伍,因而无法建立属于自己阶级的哲学体系。那么,这一时期的哲学是怎样发展的呢?冯契认为,这一时期哲学发展有两方面的根据:首先是由于社会生产力的发展推动了科学反对宗教迷信的斗争。自然科学、农业、手工业生产的发展推动了哲学的进步。王充、柳宗元等哲学家都很关心物质生产,注意汲取自然科学的成就,他们的唯物主义哲学理论都与科学反对宗教迷信的斗争密不可分。王充反对董仲舒唯心主义哲学的斗争同时就是科学反对谶纬神学斗争的一部分。其次是社会矛盾促进了地主阶级内部的政治思想斗争。他指出,虽然地主阶级和农民阶级的矛盾是封建社会的主要矛盾,但农民阶级不是新的生产力的代表,不可能建立新的生产方式,不可能建立系统的哲学体系。在漫长的封建社会中,唯物主义和唯心主义的斗争并不能归结为农民反对地主的阶级斗争的表现;哲学争辩、斗争是在地主阶级内部进行的,如王充反对董仲舒儒学唯心主义的斗争,范缜、张载反对佛学唯心主义的斗争,王夫之、戴震反对理学唯心主义的斗争等,就是地主阶级内部不同哲学派别之间的斗争。地主阶级内部不同哲学派别之间的斗争推动了哲学向前发展。

这种从社会存在决定社会意识的层面考察中国传统哲学源泉的观点,体现了马克思主义哲学的唯物史观。

其次,他从对哲学基本问题的立场把握中国传统哲学。

阐明社会实践是哲学理论的源泉,仅仅考察了哲学发展的一般根据。冯契认为,哲学的发展还有它自身的特殊矛盾即特殊根据。而哲学自身的特殊矛盾就是思维和存在的关系问题,哲学史上各个不同哲学体系因对这个问题的不同回答而分属于唯物主义和唯心主义两大阵营。他指出:中国先秦哲学关于天道观的争论首先是争论世界统一原理的问题,即世界统一于物质还是统一于精神的问题?这一争论体现在认识论和逻辑方面就是认识和逻辑的来源问题:知识是先天就有的,还是后天才有的?逻辑是概念的先天结构,还是在现实世界中有其客观基础?其次是关于世界发展原理的问题,即由自然界和精神构成的世界是发展的,还是不变的?世界的运动、变化、发展是由自身矛盾引起的,还是外力推动的结果?这就是辩证法和形而上学的对立。这一对立在认识论上就表现为:将思维和存在的同一性理解为变化发展的过程,也就是由不知到知、由知之不多到知之甚多的动态过程,是辩证法的观点;而把思维与存在割裂开来就会导致不可知论;把思维与存在的统一理解为一次完成的,直接同一的,就是形而上学的观点。这一对立在逻辑上体现为:形而上学的观点认为范畴是固定不变的;辩证法主张范畴是灵活的,逻辑是从变化、发展着的各种对立范畴中发展起来的。

冯契断言:"把全部哲学的根本问题概括为思维与存在的关系问题,这是马克思主义对哲学发展史的总结。"①在他看来,思维和存在的关系这一哲学的根本问题在哲学发展的不同时代有不同的表现,研究中国哲学史必须注意这一根本问题在哲学发展的各个不同阶段是怎样表现的。在先秦,思维和存在关系这一哲学争论的根本问题主要体现为"天人之辨"与"名实之辨"。前者主要是天道观和人道观上的争论,后者主要是认识论和逻辑学上的争论。"道"与"物"的关系问题是思维和存在关系的另一种争论形式,在先秦已经提了出来,后来发展为"有无(动静)"、"理气(道器)"的争论。中国哲学发展到魏晋,"有无之辨"成了中心;在宋明两代,"理气之辨"成为天道观首要的问题。这实际上是先秦天道观争论的继续。

在认识论上,哲学根本问题在哲学发展的不同阶段其表现也是不同的。在先秦,思维和存在关系的争论主要体现为"名实"之辨,"名实"之辨也得到了充分的展开。"形神之辨"和"心物之辨"也已初步提出。汉代以降,为了反对谶纬神学,形神关系问题就演变为争论的焦点;在隋唐时期,佛教盛行,为了从认识论上驳倒佛教鼓吹的唯心论,心物、知行之辨成了论争的中心;到宋明时期,理学、心学兴起,理气、道器之辨成了论争的焦点。

思维和存在的关系客观上包括三大要素:一是思维的对象,主要是客观的物质世界;二是主观精神即人的大脑;三是概念、范畴、命题、规律等人脑用以反映客观对象的思维形式。冯契认为,这决定了在天道观上就有天人、理气等问题的争论。在认识论上就有形神、名实等各个方面的争论;认识论上的争论主要是物(气)、心、道(理)三者的关系问题。二程、朱熹主张"理在气先",陆九渊、王阳明认定"天下无心外之物",将客观精神或主观精神作为世界的本原,是唯心主义者。而王夫之则认为万物统一于气,体现了唯物论立场。

从对哲学基本问题的不同回答来考察中国传统哲学及其发展脉络的研究方法,体现了马克思主义哲学的基本立场。

---

① 冯契:《中国古代哲学的逻辑发展》上册,华东师范大学出版社 1997 年版,第 9 页。

再次,他强调以逻辑与历史相统一的方法把握中国传统哲学的逻辑发展。

20世纪80年代以前,在中国哲学史的研究中,存在两种明显的倾向。一种倾向是把中国哲学史研究的重点和中心集中在"对子"的结构方面,丰富多彩、内涵深厚的中国哲学史几乎被简单地描绘成唯物主义和唯心主义、辩证法和形而上学斗争的历史,过分强调了哲学中的党性原则以及哲学和阶级斗争的联系。另一种倾向是从西方哲学著作中寻求现成的框架来整理、安排我国先哲的思想资料,把具有民族特色的中国传统哲学、中国近代哲学描绘成由本体论(自然观)、认识论、辩证法和历史观等几大块构成的单一结构,使得中国哲学史完全成了西方哲学史的翻版。

经过20世纪70年代末80年代初思想解放运动的洗礼,冯契自觉突破上述"左"的和形而上学思维方式的羁绊,以逻辑和历史相统一为方法论原则,全面概括了中国哲学的逻辑发展。

在冯契看来,哲学史研究过程中逻辑和历史的一致是指逻辑的方法和历史的方法的一致,也就是指哲学史从哪里开始,思维进程就从哪里开始;同时清除掉历史中偶然的、外在的东西,找出哲学发展的必经环节和内在联系。哲学史研究过程中逻辑和历史的一致,实际上就是指哲学概念、范畴的形成、命题的展开和哲学史实的一致。在他看来,逻辑的东西隐藏在历史的东西里面,清除掉历史东西中的偶然因素和外在形式,就可发现逻辑的东西,因此,逻辑和历史基本上是一致的。他以哲学史上经验论和唯理论的争论为例论证自己的见解。他认为,当人们清除掉两种哲学体系中外在的形式及属于其局部应用范围的偶然的东西之后便可发现:经验论强调感性、个别和归纳法;而唯理论则注重理性、一般和演绎法。感性和理性则是人类认识发展的两个必经阶段,因而经验论和唯理论的斗争实际上包含着人类认识发展的必经环节。他也注意到逻辑和历史有矛盾的一面:历史比逻辑更丰富、更生动。正因为如此,他主张在哲学史的研究过程中,既要坚持唯物论立场,把哲学史料当做逻辑思维的出发点和基础;又要善于剥掉其外在的形式,摆脱哲学史料中偶然性的干扰,以便在哲学史料中找到逻辑发展的环节来。历史的方法就是要把握所考察对象的基本的历史线索,了解它的发生情形和根据;把握其发展过程和发展阶段。而逻辑的方法是指为了把握所考察对象基本的历史联系,就要清除掉其外在形式和偶然的东西,以便对对象的本质的矛盾进行具体分析,对每一发展阶段或环节都从典型形式进行考察,从而把握其逻辑的联系和发展的环节。他认为在哲学史的研究过程中,逻辑的方法和历史的方法应当是统一的,历史方法的真正实现有赖于逻辑方法的运用,而逻辑方法以历史方法为基础。

冯契确信哲学史研究首先要解决的问题就是怎样清除各个哲学体系的外在形式和偶然因素,揭示其中所包含的基本概念,以便把它们作为人类认识过程的必经环节来考察。为此,"哲学史家必须完整地、准确地把握历史上的各个哲学体系,而又必须粉碎这些体系,把其中所包含的作为人类认识史的必要环节揭露出来。"①

原因就在于每一个时代的哲学家的哲学研究都以前人传下来的思想资料作为出发点和进一步改造的前提。哲学史家在从事研究的过程中一开始就会发现,哲学史表现为相互对立的哲学体系更迭的历史:墨子继孔子之后又批判了孔子,黑格尔继康德之后批判了康德。冯契注意到了这样一个事实:每个重要的哲学家都对当时哲学论争的主要问题提出自己的见解和宗旨,并从多方作出阐述和论证,以维护自己的宗旨,驳斥他人的学说,从而形成独特的哲学体系。但正如恩格斯所指出的:"在一切哲学家那里,正是'体系'是暂时性的东西。"②这就要求哲学史家在把握各个哲学体系的基础上又粉碎这些体系,从而揭示其中所包含的哲学发展的必经环节来。为了找出各个哲学体系所包含的哲学发展的必经环节,又要求哲学史家把历史上每一个哲学体系放在当时的历史条件下进行考察,从它的社会根源和认识论根源上进行分析。他认为,从社会根源说,在阶级社会里,在一般情况下,唯物主义、辩证法通常反映了革命阶级的利益并与生产力的发展、科学的发展相一致;唯心主义和形而上学通常反映保守阶级的利益,而且常常与宗教迷信纠缠在一起。从认识论根源来说,人类认识世界和认识自己的过程是一个在深度和广度不断拓展的辩证运动过程。一旦把这个辩证运动动中的某一个特征、方面、部分或环节片面地夸大,成为脱离现实、脱离对象的绝对化的东西,就会变成一个唯心论或形而上学的体系。冯契的这一见解无疑是非常精当的。墨子、洛克等正是片面

---

① 冯契:《中国古代哲学的逻辑发展》上册,华东师范大学出版社 1997 年版,第 14 页。
② 《马克思恩格斯选集》第 4 卷,人民出版社 1995 年版,第 219 页。

夸大感性经验的作用,形成了经验论的哲学体系;孔子、柏拉图等由于片面夸大理性,形成了唯理论的哲学体系;而惠施、公孙龙、芝诺等人正是割裂了相对和绝对而形成了形而上学的哲学体系;唯意志论者割裂了客观规律性和主观能动性的关系,形成了主观唯心论的哲学体系。

冯契认为,当哲学史家对历史上各种哲学体系做了具体分析,揭示了它们所由产生的社会历史条件和认识论根源,界定出它们所包含的基本概念后,就粉碎了这些体系的外在形式,就可以清除掉局部性和偶然性的东西从而发现人类认识运动的一些环节;而正是这些环节构成了基于人类社会实践的认识的辩证运动。经过上述的考察,哲学史家就能够把握作为人类认识史精华的哲学历史的逻辑发展。他指出,这是对历史上的哲学体系作理想化的处理,而实际的情并没有这样简单。历史上的哲学家们总是力图使自己的学说体系化,但一方面体系本身往往包含着矛盾,另一方面一个哲学体系并非十分纯粹,往往交织着次要的、支流的东西。因此,哲学史家在探讨历史上的哲学体系,揭示其作为哲学发展的基本概念和环节时,既要看到它的主要方面,又要注意到它的次要方面。他以先秦哲学为例做了阐述:他认为孔子尊重人的理性,注重理性原则,强调人的能动作用,由此导致先验论,把传统的宗教天命论改造成为比较精致的唯心主义体系。这就既总结出了孔子哲学体系中的"理性"、"唯心主义"、"先验论"等基本概念,又揭示了"理性"这一人类认识发展过程的基本环节。墨子注重经验,强调感性原则,对感觉能够给予客观实在毫不怀疑,又主张"非命",其哲学体系是唯物主义的;但它和狭隘的经验论相联系,他相信"天志"、"明鬼",这又有局限性。这一方面总结出墨子哲学体系中的"感性"、"经验论"、"唯物主义"、"天志"、"明鬼"等基本概念;另一方面又概括出"感性"这一人类认识发展过程的基本环节。在他看来,不论孔子还是墨子其哲学思想都着重讲人道,主张人道原则,否定了原始的阴阳说。老子在天人关系上主张"无为",在名实关系上主张"无名",体现出丰富的辩证法思想。它着重讲天道,主张自然原则,仿佛回到了原始的阴阳说,否定了儒、墨两家的人道原则。但老子把"无为"、"无名"绝对化,对感性和理性都采取否定的态度,滑向了唯心主义。孟子发展了孔子尊重理性的思想,提出性善说和唯心主义的天人合一论,主张认识过程就是唤醒人们的天赋观念,强调了认识过程中能动的一面。孟子和管子虽然体现了唯心论和唯物论的对立,但都是唯理论和独断论。庄子有见于人的认识的相对性,反对前人的独断论,却导致对一切都怀疑,否认客观真理,倒向了怀疑论和相对主义。惠施和公孙龙这两派辩者也是相对主义和绝对主义的对立。经过相对主义和绝对主义、怀疑论和独断论的斗争,对"天人"、"名实"之辨的考察深入了,特别是对"类"的范畴的考察深入了。最后,荀子对"天人之辨"和"名实之辨"作了总结,达到了朴素唯物主义和朴素辩证法的统一。在这里,冯契对先秦各个哲学体系中的基本概念和构成哲学发展环节的东西做了清晰的揭示,在揭示的过程中注重运用比较的方法,这是其他的哲学史著作所不及的。比如他认为儒墨两家都强调人道原则,与道家的天道原则构成了对立;但儒墨两家也存在矛盾,儒家强调理性原则,而墨家重视感性原则,都构成了人类认识发展的必经环节。这一概括就十分精确和简明。

冯契在运用逻辑与历史相统一的方法阐释中国传统哲学时,强调哲学理论包括范畴的凝练、命题的展开与哲学史料的一致,体现了反应论立场;而他主张的哲学体系都是暂时性的东西,继之而起的哲学家在把握它们后,又必须粉碎它,从中揭示出其中所包含的哲学发展的基本概念和必经环节的研究方法,则体现了哲学的批判精神、反思功能。

最后,他站在哲学发展的高级阶段即唯物辩证法阶段回顾中国古代哲学。

冯契认为,哲学工作者应当以批判性的总结态度学习、研究中国传统哲学。从方法论上说,要对中国传统哲学进行批判性的总结,则必须站在哲学发展的高级阶段来回顾。他论证道:"马克思说:'人体解剖对于猴体解剖是一把钥匙。低等动物身上表露的高等动物的征兆,反而只有在高等动物本身已被认识之后才能理解。'就是说,只有从发展的高级阶段来回顾,才能理解低级阶段的历史地位。"①在他看来,就现、当代哲学来说,要批判地继承中国传统哲学的遗产,就必须站在哲学发展的高级阶段,以辩证唯物主义的立场、观点和方法来把握哲学史的发展线索。具体地研究哲学的历史发展,掌握低级阶段的范畴,就有助于我们理解唯物辩证法的范畴和规律,有助于我们掌握马克思主义哲学。

在阐明了为什么要站在哲学发展的高级阶段回顾中国传统哲学后,冯契

① 冯契:《中国古代哲学的逻辑发展》上册,华东师范大学出版社 1997 年版,第 29 页。

进一步分析了从回顾中可以汲取哪些成果和教训。

冯契断言,中国哲学史的主要成果是辩证法和逻辑学。他主张,一个时代的哲学发展达到什么水平,就看它在解决思维和存在关系问题上达到什么水平;而这主要是唯物辩证法的问题。正因为如此,我们一方面应汲取传统哲学在思维和存在关系讨论方面的积极成果。"我们今天要吸取中国哲学史的积极成果,主要是看以前的哲学家在讨论思维和存在的关系问题上取得了什么成就:首先是在唯物主义的前提下,在认识的辩证法上作出了什么贡献;其次是在逻辑学上,在矛盾发展的逻辑范畴方面作出了什么新的研究,在方法论方面提出了什么有价值的见解;再次是在天道观和人道观方面,提出了什么客观辩证法原理或合理因素。这就是从认识论、逻辑和客观辩证法三个方面来考察"。① 另一方面,由于先秦哲学几乎蕴涵了尔后各个时代哲学观点的胚胎、萌芽,我们在考察秦代以后哲学时,应当回到先秦哲学去寻找源头活水。冯契看到了历史上所有的哲学体系都经历了扬弃即辩证的否定过程:形而上学和唯心论被推翻了,朴素的辩证唯物主义也由于缺乏近代科学的论证而被否定了。能不能因为这些哲学体系被扬弃了就全盘否定呢? 对此,他给予了否定的回答。在他看来,对于那些在历史上产生过真正影响的哲学体系来说,它们虽然都被推翻了,但它们都是有现实基础的,是从人类认识这棵活生生的大树上生长出来的。"它们包含着人类认识的某些必要的环节,但只是把它夸大了,导致形而上学和唯心主义(即使是具有朴素唯物主义和朴素辩证法的哲学家,如荀子、王夫之,也难免在某一点上陷入形而上学和唯心主义)。所以,研究哲学史可以从中得到很丰富的理论思维的教训,而这对我们今天提高识别能力和克服唯心论与形而上学,无疑能起借鉴作用。所以,不仅吸取哲学史上积极的理论成果是重要的,而且吸取其理论失足的教训也是重要的"。②

以往,我们在研究中国哲学史时,注重的是历史上哲学体系所提供的积极成果,而对理论上的失误以及导致失误的原因则关注不够。冯契则对这方面给予了充分的关注,这种关注是必要的、有益的。它可以使我们在类似的问题上避免失误。

① 冯契:《中国古代哲学的逻辑发展》上册,华东师范大学出版社1997年版,第31页。
② 冯契:《中国古代哲学的逻辑发展》上册,华东师范大学出版社1997年版,第32页。

正如一个人的缺点和优点常常如影随形,一个哲学体系所包含的积极因素与局限性也常常是相互联系着的。冯契以哲学史的实例论证了这一观点:比如,老子断言"反者道之动",在中国哲学史上第一个提出了否定的原理,构成了辩证法思想发展史上的重要环节。但老子只看到肯定中有否定,物极必反,任何事物都会向其相反的方向转化,而看不到否定中有肯定,没有认识到否定的东西与肯定的东西的统一。此外,老子的否定原理是向后看而不是向前看,从"反者道之动"得出了"弱者道之用"的消极结论,并把"无为"、"无名"绝对化而滑向唯心主义。这表明,老子哲学体系中的辩证法成就与局限性是相互联系的。又如,《易传》提出了"一阴一阳之谓道"的矛盾观和两点论,看到了否定的方面与肯定的方面的辩证统一,在辩证法方面比《老子》更进了一步;此外,其辩证法是向前看的,主张:"天行健,君子以自强不息。"因此,《易传》的辩证法思想是比较科学的、积极向上的,但也有其局限性。这种局限性主要体现在它是一个客观唯心主义的体系,它把由阴阳两爻组成的六十四卦当做世界万物的模式,是先天的,认为万事万物都是依照这个模式生成的。这就是说,《易传》中的辩证法与形而上学这两个方面同样是交织在一起的。

正因为一个哲学体系所包含的积极因素与局限性常常是交织在一起的,这就要求人们一方面对历史上有影响的哲学体系不能全盘吸收,而应当在吸取其积极成果的同时,摒弃其局限性;另一方面,也不能因为它有局限性就简单地一笔抹杀,而应当进行具体的分析,以扬弃它。

2. 以"智慧"说的精神解读中国传统哲学。

所谓以"智慧"说的精神解读中国传统哲学,就是把中国传统哲学理解为知识和智慧的统一。消除知识与智慧、科学与人文的对立是 20 世纪世界哲学的一大主题,用知识与智慧统一的观点研究中国传统哲学,自然使中国传统哲学具有了现代特征。

回顾中国哲学史学科走过的近百年历程,我们发现,哲学史家们有的把它当做知识去考察,有的把它作为智慧去体认,但没有人从知识和智慧统一的角度进行解读。

作为研究中国哲学史的代表人物,胡适推崇实用主义,属于实证主义流派和科学主义思潮阵营。他在研究中国传统哲学时，主要将它理解为知识，注重发掘其中的获取实证知识的科学精神，而忽略了对其中"性与天道"等智慧层面的探讨。作为研究中国哲学史的另一位代表人物，冯友兰在改铸理学的基础上提出了新理学，其哲学的宗旨是弘扬儒家的人文关怀传统，以呼应近代人文主义思潮。他认为哲学的主要功能是觉解人生，因而在考察中国传统哲学时，侧重于对儒家人生智慧的发掘。换言之，冯友兰把中国传统哲学主要理解为追寻智慧的学说。中国传统哲学经胡、冯二人的解读，再现了科学主义和人文主义的紧张、知识和智慧的分裂、科学和人生的脱节。侯外庐是以马克思主义立场研究中国哲学史的代表人物，他认为中国古代哲学的优良传统是由科学精神和人文精神交织而成的，哲学史既要考察作为知识形态的科学，也要考察作为智慧形态的人文精神。但受苏联马克思主义哲学教科书的影响，侯外庐与当时的绝大多数哲学工作者一样，都固守狭义认识论立场，不会把"逻辑思维能否把握宇宙的发展法则"、"理想人格如何培养"两个涉及智慧的问题纳入认识论范畴，也就不可能从知识和智慧统一的视野研究中国哲学史，从而无法克服中国哲学史研究中的科学主义和人文主义的对立。

正是看到了以上种种中国哲学史研究的不足，冯契主张以"智慧"说的精神研究中国传统哲学。冯契不但是这样主张的，而且在《中国古代哲学的逻辑发展》和《中国近代哲学的革命进程》两部哲学史著作中贯彻了这种精神。这体现在以下几个方面：

其一，他阐述了中国传统哲学中的智慧和知识是联系在一起的。作为广义认识论的提倡者，冯契认为中国传统哲学主要探讨了"逻辑思维能否把握具体真理"和"人能否获得自由"这两个问题，而这两个问题牵涉的是知识如何转化为智慧。但这些智慧是由知识飞跃而来的，离不开知识。他论证道，中国传统哲学善于辩证思维的一个重要表现是以辩证逻辑和唯物辩证的自然界指导科学研究和科技发明。"中国古代的辉煌的科学成就，正是在朴素的辩证的元气论自然观指导下取得的。……中国古代科学还从朴素的辩证逻辑那里取得了方法论的指导。"[①]有学者认为，让科学研究、科技发明自觉不自觉地得到唯物辩证自然观的指导，是一个将实际知识飞跃为科学智慧的过程。这

---

① 冯契：《智慧的探索》，华东师范大学出版社1997年版，第517—518页。

一方面克服了胡适把获得实证知识的科学方法等同于传统哲学智慧的片面性;另一方面又克服了冯友兰把传统哲学智慧局限于人生领域而否认其有科学知识作根据的片面性。①

　　其二,他根据"智慧"说的精神,对中国传统哲学作出新的诠释。

　　冯契的《中国哲学的逻辑发展》一书的一个重要特点,就是贯彻了知识和智慧结合的精神,注意从哲学史料的知识中总结、概括出智慧来,也就是注意将知识飞跃为智慧。老子哲学充满了辩证法的思想,认识到矛盾对立双方的地位不是固定不变的,是会朝对立面转化的。《老子》第58章说:"祸兮,福之所倚;福兮,祸之所伏。"就是说,灾祸的旁边紧紧偎着幸福,而幸福之中又深深地潜伏着灾难。在冯契看来,这两个命题是对经验事实的总结,是知识层面的东西。而当它用"反者道之动"这一命题去概括时,就把握了事物矛盾对立双方相互转化的普遍规律,接触到了世界的发展原理,这就是智慧了。《老子》第22章说:"曲则全,枉则直,洼则盈,敝则新,少则得,多则惑。……夫唯不争,故天下莫能与之争。"在它看来,委曲反能求全,屈枉才能伸直,低洼反而能充满,破旧反而能新鲜,少取反而能多得,多求反而迷失;只有不争,才能使天下人都无法与他争。这更是在"反者道之动"规律指导下提出的"守弱、守雌"原则的运用,体现出了一种人生智慧。冯契认为,《老子》一书善于把个别辩证法提升为一般辩证法。"它把'兵强则灭、木强则折',同'人之生也柔弱,其死也坚强;万物草木之生也柔脆,其死也枯槁'联系在一起,并得出结论:'坚强处下,柔弱处上',说明柔弱胜刚强不仅是战争的规律,而且是人类和自然界的一般规律。从个别的辩证法概括出一般的辩证法原理,这正是《老子》一书的突出贡献。"②个别的辩证法与经验知识是紧密相连的,而一般辩证法是对世界统一原理和发展原理的揭示,属于形上的智慧层面。这表明,冯契在叙述《老子》的哲学思想时,坚持了知识和智慧统一的精神。

　　对《易传》哲学思想的梳理,冯契同样坚持了"智慧"说的精神。冯契认为,在《易传》的神秘形式和唯心主义体系包含了丰富的辩证法思想。《易

---

① 陈卫平:《智慧说和中国传统哲学的智慧》,《理论·方法·德性》,学林出版社1996年版,第256页。

② 冯契:《中国古代哲学的逻辑发展》上册,华东师范大学出版社1997年版,第136—137页。

传·系辞上》说:"生生之谓易","一阴一阳之谓道","一阖一辟谓之变,刚柔相推而生变化"。冯契认为,这些命题都表达了"发展是对立面统一"的思想,对世界发展原理的实质做了初步揭示。这也是从比较特殊的发展原理,上升为一般的发展原理,同样是知识向智慧的跃升。

而对发端于老、庄,成熟于魏晋玄学的言意之辨,即逻辑思维能否把握道(事物的本质和规律,世界统一原理和发展原理等)的争论,冯契更是从知识和智慧既对立又统一的立场作出了阐释,从有限和无限的辩证法,相对和绝对的统一,论证了名言层面的知识能够把握形上的智慧。

总之,三卷本的《中国古代哲学的逻辑发展》在勾勒中国古代哲学家的哲学思想时,始终贯彻着"智慧"说的精神,体现了知识和智慧统一的原则。

其三,他吸纳中国佛学的"转识成智"范畴作为"智慧"说的核心范畴。

作为广义认识论,"智慧"说主张人类认识过程包含了"无知"至"知"、"知识"到"智慧"两次飞跃,前一次飞跃的结果是知识的形成,后一次飞跃是知识跃升为智慧,也就是转识成智。而是否探讨由知识到智慧的飞跃,是广义认识论与狭义认识论的区别所在,因而,转识成智是"智慧"说的核心概念。"转识成智"本是佛教唯识学成佛理论的核心,唯识学的成佛途径就是转识成智,即转舍世俗的心识,成就超越的智慧。这就是说,转识成智本身就体现了知识与智慧统一的原理,"智慧"说就是对"转识成智"的阐发。

与前辈学者相比,冯契在推进中国传统哲学现代化的最大贡献在于,他自觉以唯物辩证法为指导,建立了"三流合一"的中国化马克思主义哲学著作。

第八章 "智慧"说对新儒学的超越

围绕着智慧说的问题以及由之展开的东西方文化问题,现代新儒家本着强烈的自觉意识,以对传统的重建为己任,在建构自己的理论体系方面呈现出各自的特色,展现着智慧的光芒,如梁漱溟的直觉主义,熊十力的"新唯识论",冯友兰的"新理学"等。他们沿着传统"生命学问"之路,持人文主义的旗帜与科学主义相颉颃,一个显著的标志是:他们普遍区分适用于科学理性的事实世界和体现人文精神的价值世界,并以此划定科学和人文的界限。例如冯友兰指明了"真际"和"实际"之异,熊十力强调了"真谛"与"俗谛"两界之分。这种两界界定法正是科玄之争中玄学派主张的逻辑发展,充分肯定了人文精神在现代化过程中不可替代的独特价值。但他们似乎又在事实世界和价值世界中无形浇铸了一道柏林墙,消解了事实判断中主体人的在场性。正是基于新儒学各自固有的理论缺陷,冯契沿着实践唯物主义的路线前进,又充分汲取多种学派的精华,实现了对新儒学的超越。这种超越最直接地体现在心物之辨问题的解决、认识论和方法论的合一以及形上智慧的建构等方面,深刻影响着未来哲学的走向。

一、对梁漱溟直觉主义的批判

冯契认为,在五四时期的东西方文化论战中,梁漱溟的观点与"新青年派"如陈独秀和胡适等人的主张是相对立的,他与辜鸿铭、梁启超等人是属于"东方文化派"。其思想直接成为"科玄论战"中张君劢一系玄学派思想的理论来源。

梁漱溟胸怀"为往世继绝学,为来世开太平"的大志,对中国文化有着与生俱来的敬畏感和使命感,终生致力于中国文化的复兴。面对西方文化对中国传统文化的侵蚀,他别出心裁地提出了"人生三路向"说,将文化视为"民族生活的样法"。在表面的客观叙述背后彰显出中国文化的魅力,而其哲学的根本正在于用直觉主义为儒学辩护。这点恰好反映了他人文主义的立场。这一观点集中体现在他于 1921 年出版的《东西文化及其哲学》一书中。

正如冯契所言,梁漱溟的文化观的哲学理论根据在于其直观主义。

梁漱溟曾明确意识到西方哲学中杜威、罗素的哲学主张与柏格森、倭铿的思想之间的对立性,认为前者与新文化运动的精神一致,有助于国人认识到自己文化缺乏科学与民主的缺陷,后者与孔子的思想相似而不能帮助国人认识到自己的痼疾。但即便如此,在哲学主张上,他推崇柏格森的"生命派哲学"而不赞成杜威、罗素一系科学主义的主张。其哲学理论正是将柏格森的生命哲学和唯识宗与泰州学派糅合起来。梁漱溟的这一思想开创道路也直接启发了冯契沿着实践唯物主义辩证法的道路前进,同时处理好马克思主义与非马克思主义的关系,汲取众家之所长而避各家之所拙,建构出广义认识论体系的理论创建方法。

梁漱溟直接受柏格森生命哲学的启发,基于即体即用的观点,认为生活和生命是一回事,生命是"活的相续",生活相续就创造出宇宙,而生活相续的形成又根源于生活的根本即"意欲"(即柏格森所讲的生命冲动和唯识宗所讲的阿赖耶识)。而他对"生活相续"及由此构成宇宙观点的论述,冯契评价道:"这是用唯识宗来解释柏格森,或者说用柏格森来解释唯识宗。"[1]梁漱溟曾详细介绍柏格森的学说,并在此基础上阐发出"直觉主义"。在他看来,只有凭生活的直觉,没有主客观之分,才是无对或绝对的境界,这种境界正是形上学的目标。"直觉"又是基于"内里的生命",即人的本能、情感。他认为,只有通过直觉的窗户,使内里的生命与宇宙的生命相通,才能达到主客观融为一体的境界,即仁的境界。可见,他对直觉的阐释归结为对儒家"仁"说的伸长。在人生态度方面,他倡导"仁"的生活,排斥人与物对立的"算账生活",这点正体现了他对道德智慧的倡导和对知识科学的排斥,这也正是对西方现代化物质文明急速发展下,人的主体性缺失和情感意志的失落在哲学上所导致西方哲学的危机的一种回应,也是对西方现代生活危机的一种救赎方式。

---

① 冯契:《中国近代哲学的革命进程》,华东师范大学出版社 1997 年版,第 401 页。

梁漱溟接着中国传统儒家的道路前进,将"绝关系而超对待"的生趣盎然的生活即"仁"的生活主体接引至德性的领域,认为一任直觉生活的人才是真正有美德的人。在他看来,美德是真正发自内在的那种敏锐而强有力的直觉,是完全自由的活动。如果计较功利成为习惯就会妨碍直觉的自由活动。因此,德性的培养在于修养的功夫,而修养功夫不过在于"复其本",在于破除那种功利之观念和习惯而回归内发的出于自然流行之直觉。可见,梁漱溟这一观点正是基于王阳明一脉泰州学派的思想,并结合柏格森的生命哲学,使其唯意志论和直觉主义理论更显体系化。

当然,梁漱溟这种对本能的推崇和对理智的贬斥,又与原始儒家孔孟之理性主义传统相背离。因此,为了克服这一理论的矛盾,梁漱溟在后来放弃了将人类心理分为本能和理智的二分法,而从罗素那里汲取了本能、理智和灵性的三分法观点,并以"理性"一词代替了"灵性",将"本能"限于生物学的意义上,而将人心之知称为理智,将人心之情意称为理性,认为理性要以"无私的感情"即儒家之仁为中心。他将"理性"视为对伦理情意的体认和实践,并认为可将其扩充至浑然与物同体的仁的境界,这就是他所说的儒家的"理性至上主义"。很显然,这里所谓的"理性至上"绝非西方哲学中所说的理性主义;相反,正是西方现代生命哲学中的那种直觉的非理性主义。这正与其哲学的本质唯意志论和直觉主义相呼应。

正是在这一哲学理论基础上,梁漱溟提出了对"文化"的看法。他把"文化"解释为"民族生活的样法",而生活又是没尽的意欲,故文化出于人生态度的根本不同。基于这一观点,他提出了"人生三路向"说来说明世界存在的三种文化:即以意欲向前要求为其根本精神的西方文化、以意欲自为调和持中为其根本精神的中国文化和以意欲反身向后要求为其根本精神的印度文化。基于意欲方向的差异,西方人重视对外界物质的研究而崇尚理智,追求物质享受;中国人主张自为调和,重视对内在生命的研究而崇尚直觉,追求内心精神的安定;而印度人崇尚现量,重视对无生本体的研究,追求解脱。以中国文化为代表的第二人生路向的根本精神为"理智运用直觉"。他比较中西文化的人生态度时指出,中国人对人生的态度不同于西方人的"尚理智",而是重"直觉"。并且强调,这种直觉式生活是更高层次上的受理智指导的生活,即"理智运用直觉"的生活。中西文化的差别不是同一条路线上速度快慢的差别,而是人生态度的根本不同。他以此批评"新青年派"的观点,称新文化运动的主张是"无根的水",尤其批判了陈独秀对孔教的责难。他自称其《东西文化及其哲学》一书正是为了回答陈独秀、胡适等人对孔教的责难,主张世界文化未来发展的趋势应是孔子文化的昌兴。

梁漱溟不仅区分了中西文化的根本不同,而且对现代化危机下的西方文化和西方文化侵蚀下的中国文化的未来路向都做了解答。

梁漱溟认为,西洋人向前进取,主张我与自然的对立和对自然的征服,其文化的特点在于"理智的活动太强太盛",从而成就了发达的科学、进步的民主、富裕的物质生活,但发展到现代已经面临危机。西方文化的这种两面性又都归结为其"直觉运用理智的"精神气质。他主张对西方文化精神之内核"理智"持保留的态度,并认为这种"理智"仅仅是一种"工具理性"。这一观点与韦伯关于现代资本主义社会的分析实有异曲同工之妙。所不同的是,韦伯主张按照建立在工具理性行为之上的"责任伦理"行事。而梁漱溟则认为,西方文化现代化的危机所表现出的思想变革最根本的在于改变人生态度,"现在的世界,直觉将代替理智而兴",而且西方社会本身也产生了一种由第一人生路向向第二人生路向转移的动力,趋向中国之路、孔家之路。这一点表明梁漱溟已经意识到,文化处在相互冲突融合中,西方文化也日益受到了中国儒家传统思想的影响,并力图汲取儒家思想来改造文化,以此应对现实中的西方文化危机。

而作为还未走向第一人生路向的中国文化,在西方文化第一路向思潮的冲击下,又该向何处去呢?梁漱溟对此有明确的解答。他认为,中国应将以前的人生态度重新拿出来,即走第二人生路向。他也认为中国应该接受西方的民主和科学,但在具体的方法选择上,主张"变一变",强调应沿着孔子的道路前进,汲取西方的文化作为补充。概而言之,"我们现在应持的态度"为:"第一,要排斥印度文化,丝毫不能容留;第二,对于西方文化是全盘接受,而根本改过,就是对其态度要改一改;第三,批评的把中国原来态度重新拿出来。"①对于梁漱溟对待中西文化的态度和主张,冯契认为:"这是一种在新的条件下的'中体西用'论。"这固然是一种文化本位主义和复古主义,所不同的是,灵

① 梁漱溟:《东西文化及其哲学》,商务印书馆1999年版,第204页。

活地采用了经权方法,应对了时代课题的需要。

梁漱溟自认为他提出的"人生三路向"说,运用客观叙述的方法、采取了"价值中立"的立场,对三种文化和三种人生路向并无褒贬,从而避开了中西文化之争中孰优孰劣、孰主孰从的问题,以此消解中西文化之争。但这种表面的消解和所谓的客观叙事,更是以悖论的形式凸显了东西文化之间的巨大差异性和互补性。实际上,正是这种文化的差异性提供了文化认同的必要性。经过论证,他确信,未来文化的发展,或"最近未来文化之兴,实足以引进了第三个问题,所以中国化复兴之后将继之以印度化复兴"①。正是基于这种认识和看法,梁漱溟认为,在讨论中国未来文化发展的战略时,应将中国人以往的人生态度重新拿出来,尤其是要重新发扬孔子的人生哲学。"我要提出的态度便是孔子之所谓'刚'。刚之一义也可以统括了孔子全部哲学。"②他明确指出:"要如宋明人那样再创讲学之风,以孔颜的人生为现在的青年解决他烦闷的人生问题,一个个替他开出一条路来去走。一个人必确定了他的人生才得往前走动,多数人也是这样;只有昭苏了中国人的人生态度,才能把生机剥尽死气沉沉的中国人复活过来,从里面发出动作,才是真动。中国不复活则已,中国而复活,只能于此得之;这是唯一无二的路。"③可见,他对中国传统文化有着强烈的复兴使命。

另外,冯契非常欣赏梁漱溟认为中西方文化的差异应从其哲学基础来说明的主张。梁漱溟在回顾了西方文化输入中国的历史后,指出在经历技术阶段、兴办实业学校阶段与效仿政治制度改革阶段后,只有到了近代才问到了两种文化的"最后的根本"。他力图在哲学的层次讲明中、西、印三大文化的差异。他认为,哲学是有系统的思想,包括形而上之部、知识之部和人生之部。如在形而上学方面,三大文化的差异首先表现在问题上。他认为,在西洋古代和印度古代所讲的是静体问题,而中国人不讨论静体,只讲变化上的抽象的道理,而罕问具体的问题。事实上,在西洋,研究静体的形而上学得到了长足的发展,但近世以来却受到了休谟、康德特别是孔德的批判、颠覆而走向衰竭,几近绝路。梁漱溟注意到,作为对西洋古代和印度古代那种讲静体的形而上学

---

① 梁漱溟:《东西文化及其哲学》,商务印书馆1999年版,第203页。
② 梁漱溟:《东西文化及其哲学》,商务印书馆1999年版,第213页。
③ 梁漱溟:《东西文化及其哲学》,商务印书馆1999年版,第215页。

之反动的柏格森的生命哲学、爱因斯坦的相对论、罗素等人主张以"事"的概念取代"物"的概念等思想,以及佛教唯识宗的哲学都有助于瓦解传统的静体形而上学,而与中国的形上学传统在精神上是很相契合的,是一气贯通的,是能够相互支持和相互发明的。他正是通过将中西印各种具有类似倾向的形而上学思想熔于一炉而提炼出他以生命、意欲为核心的哲学体系。

与胡适对西方文化的乐观主义论调相比较而言,梁漱溟对西方文化的判断似乎更为理性,他窥探到了西方文化片面追求工具理性所带来的恶果,认识到了工具理性和价值理性的对峙乃现代性与传统价值之间的对立。尽管现代性在席卷全球的过程中给人类带来了物质充裕和科技进步,但现代化过程中价值理性的缺失必然导致人类精神的堕落。因此,他力图接续传统,以传统主义者自居,力图以传统的价值观念来批判现代的工具理性。胡适和梁漱溟对传统价值在现代性中的作用理解各异,但都注意到了现代性与传统价值之间的矛盾对立,属于韦伯似的现代—传统二元对立思维模式。

总体上,冯契认为梁漱溟的有些观点还是有道理的,如他主张应该看到东西文化各有民族传统,且有相当大的差别,并认为这种差别应深入到哲学的层次上来说明;同时,有些尝试和努力也具有一定的影响力,如他主张把柏格森哲学与中国传统的唯识宗和泰州学派糅合起来,力图建立一种以直觉主义为特征的新儒学,这种尝试具有一定的时代意义,是对西方哲学危机的一种反省。而其对孔子仁学的伸长虽与新文化运动的主题相矛盾,但给时人简单全面地否定孔教的做法提出了警鸣,使人们以清醒的辩证的头脑来考察传统文化,对儒学的评价更实事求是一些,具有一定的意义。①

在肯定其积极意义后,冯契指出了梁漱溟以直觉主义为哲学理论基础的人生三路向说中的缺失。

其一,梁漱溟对于文化的定义和对文化类型的界定,无不表现出唯意志论的本质特征,呈现唯心的本性,冯契称之为"形而上学的虚构"。②

其二,梁漱溟将中西文化归结为不同的人生路向,这无疑彰显了中西文化在精神气质上存在巨大差异,而路向的截然不同,必然否定了中西文化调和的

---

① 参见冯契:《中国近代哲学的革命进程》,华东师范大学出版社1997年版,第408页。

② 冯契:《中国近代哲学的革命进程》,华东师范大学出版社1997年版,第408页。

可能性,与当时时代的现实需求相悖,难以为中国未来文化的发展指明方向。

其三,梁漱溟理论存在多元文化论与一元文化论的冲突。从文化类型的角度而言,梁漱溟确认了中西印三种文化类型是三种各自路向不同的文化,各有其实质合理性,从这个角度来看,梁漱溟的文化观是多元的。但在未来中国文化发展的路向方面,又坚持文化一元论的思维方式。基于现代化进程中,对西方文化危机这一现实的认识,他反对全盘西化,而其文化理论本身又决定了中西文化调和的不可能性,他最后不得不选择了中国文化为本位的立场,主张重新发掘"第二种人生路向"。从终极意义的角度,他又确证了三种文化之间只能彼此对话交流互补,而不能以一实质性的合理性为圭臬,从而消解异质文化来建立一种一元的文化。事实上,他这种所谓的一元文化却只能是多元文化并存下的互补融合。

其四,梁漱溟"三路向文化观"内在地包含着一个二难推理,要真正学习西方文化中科学与民主等积极成果,必须选择同西方人同一路向;要避免西方文化的弊病,又必须抛弃西方人第一路向而选择第二路向,从而使人不知如何适从。

最后,梁漱溟对现代化进程中,西方文化危机这一现实的认识,以及他把西方文化合理内核中的"理智"界定为"工具理性",虽然揭示出了工具理性与价值理性之间的张力问题,但却并未将这种张力统摄于同一文化视野下成为文化的主题而显偏颇。

可见,梁漱溟基于直觉主义所阐发的"三路向文化观"仍不足以解答中国未来文化的发展道路,自然也难能较好地处理中西文化之争中隐含的科学和哲学、知识和智慧的关系问题。

二、对熊十力"新唯识论"的反思

另外一个对冯契产生重要影响的新儒家代表人物为熊十力。熊十力早在20世纪30年代就建构了自己的哲学体系——"新唯识论",并自称其《新唯识论》会通了儒道佛各家唯心论,即"本心之自觉自证",顿悟"千圣同符"之理,故称自己是与禅宗、陆王心学一派"同一路向"的。[①] 故在回答时代课题"中

---

① 梁漱溟:《新唯识论》,中华书局1985年版,第624页。

国向何处去"这一现实问题的同时,更是对思想文化层面未来中国文化的去向以及与之密切相关的科学和哲学、知识和智慧之间的关系问题提出了自己的看法。

首先,熊十力倡导"会通古今中西"的文化观。

熊十力同梁漱溟等同人们一样,也看到了西方现代化进程中产生的弊病。他指出,科学文明的片面发展造成了世界大战,人类彼此之间自相残杀,人类渐入自毁之途。他深究这一危机的根源在于科学文明一意向外追逐而不知反本求己、自适天性的思维定式。基于东方学术反本求己、自适天性的本质,他本着高度的民族自豪感和时代责任感认为,要拯救人类,非倡导东方学术不可。故他主张要发扬王夫之、顾炎武的爱国精神,以维护民族传统为自己毕生的使命。当然,他的这些观点显然是第一次世界大战后的东方文化派的论调。事实上,世界大战爆发后,不仅是中国人,而且不少西方人也日益关注到东西方文化之间的差异,尤其是基于现实的思考而觉察到西方文化的缺陷及其所面临的危机,而纷纷主张从东方文化中汲取因素来弥补西方文化的缺陷,这一点在以叔本华、尼采和柏格森等人为代表人物的生命哲学流派那里更为显著。

熊十力在和张东荪的书信往来中,反复讨论了中西文化的问题。一方面,熊十力肯定了张东荪对中西文化和哲学根本不同的观点,就求学的动机而言,认为中国人在于求善,而西方人则重在求真,故国人把学问往往当做修养,而西方人则把学问做作知识,从而导致了侧重点中人生智慧与科学知识的不同。另一方面,他又反对张东荪由此得出"中西可以分治,而不堪融合"的观点;与之相反,熊十力在看到中西文化之差异的基础上,力主中西会通而不容偏废。他认为,中学与西学、玄学与科学、知识的与非知识(即道德修养)的,虽性质不同,方法各异,但可以相互补充,相互促进,所谓"各尽所长,互相观摩,毋相攻伐;互相尊重,毋相轻鄙","道并行而不相悖","终无碍于殊途同归"。① 熊十力这种会通古今、中西的主张,正是对近代古今中西之争成果的一种承继,而较之于全盘西化派,具有更多的辩证理性。当然,我们又不能不探究其"会通古今中西"的文化观的实质。熊十力基于玄学的立场来阐析"会通"的主张,他明确指出,其《新唯识论》"实欲以东方玄学思想,对治西洋科学思想",

① 熊十力:《十力语要》卷一,辽宁教育出版社1997年版,第57—58页。

并提出,自己殚精竭虑,就是以从事东方哲学的发挥为其毕生的使命。可见,他所提倡的"会通"中西,是以玄学为主、科学为辅为前提,故冯契认为,这一主张仍是"中体西用"论,与前人不同的不过是变相的"中体西用"论而已。

其次,熊十力在"万法唯识"这一前提下,力求贯彻"体用不二"的传统观点,提出"翕辟成变"的观点,从而一定程度上缓解了知识和智慧之对峙在体用、心物、主客体问题上的二元对立。

熊十力认为,体用不二便需双离空有。一方面,他赞成空用缘起说来破除诸法;另一方面,他又反对偏于空寂之体而忽视大用流行,主张体用不二。他不满于唯识宗基于缘起理论的构造论,即用种子化为现行来构造现象世界的观点,指斥其理论漏洞百出,既把种子与现行割裂为"两重世界",又以种子与真如为"二重本体"。于是,熊十力汲取了《易传》中"一阖一辟之谓变"的思想和柏格森的生命哲学来诠释转变,来说明如何用体用不二的观点来讲宇宙论,提出用"翕辟成变"的理论来改造唯识宗的"恒转"观。

首先,在熊十力看来,本体显现为大用,即永恒的流转,相续不已。但这种实体的流转,有翕有辟,表现为物质现象和精神现象,而现象并非实事。但依此假说成色法、心法,归根到底都是实体的分殊大用,都统一于实体。基于物的现象和心的现象都不过是称体显现的大用之两个方面,故心和物之间并没有根本的差别,都不是实在的东西。

其次,熊十力借用唯识宗的语言提出了"恒转者功能也"的观点,但同样进行了理论的改造。唯识宗以因缘之关系来解说功能,认为种子与现行之间是互为因果关系的。而熊十力讲功能,"但依实性立称"而"不以因缘相释"。[①] 在他看来,"功能者,一切人物之统体……宇宙为一体。"[②]而所谓"功能"即一翕一辟的大用流行。由于本体的大用流行而生生不已,分化为万物而称其为"功能"。宇宙间自细尘至人类等芸芸品类,都是生生不已的大流分化,都是宇宙大生命力的表现。而大用流行即是生命。故宇宙不是机械的,而是生命。但他又认为,生命力表现为物,分化为个体,便"受物质缠锢"。不过

---

① 　熊十力:《新唯识论》,中华书局1985年版,第79页。
② 　熊十力:《新唯识论》,中华书局1985年版,第80页。

生命力潜滋默运,能改造物质,于是自然界就由无机物、植物、动物,逐步进化到人类。而人类"心灵焕发",有力量克服这种物质化的趋势。因此,人类能够做物质的主宰。

再次,在天道观方面,熊十力既探讨了天道观上的心物之辨,又对理气之辨也有所涉及。其唯心论的宇宙观一方面否定了唯物论所坚持的实体化的抽象的物质概念,主张翕以成物的宇宙观,认为这一宇宙观中所体现的"本无实物"的观点与西方爱因斯坦、罗素和怀特海等以事代物的事素论有相通之处。另一方面,是对传统心物之辨的超越,主张通过强调心的刚健自胜、宰物运翕的特征来克服传统唯心论的静态性,通过翕辟成变来弘扬精神之维的能动性和创造性。无论是对唯物论立场的否定,还是对传统极端唯心论的克服,呈现出的是脱离人的社会实践和广义的认识活动即人的现实存在性而对宇宙图景所作的抽象思辨,就这点而言,是需要扬弃的。在理气之辨方面,首先表现为对冯友兰理气二元论的批评,认为其说"支离又不可究诘"。他认为,冯友兰释理为共相,并认为共相超离时空中实际的个体事物而潜存于真际界,这无疑在真际界和实际界之间划出了一道鸿沟而难以对二界如何发生关系的问题作出合理的说明;其次,冯友兰混淆了逻辑上的理和形而上学的理,把逻辑上的仅有"空洞的形式"而"无实自体"的共相推广运用到形而上学中;另外,冯友兰的理不会造作,无能生有生物,需与气相结合才能产生具体事物,但在他那里,理气是两个相互独立的原则,"二本相离",又如何能结合呢。为了克服宋明以来理气二分的倾向,熊十力别于冯友兰、金岳霖用形式、质料来界说理气、式能,用体用不二的观点来规范理气,认为"理之现相,不待另立材质而与之合。"① 不仅如此,"理者是实法,非假法","是真真实实之物事"②,是实自体者而非空洞的形式,这才是形而上学所说的万物之实体即理。故"理者,气之本体也",气是本体之发用流行,坚持"全体即用,全用即理",认为"理体与用相,不可分为二界"。③ 可见,熊十力的理气论明显表现出对冯友兰、金岳霖理气、式能说理论缺失的自觉的克服,其说与张东荪对冯友兰的批

① 熊十力:《新唯识论》,中华书局 1985 年版,第 541 页。
② 熊十力:《新唯识论》,中华书局 1985 年版,第 540、469 页。
③ 熊十力:《新唯识论》,中华书局 1985 年版,第 541 页。

评有不少相通之处①,其思想更多地接近于中国传统哲学的思路。

就熊十力翕辟成变的宇宙论而言,冯契认为,整体上是唯心主义的虚构,但又不否认其间的确包含一些辩证法的因素,应当给予恰当的评价。②

首先,冯契认为:"熊十力的著作在发掘中国古代朴素辩证法传统方面作了努力,因而有其值得肯定之处。"③例如,熊十力把中国传统哲学中的体用不二观点和对立统一原理突出地提出来,具有积极意义。熊十力反复强调王阳明"即体而言,用在体;即用而言,体在用"的话来显化"体用不二"的观点,同时,以相反相成的观点来论述《周易》中"变化"的法则,冯契认为,如此解释《周易》,窥到了它的根本之点。在他看来,翕和辟是不可分离的两极,构成具有内在矛盾的整体而成其变化发展。事实上,体用不二和对立统一原理也是冯契广义认识论体系中的重要内容,所不同的是,冯契是沿着实践唯物主义辩证法的路子前进。

其次,"熊十力在一定程度上超越了朴素辩证法。"④冯契指出,中国古代的朴素辩证法始终未能摆脱循环论的桎梏,这是自《周易》乃至到王夫之所共同具有的局限性。而熊十力基于中国近代哲学已进入到进化论阶段的现实,深受历史进化论的影响,主张用循环法则与进化法则的交参互涵来解释道之"相反相成"之"变化",认为进化之中有循环,故万象虽瞬息万变而非无常轨;循环之中有进化,故万象虽有反复而仍自不守故常。也就是说,循环往复而创新不已的宇宙进化过程是有规律常轨的,进化的方向呈现为螺旋式的上升。可见,熊十力对传统的循环论进行了近代化的改造,而使其辩证法更多地充斥着近代化的因素,而超越于古代朴素辩证法。

与此同时,冯契指出了熊十力翕辟成变的思想存在不合理之处:这就是把《周易》中丰富的辩证法的内容简单化的倾向。熊十力对"翕辟成变"进化过程的论述,吸取了柏格森"创造进化论"的某些观点,如生命之流不断创新而

---

① 张东荪批评冯友兰的新理学是运用柏拉图的模仿和分有理论来区分出真际和实际,由此导致了世界的二重化,反对冯友兰以共相释理的思路。参见张东荪:《思想与社会》,上海商务印书馆 1946 年版,第 114、121—124 页。

② 参见冯契:《中国近代哲学的革命进程》,华东师范大学出版社 1997 年版,第 528 页。

③ 冯契:《中国近代哲学的革命进程》,华东师范大学出版社 1997 年版,第 529 页。

④ 冯契:《中国近代哲学的革命进程》,华东师范大学出版社 1997 年版,第 529 页。

又不断被削弱、被阻塞而有物质化趋势的观点,来解释《周易》和《老子》的辩证法,将相反相成归结为物质与精神的对立和精神对物质的战胜,这一论述无疑简化了《周易》和《老子》思想中丰富而深刻的辩证法内容,曲解了其中的辩证法精髓。《易传》中的取数、运数的方法,与科学有密切的联系,而熊十力则继承了陆王的思想,把科学和玄学、逻辑思维和直觉的实证相应截然对立起来。尽管他一方面声明自己并不反科学、不反理智,认为"图摹究不可废",但另一方面又认为,这种"图摹""终不可得山水之真"。不仅如此,即便是人们运用逻辑思维来形成概念,成就"理型世界",也决不能得真体实用。在他看来,这种"真实流"及实体只能靠直觉证会来把握。人们平常所"图摹"的不过是真实流生生化化的迹象罢了。在熊十力看来,哲学必是建立本体之学,"哲学是智慧的学问。非仅在知识上用功,可悟一贯之理。……所以于科学外,必有建立本根之形而上学,才是哲学之极诣。哲学若不足语于建本立极,纵能依据一种或几种科学知识出发,以组成一套理论,一个系统,要其所为,等于科学之附庸,不足当哲学也。"①因此,在知识论方面,熊十力既主根本智(即性智),也主后得智(即量智,他称之为"辨物析理的知识")。性智以直觉证会的方式而得本体,量智以经验之摄取为其功能,故量智离不开性智,否则堕入戏论。"哲学不当反知,而毕竟当超知。超知者,证会也。知识推度事物,不能应真,虚妄分别故。(自注:知识对于宇宙万象,只是一种图摹,决不与实体相应,故云虚妄)知识总是有封畛的,不能冥契大全。至于证,则与真理为一。易言之,证即真理呈露,炯然自识也。"②可见,他努力强调直觉超乎科学,高于辩证思维。他的这种对实体和迹象、直觉证会和"图摹"的界定,颇有些康德"物自体"与"现象"之二界划分,如此,自然会在科学和哲学、知识和智慧之间浇铸不可逾越的城墙,再次成为西方近代哲学二元论的思维方式的牺牲品。对此,冯契指出:"从辩证法看来,理性的直觉在科学研究中有重要的作用,不应该把直觉和逻辑思维截然对立起来。"③这也是其智慧说中"理性的直觉"观所贯彻的原则。

再次,熊十力基于"万法唯识"和"翕辟成变"论,推演至人性论,提出了

---

① 《与友论新唯识论》,《熊十力全集》第八卷,湖北教育出版社2001年版,第331—332页。
② 《与友论新唯识论》,《熊十力全集》第八卷,湖北教育出版社2001年版,第333页。
③ 冯契:《中国近代哲学的革命进程》,华东师范大学出版社1997年版,第530—531页。

"性修不二"的思想。

在熊十力看来,人的天性即本体,个体生命力即宇宙大生命力。不过,本体之流行,不能不"翕而成物",从而呈现出人的气质通塞不齐的现象。所谓通者,则显发其天性,全其本善,而塞者则与之相反。但不管气质如何偏塞,只要人们发挥其精神的力量,通过学习、习行,则气质可以转化而不至于障碍其天性。熊十力称此为"翕随辟运"。他断言,习气有净有染,功能是天事,习气是人能,人需尽人事,增养净习,以显性能,以合天德。也就是说,人要发挥主观的能动作用,不断地增养净习,克服染习,就能让天赋的功能显发出来,从而达到与天地合德的境界。他认为,古代圣贤教人在伦理实践中用操存涵养之功夫,超脱小己利害计较之心,这就是培养净习,以求认识自己的"光明宝藏"。这就是所谓的"翕随辟运,物从心转"①,如此就能还复其本体,最终由剥而复其体还其性。

熊十力既重视"天事",又重视"人能",既强调"复性",又强调"修习",这就是他所谓"天人合德,性修不二"的观点。他认为,天与人、性与修(即本体与工夫)是统一的。他指出:"本来性净为天,后起净习为人","人不天不因;天不人不成"。人若没有天然具足之本性即全性,就不能因之而为善;若不尽人力,则天性也不能充分显发。若天性具足(即全性)且因之而修(从事学习、修养工夫),即为"继",而努力修习(即全修)以求固有德性充分扩充,即为"成"。这就是所谓"全性起修名继,全修在性名成"。故"成性"即"复性"。②

可见,熊十力"性修不二"的观点,综合了王阳明"即工夫即本体"(将"复性"即复良知之体看成是随工夫即致良知而展开的过程)的理论和王夫之"性日生而日成"(德性的形成是人和自然交互作用的日新不已的过程)的思想,而自成一说,具有创新之处。一方面,他将王夫之"命日受,性日成"的思想进行了改造,特别强调生命是个不断创新的过程;另一方面,他也不满于王阳明致良知的理论,认为心斋片面讲良知乃"纯依天事立言"而忽视了人的明智"亦赖人之自创"。因此,他综合二者之说,进行扬长避短的创造性改造。在他看来,性由人创,主张将人生看成是一个生生不息的不停创新和不断发挥人

---

① 参见文言文本《新唯识论》之《功能》及《明心上》等篇,引文参见熊十力:《新唯识论》,中华书局1985年版,第104页。

② 参见熊十力:《新唯识论》,中华书局1985年版,第453页。

之本有生命力的进取、追求过程。这一过程虽也有"复初"之倾向,但这决非宋儒所谓"存天理"中的"去人欲"之"减"的工夫所能达到。他认为,"成能才是成性",只有凭借"人能"之不断创新才能使本性显现具足以完成。他强调,其所谓的"成"的意义就在于"创"即创新。所谓的"天性"并非先天先验的;相反,"恰是由人创出来"的。① 显而易见,其所为的"复性"特征关键是由"成性"显现,"复性"是不能离开"成性"的。

另外,就"成能才是成性"之"成"的"创"的意义,熊十力进一步指出,这种创新是一个"从微至显"(使隐微的萌蘖借引发而显著)和"变染成净"(创起净习、克服染习)的过程,而且,就创新过程而言,即便是染习,虽障碍本性,但也并非完全消极的,也是"引发本来之因"。由于染习而使人感觉内疚、不自在而希望积极改造自己,于是变染习为净,从而使隐约之本性得以引发而显现。所谓"由有染故,觉不自在。不自在故,希欲改造,遂有净习创生。由净力故,得以引发本来而克成性"。② 同时,熊十力还特别强调人的意志的力量,认为意志作为一身主宰之心体或生命力,具有"定向"作用。所谓"定向",即"恒顺其生生不息之本性以发展,而不肯物化"③的作用力,意志作用正体现在"辟以运翕"和"变染成净"的前进过程和方向中。因此,一个人首先贵在立志,"学者首贵立志,终于成能"④;认为"有志愿即有真力量,故其对于学问或事功的趋向,能终始贯彻而无所辍学。譬若电之走尖端,行所无事,而势不容己"⑤。可见,熊十力高度颂扬了人的主观能动性,这些观点包含一定合理的辩证法因素。

另外,熊十力对意志力量的强调的思想又与柏格森的"创造进化论"有密切的联系,他曾坦言:西方生命派哲学之所见,与其《新唯识论》相发明者不少。但他对柏格森思想的吸收同样是持批判性态度而非全盘接纳。如他批评柏格森言直觉"不甚明了,时与本能混视";批评柏氏"犹在习气中讨生活,实

---

① 参见熊十力:《十力语要》卷四,辽宁教育出版社 1997 年版,第 27—28 页。
② 参见熊十力:《新唯识论》,中华书局 1985 年版,第 154 页。
③ 熊十力:《新唯识论》,中华书局 1985 年版,第 594 页。
④ 熊十力:《新唯识论》,中华书局 1985 年版,第 154 页。
⑤ 熊十力:《十力语要》卷一,辽宁教育出版社 1997 年版,第 78 页。

未证见自性也"等。① 不仅如此,他还对西方现代唯意志论进行了批评。总体上,他最不满意的是,叔本华、柏格森一系只流于习心(即欲望、本能冲动)而不见实证本心。对此,他力图以直觉主义改进之。另外,他不赞同所谓的生命冲动,也不同意梁漱溟所讲的"生活是没尽的意欲"。在他看来,意志的作用决不是盲目的冲动,而是从自明自了的理性的明觉发出的,它是"备万物而无妄,具众德而恒如"的,因此,它作为行为和身体的主张表现出的是一种"定向"作用,是合理的而非盲目的。冯契认为,熊十力对意志的看法,是"在唯心主义前提下讲德性培养中的明智与意志,自觉原则与自愿原则的统一,基本上复活了孟子和王守仁的观点,使之近代化了"。② 冯契认为,在法西斯鼓吹"权力意志"和"力行哲学"之际,熊十力批评唯意志论,强调志愿是从自觉的本心发出的,这一点具有积极的意义。③ 我们也难能否定,冯契对自愿原则和自觉原则的统一的强调,与熊十力近代化的意志论不无关系。

当然,冯契也清楚地看到,熊十力所提倡的自觉,是"返诸自家固有的明觉",这种固有之性呈现的是先验性。同时,熊十力所讲的"觉"是自明自见自证,这种明觉既不靠科学知识,也不靠社会实践。在他那里,科学不过是对事物进行剖析、度量、推测,对应的是分别的有所待的领域,故本体决非知识所行的境界,故其对本体的把握,即通过自觉达到自识本心,与本体合一的玄学具有"超知识的"性质。可见,他明确贬低科学认知在培养人的德性中的作用的说法。冯契对此提出明确批评,认为这是错误的;另外,冯契认为,熊十力对创新的看法,虽高度重视了主观能动性,但基于其唯心主义的本质,"只是抽象地发展了",而"不知道真正现实的、感性的活动本身",认为他的理论错误的关键在于:没有理解精神主体所具有的一切能力、德性,固然也以其自然的禀赋为前提,但主要是在实践中锻炼、教育成的,是在实践中不断通过化自在之物为为我之物而形成和发展起来的。概而言之,基于实践的辩证法的运动观不在熊十力的视野之内。④ 冯契正是针对熊十力理论的核心之弊,沿着实践唯物主义辩证法的路子前进,认为同人类不断化自在之物为为我之物的历史

---

① 参见熊十力:《十力语要》卷三,辽宁教育出版社 1997 年版,第 309 页。
② 冯契:《中国近代哲学的革命进程》,华东师范大学出版社 1997 年版,第 537 页。
③ 参见冯契:《中国近代哲学的革命进程》,华东师范大学出版社 1997 年版,第 537 页。
④ 参见冯契:《中国近代哲学的革命进程》,华东师范大学出版社 1997 年版,第 538 页。

相适应,精神主体经历着由自在而自为、由自发而自觉的螺旋式地前进活动,认为性与天道、德性和天性之间是在实践过程中的交互作用过程,认为人的本质是在遗传得来的天性的基础上,在实践生活和教育中,天性发展成德性,培养人格的循环往复的过程,既非先验的复性说,也非脱离社会实践的简单的成性论,而是在实践基础上的天性和德性的辩证统一。

总体上,就熊十力的"新唯识论"而言,冯契主张一分为二地辩证看待。一方面,其理论体系整体上是唯心主义的玄学体系;另一方面,又有不少值得肯定之处:如其"翕辟成变"和"性修不二"之说中包含有一定的辩证法思想因素,具有一定的创新之处而值得我们肯定;另外,他在努力发掘中国传统哲学的积极成果并使之近代化方面,作出了一定的贡献,如将成性论与复性说结合、将意志视为自觉和自愿的统一、主张循环法则与进化法则交相参、互相涵等;同时,其理论吸取了唯识宗辨析名相的方法,使其理论比较精致、概念比较清晰、理论比较体系化而获得了近代化的形式,并通过传播而在理论思维训练和培养理论思维能力等方面深刻影响后人。

和梁漱溟的生命本体论一样,熊十力的本心也只是生化,注重生命的生生不息、新新不已,但两者又存在不同。这种不同具体于对柏格森和叔本华哲学的态度上,梁漱溟的生命本体观念的形成中,更多地表现为对柏格森、叔本华生命哲学的直接吸收,而熊十力则是在批判柏格森、叔本华哲学的过程中来彰显其本心的含义。在这一意义上,我们也可以说,熊十力的"新唯识论"也是对梁漱溟生命本体论的一种批判,他认为生命论者尽管其所见与其《新唯识论》相发明者有不少相同之处,但前者未能超越形习来窥视生命之本然,而梁漱溟强调意欲、本能的生命本体,只能划归习心范畴而未尝识得本心。故熊十力以其理论的自觉,用明觉的本心来替代梁漱溟的意志化的生命本体,从而有力地克服了梁漱溟唯意志论、非理性主义的倾向,更多地注重发挥《易传》"乾"之"本心"的"明觉"义,析取其中的理性主义精神来弥补现代新儒家进路中的不足。

三、对冯友兰"新理学"的扬弃

目前,学术界对于冯友兰是否是现代新儒家的代表的问题,存在肯定和否定两种分歧。前者基于冯友兰建立的新理学体系,在理论前提的设定、概念的界定和分析、命题的严格演绎和论证、概念命题之条理清晰、问题之多层多面的整理和澄清、理论系统的形成、哲学方法的自我反省等方面都受西方新实证论的影响,而与金岳霖相似,成为"清华学派"的典型。后者则认为,尽管冯友兰非常重视逻辑分析,但逻辑分析只是工具,其目的在于建构起"新理学"的哲学体系,其一生的使命和志向在于"继往开来",建立"新统",这正是新儒学共同追求的目标。笔者认为,冯友兰的哲学体系中存留的新实在论的因子体现了中国哲学的现代化,而他"继往开来",建立"新统",建构"新理学"则体现了中国哲学的民族性,两者并行却不悖。从这一意义上说,仍不能否认冯友兰"新儒学"的特征。

作为新儒家的代表,冯友兰所建构的"新理学"在以下方面回应了科学主义和人文主义对峙的时代问题,同样呈现出两重性。

首先,冯契明确指出,冯友兰在古今中西之争的问题上的看法具有两重性,《新事论》一书就是典型。冯友兰在该书中将古今之分视为"以家为本位"和"以社会为本位"两种社会制度的差别。在《辩城乡》一章中,阐发了《共产党宣言》中"资产阶级使乡村屈服于城市的统治,……使东方从属于西方"的论点,认为工业革命之后,西方成了城里,东方成了乡下,因乡下靠城里,故东方亦靠西方,并认为要想改变这种状况,唯一的办法是进行产业革命,以机器生产代替手工生产。这无疑是富有启发意义的观点,具有合理性;另一方面,冯友兰片面强调发展生产力,却回避了必须通过阶级斗争来实现生产关系变革的问题。另外,在同一篇章中,他对清末洋务运动和五四新文化运动发表了评价,虽然批评两部分人的见解都是错误的,但在实质上他却偏袒洋务派,对清末人表示敬意,而批评民初人学习西方的科学及民主是毫无结果。冯契认为,尽管其说也有一定道理,但在 20 世纪 30 年代末发表这种看法,无疑在客观上起了阻碍社会革新的作用。①

另外,冯友兰还对中体西用论做了全新的解释。一方面,他批评清末那种"以五经四书为体,以枪炮为用"的中体西用论,认为这是"体用两橛";另一方面,他又认为,中体西用可以从以下角度来理解:即认为组织社会的道德是中

---

① 参见冯契:《中国近代哲学的革命进程》,华东师范大学出版社 1997 年版,第 593 页。

国人本有的,现在所需添加的只是西洋的技术、工业。对于他的这一观点,冯契指出,这也无非是"东方精神文明,西方物质文明"的论调,认为道德是中国的好,工业是西洋的好,故主张"中体西用"论。实际上,这种观点早在孙中山等人那里就有了清楚的论述。就道德而言,冯友兰一方面认为有些道德如忠孝有新旧之分,是可变的、相对的;另一方面,他又认为仁义礼智信这"五常"是关于"社会一般"的道德,是绝对的,永恒不变的。故"天不变,道亦不变"从"五常"之"道"的角度来说是正确的。冯契认为,他的这一推论直接使其"中学为体"说具有了典型的形而上学性。

冯友兰运用其新释的"中体西用"论来做"继往开来"的工作,在"释古"的基础上创立了会通中西的"新理学"。在他看来,中国哲学的主流乃"极高明而道中庸"的传统,其内核在于追求"天地境界"而又不离人伦日用之常,此说经孔孟、老庄、名家、董仲舒、玄学、禅宗到程朱理学而结晶成这一唯心主义传统,直到现在,传至他,故他以沉重的使命立志接着这一"道统"来建立"新统",力图使中国哲学传统接受西方新实在论和逻辑实证主义的洗礼,而取得新的面貌,使中国古代哲学实现近代化。这也是其贞元六书的基本精神和目的所在,因此,他将自己的哲学体系命名为"新理学"。

就清华学派中,冯契对同样深受新实在论影响的金岳霖和冯友兰两者的哲学主张进行了比较,认为有很大的不同。就科学和哲学而言,金岳霖很重视科学,而且深入地研究了逻辑,并在后来突破了新实在论的界限,具有唯物主义的倾向;而冯友兰则把科学和哲学严格地区分开来,强调哲学的玄虚,他也突破了新实在论的界限,自称其新理学是"最哲学的形上学"。

首先,冯友兰从实证主义观点出发,在《论"唯"》一文中对以往唯物和唯心的二元分化提出了批评,认为哲学应是超越唯物或唯心。他自称其"新理学"正是超乎唯物唯心的,是最哲学的哲学或最哲学的形上学。他认为,普通所谓唯物论或唯心论,都对实际有所肯定,有所主张,这种肯定或主张是无法得到充分证明的;而其"新理学"的命题都是形式的、逻辑的命题,这种形式的或逻辑的命题对实际无所主张,无所肯定。在《新理学·绪论》中,他从种类、对象和方法的角度对科学和哲学进行了区分。在他看来,实际世界是科学研究的对象,哲学和科学是种类的不同,哲学不研究实际,最哲学的形上学并不以科学为根据。如公孙龙的哲学和程朱的哲学"不是以当时之科学底理论为根据,亦不需用任何时代之科学底理论为根据,所以不随科学理论之变动而变动"①。他强调,哲学无须依靠做实验,不像科学那样需要试验手段。他认为,哲学依靠的是人的思辨,而思维能力古今如一,很少变化,所以,没有全新的哲学,古代哲学中如公孙龙的学说和程朱理学,是中国哲学传统中最哲学的部分,现在仍是哲学。概而言之,哲学不会随时代变化而变化,而只会随时代的前进产生出较新的哲学。这也正是他力图"接着"孔孟、程朱一脉的"道统",建立"新道统"的理论基础。因此,他主张"接着讲"而不是"照着讲"中国传统哲学,使其成为"最哲学的形上学"即"新理学",这就是他所谓"继往开来"的志向和任务。

冯契从三个方面对冯友兰的最哲学的形上学即新理学进行了分析:

首先,对"新理学"的四个基本观念即理、气、道体和大全进行了分析。

理气之辨是宋明时期天道观争论的中心,但在近代却长期备受冷落。冯友兰在新理学中重提理气之辨,并立足于逻辑实证主义和新实在论的哲学基础上作了新的探讨,既激活了传统,又将传统引向了深入,从而纯化理学,使之朝形式化、逻辑化的方向发展。冯友兰"接着"程朱理学的理气观念,认为"凡实际底存在底事物皆有两所依,即其所依照,及其所依据。"②所依照者为理,即柏拉图所说的理念和亚里士多德所说的形式;而所依据者为气,即实现其理之料。冯友兰还举出红之物的例子说明,认为事物必依照红之形式和红之理,才成为红颜色。而红之物即实际存在的事物是具体的,红之所以为红者,即红之理则为抽象的。抽象和具体的区分就是形而上和形而下之分。冯友兰认为,形而上者是无形无象的,即"道",而形而下者是有形有象的,即"器"。同时,他又借用亚里士多德的说法,分析了事物之所依据,即质料方面,但质料有相对和绝对之分。如果我们对一具体事物作逻辑分析,用思将其所有之性一一抽去,一直抽到无可再抽,所得的便是绝对的质料,冯友兰称之为"真元之气"。"真元之气"是一纯粹的逻辑的观念,它是没有任何形式的,是不可思、不可说的,故不同于科学及唯物论所说的物质,后者至少还有物质性可言。当然,其说又不同于亚里士多德所说的四因说,就其形式质料说而言,由于动力因和目的因在形式因一边而认为形式是主动的,质料却是被动的。与之相反,

---

① 冯友兰:《三松堂全集》第四卷之《新理学·绪论》,河南人民出版社 1986 年版,第 16 页。

② 冯友兰:《三松堂全集》第四卷,河南人民出版社 1986 年版,第 47 页。

冯友兰认为:"理不会造作,无动无静。其能动而'会造作'者是气。"①他认为形成实际的世界的动力因在气这边。可见,虽然理气和形式质料有不少相似性,但在动力因问题上,中西形上学存在根本的差异,冯友兰的"气"论是对程朱之气的批判性继承,既克服其尚著于形象的缺陷而著于逻辑,又继承了其能动的优点。

尽管冯友兰认为实际事物都是依照理和依据气而形成,但又认为实际事物在时空中,而理则是超时空的。在这里,它称形而上理世界为"真际",形而下器世界是"实际"。就真际和实际的关系而言,在他看来,"实际的事物蕴涵实际;实际蕴涵真际"。② 他将这种所谓的"蕴涵"定义为"如果——则"的关系,认为有实际必有真际,但有真际不必有实际,即有某物必有某物之理,但有某理不一定有某理的实例。在他看来,在理事关系问题上,他继承了程朱理学的基本立场,主张"理在事上"、"理在事先"。理是先于相应实际的例而存在的(即理在事先),当然,这种"先"不是时间上在先,而是逻辑在先,即真际比实际更根本。基于此,他批评王夫之"无其器则无其道"的说法,以"理不能创制"为由来论证理是"本有底",在真际中本来具备、本来如此,实际事物是依照理而产生或创制的。实际上,他的这一论证与朱熹的说法是高度相似的。在理事关系问题上,他不是立足于具体的实际的事物来解释理,而是从超验的理世界出发来解释实际的世界。冯契认为,冯友兰的这种看法是典型的柏拉图式的客观唯心主义的论点,与主张"理在事中"、规律依存于物质运动的唯物主义观点是相对立的。

冯友兰认为,"真元之气"是没有任何形式的,故可称为"无极"。总一切理叫"太极"。而实际世界包括由气至理之一切程序,即"无极而太极",其中太极是体,"而"是用,一切底用都在此用中,故称此用为"全体大用"。而所谓的"大用流行"就是所谓的"道体"。他由"无极、太极,及无极而太极"又解释为"真元之气,一切理,及由气至理之一切程序"③。如此,概括起来,从动的方面来说,名曰"道";从静的方面来说,名之曰"宇宙"或"大全"。大全也是不

---

① 冯友兰:《三松堂全集》第五卷,河南人民出版社1986年版,第138页。
② 冯友兰:《三松堂全集》第四卷,河南人民出版社1986年版,第23页。
③ 冯友兰:《三松堂全集》第四卷,河南人民出版社1986年版,第69页。

可思、不可说的。因此,冯友兰的哲学中,大体上也是分列了"实际"和"真际"、可说之名言之域和不可思不可说的超名言之域,仍没有摆脱康德式的解决方法。

其次,对冯友兰形而上学的方法进行了批判。

冯友兰曾认为自己不是简单地重复朱熹的理学,即"照着讲"理学,而是在经过对维也纳学派的批判之后,重新建立了形而上学,即其新理学。作为逻辑实证论者的维也纳学派,一致主张取消形而上学。在休谟的彻底的不可知论那里,认为学问不外乎关于事实的科学和关于概念或语言的逻辑和数学。科学的事实和理论用综合命题来陈述;而逻辑则用分析命题来表示。科学的命题是可以诉诸经验得到证实或否证的,是或然的;而逻辑命题是可以从形式上加以证明的,是必然的。而在维也纳学派看来,形而上学命题是综合的,但这些命题却是无法用经验来证实的,故是无意义的虚妄的命题。而冯友兰认为,正是借鉴维也纳学派对传统形而上学的批判,找到了建构形上学的方法,建构了自己的新形而上学。他的形上学命题只有四组,表示四个观念,即理、气、道体、大全。他认为,这四个观念不过是对经验或实际做了形式上的解释,和逻辑相似,因而是不会假的。他指出,形上学对于实际所作底第一肯定也是唯一底肯定,即"事物存在",而这种对知识形式的肯定,只说有实际而并未肯定实际有什么。他从"事物存在"出发,通过对事物及存在进行形式底分析和总括,分别得出理及气、大全及道体的观念。这四个观念可以用四个命题来表示。如第一组命题无非说明存在蕴涵类,类蕴涵理。冯友兰认为,从性质上说,这些命题几乎都是重复叙述命题,即分析命题,但不完全重复叙述,是对实际所作的唯一肯定,故又不同于逻辑和算学命题。这些命题除了肯定主词的存在之外,对实际事物既没有积极地说什么,也没有作任何积极的肯定。正因为如此,便不会被实际经验所否定,也不给人增加任何关于实际事物的知识,而只是形式的、逻辑的肯定。因此,这样的形上学命题为假的可能性非常小,但又不同于逻辑、算学命题那样是必然为真,是近乎必然地真的。由于其形上学命题不对实际作任何肯定,只有形式上的释义,可称之为"一片空灵"。① 总之,冯友兰心目中"真正的形上学"就是由这样一些准分析命题构成,认为这

① 冯友兰:《三松堂全集》第五卷,河南人民出版社1986年版,第223—232页。

样的新理学不仅能经得住维也纳学派的批判,更是一种有意义的形上学,是在传统形上学的独断主义和维也纳学派的否定一切形上学的怀疑主义之间,取其中道发展而来,为形上学的发展指示了新的方向。

这种形而上学的建构所采用的方法被冯友兰称为"过河拆桥"的方法。他从对经验或事实命题的分析中获得形式、质料的概念,把它们形而上学化而成真际(理世界)和真元之气(绝对的料),于是"过河拆桥",把原有的一点经验事实的根据完全抛弃,把理气及理气结合成的道体,总括为大全,从而都成为对实际无所肯定的一些空灵的观念。冯契认为,冯友兰这种所谓新的形上学的方法即"过河拆桥"的方法,即把从经验中抽取出来的概念加以绝对化,使之与事实割裂开来而成为"形而上者","其实是老而又老的路子"。① 同时,冯友兰又认为,一个完全的形上学系统,应当始于"正的方法",而终于"负的方法"。所谓"正的方法"即上述逻辑分析方法,这一方法贯穿于《新理学》中;而所谓的"负的方法"为道家、禅宗类所用的"破"的方法,即"神秘主义的方法"。在他看来,两相比较,后者甚至更重要,因为如果形上学不终于负的方法,就不能达到哲学的最后顶点。② 就其形上学的方法而言,冯契评价他是以逻辑分析为始,而以神秘主义为终,故可称为地道的"玄学派"。

再次,扬弃了冯友兰对中国传统哲学范畴的逻辑分析。

自冯友兰的贞元六书发表后,先后引起了朱光潜、胡绳、陈家康、杜国庠等人的评论。大体而言,他们对其理性主义都有所肯定,同时又指出了《新理学》在理论上有一些难以自圆其说之处。冯契认为,其根本的困难其实是"老而又老的问题",并对这些问题进行了概括。冯契指出,哲学史上凡肯定超验的超时空的"真际"为本体者,在沟通超验与经验、真际与实际问题上,都有其难以克服的困难:从认识论上说,如何由经验而达到超验,即如何从由经验到事实而知"类"知"理"跳跃到超验的"理世界"?"此岸"与"彼岸"之间既然没有桥梁,又如何可能"过河拆桥"呢? 从天道观来看,如何由真际而产生实际?整个实际世界的产生,即"无极而太极"之"而"其"用"的动因又是什么,或为没有任何形式的"气",如金岳霖的"能有出入"说? 或为无所谓动静之"理",

① 冯契:《中国近代哲学的革命进程》,华东师范大学出版社 1997 年版,第 602 页。
② 参见冯友兰:《中国哲学简史》,新世界出版社 2004 年版,第 301 页。

如朱熹所认为的太极是"造化之枢纽"？还是别有一外在的"第一推动力"，如"上帝"等？冯契认为，无论何种说法，都难以自圆其说，而冯友兰却近乎回避了这一问题。① 冯友兰对这一问题的态度，犹如他的四个观念，只对实际作形式上的肯定，但并未肯定实际究竟有什么，他在形式上肯定整个实际世界的产生存在"而"即"用"，但"而"或"用"究竟是什么，不作肯定。正是对冯友兰《新理学》中这一"老而又老"的问题的清楚的认识，冯契主张，在实践唯物主义辩证法的视野下，在实践基础上，将认识论和本体论、知识和智慧统一于性与天道的交互作用过程中，从而以其广义认识论体系辩证地规避了近代以来的两界划分法所固有的矛盾和破绽。

同时，冯契认为，尽管"新理学"中同样存在老问题的弊病，但仍能给人"新"的感觉，有其创新之处。他认为，"新理学"的真正贡献在于：它将逻辑分析方法运用于中国哲学，给人以耳目一新之感，使得蕴藏在中国传统哲学中的理性主义精神得到了发扬。因此，它在中国近代哲学史上有一定的地位。

实际上，自严复以来，不少哲人受到现代西方逻辑实证主义的影响，纷纷认识到中国传统哲学存在着术语含义歧混、不够明晰而有待廓清的问题。冯友兰通过对中国和西方哲学思想的比较研究，主张中西互补，期望在不久的将来看到，西方的哲学概念将用中国人的直觉和经验来补充，而中国的哲学概念使欧洲人的逻辑和清晰思想得到净化。尤其是后者，他主张用逻辑分析的方法来净化中国哲学的概念，而且在实际上做了不少的工作，如对"气"字用法的四种区分，对"道"这一概念六个意义的分析等。他指出，虽然清晰思想并不是哲学的目的，但却是每个哲学家必不可少的训练，尤其是中国的哲学家。他认为，中国传统哲学的素朴性必须通过清晰思想的作用来加以克服。对于这些观点和做法，冯契深表赞同。实际上，其师金岳霖先生一生也致力于运用逻辑分析的方法诠释和发扬中国传统哲学。

概而言之，从整体上说，冯友兰的"新理学"体系无疑是流产了，但其逻辑分析对中国哲学的近代化有重要的作用和意义。也正是通过从严复、王国维到汤用彤、冯友兰等众多学者的分析研究，使中国传统哲学的许多重要范畴的含义清晰起来，也使得中国近代哲人越来越重视逻辑分析这一思维方法的培

---

① 参见冯契：《中国近代哲学的革命进程》，华东师范大学出版社 1997 年版，第 603 页。

养,推动了中国哲学近代化的进程。

冯友兰的新理学这一最形上学的理论的另一闪光点就是其"人生境界说"。

冯友兰先生曾指出,哲学对实际是无所肯定的,故对实际没有什么用。但他同时又认为,哲学尤其是他的最哲学的形上学有"无用"之"大用":"哲学只观而不用",能使人"以心静观真际",使人对真际有一种理智的同情的了解,而这种了解可以作为"人道"的根据,可以作为入"圣域"的门路。这种所谓的"入圣域",即进入圣贤的"境界"。①

冯友兰"人生境界"说的提出有一个过程。他在其早期著作《人生哲学》中就已提出,儒家"合内外之道"是"一至善之境界",这可以说是其境界理论的萌芽时期;后来他在《新原人》一文中更系统地提出了"人生境界"说。在他看来,人之所以异于禽兽者在于人有"觉解"。所谓"觉解"既包括"了解"又涵括"自觉",指的是:人在做一件事情时,既了解这是怎么回事,又自觉他在做这件事。了解是一种运用概念的活动,而自觉则是一种心理状态,故"觉解"是既包括认知又涵括心理的活动,而区别于以往理智主义单纯的认知性,也区别于后来唯意志论及生命哲学中所强调的单纯的意志心理,因此,也可视为在"境界"领域中对科学主义和人文主义对峙的一种尝试性突破。尽管"觉解"成为人与动物的类的区别的标志,但他又指出,人对宇宙人生的觉解程度是有差别的,由此,宇宙人生对人的意义也就存在差别。正是这种差别,使人生境界存在不同。在冯友兰看来,同一宇宙人生,根据人的觉解的不同,可以分为四种境界:自然境界、功利境界、道德境界和天地境界。在自然境界的人,几乎是凭本能活动,可谓"顺习"、"顺才"而行,而很少有自觉;在功利境界中的人,都是处于对自己的利益的觉解,其行为以求自己的利益或快乐为目的;在道德境界中的人,能对他所处的伦理关系和社会职务中所应遵循的当然之则有觉解,其行为力求"尽伦尽职";而天地境界中的人,自同于大全。冯友兰用其形上学"新理学"中的四个观念:理、气、道体和大全来进行阐析。他认为,理和气使人"游心于物之初",而道体和大全使人"游心于物之全",人们用理、气、道体和大全来观察宇宙人生,便可知天、事天、乐天以至于同天,这就是

① 冯友兰:《三松堂全集》第四卷,河南人民出版社1986年版,第15页。

最高的人生境界——天地境界。处于这样境界的人,知有大全,又知大全不可思议。

对于冯友兰的这种说法,冯契作出了全面的评价。

首先,他充分肯定了冯友兰在20世纪三四十年代法西斯主义鼓吹唯意志论之际,强调理性精神和自觉原则是有积极意义的,认为了解和自觉所组合成的"觉解"说是对儒家理性主义精神的一种承继。冯契指出,中国古代儒家,如孔子、孟子和荀子已反复阐明,道德行为必须同时是有觉解的行为。如孔子主张仁智统一,所谓"未知,焉得仁?",孟子有"由仁义行"和"行仁义"之区别,即区别了有明察(对道德行为的理性认知)和没有明察、自觉和不自觉。因此,冯契认为,必须对道德价值有觉解,并自觉遵循道德的准则行动,才是真正道德的行为。一方面,道德行为必须出于理性认识并有自觉性,否则,善行只是自发地合乎道德的行为;另一方面,是否自觉、是否了解会使道德行为具有完全不同的意义。冯契正是在中国传统儒家以及冯友兰理论的基础上,将道德行为的自由性提升为自觉原则和自愿原则的统一,既承继了传统理性主义中的自觉性,同时又弥补传统儒学的缺陷,掘发出意志的自愿性,将理智的品格和意志的品格辩证地综合于以人的在场性为基础的性与天道的交互作用的实践过程中。

同时,冯契以警觉的时代感批评了冯友兰人生境界说中存在与时代主题相背离的方面。其一,批判冯友兰片面地强调了自觉原则而忽视了自愿原则,由此滑向了宿命论。在义利之辨和群己之辨方面,冯友兰肯定了正统儒家非功利主义的态度,将义利之别视为公私之分,从而既赞成董仲舒"正其义不谋其利,明其道不计其功"的观点,也同意朱熹"道心为主,而人心每听命焉"的思想。这种态度和观点不仅贬低了人的欲望,而且忽视了道德行为的自愿原则。冯契不满意冯友兰与"理"紧密相关的"天命"说和命运说。在冯友兰那里,天命为"理"所赋予,社会之理规定了社会中人们的道德规范,"理"不变,道德规范也不变,即"天不变,道亦不变",故人只能顺从天命,循规蹈矩,在自己的位分上尽伦尽职;而命运之命,即偶然遭遇也只能"知其不可奈何而安知"的。因此,两种意义的命,都只能"顺受"。在经受了近代哲学革命的洗礼后,冯友兰仍坚持中国传统哲学中这种典型的宿命论观点,不能不说其思想的保守。众所周知,近代思想家无不反对这种遏制人的主观能动性的宿命论,如龚自珍倡导"众人之宰,自名曰我",魏源提出"善言我者",严复要求恃人力来反对天数,章太炎讲"自尊无畏",鲁迅歌颂"摩罗诗力",等等,从而形成了一股强调人力胜天,每个人要有独立人格,以自由意志来反对顺从命运的安排的进步的人文思潮。而冯友兰人生境界说中对宿命论的强调似乎与这一进步思潮相背离。其二,他对理学家忠孝观如"天下无不是底父母"、"饿死事小,失节事大"等说法的辩护更是公开与五四时期的启蒙思潮唱反调,等等。因此,可以说,他的某些观点,与当时的进步的启蒙思潮之间存在张力,更多地呈现出保守性。

其次,他赞同冯友兰依照觉解程度的不同而有思想境界的差别的说法,但又指出其理论中缺乏辩证观的不足,并力图将其观点置身于实践唯物主义的辩证法视域中进行解释。冯契认为,从辩证法的观点来看,人的思想境界的提高和德性的形成要经历由自在而自为、由自发而自觉的过程,这一过程具有反复的螺旋式前进运动的特点。它以自在状态为出发点,因正确地解决了义和利、群和己的关系而有自觉的认识观,并进而要求提高到科学的宇宙观。冯契认为,冯友兰的人生境界理论虽缺乏辩证的观点,但却涉及了这一过程中的一些基本问题,故对后人尤其是他自己具有参考价值,对其自由的道德境界理论的出色发挥产生了一定的影响。

再次,他批评冯友兰人生哲学中缺乏社会实践的观点,主张将传统哲学中的知行关系置身于社会实践中来理解和发挥。冯契认为,在唯物辩证法中,知不能离开行,真正的自觉和理解是必须见之于行动的,必须在实践中培养,正如孟子所讲的如舜般"明于庶物,察于人伦"之"由仁义行",是知且行、既明察又力行的结合,才是真正的觉悟和真正的理解,才能真正提高人的道德和思想境界,要在明察的理智认知的基础上,又真正乐于实行,真正自觉地身体力行,才是真正的有"德"。可见,绝非流于空疏的一番言论就算觉悟。因此,冯契提倡马克思主义的实践观,认为只有革命的人生观和革命的实践相结合,才有崇高的精神境界,这也正是冯契"智慧"说中所贯彻的观点。由此,冯契认为,冯友兰离开社会实践来谈论觉解、学养,正是接受了道学家的空谈心性、修养以求"受用"的境界的传统思想。他主张,沿着实践唯物主义辩证法的路子前进,引导传统哲学在实践理论中实现近代化,即便是境界理论同样不离知行合一的实践观,主张在性与天道的交互作用中,主体不断实现由自在到自为,由自发到自觉,由天性到德性,体现出自觉原则和自愿原则的结合。如此,既是对中国传统哲学精华的承继,更是对中国近代哲学革命进程的推进。

另外,冯契对熊十力、冯友兰和朱光潜、宗白华这些专业哲学家的"境界"说进行了比较,认为三者分别考察了真、善、美的领域。

熊十力认为境界是"自我"的显发。他指出:"实体非是离自心外在境界,及非知识所行境界,唯是反求实证相应故。"①他认为真理唯在向内反求实证,自己认识自己;如果向外求理,用思议去勾画,"以影响求之,以封畛测之",妄立离心外在境界,那不过是戏论。在他看来,境界即有封畛之外在境界,出于思议之构造,是虚妄的。同时,他又认为,自心为主宰,色声等境界都不足以溺心,"而心实仗之以显发其聪明之用,是心于境界能转化之而令其无碍"。②于境界,在熊十力那里,实际上关涉的是科学主义与人文主义之争中知识和智慧之间、科学和哲学之间的关系问题,而且他同样沿用了西方近代哲学康德以来的划界方式。在他看来,讲境界,其旨趣在于辨真伪。所不同者,其所谓"伪"即认知论中所谓的"真",是出于思议之构造的有对待有分别的知识所行之域,而其所谓的"真"在认知论看来又恰恰是不可证实的。在实证主义那里,甚至因其不可证实性而被认为是没有意义的形上学的内容,故主张消解之。

冯友兰人生哲学的人生境界说,其旨趣在于探讨善的等级问题。他认为,意义构成境界,而一件事的意义不但是它为人所了解的性质及其关系,而且包括它所可能达到的目的或其所可能引起的后果等。如此,意义包含有人的要求在内,是"好"与"善"的问题。

朱光潜和宗白华追求的是艺术境界,其旨趣在于论美的创造。当然,宗白华还主张,艺术家要在作品中把握天地境界,认为人类这种最高的精神活动——艺术境界和哲理境界的合一是诞生于一个最自由最充沛的深心自我,即主张在艺术境界中实现自我,使"真"得以具体化。

由此,冯契认为,三者学说之间存在差别。这种差别除了分别探讨的领域的不同之外,还存在性质的差异。熊十力认为境界是"自心"的显发;朱光潜和宗白华将艺术境界归结为"实现自我",这是主观唯心主义或泛神论的学

① 熊十力:《新唯识论》,中华书局1985年版,第55页。
② 熊十力:《新唯识论》,中华书局1985年版,第58页。

说;而冯友兰认为,道德规范为社会之理所规定,而理之赋予物(包括社会)即为天命的说法,则为客观唯心主义。无论是前者还是后者,虽都包含有一定的合理性,但都忽视了社会实践及其中所包含的辩证观,故都需经过实践唯物主义辩证法的洗涤来加以推进。

相对于以上专业哲学家的境界说,冯契更欣赏其师金岳霖先生《论道》中的太极的观点。他指出,尽管金先生不大使用"境界"一词,但其《论道》中所说的"太极"是"至真、至善、至美、至如"的,认为"太极不是不舒服的境界,它不仅如如,而且至如"。① 所谓的"至如"即绝对的自由。虽然他认为"太极"是永远达不到的极限,是个形而上学的观点,但这个理想的境界是真、善、美和自由的统一,认为真正的自由是真、善、美的统一。冯契认为:"这是一个很好的论点,可惜语焉不详。"②正是这一论点,启迪了冯契智慧说理论的建构,正是其"语焉不详"的缺陷,又为冯契智慧说理论的发挥留置了充足的空间。

总体上,冯契认为,人的自由和真、善、美三者的关系是价值论中的重大问题,这个问题在中国近代哲学中没有得到充分的展开。故冯契以此为重任,沿着实践唯物主义辩证法的路子前进,从多个方面阐发其智慧说,尤其是在性与天道的交互作用的实践过程中,将人的自由和真、善、美统一起来,成为其价值论中的一个重要的闪光点。从这一角度来看,我们可以说,冯契"智慧"说中的境界理想论,是对熊十力、冯友兰、朱光潜和宗白华以及金岳霖等人思想的创造性的超越和发挥。

另外,冯友兰新理学的一个重大缺陷就是忽视了人的存在或人的在场性。具体来说,就是脱离人的社会历史实践及广义的认识活动,用形式化的方法来探讨天道,探讨其理的世界,导致对世界作抽象的逻辑构造而未能摆脱传统形而上学的思辨性。关于这一点,熊伟先生在20世纪30年代已从不同的立场进行了批评。熊先生立足于海德格尔的"存在"哲学,敏锐地看到了冯友兰哲学的根本症结之所在,认为新理学的毛病之一在于其"纯客观论"而忽视了"此在"之"我"。他指出,正是因为对"我"的忽视,使得冯友兰对"存在"语焉不详,而且在抹去了"我"之后的所谓"客观"事实上也是值得质疑的,不过是

---

① 金岳霖:《论道》,商务印书馆1987年版,第214页。

② 冯契:《中国近代哲学的革命进程》,华东师范大学出版社1997年版,第615页。

一种"假定"。①

　　与冯友兰类似,金岳霖《论道》中似乎也表现出对人的存在或人的在场性的忽视。金岳霖对现实的人似乎存在成见,曾指出:"我个人对于人类颇觉悲观。这问题似乎不是人类以后会进步不会底问题。人之所以为人似乎太不纯净。最近人性的人大都是孤独的人,在个人是悲剧,在社会是多余。所谓'至人',或'圣人'或'真人',不是我们敬而不敢近的人,就是喜怒哀乐爱恶等等方面都冲淡因此而淡到毫无意味的人。这是从个体的人方面着想,若从人类着想,不满意的地方太多,简直无从说起。人类恐怕是会被淘汰的。"②正是基于对人类的悲观情绪,其《论道》几乎不谈人类的问题,而是追求一种"天地与我并生,万物与我齐一"的境界,即所谓"道一的道":"如果我们从元学底对象着想,则万物一齐,孰短孰长,超形脱相,无人无我,生有自来,死而不已,而所谓道就是合起来说的道,道一的道。"③在他看来,道之为道是不以个体的出现与否而转移的,也就是说,是与人的存在无牵涉的,所谓"这样的个体(即有知识有意志的个体)未出现,道固然是道,这样的个体出现,道依然是道。"正是由于脱离了人的这种现实存在,《论道》只能如冯友兰一样,用逻辑的思辨的形式,用式——能等范畴来构造世界的逻辑图景,同样未能摆脱传统形而上学的窠臼。

　　与法西斯主义对自由主义的反对态度不同,在20世纪三四十年代的非马克思主义的专业哲学家,大多倡导自由主义,如金岳霖、朱光潜、宗白华和熊十力等人强调个性自由,反对专制主义;冯友兰推崇理性精神,不赞成鼓吹盲目"力行"的唯意志论。而在抗日战争时期,这些思想家往往出于强烈的爱国热情,又都感到迫切需要继承和发扬民族的传统,因而不再提"打倒孔家店"的口号,而以继承和发扬民族传统为己任。如熊十力、冯友兰和贺麟等都自称接上了中国的传统思想,以复兴儒学为自己的使命,在学术上激发了民族自豪感,为中国近代哲学的发展作出了贡献。

---

① 参见熊伟:《自由的真谛——熊伟文集》,中央编译出版社1997年版,第39页。
② 金岳霖:《论道》,商务印书馆1987年版,第206页。
③ 金岳霖:《论道》,商务印书馆1987年版,第18页。

四、说对未来哲学走向的影响

中国本位文化既不是以西方文化为中心,也不是以中国传统文化为中心,而是在中西文化相互渗透与融合的过程中生长出的一种新型文化。

前面已经讲到,围绕着知识和智慧、科学和哲学之关系问题所展现的现实问题就是中国未来的发展道路问题,具体到文化思想层面,即中国未来文化的发展道路问题,或者说如何处理中西方文化的关系问题。而马克思主义者、西化论者、现代新儒家等在处理中西方文化的关系而作出的选择有一个共同的出发点:将文化问题同中国现实问题的解决直接关联,无论是在选择态度上还是文化心态上,都强调了学术思想对现实与政治生活的积极干预。因此,他们都迫切地需要从东西方文化中选择出一种来作为变革社会的指导思想,从而担当起指导社会运动的意识形态的功能,用中国传统哲学的话说,即强调学术思想的"经世致用"品格。基于这种入世品格,在进行中西方文化的比较时,近现代知识分子自觉不自觉地运用"价值判断优先"的原则,也即根据其社会作用来判断其优劣,凡是能解决中国现实问题的文化,无论其源流于西方还是中国,都是可以选择的。用胡伟希先生的话说,这种对文化选择的结果是建立一种"为中国的本位文化"①。因此,这种文化认同的最初结果自然是意识形态化的文化,但其缺陷在于在短期效应范围内,容易造成本土文化地位的缺失。但随着学术政治化的要求,必然不断融入本土的需求,自然也包括文化层面的不断认同,从而呈现中国化的趋势。其最终的结果也难免是中国化了的与不断中国化的文化,从而从起初的一元论而不断向多元化的一元文化发展,呈现出一元文化的多元化和多元文化的一元化的统一,即"一分而二,合二而一"与"合二而一,一分而二"的统一。

首先,近现代哲学家最大的贡献在于提出了中西文化比较的一个新的视角,即一方面注意中西文化的相互发现;另一方面注意中西文化的相互补充。正如冯友兰在《中国现代哲学》中谈及如何建构一种新型文化时指出:"我们

---

① 胡伟希:《转识成智——清华学派与20世纪中国哲学》,华东师范大学出版社2005年版,第29页。

比较和研究中国和欧洲的哲学思想,并不是为了判断孰是孰非,而只是注意用一种文化来阐明另一种文化。我们期望不久之后,欧洲的哲学思想将由中国哲学的直觉和体会来予以补充,同时中国的哲学思想也由欧洲的逻辑和清晰的思维来予以阐明。"①事实上,中西文化融合的必然路线并非非此即彼的二元对立,而是在此基础上的即此即彼。用陈寅恪的话说:"其真能思想上自成系统,有所创获者,必须一方面吸收输入外来之学说,一方面不忘本来民族之地位。"②正如他为冯友兰《中国哲学史》所作的审查报告中评价的,该书"取西洋哲学观念,以阐明紫阳之学,宜其成系统而多新解"③。这正是冯友兰所创建的"旧瓶装新酒"的方法。

除冯友兰外,力图身体力行贯彻中西文化互补的还有金岳霖。1934 年,他在《中国哲学》一文中基于严格的事实判断的立场,对中西哲学的特点进行了一番比较式的论述,认为中西哲学皆是优劣结合体,各有千秋。金先生一生致力于对西方现代逻辑与科学知识的介绍和输入。1938 年,金岳霖编译了《逻辑》一书,这是我国第一本系统介绍西方数理逻辑的著作;20 世纪 40 年代所成之《知识论》,对包括感觉论、概念论、因果论、真理论、归纳问题、时空问题等西方近代以来科学知识论的重要问题一一做了深入探讨。这种做法弥补了中国传统文化重视社会人伦而忽视科学、使国人的思维方式缺乏科学认识论(非伦理认识论)和逻辑训练的缺点。因此,20 世纪"清华学派"密切关注西方近现代科学哲学思潮的发展趋势,并注重对这些思潮的引进和介绍。如张申府最早向国人介绍罗素哲学,并于 1936 年著有《现代哲学的主潮》,高度称颂注重数理逻辑和语义分析的维也纳学派。同时,张岱年也陆续发表了《维也纳派的物理主义》、《科学的哲学与唯物辩证法》、《逻辑解析》等文,详细分析论述了维也纳学派的逻辑分析方法,并且认为未来哲学的发展方向应该是维也纳学派和唯物辩证法的综合。④

其次,不少近现代哲学家将西方文化引进中国,其目的不在于取代中国传统文化,而是改良中国文化,既纠西化派对中国传统文化之偏,又不囿于现代

①　冯友兰:《三松堂学术文集》,北京大学出版社 1984 年版,第 289 页。
②　陈寅恪:《金明馆丛稿二编》,上海古籍出版社 1980 年版,第 252 页。
③　陈寅恪:《金明馆丛稿二编》,上海古籍出版社 1980 年版,第 250 页。
④　参见刘鄂培主编:《张岱年文集》第一卷,清华大学出版社 1989 年版,第 231 页。

新儒家之"成见",主张对多元文化、多种学派作批判性吸收。如金岳霖在建构其知识论体系时,一方面吸取和运用了维也纳学派注重澄清概念意义和语义分析的方法;另一方面对其"唯主方式"的基本哲学倾向进行了批判和纠正。冯友兰则将维也纳学派用以拒斥"形而上学"的概念分析方法改造为一种重建本体论与形而上学的逻辑分析方法,从而呈现出新实在论的纷纭景象:如张氏兄弟之论呈现唯物论的倾向,冯友兰的实在论具有唯理论的色彩,金岳霖的实在论呈经验论趋势。

他们一致反对全盘西化派的消解方法,主张将中西两种文化调和,并通过中西文化的渗透嫁接来促进中国传统文化的现代化转型和进程。这种文化的"调和"更准确地说是一种"综合"。

1936年,张岱年在《哲学上一个可能的综合》一文中提出,未来哲学的发展新路为"综合",这种"综合",不仅是西方现代哲学几种思潮如唯物论、实证论、理想主义等的相互综合,也是中西哲学相互之间的综合,同时更是强调中国新旧哲学之间的承继关系。"今日中国的新哲学,须与过去中国哲学有相当的继承关系。我们所需要的新哲学,不只是从西洋的最新潮流发出的,更须是从中国本来的传统中发生的。"①"将来的中国新哲学,固然必是西洋哲学影响下的产物,而亦当是中国旧哲学之一种发展。"②这种"综合哲学"的方法论原则,就在于如何区分中国哲学中的"死的"和"活的"成分,通过中西哲学的相互比较参照,不仅分析出彼此的优劣,同时更是要析理出中国哲学本身的所见所蔽,从而彰显发展中国哲学"活的"成分。而其"综合"方法贯彻于他的哲学创造实践中,他对中国哲学的传统作出的新的理解和阐释,并提出了一个包括认识论、知识论、宇宙论和人生论的"综合哲学"大纲,并在1937年著成《中国哲学大纲》,为后人如何从中国传统哲学中汲取精华,同时吸收西方哲学的观念和方法,进而重构中国固有的哲学体系,树立了典范。

再次,强调民族性和共性的结合,实现中国哲学的现代化和民族化,而这本身又是统一过程的两个方面。这一点以冯友兰的论述尤为精辟。

冯友兰有别于当时流行的强调中西文化对立的二分法论调,认为哲学问题

---

① 刘鄂培主编:《张岱年文集》第一卷,清华大学出版社1989年版,第219页。
② 刘鄂培主编:《张岱年文集》第二卷,清华大学出版社1990年版,第634页。

本身不分中西。因此,他在强调哲学问题的普遍性的基础上,断言不同民族的哲学在内容上终究会相互融合。但与此同时,他又并非以"共相"或普遍性完全消解"殊相"或特殊性,而是在重视共相的同时,也充分肯定殊相的独立存在性。换句话说,在肯定中西哲学关注问题的普遍性的同时,又认可各哲学的"民族性"。

冯友兰在《论民族哲学》一文中,明确强调哲学"民族性"的重要性。

首先,冯友兰认为可有国别底哲学,但不能有国别底化学,最多只能有国别的化学,认为化学只有一个,"我们常说,德国哲学、英国哲学等,却很少说,德国化学,英国化学。假令有人说德国化学、英国化学等,他的意思,大概亦是说德国的化学,英国的化学,而不必是德国底化学,英国底化学。因为化学只有一个,我们不能于其上加上德国底或英国底等形容词。"但"对于哲学或文学,德国底或英国底等形容词,是可以加底"。也就是说,"哲学或文学可以有民族的区分,而科学则不可以有。有民族哲学或文学,但没有民族科学。"①

其次,在冯友兰看来,民族哲学的出现,不在其内容,而主要在其表面。不同民族哲学的"表面"或者哲学形式是永远无法融合的,也是没有必要融合的。他指出:"民族哲学之所以为民族底,不在于其内容,而在于其表面。我们以为民族哲学之所以为民族底,某民族的哲学之所以不仅是某民族的,而且是某民族底,其显然底理由是因为某民族的哲学,是接着某民族的哲学史讲底,是用某民族的言语说底。"②也就是说,之所以有民族哲学,一方面是某民族的哲学总是接着某民族的哲学史讲的;另一方面是因为是用某民族的语言说的。民族哲学之所以是"民族底",只是表面的、外在的。但这些分别却是不可忽视的,这些"表面"对于一民族在精神上底团结及情感上底满足,有很多底贡献。这些表面能使哲学成为一民族的精神生活的里面。对金岳霖先生《论道》一书中国味的肯定,表明了冯友兰对民族精神、情感的追求。正如他在《怀念金岳霖先生》一文中所指出的:"金先生的书名为《论道》,有人问他为什么要用这个陈旧的名字,金先生说,要使它有中国味。那时我们想,哪怕只是一点中国味,也许是对抗战有利的。"③"金先生善于运用中国的成语来说明

① 冯友兰:《三松堂学术文集》,北京大学出版社 1984 年版,第 429 页。
② 冯友兰:《三松堂学术文集》,北京大学出版社 1984 年版,第 429—439 页。
③ 中国社会科学院哲学研究所:《金岳霖学术思想研究》,四川人民出版社 1987 年版,第 29 页。

一个道理,有两句成语:'理有固然'、'势所必至'。金先生在《论道》中,运用这两句成语说:'理有固然,势无必至'。他只把'所'字改成'无'字,就准确说明了一般与特殊的不同,可谓中国味十足,'文约义丰'。"①对"中国味"的重视,正是出于一种强烈的民族精神和感情,这也正是冯友兰先生以"新理学"定义自己哲学理论体系的良苦用心所在。正是对于中华民族艰苦卓绝的抗战充满信心,冯友兰才以哲学家独有的方式将自己的著作看成是民族精神动员的一种形式,自命为"贞元之际所著书",所谓"贞元"即"贞下起元",取严冬过去必有阳春之思,即暗示对抗战胜利、民族复兴的信心。可见《贞元六书》除哲学的内容外,更是蕴涵着中国人深切的民族情怀。

再次,冯友兰认为保留这种表面上的分别是可以的,也是有必要的。在哲学层面,这些分别不过"是表面底,是外在底,是不重要底",但就民族而言,这些分别又是"内在底,是很重要底"。哲学层面上这些表面的分别,正是哲学的"殊相"所在,是形式上的差别,但任何哲学的表达,又离不开这种特殊性,因为任何哲学都是通过某民族的语言,并接续某民族的哲学史讲的。故可以而且有必要保留这种表面上的分别。一方面,"民族哲学是如此分别底,如此分别底民族哲学,对于哲学的进步,至少是没有妨碍底。"另一方面,"如此分别底民族哲学"却对一个民族的民族精神的团结和民族心理情感的凝聚是有很大贡献的。也就是说,民族哲学的这种分别,对哲学本身而言,仅是外在形式;但又表现哲学的普遍义理和内容,而后者对哲学来说,又是根本的、内在的。另外,相对于民族精神或民族的文化心理来说,又是根本的、内在的。②

因此,冯友兰既反对将哲学的外在形式作为哲学的根本,即中西哲学二元对立的观点,又驳斥种种以哲学的特殊性即民族性来抹杀哲学的普遍性的看法,即文化本位保守主义。因此,他认为正确的态度是既承认哲学之共相,又存活哲学的殊相,两者之间更要重视前者,因为义理才是哲学的内在的根本,才是中西哲学融合可能性的逻辑前提和事实基础。他指出:"哲学中有普遍底义理,至少其目的是在于求如此底义理。这些义理,固亦须用某民族的言语说之。但某民族的言语,对于这些义理完全是偶然底,不相干的。在这一点

---

① 中国社会科学院哲学研究所:《金岳霖学术思想研究》,四川人民出版社 1987 年版,第 31 页。

② 冯友兰:《三松堂学术文集》,北京大学出版社 1984 年版,第 432 页。

上,哲学与科学是一样底,至少应当如此。"①在中西哲学文化比较方面,冯友兰主张我们要更多地重视哲学的"共相",犹如科学一样,尽管现实上尚未如此,至少应当是我们努力的方向,他以此回应当时学术界流行的存有偏颇的中西哲学文化比较观。我们从义理内容层面的融合和形式语言层面的保留两个方面结合来考虑,也就不难理解冯友兰"新理学"和金岳霖"元学"论中采用"旧瓶装新酒"的方法,借用中国传统哲学的概念和范畴来论述新实在论思想和中国哲学思想的融合。

现代新儒家则在强调哲学的特殊性即民族性方面作出了贡献,更多地表现为对中国哲学史的继往开来。如梁漱溟认为文化是人生的"样式",中西方哲学分别代表了人生的不同"路向";港台新儒家强调中国哲学是"生命的学问",自然,中国哲学史或历史上的中国哲学是由中国人的"生命"所写成的,是思想家生命智慧长河的汇聚。可见,他们都强调哲学"特殊"的一面,即个性。牟宗三也认为哲学有普遍性和特殊性之分,但他对特殊性的重视胜过普遍性,甚至主张用普遍性来反衬特殊性的重要。尽管冯友兰理性地认识到哲学共相和殊相即民族性的两个方面,但他对殊相的关注更多于共相,也正是如此才成就了"新理学"和独见的"人生境界论"。而在处理哲学的共相和殊相方面,金岳霖不仅关注哲学的普遍性,也延续了哲学的殊相即民族性。前者表现为他对知识论的关注,后者则体现于《论道》。

实际上,中西哲学的相互参照比较,除却明确各自利弊优劣之外,更主要的是挖掘共同的可以对话的平台,即寻找共同点。正是这一平台的存在,才为中西文化之间的相互阐释、相互对话提供了基础。

总之,人类思维并非必定停留于非此即彼的选择模式中,中西方文化的比较是如此,现代性和传统之间同样如此,这就是我们传统所说的"中道"、"中和"的文化心理结构。事实上,现代性在指称西方现代化过程中的工具理性的同时,同样涵盖价值理性。换句话说,在这种适应于现代人生活的价值和思想观念中,不仅仅包括物质利益的工具效应性,是工具理性导向的结果;还包括价值理性。这种价值理性是与一个民族的伦理、美学乃至宗教观念紧密相连的,而这些观念又是一个民族历史积淀的结果和继续,因此,它与传统文化

---

① 冯友兰:《三松堂学术文集》,北京大学出版社 1984 年版,第 431 页。

不可分离。可见,价值理性与传统之间是你中有我,我中有你,对价值理性的肯定,必然包含着对传统文化价值的认可。因此,从"中和"思维方式出发,我们不难得出这样的结论:任何拒斥工具理性或价值理性的非此即彼的选择的做法是徒劳的,工具理性和价值理性都是现代性的主要内容。联系中西方文化的特征,我们必然要求整合以工具理性为导向的西方文化和以价值理性为主导的中国传统文化,即兼采中西、融汇中西,从而实现现代化过程中现代性与传统之间矛盾的统一。

值得说明的是,这种文化整合创新之路又与中体西用的文化路线有质的区别,正如张岱年先生发表《关于中国本位的文化建设》提出综合中西文化以建设中国本位文化时,针对某些人"发扬中国的心的改造文化而采纳西洋的物的改造文化",即中体西用的定性质疑时所指出的,两者之间不可同日而语。① 实质上,两者质的差别主要在于思维方式的根本区别,中体西用正是基于二元的思维方式,而后者则是非非此即彼的"三"的思维方式。正如鞠实儿先生所指出的除却 P 与非 P 二界中的第三值领域之意②;前者无法在根本上实现二者的真正融合,因为,在其会和过程中,存在一种体用高低价值判断的逻辑思维前提,从而容易出现两个极端,在中国思想文化史上的分别典型即西化论的文化激进主义和文化保守主义。在他们看来,文化就是一个有机的生物体,本身之"体"不可分割,所能增减者在于文化之"用"。与此体用思维方式不同,张岱年等人主张"文化析取论",认为"文化是可析取的"。"由'对理'来看,文化固是一个整体,而亦是可分的。说文化是有机体,在一意谓上是对的。西文有机体原字有二义;一活的生物体,二有复杂结构的整个。在第二意谓上说文化是有机体,才是对的。如说文化同于生物,是有生命的整个,只是谬妄而已。文化既非活的有生命的整体,我们随便取其哪部分都可以,都是无害的。"③张先生认为要认识到文化的"实相"必须借助于"对理法",就可以认识到东西文化之间并不是根本的不同,而只是有不同的偏向,西方之所长,在东方并非没有,只不过是不发达而已;同样东方文化之所有,也不是西方

---

① 参见刘鄂培主编:《张岱年文集》第一卷,清华大学出版社 1989 年版,第 267—268 页。

② 参见鞠实儿:《开放类逻辑的哲学基础———一种非规范三值内涵语义理论》,《中国社会科学》2004 年第 3 期。

③ 刘鄂培主编:《张岱年文集》第一卷,清华大学出版社 1989 年版,第 270 页。

文化之所无。唯此文化之间的交流和互补才成为可能。"我则认为西洋文化的贡献,固以科学为中心,而决非只科学。……谁能否认西洋人讲人性之发挥与改进呢? 西洋人对身心修养方法之讲究,固或不及中国旧日的理学、心学,然而西洋到的哲学方法之讲究,却远非中国所及。"①就中国文化而言,"对于文化之根本保守性、惰性,我们要予以克服的。我们所要发扬的,乃是旧文化中'其命维新'的活的东西,能启发进步但不阻碍进步的东西。"②因此,他强调指出:"研究文化问题,当用科学方法,然而于一般所认为的科学方法外,还须用'对理法'(Dialectical Method)。科学方法或归纳法是发现公律的方法;'对理法'是观察现象的方法,是发现现象之实相的方法。归纳法与'对理法'同属'发现的逻辑',缺一不可。惟用'对理法',然后才能见到文化之实相,才不失之皮毛,才不失之笼统。惟用'对理法',才能既有见于文化之整,亦有见于文化之分;既有见于文化之变,亦有见于文化之常;既有见于文化之异,亦有见于文化之同。自然现象之对理常隐而不见,文化现象之对理则最为显著。不知用对理,是不能把握文化之实际的。"③

就中西文化而言,正是其文化的精神气质的差异性的存在,才说明不同文化之间交流沟通乃至互补以至共存的必要性,也就是说,如果没有差异性,也就没有交流的必要。因此,对差异性的强调正是对哲学文化交流必要性的强调,况且这种差异性的存在本身更有利于相互认识、对照各自文化的优劣,同时也为中西文化的交流与共存提供了现实的可能性和广阔的发展空间和前景。当然,这种相互共存并非是彼此消融个性,而是在保留个性的基础上融嵌于一个新的整体。

鉴于此,冯契站在世界哲学的立场上,回答了由科玄之争所引发的古今中西文化之争的问题,有效地处理了中国传统文化在现代化过程中如何与世界哲学接轨的问题,这一问题正是时代主题"中国向何处去"在观念形态上的反映。"中国向何处去"作为一个社会问题,关注的是从传统向现代的转化,即现代化的问题。而现代化问题又由西方引发,故在中国,传统与现代化的矛盾与冲突展现为古今、中西的矛盾。

---

① 刘鄂培主编:《张岱年文集》第一卷,清华大学出版社 1989 年版,第 266—267 页。
② 刘鄂培主编:《张岱年文集》第一卷,清华大学出版社 1989 年版,第 278 页。
③ 刘鄂培主编:《张岱年文集》第一卷,清华大学出版社 1989 年版,第 270 页。

在古今方面,20 世纪中国哲学界科学主义和人文主义的对峙所呈现的知识和智慧之间的分离,主要表现于对中国哲学史的解读。胡适用科学主义来解释中国传统哲学,注重发掘其中的实证知识的科学精神和科学方法,把知识等同于智慧;冯友兰以知识和智慧来区分科学和哲学,站在把科学和哲学严格区分的人文主义立场来研究中国传统哲学,以为传统哲学的人生智慧和科学是分离的;而侯外庐以马克思主义观点来研究中国哲学史,认为中国哲学的优良传统是由科学精神和人文精神交织而成。但由于苏联教科书的影响,侯外庐仍然没有摆脱科学和人生脱离的狭义认识论。即使在 20 世纪 80 年代,以"认识史"来研究中国哲学仍在不同程度上受到科学主义的束缚,如张世英等。而新儒家则偏重中国传统关于"心性"的"形上智慧"。因此,对中国哲学史的研究仍然没有摆脱科学主义和人文主义的对峙。① 冯契以三个接着讲为原则,在否定狭义认识论(对王国维"可爱"与"可信"、金岳霖知识论态度和元学态度的深思)的基础上,提出了广义认识论和智慧说,分别从认识论、逻辑学和自然观以及人的自由等领域进行论述。他从认识世界和认识自己、人的自由和真善美相互作用加以统一的角度,对中国传统哲学关于人的自由问题(元学态度)进行了深刻的考察,并提炼出人与自然的交互作用中"积善成德"、"性日生而日成"、"技进于道"等命题,其中"技进于道"这一命题为 20 世纪中期西方认识论转换的代表人物波兰尼所钟爱。冯契指出,真与善、认识论与伦理学、知识和智慧是紧密相连的,并认为这一特点发源于孔子的"仁智统一"说。冯契还多次以"庖丁解牛"的寓言来解说审美自由及技进于道和达到哲理境界时的言意关系,这些都无不指涉知识和智慧、名言之域和超名言之域的辩证关系。总之,冯契认为中国传统哲学是从人与自然的交互作用来探讨人的德性的形成问题,换句话说,他对中国传统哲学的研究,重点把其精髓归结为元学精神,也即德性和理想人格的培养问题,亦处于从"认识论"向"智慧说"的转型期,从《中国古代哲学的逻辑发展》到《中国近代哲学的革命进程》到《智慧说三篇》,我们无处不能嗅到"智慧说"的芬芳。

冯契还指出,五四时期,科玄论战是与东西文化论战相联系的。科学派多

---

① 参见陈卫平:《从"认识史"到"智慧说"——20 世纪 90 年代中国哲学史研究的趋向》,《华东师范大学学报》1998 年第 3 期。

半是西化派,强调以现代西方科学为基础来建立科学人生观;玄学派多半强调东方文化的优越性,认为人生观领域非科学所能解决。冯契认为两派各有合理性,也各有片面性,其意义主要在于凸显了"科学和人生的关系问题,确实是个时代的重大问题"。文化守成主义者如梁漱溟更多注重中西哲学之异,而文化激进主义者更多地注重中西哲学之同。而在中国哲学是否具有合法性问题上①,产生了"中国哲学"和"哲学在中国"的争执,这些争执又是以是否以西方哲学为圭臬来削足适履还是量体裁衣为焦点。中国近代哲学革命及其成果,包括毛泽东在总结文化时代性问题上提出建立"民族的科学的大众的文化"的主张,都成为冯契的哲学资源。在中西问题上,在冯契那一代的中国知识分子,有着一种强烈的与西方认同的欲望,出现"中国意识的危机"(林毓生语)。冯契按照三个接着讲:接着中国传统哲学讲、接着西方哲学讲、接着马克思主义哲学讲,在肯定中西哲学之异同的前提下提出了"智慧说",既弘扬了中国哲学中关于性与天道之智慧,也承继了西方的认识论为其智慧理论的根基,以此结合恩格斯关于哲学的根本问题的认识,得出了富有创造性的契合。他在晚年终于摆脱西方中心论的阴影,得出这样一个结论:近代中国哲学经历了革命后,中国哲学史和西方哲学史开始汇合成统一的世界哲学史。因此,冯契主张要对中国传统哲学,尤其是 20 世纪的中国哲学和文化进行系统性的自我批判和反思,寻找中西在逻辑方法上的契合点,才能促进中国哲学的近代化和世界化。事实上,中国近代思想史上关于中西文化的大讨论中,影响颇大的一种基本思维倾向是主张"中西文化调和论",而其良好的愿望和思想的出发点无不在于取中西文化之所长,弃中西文化之所短,力求在取中西之精华、弃中西之糟粕的基础上,在一个新的层面、新的平台上熔铸出一种新的文化,这一文化与世界的全球化相适应而不断成为一种世界文化。而这也正是 20 世纪以来人类思想发展的基本方向,更将是 21 世纪思想发展的主流。

---

① 赵景来:《中国哲学的合法性问题研究述要》,《中国社会科学》2003 年第 6 期;魏长宝:《中国哲学的"合法性"叙事及其超越》,《哲学动态》2004 年第 6 期等相关文章。

参 考 书 目

1.《认识世界和认识自己》(《冯契文集》第一卷),华东师范大学出版社1996 年版。

2.《逻辑思维的辩证法》(《冯契文集》第二卷),华东师范大学出版社1996 年版。

3.《人的自由和真善美》(《冯契文集》第三卷),华东师范大学出版社1996 年版。

4.《中国古代哲学的逻辑发展》上(《冯契文集》第四卷),华东师范大学出版社1997 年版。

5.《中国近代哲学的革命进程》(《冯契文集》第七卷),华东师范大学出版社1997 年版。

6.《智慧的探索》(《冯契文集》第八卷),华东师范大学出版社1997 年版。

7.《智慧的探索·补编》(《冯契文集》第九卷),华东师范大学出版社1998 年版。

8.《哲学史讲演录·哲学通信》(《冯契文集》第十卷),华东师范大学出版社1999 年版。

9. 彭漪涟:《冯契辩证逻辑思想研究》,华东师范大学出版社1999 年版。

10. 彭漪涟:《化理论为方法化理论为德性》,上海人民出版社2008 年版。

11.《理论·方法·德性》,学林出版社1996 年版。

12.《知识与智慧:冯契哲学研究论文集》,华东师范大学出版社2005 年版。

13.《追寻智慧:冯契哲学思想研究》,上海古籍出版社2007 年版。

14. 胡伟希:《转识成智——清华学派与20 世纪中国哲学》,华东师范大学出版社2005 年版。

15. 郁振华:《形上的智慧如何可能？——中国现代哲学的沉思》,华东师范大学出版社 2000 年版。

16. 贡华南:《知识与存在——对中国近现代知识论的存在论考察》,学林出版社 2004 年版。

17.《毛泽东选集》(第一——四卷),人民出版社 1966 年版。

18.《李达文集》,人民出版社 1988 年版。

19.《艾思奇文集》,人民出版社 1981 年版。

20.《张岱年文集》(第 1—3 卷),清华大学出版社 1989—1992 年版。

21.《张申府学术论文集》,齐鲁书社 1985 年版。

22.《朱光潜美学文集》(第 1—2 卷),上海文艺出版社 1982 年版。

23. 宗白华:《艺境》,北京大学出版社 1989 年版。

24. 王国维:《静庵文集》,辽宁教育出版社 1997 年版。

25. 金岳霖:《知识论》,商务印书馆 1983 年版。

26. 金岳霖:《论道》,商务印书馆 1987 年版。

27. 金岳霖:《逻辑》,三联书店 1962 年版。

28. 金岳霖:《金岳霖学术论文选》,中国社会科学出版社 1990 年版。

29. 冯友兰:《三松堂全集》(第 1—5 卷),河南人民出版社 1985—1988 年版。

30. 熊十力:《新唯识论》,中华书局 1985 年版。

31. 牟宗三:《智的直觉和中国哲学》,台湾商务印书馆 1971 年版。

32. 牟宗三:《心体与性体》,上海古籍出版社 1999 年版。

33. 牟宗三:《道德理想主义的重建——牟宗三新儒学论著辑要》,郑家栋编,中国广播电视出版社 1992 年版。

34. 贺麟:《近代唯心论简释》,独立出版社 1944 年版。

35. 贺麟:《当代中国哲学》,胜利出版公司 1945 年版。

36. 贺麟:《文化与人生》,商务印书馆 1996 年版。

37. 方克立、李锦泉:《现代新儒家学案》(上、中、下),中国社会科学出版社 1995 年版。

38. 方克立:《方克立文集》,上海辞书出版社 2005 年版。

39. 唐君毅:《生命存在与心灵境界》,《中国现代学术经典唐君毅卷》,河北教育出版社 1996 年版。

40. 洪谦:《维也纳学派哲学》,商务印书馆 1989 年版。

41. 谢幼伟:《现代哲学名著述评》,山东人民出版社 1997 年版。

42. 郭湛波:《近五十年中国思想史》,山东人民出版社 1997 年版。

43. 杨国荣:《实证论和中国哲学》,高等教育出版社 1996 年版。

44. 杨国荣:《科学的形上之维》,上海人民出版社 1999 年版。

45. 李维武:《二十世纪中国本体论问题》,湖南教育出版社 1991 年版。

46. 高瑞泉:《天命的没落——中国近代唯意志论思潮研究》,上海人民出版社 1991 年版。

47. 高瑞泉:《中国近代社会思潮》,华东师范大学出版社 1996 年版。

48. 郭齐勇:《熊十力思想研究》,天津人民出版社 1993 年版。

49. 郭齐勇、龚建平:《梁漱溟哲学思想》,湖北人民出版社 1996 年版。

50. 胡伟希:《金岳霖哲学思想》,湖北人民出版社 1994 年版。

51. 陈晓龙:《知识和智慧——金岳霖哲学研究》,高等教育出版社 1997 年版。

52. 郭颖颐:《中国现代思想中的唯科学主义》,雷颐译,江苏人民出版社 1995 年版。

53. 张君劢、丁文江等:《科学和人生观》,山东人民出版社 1997 年版。

54. 王星拱:《科学概论》,商务印书馆 1930 年版。

55. 张东荪:《新哲学论丛》,商务印书馆 1923 年版。

56. 张东荪编:《唯物辩证法论战》,民友书店 1934 年版。

57. 张东荪:《知识与文化》,商务印书馆 1946 年版。

58. 张东荪:《思想与社会》,商务印书馆 1946 年版。

59. 张东荪:《理性与民主》,商务印书馆 1946 年版。

60. 张东荪:《科学与哲学》,商务印书馆 1999 年版。

61. 张东荪:《理性与良知——张东荪文选》,张汝伦编,上海远东出版社 1995 年版。

62. 张东荪:《知识与文化——张东荪文化论著辑要》,张耀南编,中国广播电视出版社 1995 年版。

索 引

主 题 词

本本主义 227—229,236,239

本然界 96—98,100,107,109,114,123,182

本质 3,12,13,15—21,34,35,56,58,60,61,63,67,68,76,80,85,86—91,95,96,102,103,105,106,108—114,116—122,124,130,135—137,141—147,150,155,157,159,160,162,165,166,168,170,172,175—185,189—195,197,201,207—213,215—217,222,223,230,236,239,240,254,260,267,275,278,281,283,290,291,318

必然之理 108,109,125,145,148,149,153,181,208

辩证法的否定原理 83,84

辩证逻辑 1,2,4,33,56,61,63,64,66,68,86,90,95,115,134,138,140—142,145—148,154—163,165—174,182,210,246,249,250,273,315

辩证逻辑方法的环节 167,169

辩证思维 33,83,84,86,90,95,104,138,148,154,162,239,243,246,250,273,287

辩证综合 136

表象 10—12,14,41,49,53—55,57,58

波浪式发展规律 234,235

不可知论 7—9,17,28,85,265,296

察类 145,146,153,154,170

超名言之域 36,127,128,296,317

沉思 126,316

成性 108,111,118,123,181,184,186,190,191,202,288,289,291

呈现 3,7,11,12,15,18,43,44,45,52,57,98,100,122,138,143,156,185,186,188,197,201,206,207,209,254,276,281,285,286,288,290,292,301,305,307,313

抽象到具体 86,88,151,160,161,162

抽象概念 60,67,86,90,100,115,

人　名

后　记

　　《冯契"智慧"说探析》是国家社科基金项目——"冯契的'智慧'说研究"的结题成果。当书稿定稿时,项目负责人王向清从事冯契先生哲学思想研究已达12年,先后在《哲学研究》、《中国哲学史》、《哲学动态》、《马克思主义与现实》、《华东师范大学学报》、《高校理论战线》、《湘潭大学学报》、《湖南师范大学学报》、《求索》等学术刊物上发表相关论文四十余篇。项目主要参与者李伏清也曾潜心研究冯契先生的哲学思想,其硕士学位论文《论冯契的人的本质理论》于2007年6月被评为湖南省优秀硕士学位论文。

　　冯契先生的"智慧"说熔马克思主义哲学、中国传统哲学的精华与西方哲学的积极成果于一炉,体现了"三流合一"的特点,是20世纪下半叶中国大陆少有的堪称拥有逻辑体系的哲学著作。本书对"智慧"说哲学体系的把握是比较全面的、系统的,对哲学工作者如何创作富有新意的哲学著作应当有启发意义。但作为第一部从整体上研究冯契先生"智慧"说体系的专著,从篇章结构、章节之间的逻辑联系到材料的组织都没有什么现存的资料可资借鉴,一定会存在这样那样的缺失。虽然从整体上来看,本书对冯契先生"智慧"说的研究比较充实、深入和系统,结论比较可靠,但后面三章则显得不太充实和深入。这是由于这三章牵涉的资料太多,不假以时日,难以完成这方面的阅读,从而也就难以进行全面的分析、综合和概括。这些不足有待日后弥补。

　　本书的撰写得到了中国社科院研究生院方克立先生,中共中央党校哲学部许全兴先生,华东师范大学哲学系彭漪涟先生,华东师范大学哲学系高瑞泉教授、杨国荣教授,上海师范大学哲学系陈卫平教授,湘潭大学哲学系李佑新教授的鼓励和指导;教育部高校人文社科重点研究基地湘潭大学毛泽东思想研究中心、湖南省普通高校重点学科湘潭大学中国哲学学科为本书的出版提供了经费资助;人民出版社哲学与社会编辑部主任方国根编审为本书的出版提出了许多合理的建议,进行了精心的审阅。

　　本书的导言、第二章、第三章、第四章第一节和第二节、第六章、第七章由王向清撰写;第一章、第五章、第八章由李伏清撰写;第四章第三节的初稿由李芬芬撰写;全书由王向清统稿定稿。

王向清

2012 年 6 月 6 日

责任编辑:方国根
封面设计:吴燕妮

图书在版编目(CIP)数据

冯契"智慧"说探析/王向清 李伏清 著. -北京:人民出版社,2012.12
ISBN 978-7-01-011422-4

Ⅰ.①冯…　Ⅱ.①王…②李…　Ⅲ.①冯契(1915~1995)-哲学思想-研究
　Ⅳ.①B261.5

中国版本图书馆 CIP 数据核字(2012)第 272894 号

冯契"智慧"说探析
FENGQI"ZHIHUI"SHUO TANXI

王向清　李伏清　著

人民出版社 出版发行
(100706　北京市东城区隆福寺街 99 号)

环球印刷(北京)有限公司印刷　新华书店经销

2012 年 12 月第 1 版　2012 年 12 月北京第 1 次印刷
开本:710 毫米×1000 毫米 1/16　印张:21.25
字数:345 千字　印数:0,001-3,000 册

ISBN 978-7-01-011422-4　定价:49.00 元

邮购地址 100706　北京市东城区隆福寺街 99 号
人民东方图书销售中心　电话 (010)65250042　65289539